民法とつながる
商法総則・商行為法

第2版

北居 功＝高田晴仁 編著

商事法務

● 第2版はしがき

　民法とのつながりのもとに商法総則・商行為法を説く破天荒な企画として、本書の初版を世に送ってから早くも5年。昨年、ついに民法（債権法）の120年ぶりの大改正が成立し（2020年4月1日施行）、本年は商法（運送法）改正も成立を見た。

　わが国の私法の法体系が、一般法である民法の改正によって大小さまざまな変動を余儀なくされているなかで、とりわけ民法と近い関係にある商法総則・商行為法は、理論上・解釈論上、大きな影響を受けざるをえない。のみならず、このたびの債権法改正の特徴のひとつとして、従来の商法上の規範を民法にとりこみ、あるいは民法の中で一本化する「民法の商化」の現象が生じているからには、なおのことである。また、運送法改正については、一般法である民法がやや先んじる形で改正を受けたことにより、相前後して、一般法と特別法の双方の内容が変更されたことになる。

　初版刊行時のわれわれの予想を良い方向にうらぎり、本書は幸いにも多くの読者にむかえていただいた。そこで、こうした法の変化に対応して内容をアップデートすべく、共著者一同、なるべくスピーディーに改訂作業をすすめてきた。それにあたっては、初版時とおなじく商事法務の「鬼編」こと岩佐智樹氏のソフトな中にも厳しい督促が功を奏し、また、この改訂版を担当していただいた下稲葉かすみさんの懇切丁寧な仕事ぶりが大きな支えとなった。さらに、共著者の1人である隅谷史人氏には索引の作成をお引き受けていただいた。ここに特に記して、お三方に感謝の意を表したい。

　従来動きのすくなかったこの分野の激変ともいえる変化に、本書の分析が正しく対応しているかについてははなはだ自信がない。読者の忌憚ないご批判を仰ぐゆえんである。

2018年初夏

共著者を代表して
北居　　功
高田　晴仁

● はしがき

　民法は私法の一般法であり、商法は民法の特別法のひとつである。ことに商法総則・商行為の分野はそうした色合いがつよい。したがって民法の理解の土台なくして商法総則・商行為の勉強はむずかしい——。このようなことは誰でも「理屈」としてわかっている。だがこの「理屈」は多くの商法の初学者を絶望に追い込むだろう。いわく、民法がわからないと商法の勉強に入れないのですか、いわく、商法のカリキュラムが始まるのですが民法の勉強が十分ではありません、と。

　教師側にも、レベルは違えども似たような悩みはある。この商法の制度・理論はいったい私法の一般理論にどの程度・どの範囲で還元しうるものなのか、一般理論に還元できない特殊性をどのように説明すべきなのか、学生に一般理論との接続とその限界をわかりやすく説明するにはどうしたらよいのか、と。

　われわれ教師・研究者サイドにいる者（当然ながらかつての学生）は、わからないものは「知識」として暗記に走るのが学生の常であることを経験的に知っている。ついでにいえば、商法の特殊性に逃げ込んで基礎理論の探求を怠るほどには非知性的ではないつもりでもある。

　そこでわれわれは、おのおのが民法あるいは商法の専門研究のフィールドに立つ身として、しかし、そのような立ち位置にこだわらず、共同の研究の場において日頃の問題意識を率直にぶつけあい、お互いの理解の接点を見出そうと試みた。その成果として世に問うのが本書である。

　したがって、本書の目的もまた民法と商法総則・商行為との接続をあきらかにし、反面で、その限界を示すことにあるが、本書の読者にとっては、民法から進んで商法の理解に入るという通常の両者のつながりだけでなく、商法を勉強しながら民法の復習・理解の深化につなげるというインタラクティブな効果が生まれるよう配慮したつもりである。

　もとよりこうした目的が十全に果たせているかどうか、あるいは、従来と変わりばえしない説明を再生産するだけになっていないかについては、われわれも心もとないところがないでもない。しかしそうした点は読者の忌憚の

ない批判によって、今後、機会あるごとに修正していきたいと考えている。
　最後に楽屋ばなしを記せば、この商法分野の企画は、民法を専門としつつ日頃から商法に関心を有する北居の提案が発端であった。高田をはじめとする商法研究者サイドは、その魅力的な提案にのらないわけにはいかなかった。そして研究会の議論の多くは、おのおのが自明と思い込んでいた前提や命題を覆しかねない、しかも私法の基礎から考え直さねばならないと感じさせる快い痛みに満ちていた。
　商事法務書籍出版部・岩佐智樹氏には、こうした企画の趣旨をふかくご理解いただいたのみならず、休日出勤をまったく意に介さない研究会（毎度の懇親会を含む）への皆勤をはじめ、鬼気迫る督励によって、本書は思いもかけないスピードで世に生まれることとなった。執筆者を代表して「鬼編」に心からの御礼を申し上げる。また、事項索引については隅谷史人君のお世話になった。ここに記して感謝申し上げる。

　2013年早春

北居　功
高田 晴仁

民法とつながる
商法総則・商行為法〔第2版〕
Contents

第 0 講　商法とは何か　　　　高田晴仁　1
　1　はじめに ·· 1
▰ 解説編
　2　「商人」と「商行為」 ·· 2
　3　商法の法源 ·· 6
▰ 分析編
　4　「商法典」の解体と実質的意義の商法 ··· 9
　5　商慣習法 ··· 11
　6　民法は商法の法源か？ ·· 15

第 1 講　商人・商行為概念　　　　森川　隆　17
　1　はじめに ·· 17
▰ 解説編
　2　商行為 ··· 18
　3　商人 ·· 30
　4　会社 ·· 44
▰ 分析編
　5　銀行取引 ··· 46
　6　商人資格の取得時期 ·· 49
　7　会社の行為に対する商法503条2項の適用の可否 ·· 52

第 2 講　商号―定義・商号権・名板貸―　　　諏訪野大　57
　1　はじめに ··· 57
解説編
　2　商号の定義 ··· 58
　3　商号と商標 ··· 59
　4　商号の選定 ··· 61
　5　商号の登記 ··· 63
　6　商号権 ·· 64
　7　名板貸 ·· 67
　8　商号の譲渡 ··· 69
　9　商号の変更 ··· 70
　10　商号の廃止 ·· 71
分析編
　11　商号権の構造と法的性質 ··· 71
　12　名板貸規定の類推適用 ·· 73

第 3 講　営業・営業財産　　　片山直也　76
　1　はじめに ··· 76
解説編
　2　営業 ··· 77
　3　営業財産 ··· 82
分析編
　4　営業譲渡と営業上の債務の帰属 ·· 86

第 4 講　営業・事業譲渡　　　鈴木達次　91
　1　はじめに ··· 91

> 解説編

　2　営業譲渡の観念 …………………………………………………… 92
　3　営業譲渡の法的性質 ……………………………………………… 96
　4　営業譲渡の効果 …………………………………………………… 97

> 分析編

　5　営業譲渡の意義 …………………………………………………… 106
　6　競業避止義務の法的性質ないし根拠 …………………………… 110
　7　商号続用の場合の譲受人の責任の法的根拠 …………………… 112

第 5 講　商業使用人　　　　　　　　　　　　　　　藤田祥子　120

　1　はじめに ………………………………………………………………… 120

> 解説編

　2　商業使用人の意義 ………………………………………………… 120
　3　支配人 ……………………………………………………………… 122
　4　ある種類または特定の事項の委任を受けた使用人 …………… 132
　5　物品の販売等を目的とする店舗の使用人 ……………………… 134

> 分析編

　6　ドイツ法 …………………………………………………………… 134
　7　表見代理（民109条、110条）と不法行為（民715条）……… 135
　8　商業使用人規定の行方 …………………………………………… 136

第 6 講　代理商　　　　　　　　　　　　　　　　　長畑周史　138

　1　はじめに ………………………………………………………………… 138

> 解説編

　2　意義 ………………………………………………………………… 138
　3　代理商に関する特則 ……………………………………………… 141

もくじ　vii

分析編

  4 代理商の線引き ……………………………………………………… 145
  5 代理商規定の条文上の位置づけ ………………………………… 148
  6 代理商規定の将来 …………………………………………………… 150

第 7 講　商業帳簿　　　　　　　　　　　　　　　　　岡本智英子　152

  1 はじめに ……………………………………………………………… 152

解説編

  2 商業帳簿の沿革 ……………………………………………………… 152
  3 企業形態と法規制 …………………………………………………… 153
  4 商業帳簿の意義と種類 ……………………………………………… 155
  5 商業帳簿の保存 ……………………………………………………… 161
  6 商業帳簿の提出 ……………………………………………………… 162

分析編

  7 トライアングル体制 ………………………………………………… 162
  8 税法基準と公正な会計慣行 ………………………………………… 163

第 8 講　商業登記　　　　　　　　　　　　　　　　　渋谷光義　165

  1 はじめに ……………………………………………………………… 165

解説編

  2 商業登記制度 ………………………………………………………… 165
  3 商業登記の意義 ……………………………………………………… 166
  4 商業登記事項 ………………………………………………………… 167
  5 商業登記の手続 ……………………………………………………… 169
  6 商業登記の公示 ……………………………………………………… 173
  7 商業登記の効力 ……………………………………………………… 174

> 分析編
>
> 8　商業登記の積極的公示力と外観保護規定 ………………………………… 181

第 9 講　普通取引約款―企業間取引・対消費者取引―

笹本幸祐　190

1　はじめに ……………………………………………………………………… 190
2　約款の意義と機能 …………………………………………………………… 192
3　情報の偏在とその是正――改正民法における定型約款規制 …………… 194

第10講　商事契約の成立

加藤雅之　198

1　はじめに ……………………………………………………………………… 198

> 解説編

2　申込みの効力 ………………………………………………………………… 200
3　対話者間でなされた申込み ………………………………………………… 203
4　隔地者間における承諾期間を定めない申込みの効力 …………………… 206
5　申込受領者の特別な義務 …………………………………………………… 209

> 分析編

6　民事契約と商事契約の関係 ………………………………………………… 213

第11講　商事代理

武川幸嗣　219

1　はじめに ……………………………………………………………………… 219

> 解説編

2　商法・会社法上の代理制度 ………………………………………………… 219
3　商事代理の特色 ……………………………………………………………… 221

> 分析編

4　非顕名原則の合理性 ………………………………………………………… 232

  5 商事代理における信頼保護 ·· 233

第12講　商行為通則・有価証券　　　　　　　　　隅谷史人　237
  1 はじめに ··· 237
解説編
  2 債務の履行・債権担保に関する規定 ··· 238
  3 商行為の営利性が重視された規定 ·· 251
  4 有価証券に関する規定 ··· 255
分析編
  5 適用範囲と商法3条1項との関係 ·· 266

第13講　商事売買　　　　　　　　　　　　　　　北居　功　271
  1 はじめに ··· 271
解説編
  2 買主の受領遅滞と売主の措置 ·· 271
  3 確定期売買の解除 ··· 274
  4 契約不適合物の引渡しと買主の措置 ··· 276
分析編
  5 種類についての契約不適合？ ·· 279
  6 数量超過の処置 ·· 281
  7 契約不適合物の滅失等 ··· 282

第14講　交互計算　　　　　　　　　　　　　　　柴崎　暁　285
  1 はじめに ··· 285
解説編
  2 総説 ··· 285

3 効力 ·· 287

分析編

4 不可分の原則・積極的効力 ··· 289

第15講　匿名組合
高田晴仁　291

1 はじめに ··· 291

解説編

2 匿名組合契約の特色──民法上の組合との相違 ············ 291
3 匿名組合と合資会社の相違 ··· 293
4 匿名組合と消費貸借との相違 ······································ 294
5 匿名組合の内部関係と外部関係 ·································· 296
6 匿名組合の終了 ·· 299

分析編

7 匿名組合の沿革 ·· 300
8 外的組合と内的組合──ふたたび法的性質論 ·············· 302

第16講　仲立営業
横尾　亘　305

1 はじめに ··· 305

解説編

2 仲立契約 ··· 306
3 仲立人の義務 ·· 307
4 仲立人の権利 ·· 313

分析編

5 仲立と代理 ·· 315
6 氏名・名称（商号）黙秘義務および介入義務に対する立法論的批判 ········ 316
7 不動産仲介業者の中途排除 ··· 317

第17講　取次営業（問屋）　　　来住野究　320

1　はじめに ……………………………………………………………… 320

解説編

2　問屋の意義・機能・沿革 …………………………………………… 320
3　問屋の権利義務 ……………………………………………………… 322
4　取次の実行としての売買をめぐる法律関係 ……………………… 326

分析編

5　問屋の取得した権利の委託者への帰属に関する理論構成 ……… 330
6　取次（間接代理）法制の将来 ……………………………………… 334

第18講　運送営業　　　笹岡愛美　337

1　はじめに ……………………………………………………………… 337

解説編

2　主な法源とその適用関係 …………………………………………… 338
3　物品運送 ……………………………………………………………… 340
4　物品運送人の責任 …………………………………………………… 350
5　特殊な運送形態 ……………………………………………………… 359
6　旅客運送 ……………………………………………………………… 362

分析編

7　商法575条および590条の特則性 …………………………………… 367
8　不法行為責任 ………………………………………………………… 368

第19講　場屋営業　　　平野裕之　370

1　はじめに ……………………………………………………………… 370

解説編

2　「客の来集を目的とする場屋」 ……………………………………… 371
3　寄託を受けた物品についての責任（1項責任）…………………… 372

| 4 | 寄託を受けない携帯品についての2項責任 | 378 |

分析編
| 5 | 両責任についての共通規則 | 382 |
| 6 | 立法論へ | 389 |

第20講　倉庫営業　　　　　　　　　　　堀井智明　391

| 1 | はじめに | 391 |

解説編
2	総説	392
3	倉庫寄託契約	393
4	倉荷証券	397

分析編
5	倉庫証券の要因性と文言性の関係	401
6	倉庫証券の物権的効力	406
7	証券所持人による保管料の負担	409

第21講　運送保険　　　　　　　　　　　西原慎治　411

| 1 | はじめに | 411 |

解説編
| 2 | 保険とは何か | 411 |
| 3 | 保険の中に占める運送保険の特色 | 416 |

分析編
| 4 | 保険契約と射倖契約 | 422 |

事項索引　427

判例索引　437

● 凡例

[法令名]

商	商法
商 則	商法施行規則
会	会社法
会 計	会社計算規則
民	民法
小	小切手法
手	手形法
信 託	信託法
信 業	信託業法
商 登	商業登記法
商 登 規	商業登記規則
保	保険法
保 業	保険業法
銀 行	銀行法
金 商	金融商品取引法
独 禁	私的独占の禁止及び公正取引の確保に関する法律
不正競争	不正競争防止法
民 訴	民事訴訟法
破	破産法
民 執	民事執行法
会 更	会社更生法
民 再	民事再生法
法適用通則	法の適用に関する通則法
消費契約	消費者契約法
特定商取	特定商取引に関する法律
宅 建 業	宅地建物取引業法
商 取	商品先物取引法
国際海上	国際海上物品運送法
民 施	民法施行法
非 訟	非訟事件手続法
倉 庫	倉庫業法
倉庫業施規	倉庫業法施行規則
鉄 営	鉄道営業法
知財基本	知的財産基本法

商　　標	商標法
会 計 士	公認会計士法
農　　協	農業協同組合法
生　　協	消費生活協同組合法
社　　振	社債、株式等の振替に関する法律
軌　　道	軌道法
一般法人	一般社団法人及び一般財団法人に関する法律

[判例]

大　判（決）	大審院判決（決定）
最　判（決）	最高裁判所判決（決定）
高　判（決）	高等裁判所判決（決定）
地　判（決）	地方裁判所判決（決定）
支　判（決）	支部判決（決定）

[判例集・雑誌]

民　　録	大審院民事判決録
民　　集	大審院民事判例集・最高裁判所民事判例集
刑　　集	大審院刑事判例集・最高裁判所刑事判例集
集　　民	最高裁判所裁判集民事
高 民 集	高等裁判所民事判例集
下 民 集	下級裁判所民事裁判例集
無 体 集	無体財産権関係民事・行政裁判例集
新　　聞	法律新聞
判　　時	判例時報
判　　タ	判例タイムズ
金　　判	金融・商事判例
金　　法	金融法務事情
ジュリ	ジュリスト
民　　商	民商法雑誌
法　　協	法学協会雑誌
法　　教	法学教室
法セミ	法学セミナー
法　　研	法学研究
リマークス	私法判例リマークス
判　　評	判例評論
論　　叢	法学論叢
N B L	NBL

［単行本］

青木・商法総論	青木徹二『商法総論 全〔増訂 3 版〕』（有斐閣書房、1907 年）
青木・商行為論	青木徹二『商行為論 全』（有斐閣書房、1906 年）
青竹	青竹正一『特別講義 改正商法総則・商行為法〔第 3 版補訂版〕』（成文堂、2014 年）
幾代＝広中	幾代通＝広中俊雄編集『新版注釈民法（16）』（有斐閣、1989 年）
石井＝鴻・商法総則	石井照久＝鴻常夫『商法総則〔第 3 版〕』（勁草書房、1975 年）
石井＝鴻・商行為法	石井照久＝鴻常夫『商行為法』（勁草書房、1978 年）
岩崎ほか・セミナー商法	岩崎稜＝吉川吉衞＝吉見研次＝山手正史『セミナー 商法』（日本評論社、1996 年）
内田・民法Ⅱ	内田貴『民法Ⅱ 債権各論〔第 3 版〕』（東京大学出版会、2011 年）
江頭	江頭憲治郎『商取引法〔第 7 版〕』（弘文堂、2013 年）
大隅・商法総則	大隅健一郎『商法総則〔新版〕』（有斐閣、1978 年）
大隅・商行為法	大隅健一郎『商行為法』（青林書院、1958 年）
大塚＝川島＝中東	大塚英明＝川島いづみ＝中東正文『商法総則・商行為法〔第 2 版〕』（有斐閣、2008 年）
鴻・商法総則	鴻常夫『商法総則〔新訂第 5 版〕』（弘文堂、1999 年）
岡野	岡野敬次郎『商行為及保険法』（有斐閣、1928 年）
落合＝大塚＝山下	落合誠一＝大塚龍児＝山下友信『商法Ⅰ──総則・商行為〔第 5 版〕』（有斐閣、2013 年）
河本	河本一郎『現代会社法〔新訂第 9 版〕』（商事法務、2004 年）
神崎	神崎克郎『商行為法Ⅰ』（有斐閣、1973 年）
岸田	岸田雅雄『ゼミナール 商法総則・商行為法入門』（日本経済新聞出版社、2003 年）
北沢	北沢正啓『会社法〔第 6 版〕』（青林書院、2001 年）
倉沢・会社判例	倉沢康一郎『会社判例の基礎』（日本評論社、1988 年）
来栖	来栖三郎『契約法』（有斐閣、1974 年）
小町谷	小町谷操三『商行為法論』（有斐閣、1943 年）
小橋	小橋一郎『商法総則』（成文堂、1985 年）
近藤	近藤光男『商法総則・商行為法〔第 7 版〕』（有斐閣、2018 年）

三枝ほか・論点整理	三枝一雄＝坂口光男＝南保勝美『論点整理　商法総則・商行為法』（法律文化社、2005 年）
鈴木	鈴木竹雄『新版　商行為法・保険法・海商法〔全訂第 2 版〕』（弘文堂、1993 年）
関	関俊彦『商法総論総則〔第 2 版〕』（有斐閣、2006 年）
竹田・商行為法	竹田省『商行為法〔12 版〕』（弘文堂書房、1935 年）
竹田・商法総則	竹田省『商法総則』（弘文堂書房、1932 年）
竹田・商法総論	竹田省『商法総論　全〔26 版〕』（有斐閣、1930 年）
竹田・商法理論	竹田省『商法の理論と解釈』（有斐閣、1959 年）
田中耕・商法総則	田中耕太郎『改正商法総則概論〔26 版〕』（有斐閣、1948 年）
田中耕・商行為法講義	田中耕太郎『商行為法講義要領』（私家版、1938 年）
田中誠＝喜多	田中誠二＝喜多了祐『全訂コンメンタール商法総則』（勁草書房、1975 年）
田中誠・商行為法	田中誠二『新版商行為法〔再全訂版〕』（千倉書房、1970 年）
田中誠・総則	田中誠二『全訂商法総則詳論』（勁草書房、1976 年）
田中誠ほか・コンメ	田中誠二＝喜多了祐＝堀口亘＝原茂太一『コンメンタール商行為法』（勁草書房、1973 年）
田邊	田邊光政『商法総則・商行為法〔第 4 版〕』（新世社、2016 年）
長場	長場正利『商法体系総則編〔全訂 5 版〕』（巌松堂書店、1940 年）
西原	西原寛一『商行為法〔第 3 版〕』（有斐閣、1973 年）
西原・日本商法論	西原寛一『日本商法論第 1 巻〔訂再版〕』（日本評論社、1950 年）
西本・商法	西本辰之助『商法総論〔訂正 9 版〕』（巌松堂書店、1926 年）
蓮井＝西山	蓮井良憲＝西山芳喜編『入門講義商法総則・商行為法』（法律文化社、2006 年）
蓮井＝森	蓮井良憲＝森淳二朗編『商法総則・商行為法〔第 4 版〕』（法律文化社、2006 年）
服部	服部栄三『商法総則〔第 3 版〕』（青林書院新社、1983 年）
平出	平出慶道『商行為法〔第 2 版〕』（青林書院、1989 年）
松本・商法総論	松本烝治『商法総論〔訂正 13 版〕』（中央大学、1931 年）
松本・商行為法	松本烝治『商行為法〔32 版〕』（中央大学、1929 年）

森本・商法総則	森本滋編・小林量ほか著『商法総則講義〔第3版〕』（成文堂、2007年）
森本・商行為法	森本滋編・小柿徳武ほか著『商行為法講義〔第3版〕』（成文堂、2009年）
弥永	弥永真生『リーガルマインド商法総則・商行為法〔第2版補訂版〕』（有斐閣、2014年）
弥永・コンメ計規商施規	弥永真生『コンメンタール会社計算規則・商法施行規則〔第3版〕』（商事法務、2017年）
ロエスレル	司法省『ロエスレル氏起稿商法草案上巻〔復刻版〕』（新青出版、1995年）
我妻・債権総論	我妻栄『新訂債権総論（民法講義Ⅳ）』（岩波書店、1964年）
我妻・債権各論上	我妻栄『債権各論上巻（民法講義V_1）』（岩波書店、1954年）
我妻・債権各論中Ⅱ	我妻栄『債権各論中巻二（民法講義V_3）』（岩波書店、1962年）
基本法	服部栄三＝星川長七編『基本法コンメンタール 商法総則・商行為法〔第4版〕』（日本評論社、1997年）
百選	江頭憲治郎＝山下友信編『商法（総則・商行為）判例百選〔第5版〕』（有斐閣、2008年）
争点Ⅰ・Ⅱ	北沢正啓＝浜田道代編『商法の争点Ⅰ、Ⅱ』（有斐閣、1993年）
会社コンメ（1）	江頭憲治郎編『会社法コンメンタール1』（商事法務、2008年）
会社コンメ（12）	落合誠一編『会社法コンメンタール12』（商事法務、2009年）

● 執筆者一覧（50音順。＊は編者）

岡本　智英子	関西学院大学教授	第 7 講
片山　直也	慶應義塾大学教授	第 3 講
加藤　雅之	日本大学教授	第 10 講
来住野　究	明治学院大学教授	第 17 講
北居　功	慶應義塾大学教授＊	第 13 講
笹岡　愛美	横浜国立大学准教授	第 18 講
笹本　幸祐	関西大学教授	第 9 講
柴崎　暁	早稲田大学教授	第 14 講
渋谷　光義	亜細亜大学教授	第 8 講
鈴木　達次	國學院大學教授	第 4 講
隅谷　史人	流通経済大学准教授	第 12 講
諏訪野　大	近畿大学教授	第 2 講
高田　晴仁	慶應義塾大学教授＊	第 0 講、第 15 講
長畑　周史	横浜市立大学准教授	第 6 講
西原　慎治	久留米大学教授	第 21 講
平野　裕之	慶應義塾大学教授	第 19 講
藤田　祥子	拓殖大学教授	第 5 講
堀井　智明	立正大学教授	第 20 講
武川　幸嗣	慶應義塾大学教授	第 11 講
森川　隆	國學院大學教授	第 1 講
横尾　亘	西南学院大学准教授	第 16 講

※　所属・肩書は平成30年4月現在。

第0講　商法とは何か

1　はじめに

　まず、商法とは何か？　このシンプルな問いから始めよう。――そう、六法に載っている「商法」（明治32年3月9日法律第48号）という法律のことである。これがひとつの答えである。これを指して形式的意義の商法という。

　商法のいわば「一丁目一番地」である1条1項を読んでみよう。そこには「商人の営業、商行為その他商事については、他の法律に特別の定めがあるものを除くほか、この法律の定めるところによる」と定めている。これによれば、商法が対象とするのは商事である。商事については、特別法（会社法、手形法・小切手法、保険法などの法律）の定めがないかぎり、商法が適用される。その意味で商法は商事に関する一般法であるといえる。

　では、商事とは一体何か。通常、商事は民事の特別な一部を示す概念であるが、一般的な民事に対して、商事がどのような意味で特別か、また、商事の範囲はどこまで及ぶかについての捉え方は人によってまちまちであろう（非営利と営利、非商人と商人、非企業と企業、等々）。

　そこで、伝統的な通説は、「商事」とは商法によって規定した事項であると形式的に答えるほかない、としている[1]。このような答え方に対しては、「商事を商法で規定しているというのに、商法によって規定されたことがらが商事だ、というのでは循環論法じゃないのか！」と納得されないむきもあろう。その疑問は一応もっともである。しかし「商事」の実質をもとめだす

---

[1]　この点は、後述の実質的な意義の商法をいかに捉えるかとは別の次元で一致している。田中耕・商法総則189頁、西原・日本商法論173頁注2）、大隅・商法総則79頁、石井＝鴻・商法総則54〜55頁。

と議論百出になりかねず（その議論に学問的な意味がないというわけではない——実質的意義の商法）、法的安定をもとめると商法が適用される事項が商事だというほかないのである。

実をいえばこの「一丁目一番地」は、古くからある条文ではない。平成17年の商法改正でつけ加えられた規定であり、それまでは必要が感じられてこなかったのである[2]。"わかりやすい"法律を指向する最近の潮流にのった立法であろうが、この規定だけから「商事」の具体的ありようがわかるというわけにはいかない。そこで、つぎに、商法1条1項が「商事」の例として挙げる「商人の営業」および「商行為」という鍵概念から商法の骨組みを概観していくこととしよう。

■解説編
2　「商人」と「商行為」
(1)　商行為法主義
商法においては、「商人」とは、自己の名をもって「商行為」をすることを業とする者をいう（商4条1項）。すなわち、自分の名義で、「商行為」という特別な類型の取引（法律行為）を営業として、つまり同種の行為を営利目的で反復継続する者を商人というのである。

ここでいう「商行為」とは単なる営利行為という意味ではない。商法で「これが商行為だ」と定めている取引（法律行為）のことである（くわしくは第1講を読んでほしい）。「商行為」の基本的類型は、法的安定性の観点から、商法501条（絶対的商行為）と502条（営業的商行為）とに限定的に列挙されている。そして、これら基本的商行為を行うのは誰にとっても自由である（もちろん行政法による規制や各種の業法の規制はついてくる）。

要するに、わが国では、「商行為」という特別な法律行為の類型が先行し、それを自己の名で業として行う者が「商人」となるのが原則である。こ

---

2) 明治23年の旧商法3条は、商事とは商人・非商人のすべての商取引、および、その他商法に規定した事項をいうものと規定していた。この規定は、商事裁判制度のように「商事」を直接の要件とする制度を用意していた旧商法では意味があったが、明治32年の新商法（現行法）の立法の際に商事裁判制度が不採用となったことから、同条は削除された（ドイツの旧・新商法にも該当する規定はない）。

のような法律の定め方を商行為法主義または客観主義という。「あなたはいかなる取引を営業として行っていますか？」という問いに対して、「商行為です」と答えるかどうかで「商人」にあたりうるか否かを判定するからである。

その歴史的背景にもふれておこう。中世的な身分法秩序から、近代的な契約法秩序への転換は「身分から契約へ[3]」という標語であらわされる。

歴史的にみれば、（実質的意義の）商法が生まれたのはヨーロッパ中世においてであるが、そこでは、商法の主体としての商人は、一種の階級的な身分を意味していた。たとえば、イタリア中世諸都市国家（アマルフィ、ヴェネツィア、ジェノヴァ、ピサなど）の商法は、権力者から商業活動の特権をあたえられていた商人団体のいわば仲間内の法であった。

18世紀末の大革命によって封建的な身分制を打ちこわしたフランスでは、ギルドに代表される商人身分もまた廃棄された。フランス革命後にナポレオンがつくった商法典（1807年）は、もはや商人身分の法ではありえない。人間平等の思想からその人の身分という主観的な属性から離れ[4]、誰もが自由になしうる「商行為」という客観的な行為の類型を規定する商行為法主義[5]を採用した。誰もが自己の名義で商行為の営業を行うことによって商人になる道がひらかれたのである。こうしたフランス商法の立法は、ドイツ旧商法（1861年一般ドイツ商法典）[6]をふくむヨーロッパ全土に影響をおよぼし、とくにドイツ旧商法を介して[7]、時間と場所を隔てた明治の日本にも伝

---

3) イギリスの歴史家メーンによる『古代法』（1861年）の有名な一節に「進歩した社会は身分から契約へと運動してきたといってよい」とある。

4) 竹田・商法総則19頁。

5) フランス商法典制定当時は商法632条、633条（商事裁判所の管轄を定める規定）。2000年のフランス商法典改正で商法L. 110-1条、L. 110-2条に引き継がれている。なお、フランス法では、伝統的に商行為を（1）形式による商行為（手形行為、商事会社のなす行為）、（2）性質による商行為（ほぼわが国の絶対的商行為〔商業証券に関する行為を除く〕・営業的商行為に相当する）、（3）附属的商行為（「付属性の理論」にもとづき明文はない）の3つに分類する。やや古いが大森忠夫「商一般」『仏蘭西商法〔I〕（現代外国法典叢書(19)）』（有斐閣、1957年）17頁以下を参照。

6) ビスマルクによるドイツ帝国建国（1871年）よりも前に、ドイツの諸邦（オーストリア帝国、プロイセン王国など）が共通の商法をもとめてつくったのが旧商法だといえば、その時代背景がおわかりになるだろう。

わったのである。

(2) 商人法主義（主観主義）

これに対して、商行為を介せずに、経営の方式にもとづいて、商人か否かを判断する法律の定め方を商人法主義または主観主義という。とくにドイツでは、1881年のスイス債務法にならって[8]、1897年の新商法であたらしい商人法主義へと転換した[9]。

これを引き継いだ現在のドイツ商法（1998年改正法）では、「商業」を営む者を商人（性質上の商人）とする（ドイツ商法1条1項）。その人の事業の方法および範囲からみて、商人的な設備（使用人、会計などの人的・物的組織）が経営に必要であるとみられるかぎり[10]、どのような営業[11]を営んでいてもそれは「商業」にあたる（同1条2項）。おおまかにいえば、店や事務所を構え、使用人を雇うなど、それなりの設備・組織が必要な商売をしていれば商人になるのである。ここには「商行為」の出番はまったくない。むしろ商人が営業上なした行為はすべて商行為とする（同343条）という形で、商人のあとから「商行為」概念がついてくるのである。つまり商行為をなしうるのは商人だけなのであって、いつでも誰もがなしうる商行為の自由という理念は姿を消している。一定の設備・組織がなければおよそ事業を営む者（企業者）とはいえないという、きわめて現実主義的な考え方（あるいはドイ

---

7) 「基本的商行為」（「絶対的商行為」・「営業的商行為」）、「附属的商行為」という概念の区別そのものが1861年のドイツ旧商法に由来する概念である。西原6頁。
8) 1881年のスイス債務法は、経営の方式に注目し、「商人的方法によって行う営業をなす者」を商法の主体とした。岩崎稜『戦後日本商法学史所感』（新青出版、1996年）97頁以下。
9) それと同時に、ドイツでは、前掲注7）の概念の区別の意味が消失した。大隅・商法総則10頁。
10) すなわち商人的な設備が不要な場合（小商人に相当）は排除されるが、商号を商業登記すれば、例外的に商人となりうる（任意の商人）（ドイツ商法2条）。そのほか、農林事業者も任意の商人となりえ（同法3条）、非商業を営む者が商号の登記をしたときは商人と擬制され（表見商人）（同法5条）、また、商事会社は形式上の商人とされる（同法6条）。
11) 営業とは、外部的に認識することができ、計画的・継続的で、利益追求を目的とした独立的な活動であって、公序良俗に反せず、また、自由業に属しないものをいう。

ツ社会の伝統的な考え方）が前提となっているのである。

(3) 日本の商法

わが国では、ドイツ旧商法の影響のもとに成立した明治32年商法を現在まで維持しており、原則として商行為法主義を採用している。原則として、とわざわざ断ったのは、商人法主義も採り入れているからである。

まず、明治32年の新商法以来、商人がその「営業のためにする行為」を附属的商行為としている（商503条1項・2項）。つまり、商行為法主義の補助的・補完的な意味で商人法主義を採り入れていたのである。この点は実はフランス法も同様である[12]。

さらに昭和13年の商法改正では、店舗営業者、鉱業者などの擬制商人が認められた（商4条2項の新設）。たとえば、道路ぞいの店舗で自家製の果物を売る人がいるとしよう。自分の生産物を販売しているだけで、他から仕入れた果物を販売する行為（投機購買および実行売却──商501条1号）を行っていないのだから、この場合は固有の商人（商4条1項）にはあたらない。しかしこの人も商人的な設備（店舗）によって事業を経営していることに着目して、これを擬制商人（みなし商人）と定めた（商4条2項）。商行為を前提としない商人であるから、商人法主義を一部ではあるが正面から採用したものである。

(4) 「商人の営業」？

ふたたび商法1条1項に戻ろう。「商事」の例として「商行為」と並んで挙げられている「商人の営業」とは何だろうか。

営業には2つの意味がある。1つは「主観的意義の営業」すなわち営利目的をもって、継続的に同種の行為を反復して行うことであり、もう1つは「客観的意義の営業」すなわち商人の活動の基礎となる財産である（代表的

---

[12] フランス商法のように商行為法主義を採る国でも、理論上あるいは判例上、附属的商行為を認めてきており（前掲注5））、その意味で純粋な商行為法主義ではない。竹田・商法総論105頁は、フランス法がわが国でいう営業的商行為を認めている点をとらえて「折衷主義」と呼び、以後この呼び方が踏襲されてきている（森本・商法総則29頁注1）、31頁注3））。

には営業の譲渡。くわしくは、第3講および第4講をお読みいただきたい)。商法1条1項の「商人の営業」という文言だけからは、「営業」が上記の両者のいずれとも判然としないが、おそらくは主観的意義の営業を指すものであろう[13](客観的意義の営業をいうものと捉えると、営業譲渡の規定が「第4章 商号」の中に組み込まれていることからして、なぜ「営業」のみが例示され、「商号」が挙げられていないのか不自然である)。

だが、商人とは自己の名をもって商行為をすることを業とする者をいうのだから（商4条1項）、商行為の営業（主観的意義の営業）はそもそも商人になるための要素である。また、基本的商行為の中には、いつ誰が行っても商行為となる絶対的商行為（商501条）と、「営業として」（これも主観的意義の営業）なしたときにはじめて商行為となる営業的商行為（商502条）とがある。いずれにしても、商人は最初から営業する存在なのであって、商行為法主義を採る以上は、商人の営業の対象（「何を営業するか」）は原則として商行為であるから、商事の鍵概念としては「商人」と「商行為」を挙げれば十分といえる[14]。現行法でも「商人の営業」とせず、単に「商人」と規定すれば足りたはずであり、かりに「営業」という文言を用いるとしても、「商人」にならべて「商行為の営業」を例示すべきであったのではないか。

3　商法の法源

商法1条2項は、「商事に関し、この法律に定めがない事項については商慣習に従い、商慣習がないときは、民法（明治29年法律第89号）の定めるところによる」と定める[15]。平成17年改正前は、この規定が商法1条であり、「商事ニ関シ本法ニ規定ナキモノニ付テハ商慣習法ヲ適用シ商慣習法ナ

---

13) 直截に「商人の営業」という文言を用いている規定（商23条1項2号、25条1項、28条1項1号・2号）ではいずれも主観的意義の営業を意味する。なお、名板貸し（商14条）の規定は、おそらくは商法1条1項の「商人の営業」という文言から制約を受けた結果、平成17年改正前商法23条の「自己ノ氏、氏名又ハ商号ヲ使用シテ営業ヲ為スコトヲ他人ニ許諾シタル者」との文言が「自己の商号を使用して営業又は事業を行うことを他人に許諾した商人」に置きかえられ、そのために改正後は非商人に商法14条を類推すべきか否かという問題を生じた（第2講を参照）。

14) 松本烝治『商法原論』（中央大学、1904年）69頁は「商事」について、商人または商行為に関する事項および商法が規定したその他の事項をいうものと定義した。

キトキハ民法ヲ適用ス」るものと定めていた[16]。

　これを素直に読むと、「商事」に関して商法に規定（強行法規・任意法規の両方の規定）がない事項については、「商慣習」に従い、「商慣習」がないときは民法の規定（任意法規・強行法規の両方をふくむ）という順番で商法の法源を定めていることとなる。そもそも商法が民法の特別法としてこれに優先すべきことは、特別法は一般法に優先するという原則からあきらかである。この原則との関係では、商法1条2項の存在意義は、両者の間に商慣習を割り込ませて、一方では、商慣習を商法の補充的な法源とし、他方では、商慣習を制定法である民法に優先する効力をもたせている点にあるといえる。

　まず、「この法律」とはいうまでもなく商法典のことであるが、もともと商法典の一部であり、現在は商事特別法の形をとっている会社法[17]・会社法施行規則、手形法・小切手法、保険法などは、商法典よりもさらに優先することになる。それら商事特別法との関係では、商法典は一般法という位置づけになるからである。

　つぎに、「商慣習」すなわち商慣習法の適用がある。「商慣習法」を「商慣習」と改めたのは、法の適用に関する通則法（法適用通則）3条（平成18年改正前の「法例2条」）が、「公の秩序又は善良の風俗に反しない慣習は、法令の規定により認められたもの又は法令に規定されていない事項に関するものに限り、法律と同一の効力を有する」としていることに文言をそろえただけであって[18]、「商慣習」とは法適用通則3条の「慣習」の1つであるから、従来の文言どおり商慣習法を意味する、と解してよい。

　ここで注意しなければならないのは、まず、抽象的な商慣習法というもの

---

15) 商法1条1項で「商事については、……この法律の定めるところによる」といいながら、同条2項で、「商事に関し、この法律に定めがない事項」があるというのは矛盾しているようだが、「商事について」よりも「商事に関し」のほうが射程が広いという趣旨であろう。

16) ドイツ新商法では、一切の商法規範の妥当性を支配することがそもそも立法の限界を超えているとして、この規定は廃止となった。岩崎ほか・セミナー商法12頁。

17) 商法総則のうち会社法に適用すべき規定については、会社法の第1編第2章ないし第4章に自足的な規定が設けられた。その結果、商法第1編第2章以下の規定は個人商人（および会社以外の法人である商人）についての規定に分化した。

18) 江頭5頁注3)。

はこの世に存在しないという点である。学説の中には、商法1条2項のいう「商慣習」は、ひろく商慣習法一般を指すものであって、これらが包括的に法適用通則3条によって「法令の規定により認められた」ものと解する立場もあるが[19]、しかしそう解したのでは個別の商慣習を認めた規定は独自の意義を失ってしまう。たとえば、法令（民法）の規定によって認められた慣習法として、「法令又は慣習により取引時間の定めがあるときは、その取引時間内に限り、弁済をし、又は弁済の請求をすることができる」（旧商520条、改正民法484条2項）という規定が置かれているが、商慣習法は、このように個々の事物について具体的に成立するものというべきである（仲立人が当事者のために給付を受ける権限（商544条）、問屋が自ら履行をする義務（商553条）にも注意）。

また、伝統的な見解によれば、「慣習」（法適用通則3条）は、法的確信をともなう「慣習」に慣習法としての効力を認めたものであるのに対して、法的確信をともなわない「慣習」は事実たる慣習として、当事者の意思表示を解釈する材料となり、あるいは、意思表示を補充するものとされる（民92条）。

さらに、商事関係条約（締約国の国民相互の法律関係を直接規律する（自力執行力がある）条約[20]、国内法化を必要とする条約[21]の区別がある）、商事自治法[22]がこれにつづき、最後に民法の適用がある。

---

19) 竹田・商法総論87〜88頁、西原・日本商法論178頁。
20) 国際航空運送についてのワルソー条約（昭和28年条約第17号）、ヘーグ議定書（昭和42年条約第11号）、モントリオール第4議定書（平成12年条約第6号）、モントリオール条約（平成15年条約第6号）がその代表。くわしくは、第18講を参照。
21) 代表的な例として、為替手形及約束手形に関し統一法を制定する条約（昭和8年条約第4号）、小切手に関し統一法を制定する条約（昭和8年条約第7号）。
22) 会社の定款、取引所の業務規程、手形交換所規則など。なお、普通取引約款については、判例は、火災保険契約の当事者が、特に普通保険約款によらない意思を表示せずに契約をした場合には、反証がない限りその約款による意思で契約したものと推定すべきであるとする意思推定理論をとっている（大判大正4年12月24日民録21輯2182頁、甘利公人・百選6頁）。これも、くわしくは、第9講を参照いただきたい。

分析編

4 「商法典」の解体と実質的意義の商法

　「商法」という法律は、もともと個別の法規を定めた単行法ではない。多かれ少なかれ包括的に法規をあつめてつくった法典である。

　現在の商法典は、第1編「総則」、第2編「商行為」、第3編「海商」のみから成っている。だが、現在の商法典がつくられた明治32年には、上記のほか、「会社」編、「手形」編、さらに、商行為編の一部として「保険」の章が設けられていた。それらは、現在では、会社法[23]、手形法・小切手法[24]、保険法[25]として、独立した単行法となっている。

　単行法とした理由は、それぞれ異なっており、ジュネーブ条約にもとづく多数の条文を商法に編入することが困難なため（手形法・小切手法）、会社に関係する法規（商法旧第2編、有限会社法、商法特例法）を1つに統合するため（会社法）、あるいは、保険契約と非営利の共済を統合する都合上、商事から切り離す必要があったため（保険法）、とされる。

　このように、現在、わが国の商法典が解体傾向にあることは否めないが（脱法典化）[26]、もともとこのような一個の法典をつくるのには何か統一的な目標があったはずである。ただやみくもに雑多な法規をあつめるということはありえないうえ、名称はそのものの実体をできるだけ正確に表わすべきものであるから、そこには、「商法」という名にあたいする実質をもった法規があつめられていたはずであろう。

　また、一方では、フランス、ドイツ、日本をはじめとする商法典を有する国では、商法典が編纂される以前に、成文法か慣習法かを問わず、実質的にみて商法にあたいする法規範が存在したはずである（法制史的な視点[27]）。他

---

23) 平成18年5月1日施行、商法旧第2編「会社」は会社法の施行に伴う関係法律の整備等に関する法律64条により削除。
24) 昭和9年1月1日施行、商法旧第4編「手形」は手形法80条・小切手法64条により削除。
25) 平成22年4月1日施行、商法旧第2編第10章「保険」は保険法の施行に伴う関係法律の整備に関する法律1条により削除。
26) 藤田友敬「総論 商法総則・商行為法の現状と未来」NBL935号7頁以下（2010年）を参照。

方では、スイスのように商法典を制定せず、あるいはイタリアのように商法典を廃止してこれを民法典の中に編纂しなおした国でも[28]、商法の実質をもつ法規（会社法や手形法・小切手法など）がなくなったわけではなく、ただその位置づけが変わっただけである（比較法的な視点）。このように歴史的あるいは比較法的にみたときも、「商法」という名にあたいする実質とは何か、という問題が生ずる。これを実質的意義の商法とよぶ。

だがこの実質的意義の商法に関しては、現在に至るまで見解の一致をみていない。

わが国で有名なのは田中耕太郎による商的色彩論である。民法が私人間の法律関係の一般的な規則として「無色」であるのに対して、商法は「商的色彩」を帯びた私人間の法律関係を規定するものとする比喩からこの名がある。この「商的色彩」は、「安く仕入れて高く売る」という投機売買（商501条1号）から演繹しうる特質であって、集団性と個性の喪失を特徴とするという。しかしその門下である西原寛一は、「商的色彩」の出所・主体は「企業」であるとした。すなわち企業とは、私経済的自己責任負担主義のもとに、継続的意図をもって企画的に経済行為を実行し、これによって国民経済に寄与するとともに（公共性）、自己および構成員の存続発展のため収益をあげることを目的とする（営利性）、一個の統一ある独立の経済生活体である、という定義を示して、商法とは企業生活に関する特異な法律秩序であると論じ、商的色彩論は克服されるべきであると主張した[29]。これを企業法説という。

現在では、この企業法説が通説といわれるが、もともと経済学上の概念である「企業」のとらえ方がまちまちなうえに[30]、従来の「商人」を「企業」

---

[27] たとえば、日本では明治5年（明治9年改正）の「国立銀行条例」が実質的に最初の株式会社法といわれる。

[28] スイスは1881年に「連邦債務法」に商法の規定を編纂し、1911年には「債務法」全体が民法第5編に編入された（現在でも「債務法」とよばれる）。イタリアは1942年に従来の商法典を廃止して民法典を編纂した。大隅・商法総則10頁、12頁。

[29] 西原・日本商法論18頁。

[30] 現在の代表的見解は、一定の計画に従い、継続意図をもって独立の組織により営利行為を実現する存在というものである。大隅・商法総則31頁。

にほぼ置きかえる形で「企業法」という場合もあれば[31]、経済法、労働法などをふくむ広い文脈で、「企業法」ということばを使うこともある。企業法説と名乗っている諸学説の内実がおおくの場合には、相異なっていることに注意すべきである（いいかえれば、企業法説が「通説」であるというだけではさほど意味がない）。

5　商慣習法
(1)　法適用通則3条と商慣習法

商法1条2項の規定の読み方は、法適用通則3条との関係では案外むずかしい。

慣習法の成立の要件は、法適用通則3条によると、①公序良俗に反しないこと、②（イ）法令の規定により認められた慣習、または、（ロ）法令に規定されていない事項に関する慣習であること、である。つまり、公序良俗の枠をまもる限りにおいて、しかも、法令がみずから認めるか、または、法令が何も定めずいわば法令の空白の区域においてのみ慣習法の成立を許容するにすぎない。うらがえしていえば、慣習法に対して制定法がコントロールする権能を認める制定法優先主義[32]を定めた規定である。この原則によれば、当然のことながら慣習法には制定法を改廃する効力はなく（強行法のみならず任意法も）、ただ制定法を補充する効力があるのみということになる。

上記の慣習法の要件①に関しては、公序すなわち強行法規に反する慣習法の成立が認められるかについては異論もないではない[33]。しかしこれは立法

---

31) オーストリアでは、2005年の商法改正で、商人に代えて企業（者）概念を採用した。
32) わが国で制定法優先主義がとられた理由については歴史的な要因が大きい。明治維新後、急速に近代化する必要にせまられた日本では、英米法のように不文法（判例法）の発達をまつ余裕がなく、ボワソナード民法草案やロエスレル商法草案に代表されるヨーロッパ大陸法の法典の継受という方法しかなかった。その反動として法典論争が起こり、とくに商法典論争では、外国法の模倣と並んで商慣習の無視が旧商法延期論の根拠とされた。新商法1条（現1条2項）はそのような経緯からとくに商慣習に配慮したものである。なお、西本51頁以下参照。
33) 服部39頁。なお、立法論としては、商法1条2項削除説が有力である。大隅・商法総則82頁注2)、石井＝鴻・商法総則55〜56頁。

論であって、解釈論としては無理であろう[34]）。

さらに、②（イ）法令の規定により認められた商慣習として、取引時間（民484条2項）、仲立人が当事者のために給付を受ける権限（商544条）、問屋が自ら履行をする義務（商553条）があることは先にもふれた。

これに対して、（ロ）法令に規定されていない事項に関する慣習として、従来からつぎのものが知られている。

まず、白地手形の慣習法である。大審院は、白地手形の引受が有効なことは商慣習法上認められるところであるとし（大判大正15年12月16日民集5巻841頁）、また、およそ白地手形の手形行為者は、その取得者をして手形要件の全部または一部を補充せしめる意思をもってことさらに要件を欠く手形につき手形行為をなしたものであって、後日白地手形が要件の補充により完成手形となったときは、手形行為者がその内容に従う手形上の責任を負うものであることは商慣習法上認められるところであると判示した（大判昭和5年3月4日民集9巻233頁[35]）。

つぎに、白紙委任状付き記名株式の譲渡である（大判昭和19年2月29日民集23巻90頁）。記名株式の譲渡を会社その他の第三者に対抗するためには、取得者の氏名・住所を株主名簿および株券に記載しなければならないものとする規定（昭和13年改正前商150条）のもとで、その煩わしさを回避するために、株式名義書換の白紙委任状または処分承諾書付きで記名株券を譲渡する実務慣行が生じた。大審院は、白紙委任状が真正であれば、記名株式の譲渡を受けた者は株券上の権利を善意取得しうる旨の商慣習があるものと認めた。これは、株式譲渡の当事者間における権利の帰属を定める趣旨のものであり、会社その他の第三者に対する対抗要件（強行法規）とは別の問題に関する商慣習法である。すなわち商法の明定していない株式譲渡方法について成立した商慣習法であって、強行法規に反する商慣習法を認めた例とはいえない[36]）。

---

34) もしこれを肯定すれば、理論的には、法適用通則3条、商法1条に反する慣習法の成立すら認めざるをえなくなる。また、後述のように、判例も強行法規に反する商慣習法まで認める趣旨ではないものと解される。
35) 大判大正10年10月1日民録27輯1686頁、谷川久「白地手形の有効性」『手形小切手判例百選〔第3版〕』（有斐閣、1981年）108頁。

さらに再保険者の代位権である。元受保険者が再保険者から再保険金の支払いを受けた場合でも、元受保険者は、再保険者が保険代位によって取得した第三者に対する損害賠償請求権（保25条、平成20年改正前商662条）を自己の名で再保険者のために行使することができるとする慣習法が認められている（大判昭和15年2月21日民集19巻273頁[37]）。

(2) 商慣習法と「事実たる商慣習」

法適用通則3条および商法1条2項が商慣習法について定めているとして、これと民法92条の関係をどう捉えるかは難問とされている。

それというのも、上記の法適用通則3条が、任意法規が存在する場合に、それと衝突する慣習が法律と同一の効力を有しえないものと読めるのに対して、民法92条は、「法令中の公の秩序に関しない規定と異なる慣習がある場合において、法律行為の当事者がその慣習による意思を有しているものと認められるときは、その慣習に従う」ものとして、強行法規に反しない慣習ならば、当事者の意思にもとづいて任意法規よりも優先するものと定めているからである。

この点、伝統的な通説[38]によれば、法適用通則3条は、法的確信をともなう慣習に慣習法としての効力を認めたものであるのに対して、民法92条のいう「慣習」とは法的確信まで達していない事実たる慣習[39]をいう。この立場によれば、法適用通則3条による慣習法は、任意法規が置かれている

---

36) 竹濱修・百選4頁。大隅・商法総則82頁注2）は商慣習法は公序良俗に反することはできないといい、田中耕太郎『改正会社法概論』（岩波書店、1939年）488頁以下もこの慣習が強行法に反するとはいっていない。

37) 谷川久「再保険者の代位権と元受保険者の地位」『損害保険判例百選〔第2版〕』（有斐閣、1996年）170頁、岩崎ほか・セミナー商法15頁、山下友信『保険法（上）』（有斐閣、2018年）125頁。

38) 梅謙次郎『民法要義 巻之一総則編〔訂正増補第33版〕』（有斐閣書房、1911年）204頁。

39) 銀行取引約定書に割引手形の買戻請求権の約定が規定される以前の判例で、割引依頼人の信用が悪化した場合、「事実たる慣習」による手形の買戻請求権を肯定しうるとしたものがある（最判昭和40年11月2日民集19巻8号1927頁、最判昭和46年6月29日判時640号81頁）。

場合には成立しえないが、これに対して、当事者が任意法規と異なる慣習による意思を有すると認められるとき[40]は、事実たる商慣習が法律行為の内容にとりこまれて任意法規より優先することになる。要するに、慣習によるという明確な意思表示を必要とせず、当事者がとくに反対する意思を表示しない限り、慣習による意思があるものと推定される[41]。

だがそれでは、規範性の弱い事実たる商慣習が任意法規に優先する一方、より規範性が強いはずの商慣習法が任意法規に劣後する結果となってしまう。また、法適用通則3条（商1条2項）と民法92条とは、いずれも「慣習」と定めているにすぎない。

そこで、「法律と同一の効力」を有する慣習（法適用通則3条）も、法律行為の補充的解釈の基準となる慣習（民92条）も、ひとしく権利義務に関するものであり、義務意識をもって慣行とされていなければならない点で両者を区別すべきでなく、また、実際上も区別は困難である、として通説を批判する見解が（とみに民法学説では）増加している[42]。すなわち、(i)法適用通則3条は、制定法一般（強行法規・任意法規）に対する慣習の補充的効力を認めたのに対して、民法92条は、私的自治が認められる分野にかぎって任意法規に優先して慣習が法律行為を補充する基準となる効力をもつことを認めたもの（民92条は法適用通則3条の特則）[43]、あるいは、民法92条は、法適用通則3条のいう慣習の効力を認める「法令」にあたるとして慣習が任意法規より優先するものとし[44]、また、(ii)民法92条は、法令に規定のある事項に関する慣習の適用を当事者の慣習によるべき意思があると認めるべき場合に限っているのに対して、法適用通則3条は、法令に規定のない事項に関する慣習の適用に当事者の慣習によるべき意思を不要としているものと解して、法律行為に関する慣習であっても、法令に規定のない事項に関するものは、（民92条ではなくて）法適用通則3条が適用されるものとして、当

---

40) その立証につき、江頭5頁注3) 参照。
41) 我妻栄『新訂民法総則（民法講義I）』（岩波書店、1965年）252頁。
42) 詳しくは、川島武宜＝平井宜雄編『新版注釈民法（3）』（有斐閣、2003年）260頁以下〔淡路剛久〕。
43) 四宮和夫＝能見善久『民法総則〔第9版〕』（弘文堂、2018年）216～217頁。
44) 星野英一『民法論集第1巻』（有斐閣、1970年）180頁。

事者の慣習によるという意思があると認められなくとも、慣習をひろく適用すべきとする立場がある[45]。

6 民法は商法の法源か？

　企業法説の立場から、企業の生活関係については商法が、一般的な私的生活関係については民法が支配することを理由として、民法が商法の法源であることを否定する商法学説もある[46]。この立場は、民法をもって権利能力、行為能力、法律行為、法人など私法上の基本概念を定めた法というイメージを前提としているようである。しかし、日本の民法は、単なる一般的な私法的生活のみを規律する規定だけで構成されているわけではない。組合契約（改正民法667条以下）や証券的債権の諸規定（旧民86条3項、469条以下）を整理・拡充した「有価証券」の規定（改正民法520条の2以下）のように、もとをたどれば旧商法の規定を新民法に吸収した規定が多数あり、それらも商法の法源として無視しえないはずである（「民法の商化」）。したがって商事に関して民法もまた補充的ながら法源になると文言どおりに理解すべきであり、そのことに差しつかえがあるとはいえない。

　ただし、商法の分野ごとに民法が法源になりうることについて濃淡がある。まず、①商行為総則や商事売買のように、商法が民法の規定を補充・変更するにすぎないものは、基本的に民法の規定が適用されるのは当然である。また、②商業使用人、代理商、仲立営業、問屋営業、運送営業、倉庫営業などの規定は、民法の定める委任・準委任契約、請負契約、寄託契約などを基礎におきつつその特殊な形態であると捉えるべきものであるから、これについても一定の範囲で民法の補充適用が予定されている。しかし、③商業登記、商号、商業帳簿に関する規定のように、民法から離れた制度を商法でつくりだす場合もある。ただし、この場合でも、人の能力、法律行為などの

45）　来栖三郎『来栖三郎著作集I』（信山社、2004年）182頁。
46）　大隅・商法総則43頁、78頁。なお、民法・商法研究のクロスオーバーの必要性につき、大隅健一郎『商事法六十年』（商事法務研究会、1988年）322頁、および、川島武宜『民法総則』（有斐閣、1965年）14頁。

民法の一般原則が基底にあることは変わりない[47]。

(高田晴仁)

---

[47] 大隅・商法総則43頁は、「商法は……民法上の一般概念を基礎としているのであって、商法はいたるところ民法によって充たさるべき間隙を蔵しており、その基礎を失うならば崩壊せざるをえない」という。

第1講 商人・商行為概念

1 はじめに

　商法は、民法の特別法であって、商人と商行為という2つの概念を基礎として適用範囲を画している。もともと、商人は人のカテゴリーに属し、商行為は法律行為のカテゴリーに属するのであって、商法は、それらのカテゴリーについて、特別な規定を置いている。

　たとえば、商人は、営業のために使用する財産について、法務省令で定めるところにより、適時に、正確な商業帳簿（会計帳簿および貸借対照表）を作成しなければならない（商19条2項）。また、商行為によって生じた債権を担保するために設定した質権については、民法349条（契約による質物の処分の禁止）の規定が適用されない（商515条）。商法は、それ以外にも商人や商行為を要件とする規定（商人や商行為に関する規定）を数多く設けて、適用関係を規制している。

　そのような規定は、商人一般や商行為一般に適用される規定に限られない。特定の商行為をすることを業とする商人に限って適用される規定もある（第2編商行為のうち第5章仲立営業以下の規定。ただし、商595条を除く）。また、特に商人に関する規定は、そのうち一部の者（小商人や会社等）には適用されない規定もある（商19条等）。

　商法は、そのように商人と商行為という2つの概念を適用の基礎としているが、概念の定め方としては、商人概念から出発する主義（商人法主義）ではなく、商行為概念から出発する主義（商行為法主義）を基本としている。そこで、商行為から解説する。

　もっとも、商法は、商行為概念から出発して商人概念を導き出すとともに、商人概念からも商行為概念を導き出している。そのように2つの概念は、規定上、別個に定められていても、相互に結びつけられている。そのた

め、一方を解説する際は他方に言及することが求められる。そのことにともない、解説が前後するのは避けがたい。

また、会社（ここでは、外国会社を含む。会2条1号・2号対比）については、特有な規定が設けられている（会5条等）。そこで、もっぱら会社以外（特に自然人）のケースを念頭に置いて解説し（解説編2・3。下記の図表は、その概要を示したものである）、その後で会社のケースに言及する（解説編4）。さらに、特に争いのある問題は、個別に分析する（分析編5〜7）。

以下において、単に行為という語は、基本的に法律行為を示す語として用いる。

[図表 1-1] 商行為と商人の関係

[図表 1-2] 商人の行為の商行為性

	営業としてする行為	営業のためにする行為
固有の商人 （商4条1項）	絶対的商行為（商501条）または営業的商行為（商502条）＝基本的商行為	附属的商行為（商503条1項）＝補助的商行為
擬制商人 （商4条2項）	非商行為（争いあり）	

解説編

2　商行為

(1) 総説

商行為は、厳密な定義がなく、強いて説明すれば、商法その他の法律に商行為として定められた法律行為であるというほかない[1]。

これに対して、明治23年に制定された旧商法は、商行為（厳密にいうと、それに相当する商取引）の定義規定を設けていた（同4条前段）。しかし、その定義は完全なものではなかった。同法5条が一定の行為（「公ニ開キタル店舗、帳場若クハ其他ノ営業所ニ於テ又ハ公告ヲ為シテ営ム両替及ヒ利息若クハ其他ノ報酬ヲ受クル金銭貸付」（1号）等）を列挙して同法4条前段の定義をみたさなくても商行為とみなしていたことは、それを示している。

　そこで、明治32年に制定された新商法（現行商法）は、商行為を定義することが困難であるとして、商行為を定義する主義を採用しなかった。商法の適用範囲（民法との適用の境界）を明確にするために、商行為を制限列挙する主義を採用した。その立法過程では、「商行為ヲ列挙シ制限列挙ノ主義ヲ採用シ類似推究ヲ禁ジタル」旨が説明されている[2]。

　そのような制限列挙主義は、絶対的商行為（商501条）と営業的商行為（商502条）を対象として説明される。具体的には、商法の適用範囲を明確にするために、それらは、列挙された行為に限定され、それ以外の行為に類推適用することが許されないと説明されている[3]。

　もちろん、商法の適用範囲を明確にすることは重要であって、そのためには、それらを類推適用することを許すべきではない。とはいえ、そのためには、それだけでは十分ではない。附属的商行為（商503条1項）や準商行為（ただし、平成17年改正後の商法では定められていない）を類推適用することも許すべきではなく、商行為に関する個別の規定を非商行為に類推適用することも許すべきではなかろう。また、同様のことは、商人についても妥当する。とりわけ、店舗その他これに類似する設備によって物品の販売以外の行為をすることを業とする者について、商法4条2項を類推適用して擬制商

---

1) ただし、そのように説明する論者も、附属的商行為には準法律行為も含まれると解する者が少なくない。たとえば、松本・商行為法4頁以下、42頁。（3）も参照。
2) 法典調査会「商法会議筆記・商法委員会議事要録」法務大臣官房司法法制調査部監修『日本近代立法資料叢書19』（商事法務研究会、1985年）4綴22頁以下。
3) たとえば、大隅・商法総則96頁。これに対して、そのことを許さないと新たに生ずる種類の営業を包摂することができず経済の発展に順応し得ないことから、立法論として問題がある絶対的商行為（商501条）は別にして（（2）(ii)①を参照）、営業的商行為（商502条）について、例示列挙と解して類推適用することを認めるものとして、小町谷34頁以下。

人として取り扱うことが認められるかが問題にされるが、そのことも認めるべきではなかろう[4]。

　もっとも、そのような類推適用は、一切許されてこなかったわけではない。判例は、満期白地手形の補充権や利得償還請求権（手 85 条）について、商行為（具体的には、手形その他の商業証券に関する行為。商 501 条 4 号）によって生じた債権に準じて考えるべきであるとして、当該債権の時効期間が 5 年であると定めていた平成 29 年改正前商法 522 条本文（商事消滅時効）を類推適用してきた（最判昭和 36 年 11 月 24 日民集 15 巻 10 号 2536 頁、最判昭和 42 年 3 月 31 日民集 21 巻 2 号 483 頁、最判昭和 44 年 2 月 20 日民集 23 巻 2 号 427 頁等）。また、多数説は、「第五十二条第二項ニ定メタル会社ノ行為ニハ商行為ニ関スル規定ヲ準用ス」と定めていた平成 17 年改正前商法 523 条（民事会社の準商行為）を、民事会社以外の擬制商人が営業としてする行為（営業目的行為）に類推適用してきた（3（3）(iii)を参照）。そのため、実際上は、商法の適用範囲を明確にすることは徹底されておらず、そのことより妥当な結論を得ることに重きが置かれてきたといえよう。

(2) 分類

(i) 序説

　商法は、商行為について、3 つの種類に分けて定めている。絶対的商行為・営業的商行為・附属的商行為がそれである。また、それ以外の分類として、一方的商行為・双方的商行為がある。そのほかに、基本的商行為・補助的商行為もあるが、それは、特に商人概念からみた分類であるため、ここでは取り上げない（3（2）を参照）。

　付言すると、平成 17 年改正前商法 523 条は、民事会社の行為（厳密にいうと、民事会社が営業としてする行為）に商行為に関する規定を準用することを定めていた[5]。それは、準商行為と呼ばれるが、商行為とならない（したがって、その種類ともならない）ことを前提にして、そのような規定が準用されるにすぎない。仮に商行為となるならば、そのような規定の準用ではなく

---

[4] たとえば、小橋 60 頁。これに対して、そのことを認めるものとして、田中誠・総則 189 頁。

適用となる。

(ii) **絶対的商行為・営業的商行為・附属的商行為**
①絶対的商行為

絶対的商行為とは、行為主体や営業としてするか否かを問わず、行為の客観的性質から当然に商行為とされるものである。商法501条が列挙する各々の行為がこれにあたる。

たとえば、利益を得て譲渡する意思をもってする動産、不動産もしくは有価証券の有償取得を目的とする行為と、その取得したものの譲渡を目的とする行為（商501条1号。投機購買とその実行売却）は、安く取得して高く譲渡することにより、その差額の利得を企図するようなケース（固有の商）である。それは、強度の営利性が認められることから、絶対的商行為とされ、商人でない者が1回限り行う場合でも商行為となると説明される[6]。

もっとも、立法論としては、その場合を商法の規制対象に含めるべきではなく、絶対的商行為は削除すべきであると主張されることが多い。とりわけ、実質的意義における商法（商法典（形式的意義における商法）それ自体ではなく、商法の名のもとに統一的・体系的に把握されるべき特殊な法領域）を企業の生活関係に特有な法規の総体ととらえる立場（企業法説）から、そのように主張されている。企業は一定の計画に従い継続的意図をもって営利行為を実現する独立の経済単位であるところ、商人でない者が1回限り行う場合は、その生活関係に含まれないからである[7]。

先述した主張は、解釈論にも反映されることがあり、商法501条の行為について、その範囲をできる限り制限的に解釈すべきであると説明されている[8]。そのような解釈は、商人でない者が1回限り行う場合に商行為とされ

---

5) 商法以外の法律において、商行為に関する規定の準用を定めるものとして、保険業法21条2項（保険相互会社の行為）がある。そもそも、相互保険に関する契約は、商行為とならない。後掲注19)を参照。そのため、保険相互会社は、商人とならない。また、保険相互会社は、会社という名称にもかかわらず、会社法上の会社ではない。ただし、商行為に関する規定のほかに、商人に関する規定と会社法の規定が一部準用される。保業21条1項・2項。
6) たとえば、石井＝鴻・商法総則62頁。
7) たとえば、鴻・商法総則5頁以下、84頁。

る範囲を制限することを企図するものである。しかし、商法501条の行為は、それ以外の場合（特に営業として行う場合）も商行為とされるから、そのような解釈によると、その場合も商行為とされる範囲が制限されることになる点で問題があろう。また、商法501条の行為は、基本的商行為として商人概念を導き出す基礎ともなるから（3（2）を参照）、そのような解釈によると、その際に商人とされる範囲が制限されることになる点でも問題がある。さらに、商法501条1号については、有償取得した目的物それ自体を譲渡する場合だけでなく、それを製造により異なる物につくりかえて譲渡するような場合も適用されると解釈されている（3（3）(ii)を参照）。これは拡張解釈と評価されるのであって、前記の制限解釈がこのような解釈と符合するかは疑わしい。そのため、前記の制限解釈には賛成しがたい[9]。

②営業的商行為

営業的商行為とは、営業としてするときに、はじめて商行為とされるものである。商法502条が列挙する各々の行為がこれにあたる。その行為は、商法501条1号等の行為ほど営利性が強くないことから、当然には商行為とされず、営業として反復継続して行うときに限って商行為とされたものであると説明される[10]。

ただし、もっぱら賃金を得る目的で物を製造し、または労務に従事する者の行為は、商法502条の行為に該当し営業としてするときでも、商行為と

---

8) 具体的には、鉱業権が商法501条1号の目的物（不動産）に含まれることを否定する際に、そのように説明されている。たとえば、鴻・商法総則85頁。
9) 一般に、前記の制限解釈に反対する論者は、鉱業権も商法501条1号の目的物（不動産）に含まれることを肯定する。たとえば、小橋38頁。そのほかに、そのことを肯定するものとして、大判昭和15年3月13日民集19巻554頁。しかし、同号の行為について、制限的に解釈すべきではないとしても、目的物である不動産は、所有権を意味するのであって、鉱業権まで含まないと解することはできよう。
10) たとえば、石井＝鴻・商法総則66頁。ただし、そのような説明は、経済上の商（固有の商）の概念にとらわれたものであると評価されており（石井＝鴻・商法総則66頁）、企業法説の立場から、営業的商行為が認められる理由は、行為そのものの営利性ではなく、行為主体の企業性の点（企業の行為である点）に求められることもある。たとえば、岩崎稜『戦後日本商法学史所感』（新青出版、1996年）70頁。しかし、営業的商行為は、商法502条が列挙する行為にしか認められておらず、企業一般の行為に認められているわけではない以上、その点に理由を求めるのは困難であろう。

ならない(同条ただし書)。商法の規制対象に含めるまでもないからである。具体例として、封筒貼りその他の手内職のケースや人力車夫のケースが挙げられる[11]。

「営業として」とは、利益を得る目的(営利目的)で計画的に同種の行為を反復継続して行うことを意味する。ただ、厳密にいうと、それを実際に反復継続して行う必要はなく、そのことを計画して行えば、最初の行為から商行為となる。さらに、反復継続する期間の長短は問わず、期間を限定しても、商行為となることに変わりはない。たとえば、海水浴期間中に限定して行う飲食業(その契約)も、商法502条7号により商行為となる。また、「営業として」とは、商人の要件である業とする(商4条1項)と同義である(そこで、その要件に関する3(1)も参照)。そのため、営業的商行為それ自体は商人概念を前提にしたものではないものの、その行為主体は商人(同条項が定める固有の商人)となる。

③附属的商行為

附属的商行為とは、商人が営業のためにする行為である(商503条1項)。それは、営業的商行為のような営業としてする行為と対立する概念であって、営業に関連してその維持便益のためにする行為を意味する。そのため、たとえば、営業資金の借入れや使用人の雇入れ[12]のような営業を補助する行為が含まれる。その行為は、それ自体としては営利性を有さなくても、営業のための手段的行為であることから、商行為とされたものであると説明される[13]。

---

11) たとえば、西原77頁。手内職のケースの営業目的行為は、他人のためにする製造または加工に関する行為(商502条2号)に該当し、人力車夫のケースの営業目的行為は、運送に関する行為(同条4号)に該当するものの、それらの営業目的行為は、商法502条ただし書により商行為とならない。一般に、物の製造(同条ただし書)は、物に人工を加える一切の場合を意味し、同条2号が定める製造に限られない(それより広い概念であって、加工(同条2号)等も含む)と解されている。他方、労務の従事(同条ただし書)は、運送、仲立ち、取次ぎ(同条4号・11号)等を含むと解されている。たとえば、小橋44頁。なお、同条ただし書の今日的な具体例として、ダイレクト・メールの宛名作成の内職のケースを挙げるものとして、淺木愼一『商法学通論Ⅰ』(信山社、2010年)83頁。個人タクシーのケースを挙げるものとして、田邊63頁。

商人の行為は、営業のためにする行為に該当しなければ附属的商行為とならないものの、附属的商行為と推定される（商 503 条 2 項）。その点を説明すると、商人には営業以外の活動領域がある。個人商人（自然人）であれば、個人としての生活領域がある。そのため、その行為は、商行為となるものとならないもの（非商行為）に分かれ、そのいずれに該当するかが明瞭でない場合が少なくない。たとえば、個人商人が金銭を借り入れる場合は、それを営業資金として借り入れているのか、それとも生活費として借り入れているのかが必ずしも明らかではない。そこで、商法 503 条 2 項は、商人の行為を営業のためにするもの（附属的商行為）と推定している。

　もっとも、身分法上の行為（婚姻、養子縁組等）は、商人が主観的に営業のためにする意思で行っても、性質上、営業のためにするもの（附属的商行為）とはならない。そのため、商人の行為であっても、すべての行為が附属的商行為と推定されるわけではなく、商法 503 条 2 項は、営業のためにするものか否かが疑わしい場合に適用される規定であって、身分法上の行為のように行為自体から営業のためにするものでないことが明瞭な場合にまで適用される規定ではないと解されることが多い[14]。

　なお、明治 32 年新商法の立法過程では、商法 503 条 2 項の行為が絶対的

---

12) ただし、使用人の雇入れのような不平等者間の関係は、民法または労働法の支配に属すべきものであるとして、附属的商行為とすることに反対する見解も主張されている。たとえば、小町谷操三「一　商行為——販売口銭の預託と補助的商行為」民事法判例研究会編『判例民事法（14）昭和 9 年度』（有斐閣、1941 年）3 頁。しかし、商人が使用人を雇い入れることは、まさに営業に関連してその維持便益のためにする行為にほかならない。そのため、それを附属的商行為から除外する前記の見解には批判が多い。たとえば、相原隆・百選〔第 4 版〕81 頁。判例も、それを附属的商行為として認めている。たとえば、大判昭和 9 年 1 月 10 日民集 13 巻 1 頁。

13) たとえば、石井＝鴻・商法総則 68 ～ 69 頁。企業法説の立場から、附属的商行為が認められる理由は、それが営業的商行為と同様に企業の行為である点に求められることもある。たとえば、来住野究「会社の行為の商行為性」奥島孝康先生古稀記念論文集編集委員会編『現代企業法学の理論と動態——奥島孝康先生古稀記念論文集　第 1 巻《上篇》』（成文堂、2011 年）79 頁。しかし、営業的商行為が認められる理由をその点に求めるのが困難である以上（前掲注 10）を参照）、附属的商行為が認められる理由もその点に求めるのは困難であろう。

14) たとえば、大判大正 4 年 5 月 10 日民録 21 輯 681 頁。

商行為・営業的商行為・附属的商行為に続く第4の商行為（推定的商行為）として説明されており[15]、学説上も、そのように説明されることがある[16]。しかし、同条項は、附属的商行為と推定する規定にすぎないのであって、推定的商行為という4種類目の商行為を認めるものではない[17]。

(iii) **一方的商行為・双方的商行為**

一方的商行為・双方的商行為は、行為の当事者からみた分類である。すなわち、ある行為が商行為となるか否かは、行為の当事者ごとに判断しなければならない。その結果、当事者の一方にとって商行為となるが、他方にとっては商行為とならない行為があり、このような行為が一方的商行為と呼ばれる。これに対して、当事者の双方にとって商行為となる行為が双方的商行為と呼ばれる。

たとえば、小売業者と消費者の間で締結される売買は、小売業者にとって商行為（商501条1号。実行売却）となるが、消費者にとっては商行為とならない。そのため、一方的商行為となる。これに対して、卸売業者と小売業者の間で締結される売買は、卸売業者にとって商行為（同号。実行売却）となるとともに、小売業者にとっても商行為（同号。投機購買）となる。そのため、双方的商行為となる。

もっとも、原則として、商行為に関する規定は、一方的商行為となるにすぎない場合も、当事者の双方に適用される。さらに、当事者の一方が数人あって、そのうち一人にとって商行為となるにすぎない場合も、当事者の全員に適用される（商3条）。そもそも、そのような場合は、商行為となる当事者に商法を適用し、商行為とならない当事者に商法を適用しない（むしろ、民法を適用する）ことはできない。商法を適用するか否かを一律に決定しなければならない。そこで、商法3条は、商法を適用することを定めている。

ただし、別段の定めがあれば、それによる。そのような定めとして、「その双方のために商行為となる行為」がある（商521条。商人間の留置権）。ま

---

15) 法典調査会・前掲注2) 23頁、27頁。
16) たとえば、青山衆司『商行為法〔改訂4版〕』（巌松堂書店、1925年) 8頁。
17) たとえば、西原92頁注1)。

た、双方的商行為であることは要件としないものの、当事者の特定の一方にとって商行為となることを要件とする規定もある。そのような規定として、「数人の者がその一人又は全員のために商行為となる行為によって債務を負担したとき」がある（商511条1項。多数当事者間の債務の連帯）。それら例外の詳細は第12講に譲る。

(3) 法的性質

　絶対的商行為または営業的商行為として列挙された行為は法律行為である。法律行為の分類に関して、営業的商行為として列挙された行為は契約であるが、絶対的商行為として列挙された行為は契約のほかに単独行為も含む。以下では、列挙された行為をいくつか取り上げて、内容等にも言及しつつ、そのような性質を概観する。

　まず、営業的商行為として列挙された行為のうち、他人のためにする製造または加工に関する行為（商502条2号）とは、製造する（材料に労力を加えて異なる物をつくり出す）または加工する（物の同一性を失わせない程度に労力を加える）という事実行為を意味するのではない。他人の計算で（具体的には、他人が供給または費用負担する材料を用いて）、そのような事実行為を引き受ける法律行為であって、このような内容の契約を意味する（これに対して、製造または加工に関するものであっても、他人の計算ではなく自己の計算で材料を買い入れる場合は、同号に該当しない。むしろ、その場合は、商501条1号（または同条2号）に該当すると解釈されている。3（3）(ii)を参照）。電気またはガスの供給に関する行為（商502条3号）も、それらを供給するという事実行為を意味するのではない。そのような事実行為を引き受ける法律行為であって、このような内容の契約を意味する[18]。運送に関する行為（同条4号）も、運送する（物または人を場所的に移動させる）という事実行為を意味するのではない。そのような事実行為を引き受ける法律行為であって、運送契約を意味する。

　客の来集を目的とする場屋における取引（商502条7号）と、両替その他の銀行取引（同条8号）も、定義や具体例をめぐって争われているが、いずれにせよ契約である点では変わりがない。そのうち商法502条7号に関する問題は第19講解説編に譲り、同条8号に関する問題は本講の分析編5で

検討する。

　保険（商502条9号）とは、保険（その意義について、第21講解説編を参照）を引き受ける法律行為であって、保険契約を意味する[19]。寄託の引受け（同条10号）も、寄託（物を保管すること。民657条）を引き受ける法律行為であって、寄託契約を意味する[20]。

　次に、絶対的商行為として列挙された行為のうち、利益を得て譲渡する意思（投機意思）をもってする動産、不動産[21]もしくは有価証券の有償取得を目的とする行為（商501条1号）は、このような目的物（動産または不動産であれば、その所有権。有価証券であれば、それが表章する権利）の取得を目的とする有償の債権契約であって、その際に動機として投機意思が備わっている

18) ガスの供給契約について、ガスを買い入れて供給する場合や、石炭を買い入れてガスを製造して供給する場合は、商法501条1号（または同条2号）に該当すると解釈されることが多い。そのような解釈によると、商法502条3号の存在意義は、自らが天然ガスを採取して供給する場合や自らが採掘した石炭からガスを製造して供給する場合（そのような転換の媒介が認められない行為）を商行為とする点に求められる。たとえば、小橋46頁。これに対して、電気の供給契約については、一般に、先述したガスの供給契約と同様の解釈がとられていない。それは、電気が物ではない（その結果、商501条1号の目的物に含まれない）という伝統的な理解を前提にするからである。たとえば、柳川勝二〔柳川昌勝修補〕『改訂商行為法〔訂正版・4版〕』（巖松堂書店、1953年）15～16頁。この点に関して、電気がガスと同様に物となり得る（または電気も物に準じて取り扱うべきである）という近時の理解（たとえば、我妻栄『新訂民法総則（民法講義Ⅰ）』（岩波書店、1965年）201～202頁）を前提にするならば、電気の供給契約についても、先述したガスの供給契約と同様の解釈がとられることになろう。

19) 保険（商502条9号）は、営利を目的とするもの（営利保険に関する契約）に限られ、それ以外のもの（特に相互保険に関する契約）を含まないと説明されることが多い。たとえば、大隅・商法総則108頁。しかし、そのような説明は、保険としか定めていない規定の文言とマッチしない。むしろ、厳密には、相互保険に関する契約も保険（同号）に含まれるが、その契約は、営利目的で行うものではないため、営業としてするとき（商502条本文。したがって、営利目的で計画的に同種の行為を反復継続して行うとき。(2)(ii)②を参照）に該当しないから、商行為とならないと説明すべきである。たとえば、信用金庫（3（5）を参照）の貸付契約が商行為とならないのも、その貸付契約が銀行取引（同条8号）に含まれないからではない。その貸付契約も銀行取引に含まれるが、その貸付契約は、営利目的で行うものではないため、営業としてするときに該当しないからであろう。相互保険に関する契約についても、それと同様に説明すべきである。

ことを要件とする[22]。他方、その取得したものの譲渡を目的とする行為（同号）は、そのような契約により取得した目的物の譲渡を目的とする債権契約である（3（3）(ii)も参照）。それらの契約は、売買であるのが通常であるため、投機購買とその実行売却と呼ばれるが、交換、消費貸借、消費寄託、請負等でも構わない。そのように有償取得を目的とする行為（同号）と、その取得したものの譲渡を目的とする行為（同号）は、別個の契約であって、各々が要件をみたすことにより商行為となる。ただし、後者の行為は、前者の行為を前提にするため、それのみでは商行為となり得ない。これに対して、前者の行為は、その要件（その際に投機意思が備わっていること等）をみたせば、実際に後者の行為が行われない場合（予定を変更して取得したものを自家の用に供した場合等）も、商行為となる。詳細は取り上げないが、他人

20) 寄託の引受け（商502条10号）の代表例は、倉庫営業者の行為である。そのほかの具体例として、自動車駐車場の経営者の行為が挙げられることが多い。たとえば、鴻・商法総則98頁。しかし、自動車駐車場の経営者は、自動車の鍵を預かるような一部のケースを除いて、自動車を保管することを引き受けていない。自動車を駐車する場所を貸与しているにすぎない。そのため、その行為は、寄託の引受けに該当しない。投機貸借とその実行賃貸（同条1号）に該当するかどうかが問題となるにすぎない。森川隆「ホテルの利用客が従業員の指示により玄関前に駐車し鍵を預けていた自動車に関する営業主の寄託に基づく責任」大阪経済法科大学法学論集69号265頁以下（2011年）。また、寄託の引受けの具体例として、コインロッカーの業者の行為が挙げられることもある。関120頁。しかし、その行為についても、自動車駐車場の経営者の行為について述べたのと基本的に同じことが妥当する。この点は、貴重品ロッカー等に関する行為についても、同様に考えることができる。森川隆「ゴルフ場のクラブハウス内の貴重品ロッカーから利用客のキャッシュカードが窃取され預金が引き出されたことについて営業主の責任が認められた事例」慶應義塾大学商法研究会編著『下級審商事判例評釈第10巻（平成16年－20年）』（慶應義塾大学出版会、2015年）160頁以下。

21) 商法501条1号のように投機購買とその実行売却の目的物に不動産を含める立法例は少ない。同号は、諸外国の一般的な立法例と異なり、不動産に動産や有価証券と同様の商品適格性を認めたものであると評価できる。森川隆「不動産に対する商人間留置権の成否――東京高判平成8年5月28日を契機として」法学政治学論究37号209頁以下（1998年）。

22) 商行為に関する規定の適用をめぐって相手方が不測の損害を被ることを避けるため、投機意思は、客観的に認識可能なものでなければならないと解されることが多い。たとえば、小町谷24頁。

から取得する動産または有価証券の供給契約およびその履行のためにする有償取得を目的とする行為（同条2号）は、商法501条1号と行為の順序を逆にするものである。

　手形その他の商業証券に関する行為（商501条4号）とは、振出や裏書等の証券上の行為を意味する。そのほかに、証券を目的とする売買等の実質的行為まで含むと解されることもある[23]。しかし、そのように解すると、有価証券を目的物に含む商法501条1号等の存在意義を失わせることになりかねない[24]。そのことから、証券を目的とする実質的行為は同条1号等により商行為となるか否かが判断されるのであって、同条4号の行為は証券上の行為に限られると解釈されることが多い[25]。ここで、証券上の行為は契約だけでなく単独行為もある[26]ことから、同条4号の行為は契約のほかに単独行為も含む。

　他方、附属的商行為は、契約や単独行為のような法律行為に限られず、準法律行為まで含み得ると解されることが多い。そのように解すると、商人が営業のためにする売買や解除等に限られず、商人が営業のためにする通知・催告・事務管理まで含む[27]。そのほかに、附属的商行為は、事実行為や不法行為まで広く含み得るとする解釈も主張されている[28]。しかし、商行為は、もともと法律行為のカテゴリーに属する以上、準法律行為はともかく不法行

---

[23] たとえば、大判昭和6年7月1日民集10巻498頁。

[24] 商業証券（商501条4号）の定義をめぐっては争われている。有価証券と同義に解釈するものとして、たとえば、大隅・商法総則101頁。これに対して、一定の有価証券に限られると解釈するものとして、たとえば、小橋42頁（その性質上商取引の目的となり得る有価証券と解釈する）、小町谷30頁（金銭その他の物または有価証券の給付を目的とする有価証券と解釈する）。ただ、いずれにせよ、商業証券は有価証券に含まれるため、商業証券を目的とする実質的行為が商法501条1号等の適用対象に含まれ得ることに変わりはない。

[25] たとえば、大隅・商法総則101頁。

[26] いわゆる手形理論の問題に関して、多数説である契約説以外の立場による場合は、証券上の行為に単独行為があることは明らかである。たとえば、前田庸『手形法・小切手法』（有斐閣、1999年）57頁以下。また、契約説による場合も、そのことは認められないわけではなく、特に為替手形の引受は、振出や裏書と異なり、単独行為であると解し得る。たとえば、鈴木竹雄＝大隅健一郎編『手形法・小切手法講座 第1巻』（有斐閣、1964年）111頁。

為等まで含むと解釈することには賛成しがたい。

3　商人
(1)　総説

　商法は、商行為と異なり、商人については、定義規定を設けた。具体的には、自己の名をもって商行為をすることを業とする者をいうと定めている（商4条1項）。

　もっとも、昭和13年の改正において、商法4条2項が新設され、一定の者が商人とみなされることになった。そのことにともない、商人概念を定める規定は2つとなり、そのうち同条1項が定める商人は固有の商人と呼ばれ、同条2項が定める商人は擬制商人と呼ばれる。

　とはいえ、両者の要件は、すべてが異なるわけではなく、共通するものもある。自己の名をもってすることと、業とすることがそうである。

　自己の名をもってするとは、自己が行為から生じる権利義務の帰属主体となることを意味する[29]。そのため、行為を他人が代理して行う場合は、その他人ではなく本人が商人となる。たとえば、後見人や支配人が代理して行う場合（商6条、20条）がそうである。また、締約代理商が代理して行う場合（商27条）も同様である。ただ、他方において、締約代理商は、自らが本人との間で締結する「商行為の代理の引受け」（商502条12号）から生じる権利義務の帰属主体となる。そのため、自らも商人（同号の行為をすることを業とする固有の商人）となる。

　業とするとは、営業とすることであって、営利目的で計画的に同種の行為（一種であると数種であるとを問わない）を反復継続して行うことを意味す

---

27)　事務管理について、たとえば、大判昭和6年10月3日民集10巻851頁。他方、通知と催告については、商行為の一部を構成することはあっても、独立して商行為とはならないと説明されることもある。たとえば、田中耕・商法総則224頁。

28)　たとえば、西原62頁以下、89頁。

29)　そのように自己が権利義務の帰属主体であることが商人の要件であって、損益の帰属主体であること（自己の計算において行っていること）は商人の要件ではない。また、官庁等に対する届出の名義人であることも商人の要件ではない。たとえば、大判大正8年5月19日民録25輯875頁。

る。ここで問題にされる営利は、単なる利益獲得の意味であり、獲得した利益の使途は問わないのであって、営利法人において問題にされる営利（獲得した利益を社員に分配すること）とは異なる（（5）を参照）。また、営利が唯一の目的である必要はなく、他の目的（たとえば、公益的・政治的・宗教的目的）が併存していても構わない[30]。営利目的は、個々の行為について存在する必要はなく、反復継続して行われる行為の全体について存在すればよい。さらに、営利目的が存在すれば足りるのであって、営利目的を達成できたか（実際に利益を獲得できたか）どうかは問題にならない。ここで、営利目的とは、資本的計算方法のもとに少なくとも収支相償うことを予定していることを意味すると解釈されることが多い[31]。しかし、そのような解釈は営利の字義から離れたものであって、収支相償うことを予定しているにすぎない者まで商人として商法を適用しなければならない理由はなかろう。営利目的とは、収支の差額を利得する目的を意味すると解釈すべきであり[32]、それが営利の字義に沿う自然な解釈であろう。

以上で説明した要件のうち、業とする（特に営利目的）という要件は、医師・弁護士・芸術家等の自由職業について充足するかが問題にされる。この問題に関しては、否定的な見解が多数説であって、一定の経営規模を持つようなもの（大病院等）は別にして、歴史的発展と関連して社会通念上営業とは認められない（その要件を充足しない）と説明されている[33]。その点から

---

30) ただし、営利以外の目的が併存する場合は、営利が主たる目的であることが必要であるかをめぐって争われている。そのことが必要であるとする見解（たとえば、近藤21頁）も主張されているが、目的の主従は判別し得ないのが通常であることから、そのことは不要であるとする見解（たとえば、大隅・商法総則93頁注2）、117頁）が多数説である。

31) たとえば、近藤20〜21頁。

32) 落合誠一「新会社法講義第1回」法教307号69頁注17）（2006年）、来住野究「法人の商人性」慶應義塾大学法学部編『慶應の法律学 商事法──慶應義塾創立150年記念法学部論文集』（慶應義塾大学出版会、2008年）82頁注1）。ただし、営利目的について、収支の差額を利得する目的を意味すると解釈しつつも、収支相償うことを予定していれば認められると解するものとして、たとえば、森本・商法総則35頁。しかし、収支の差額を利得する目的は、プラスを生じさせることを意図することであって、プラス・マイナス・ゼロにすることを意図することまで含むと解することには賛成しがたい。

窺うことができるように、営利目的の有無は、客観的に社会通念により判断されるのであって、行為主体の主観的な意図により判断されるのではない。

(2) 固有の商人

固有の商人とは、自己の名をもって商行為をすることを業とする者をいう（商4条1項）。ここでいう商行為は、絶対的商行為または営業的商行為でなければならない。固有の商人の身近な例として、小売業者（スーパーマーケット等の経営者。商501条1号の行為をすることを業とする固有の商人）、建築請負業者（工務店等の経営者。同号の行為または商502条5号の行為（そのうち作業の請負）をすることを業とする固有の商人。（3）(ii)を参照）、レンタルビデオ店の経営者（同条1号の行為をすることを業とする固有の商人）、クリーニング店の経営者（同条2号の行為（そのうち他人のためにする加工に関する行為）をすることを業とする固有の商人）、宅配業者（同条4号の行為をすることを業とする固有の商人）、写真館の経営者（同条6号の行為（そのうち撮影に関する行為）をすることを業とする固有の商人）、旅館・飲食店・浴場の経営者（同条7号の行為をすることを業とする固有の商人。商596条1項参照）、宅地建物取引業者（商502条11号の行為（そのうち仲立ちに関する行為）をすることを業とする固有の商人）が挙げられる。そして、そのような固有の商人概念を導き出す基礎となる商行為は、基本的商行為と呼ばれる[34]。

これに対して、附属的商行為は、基本的商行為となり得ない。補助的商行為と呼ばれ、それと区別される。その理由は、附属的商行為が商人概念を前提にしたものである（商人概念から導き出されるものである）ことに求められるのが通常である[35]。ただ、そのほかに、営業のためにすることが営業とし

---

33) たとえば、鴻・商法総則9頁注2)、103頁。もっとも、自由職業については、仮に、その要件を充足するとしても、商法4条の他の要件（業とする行為が商501条の行為、502条の行為または4条2項の行為に該当すること）を充足せず、商人とならないことが少なくなかろう。

34) ただし、絶対的商行為のうち商法501条4号の行為は、証券上の行為に限られることから（2(3)を参照）、その行為の性質上、業とすることがあり得ず、基本的商行為となり得ないと解釈されることが少なくない。たとえば、服部172〜173頁。

35) たとえば、蓮井＝森40頁。

てすること（業とすること）と対立する概念である点に求めることもできよう。その点から、営業のためにする行為をすることを業とすることはあり得ない。たとえば、営業資金の借入れのような営業を補助する行為をすることを業とすることは概念上あり得ない（同様のことは、会社が事業のためにする行為（会5条）についても妥当する。その行為も基本的商行為となり得ないのであって、その理由も同様の点に求めることができよう。他方、会社が事業としてする行為（同条）については、4（1）を参照）。

(3) 擬制商人

(i) 内容等

商法4条1項によると、基本的商行為をすることを業とする者しか商人とならない。これに対して、それ以外の行為をすることを業とする者は、たとえ商人が有するような設備によって営んでいても、一切商人とならず、商人に関する規制を受けないことになる。同条2項は、そのことを一部修正する規定であって、店舗その他これに類似する設備によって物品を販売することを業とする者（店舗販売業者）と鉱業を営む者（鉱業者）は、基本的商行為を行うことを業としなくても、商人とみなすと定めている。

そもそも、原始産業を営む者（原始産業者）が農作物や鉱物等を収穫・採掘（原始取得）して販売することは、商法501条1号に該当しない。すなわち、そのことは、有償取得を目的とする行為が存在しない関係上、その取得したものの譲渡を目的とする行為として商行為となることはない（2（3）を参照）。また、そのことは、その他の基本的商行為にも該当しない。そのため、そのことを業とする者は固有の商人とならない（ただし、(ii)を参照）。商法4条2項は、それを前提にして、そのことを業とする者について、店舗その他これに類似する設備によって販売するときに、その設備に着目して、商人として取り扱うことを認めた規定である。また、原始産業者のうち鉱業者について、営業の性質上、大規模な設備を必要とすることに着目して、商人として取り扱うことを認めたものである[36]。

ここで、店舗販売業者と異なり、鉱業者については、実際に設備を有していることが要件とされていない。そこで、実質的には、鉱業に関する行為（具体的には、鉱物の販売）を営業的商行為に加えて固有の商人の範囲を拡張

したのと同じことであると評価されることもある[37]。しかし、その行為が商行為とならないことからして（(iii)を参照）、そのような評価には賛成しがたい。立法の体裁としては、その行為を営業的商行為に加える形で規定する方が適切であった。それにもかかわらず、そのような形で規定されなかったのは、昭和13年の改正が商法502条を含む第2編商行為（当時は第3編商行為）の規定に手を加えない建前であったことによると説明されている[38]。

擬制商人は、固有の商人と異なり、商行為概念から導き出されるものではない。そのため、商法が基本とする商行為法主義と相容れない。これは、商人法主義に基づくものである。すなわち、商法は、擬制商人を認めたことにより、商人法主義を一部採用している[39]。

なお、平成17年の改正前は、擬制商人として、民事会社（同改正前商52条2項の会社。具体的には、「営利ヲ目的トスル社団ニシテ本編ノ規定ニ依リ設立シタルモノ」であって、「商行為ヲ為スヲ業トセザル」もの）も定められていた（同改正前商4条2項後段）。しかし、平成17年に、会社法を制定し会社法5条を設けるにあたり、その定めは削除された（現在では、会社は一律に固有の商人となる。4（1）を参照）。

(ii) 原始産業との関係

商法4条2項は、原始産業者の行為が基本的商行為に該当しないために、その者が商人とならないことを修正する。しかし、明確には論じられていないものの、その者の行為がすべて基本的商行為に該当しないのかについては、検討を要する。

商法501条1号（さらに、同条2号）について、有償取得した目的物それ自体を譲渡する必要はなく、それを製造により異なる物につくりかえて譲渡

---

36) 原始産業を商法の規制対象に含めることは、明治23年旧商法でも認められていた。ただし、明治23年旧商法は、農作物や鉱物等の販売のような原始産業者の行為を商行為とすることを認めるものであって、鉱業者を除いて原始産業者を商人とすることは認めていなかった。森川隆「原始産業に対する商法の適用——その沿革的考察」国学院法学51巻4号207頁以下（2014年）。
37) たとえば、大隅・商法総則111頁。
38) たとえば、小橋60〜61頁。
39) もっとも、商人法主義の採用は、附属的商行為の存在も含めて説明されることが少なくない。第0講解説編を参照。

することも含まれると解釈されることが多い[40]。動産を買い入れて不動産にかえて譲渡すること（たとえば、建築資材を買い入れて家屋を建築して譲渡すること）や、不動産を買い入れて動産にかえて譲渡すること（たとえば、粘土の出る山を買い入れて瓦を製造して販売すること）も同様である。そのように有償取得した目的物と法形式的には別個の物であっても実質的には同一性を有する物を譲渡することも含まれるのであって、そのことを業とする者（通常の製造業者や建築請負業者等）は固有の商人となると解釈されている[41]。

そのような解釈によれば、買い入れた苗木を育てて収穫した農作物等を販売すること（以下、①とする）や、買い入れた鉱山から採掘した鉱物を販売すること（以下、②とする）も、商法501条1号に含まれるのであって、そのことを業とする者は固有の商人となると解し得る[42]。そのため、収穫した農作物等を店舗その他これに類似する設備によって販売することを業とする者や、採掘した鉱物を販売することを業とする者は、すべてが擬制商人となるわけではない。そのうち①を行う者と②を行う者は、固有の商人となる。そのいずれにも該当しない者が擬制商人となるにすぎない。

(iii) 行為の商行為性

擬制商人が営業としてする行為（店舗販売業者が行う物品の販売と鉱業者が行う鉱物の販売）を商行為と定める規定は存在しない。そのため、その行為は商行為とならない。

もっとも、擬制商人も、商人である。そのため、営業のためにする行為（たとえば、営業資金の借入れのような営業を補助する行為）は、商行為となり

---

40) たとえば、大判昭和4年9月28日民集8巻769頁。前掲注18) も参照。
41) たとえば、大隅・商法総則98頁。建築請負業者の中には、本文で述べた商法501条1号の行為をすることを業としない者が少なくない。そのような者は、商法502条5号の行為（そのうち作業の請負）をすることを業とする者として、固有の商人となる。たとえば、松岡熊三郎『改訂商法綱義（総則及商行為）上巻〔3版〕』（巖松堂書店、1955年）163～164頁。
42) ただし、①を行う者については、営利目的が否定され、商人とならないと解する余地があろう。この点に関して、長野地判大正元年11月11日新聞836号28頁は、医師のような自由職業（(1)を参照）とともに原始産業は営業と称しないのが通常の観念であると判示している。もっとも、②を行う者については、営業の性質上、大規模な設備を必要とすることからして、そのように解する余地はなかろう。

（商503条1項）、商行為に関する規定が適用される[43]。それにもかかわらず、営業としてする行為は、商行為とならず、商行為に関する規定が適用されないと解する[44]ならば、明らかに均衡を失する。

　従来、多数説は、そのような不均衡を回避するため、店舗販売業者と鉱業者が営業としてする行為に、同じく擬制商人として定められていた民事会社に関する平成17年改正前商法523条を類推適用してきた[45]。しかし、平成17年に、会社法を制定し会社法5条を設けるにあたり、同改正前商法523条は削除された。そのため、そのような多数説の解釈は、条文上の基礎を失い、とる余地がなくなった。

　この点に関しては、多数説以外の解釈も主張されてきた。具体的には、平成17年改正前商法523条は不要な規定（注意規定）であって、商法4条2項が一定の者を商人とみなすのは、その者の行為に商行為に関する規定を適用する趣旨を含むことから、その者が営業としてする行為と営業のためにする行為は、同条項により商行為となるとする解釈が主張されてきた[46]。そのような解釈によれば、平成17年改正前商法523条が削除された現在でも、先述した不均衡は生じない。しかし、商法4条2項は、その文言からして、商人概念を定めた規定であって、それとともに商行為概念まで定めた規定であると解釈することはできない。もともと、商法は、商行為概念について、商人概念と分けて第2編商行為（商501条以下）で定めている[47]。それにもかかわらず、商法4条2項において商人概念とともに定めていると解釈するのは疑問である。また、そのような解釈によると、擬制商人が営業としてする行為は商行為となるが、それは、平成17年改正前商法523条と相容れない。その規定は、擬制商人であった民事会社が営業としてする行為が

---

43)　その関係から、平成17年改正前商法523条が定める民事会社の「行為」は、営業のためにする行為を含まず、営業としてする行為に限られると解釈されてきた。たとえば、基本法109頁。

44)　たとえば、落合＝大塚＝山下30頁。

45)　たとえば、基本法109頁。

46)　たとえば、鈴木竹雄『商法研究Ⅰ』（有斐閣、1981年）116頁以下。

47)　その点は、商人法主義を採用するドイツ商法典でも同様である。ドイツ商法典は、商行為概念について、商人概念と分けて第4編商行為（同343条）で定めている。

商行為とならないことを前提にしているからである（2（2）(i)を参照）。

現在では、先述した不均衡を回避するため、擬制商人が営業としてする行為に、会社が事業としてする行為が商行為となると定める会社法5条を類推適用する解釈が主張されている[48]。しかし、商法4条2項は、擬制商人が営業としてする行為が基本的商行為とならないことを前提にした規定である。これに対して、会社法5条は、会社が事業としてする行為が基本的商行為となることを前提にした規定である（4（1）を参照）。そのため、そのように前提を異にする規定を類推適用する解釈はとりがたい。仮に、その解釈をとれば、行為主体は固有の商人となり、それが擬制商人であるという問題の出発点と相容れない。

以上で述べたことからすれば、擬制商人が営業としてする行為は、平成17年の改正の前後を問わず、商行為とならないのであって、同改正前商法523条が削除された現在では、このような行為に商行為に関する個別の規定を類推適用することにより、先述した不均衡を回避していくほかない[49]。とはいえ、厳密にいうと、類推適用するには規定の趣旨が妥当することが必要であるから、規定ごとに趣旨を斟酌して類推適用の可否を判断していくのがスジであって、不均衡を回避するためという1点のみを理由として規定を一律に類推適用することが認められるという話ではなかろう（また、そのように商行為に関する個別の規定を非商行為に類推適用することは、商法の適用範囲を明確にすることとマッチしないという問題がある。2（1）を参照。最終的には、立法により解決すべき問題であろう）。

(4) 小商人

(i) 内容等

商業登記や商業帳簿の規定は、商人に関する規定であるが、あまりに小規模な商人にまで適用するのは煩雑であり酷でもある。そこで、小商人には適用しないことが定められている。

具体的には、小商人とは、商人のうち、営業の用に供する財産につき最終

---

48) 大塚＝川島＝中東29頁。
49) 森本・商法総則31〜32頁。

の営業年度に係る貸借対照表（開業したばかりで最終の営業年度がない場合は開業時における貸借対照表）に計上した額が 50 万円以下である者をいう（商 7 条括弧書、商則 3 条[50]）。これに対して、小商人以外の商人は、完全商人と呼ばれる）。そして、小商人には、商法 5 条（未成年者登記）、6 条（後見人登記）、8 条・9 条・10 条（商業登記）、11 条 2 項（商号の登記）、15 条 2 項（商号譲渡の登記）、17 条 2 項前段（営業譲受人の免責登記）、19 条（商業帳簿）、22 条（支配人の登記）が適用されない（商 7 条）。そのため、商業登記についていうと、小商人は、登記義務（商 5 条、6 条 1 項、22 条）を免除されるにとどまらず、登記すること自体ができないから、そのことによる利益（特に商 17 条 2 項前段）も受けられない。

　小商人も、商人である[51]から、前掲したもの以外の商人に関する規定は適用される。もっとも、この点に関して、支配人の制度は、商業登記を前提にするから、登記することができない小商人には適用されない（小商人は、商 20 条が適用されず、支配人を選任できない）とする解釈も主張されている[52]。そのような解釈は、「商業登記、商号及商業帳簿ニ関スル規定」が小商人に適用されないと定めていた平成 17 年改正前商法 8 条のもとにおいて、多数説を形成していた[53]。

　しかし、支配人であるか否かは、本人により支配人として選任されたか否かという実質関係により決定されるのであって、登記されたか否かにより決定されるのではない。登記は、その公示方法にすぎず、対抗要件にすぎない。そのため、小商人も支配人を選任できる（商 20 条が適用される）のであって、小商人はそれを登記することができないにとどまると解すべきであ

---

50) 平成 17 年の改正前（商法中改正法律施行法 3 条参照）と異なり、会社が小商人となり得ないことを定めた規定は存在しないと説明されることもある。森本・商法総則 37 頁注 15）。しかし、商法施行規則 2 条 1 号括弧書によれば、会社を含めて法人その他の団体は、同規則の第 2 章商人（小商人に関する同規則 3 条が位置する章）から除かれることから、小商人となり得ないと解し得る。弥永・コンメ計規商施規 7 頁。
51) その点で、もっぱら賃金を得る目的で物を製造し、または労務に従事する者（商 502 条ただし書）とは異なる。その者の営業目的行為は商行為とならないため、その者は商人とならない。
52) 近藤 23 頁、83 頁。
53) たとえば、大隅・商法総則 114 頁。

る[54]。また、商法7条では、平成17年改正前商法8条と異なり、小商人に適用されない規定が具体的に列挙されている。そのような規定として、商法22条が挙げられているにすぎず、それ以外の支配人の規定（特に商20条）は挙げられていない。そのため、先述したように解するほかなかろう。

(ⅱ) 平成17年の改正による変更点

平成17年の改正では、小商人に適用されない規定が具体的に列挙されたことのほかにも、複数の変更がされている。

その点を説明すると、従来は、小商人に適用されない規定として、商号に関する規定が挙げられていた（平成17年改正前商8条）。そのため、小商人は商号の選定それ自体が認められていなかった。これに対して、商法7条では、小商人に適用されない規定として、商号の選定を認める商法11条1項は挙げられていない。その登記に関する同条2項が挙げられているにすぎない。そのため、小商人も商号を選定できるのであって[55]、小商人はそれを登記することができないにとどまる。それ以外の第1編総則・第4章商号の規定も、登記に関するもの（商15条2項、17条2項前段）を除いて、小商人に適用される。

また、小商人に適用されない規定について、平成17年の改正では、商法26条（物品の販売等を目的とする店舗の使用人）が定められた。そのうえで、平成18年の改正により、それが商法22条に変更されている[56]。そのように僅か1年限りで変更されたことは、平成17年の改正の際に商法22条を挙げるべきところ誤って商法26条を挙げてしまったという不手際があったことを窺わせる[57]。

他方、商業帳簿に関する規定は、従来と同様、小商人に適用されない。そ

---

54) たとえば、田邊43頁。
55) たとえば、田邊43〜44頁。その変更点は、従来、立法論として主張されてきた。すなわち、小商人も、営業を行う以上、営業上の名称である商号が必要であって、商号を選定できるよう改めるべきであると主張されてきた。たとえば、田邊43〜44頁。その変更点は、そのような主張をとり入れたものであるといえよう。
56) そのような変更により、小商人も支配人を選任できる（商20条が適用される）ことが明らかにされたと説明するものとして、落合＝大塚＝山下〔第4版〕34頁（同書〔第5版〕では、その説明はみられない）。
57) 落合＝大塚＝山下〔第4版〕34頁。

れにもかかわらず、小商人の判定基準について、商業帳簿の1つである貸借対照表によることが定められたのは（商則2条3号、3条1項）、理解しづらい。従来は、その判定基準は、資本金額（営業財産の現在の価格を意味する。その価格が50万円未満であるか否か）に求められていた（商法中改正法律施行法3条）。

　そのような判定基準によることから、小商人か否かは、従来は、日々変わり得るものであった。これに対して、平成17年の改正後は、営業年度ごとに変わり得るにすぎない（商則7条2項参照）。そのため、その地位は、従来と比べて、安定的なものとなった[58]。

　しかし、従来は、50万円を下回る財産しか営業の用に供しない者は、最初から小商人となる。そのため、登記義務や商業帳簿の作成義務を最初から免除された。これに対して、平成17年の改正後は、その者は、そのような財産を計上した開業時における貸借対照表を作成することにより、小商人となる。基本的に、そのような貸借対照表を作成する前に商人資格を取得することからして（分析編6を参照）、その者も、最初は完全商人となり登記義務や商業帳簿の作成義務を負うのであって、そのような貸借対照表を作成することにより、はじめて小商人となり、それらの義務を免除されると解さざるを得ない。しかし、そのように一時的にせよ義務を負わされる以上、商法7条の趣旨は減殺されよう。

　他方、小商人は、後に営業財産が50万円を上回った場合も、そのような財産を計上した貸借対照表を作成しない限り、完全商人とならない。しかし、そのような貸借対照表を作成する義務を負うわけではなく、問題があろう[59]。

---

58) たとえば、落合＝大塚＝山下34頁。
59) それどころか、貸借対照表は、商法19条2項の規定により商人が作成すべきものをいう以上（商則2条3号）、その規定が適用されない小商人が（任意に）作成するものは貸借対照表ではない。そのため、小商人は、完全商人となることはないとさえ解し得る。結局、小商人の判定基準について、貸借対照表によるよう改められたのは、不適切な変更である印象を拭えない。

(5) 商人適格

　人は、商法4条の要件をみたすことにより、商人となる。自然人[60]はもとより法人も同様である。ただし、法人のうち、営利法人（会社等）を除くものについては、特に存在目的との関係から商法4条の要件をみたし商人となり得るかが問題にされる。

　公法人のうち、国や地方公共団体は、国民または住民の福祉を増進するという一般的な行政目的のために存在し、その目的を達成する手段に格別の制限がない。その目的を達成するために、商法501条の行為、502条の行為または4条2項の行為（店舗その他これに類似する設備による物品の販売または鉱物の販売）をすることを業とすることもできる[61]。そこで、それをするときは、その限りにおいて商人となる[62]。そのときの具体例として、商法502条4号の行為をすることを業とするケース（地下鉄やバスのような運送業を営むケース）が挙げられる[63]。

　これに対して、公法人であっても、土地区画整理組合、土地改良区、水害予防組合等については、この限りでない。それらは、個別の特別法により存在目的が特定の公共的事業を行うことに限定され、商法501条等の行為をすることを業とすることができないことから、商人となり得ないと解されるのが通常である[64]。

　他方、私法人は、民法33条2項によると、「学術、技芸、慈善、祭祀、

---

60) 自然人は、権利能力に制限がないから、営業上の権利義務の帰属主体となることができ、商人となり得る（その商人は個人商人と呼ばれる）。とはいえ、それは行為能力（営業能力と呼ばれる）を有することまで意味しないのであって、その有無および範囲は行為能力に関する民法の一般原則による。もっとも、商法は、取引安全の見地から、営業能力の公示に関して特則を設けている。商5条、6条。

61) もっとも、国や地方公共団体が事業を行う場合は、営利が唯一の目的ではなく、一般公衆に利便を提供するという公共の目的が併存し、そちらが主たる目的であるケースが少なくない。そのケースでは、業とするという要件を充足するかが問題となるが、充足すると解するのが多数説である。前掲注30)を参照。

62) 商法2条（公法人の商行為）は、公法人の商人性を否定する趣旨の規定ではない。もっとも、公法人が商人となる場合、その組織や行為は、公法に属する法令により規制されることが多く、商法の規定が適用されることは多くない。

63) たとえば、落合＝大塚＝山下40頁。

64) たとえば、大隅・商法総則116頁。

宗教その他の公益を目的とする法人」（そのうち公益認定を受けた一般社団法人または一般財団法人が公益法人と呼ばれる。公益社団法人及び公益財団法人の認定等に関する法律（公益法人法）2条1号～3号、4条）、「営利事業を営むことを目的とする法人」（営利法人）、「その他の法人」（中間法人）に分類されるが、営利法人でなくても、商人となり得る。営利法人を除くものは非営利法人と呼ばれるが、ここでいう営利・非営利は、法人が獲得した利益を社員に分配することを目的とするか否かの区別であって、商人の要件となる営利目的（単なる利益獲得の意味であり、獲得した利益の使途は問わない）とは異なるからである。

　具体的には、公益法人を含めて非営利法人の多くは、一般社団法人または一般財団法人として、一般法人法により規制されるが、一般社団法人と一般財団法人は、対外的な事業活動を行うことにより利益を獲得すること自体が禁止されるわけではない。商法501条等の行為をすることを業とすることもできる。そこで、それをするときは、その限りにおいて商人となる[65]。

　とはいえ、多数説によると、特に公益法人は、本来の目的である公益目的事業（公益法人法2条4号）に関しては、営利目的と相容れないことから、商人となり得ない。本来の目的を達成する手段として（具体的には、公益目的事業に必要な資金を得るために）、公益目的事業以外の事業（収益事業等）を行うことができ（公益法人法5条7号）[66]、収益事業等として商法501条等の行為をすることを業とするときに、その限りにおいて商人となるにすぎない[67]。

---

[65] 　もっとも、一般社団法人と一般財団法人は、商人となる場合も、商人に関する規定がすべて適用されるわけではない。一般法人法9条は、それらが商人となる場合があることを前提にして、その場合でも商法11条から15条までの規定と19条から24条までの規定を適用しないことを定めている。それらのうち一般社団法人は、獲得した利益を剰余金または残余財産として社員に分配することが禁止される。一般法人法11条2項、35条3項。他方、一般財団法人は、社員そのものが存在しない。そのため、それらは、商人となる場合も、利益を社員に分配するわけではないから、営利法人とならない。

[66] 　同様のことを定める法規として、学校法人に関する私立学校法26条1項、社会福祉法人に関する社会福祉法26条1項、特定非営利活動法人に関する特定非営利活動促進法5条1項がある。

また、中間法人の中には、各種の協同組合や保険相互会社のように一般法人法ではなく個別の特別法により規制されるものもあるが、このような中間法人は、商人となり得ないと解釈されることが多い[68]。その目的が構成員の相互扶助または共通利益の増進であることから、営利目的を認めるのが困難であることによる[69]。判例も、信用協同組合（最判昭和48年10月5日判時726号92頁、最判平成18年6月23日判時1943号146頁）と、協同組合の一種である信用金庫（最判昭和63年10月18日民集42巻8号575頁）について、そのように解釈している[70]。

　これに対して、特殊銀行や独立行政法人のような特別法に基づいて設立される特殊法人については、そのように解釈されていない。特殊法人は、その事業が公共的性格を有し、経営も公共経済的見地から行うが、独立採算制をとることから、少なくとも収支相償うことを目標とせざるを得ない。そこで、その意味において営利目的を認めることができるのであって、商法501条等の行為を事業行為とする特殊法人は、商人となると解されることが多い[71]。しかし、それは、営利目的に関して、少なくとも収支相償うことを予

---

67) たとえば、森本・商法総則39頁。
68) たとえば、大隅・商法総則120頁。
69) 特に保険相互会社には商人に関する規定が準用されるが、そこでは、保険相互会社が商人とならないことが前提にされていると解される。前掲注5) を参照。
70) また、最判昭和37年7月6日民集16巻7号1469頁は、農業協同組合連合会が生産者および卸売商人（平成29年改正前民173条1号）にあたることを否定する際に、農業協同組合の事業は、商法上の営業ではなく、農業協同組合の行為が商人の営業のためにする行為として商行為となるものではないと判示している。さらに、最判昭和42年3月10日民集21巻2号295頁は、漁業協同組合が当該生産者および卸売商人にあたることを否定する際に、前掲・最判昭和37年7月6日を引用している。その2つの判例では、それらの協同組合が商人とならないことが前提にされていると解される。たとえば、明田作『農業協同組合法〔第2版〕』（経済法令研究会、2016年）96頁注11）。もっとも、現在では、農業協同組合については、「農畜産物の販売その他の事業において、事業の的確な遂行により高い収益性を実現し、事業から生じた収益をもつて、経営の健全性を確保しつつ事業の成長発展を図るための投資又は事業利用分量配当に充てるよう努めなければならない」と定められている（農協7条3項。これは、平成27年の改正により設けられたものである）。ここで、高い収益性を実現するよう努めなければならないことが定められていることから、営利目的が認められない（したがって、商人となり得ない）と解し得るか問題があろう。

定していることを意味するという解釈によるものであって、収支の差額を利得する目的を意味するという解釈（(1)を参照）によるならば、そのような特殊法人であっても商人とならないものがあり得ることになろう。

以上で述べたように、自然人と一部の法人は、商人となり得るが、具体的にどの時点から商人となるかが問題にされる。この問題は分析編 6 で検討する。

4 会社
(1) 総説

会社法 5 条は、会社が事業としてする行為と事業のためにする行為が商行為となると定めている[72]。そのため、それらの行為には商行為に関する規定が適用される。

会社が事業としてする行為（営業としてする行為と同義である）は、そのように内容を問わず一律に商行為となることから、会社は、それを業とする商人（商 4 条 1 項。固有の商人）となる。判例も同様に説明する（分析編 7 (1)を参照）[73][74]。

そのような説明によると、会社が事業としてする行為は基本的商行為とな

---

71) たとえば、淺木・前掲注 11) 110 頁。そのような特殊法人の例として、日本銀行（商 502 条 8 号の行為を事業行為とする特殊銀行）や、都市再生機構（商 501 条 1 号または 502 条 1 号の行為を事業行為とする独立行政法人）が挙げられる。田邊 49 〜 50 頁、淺木・前掲注 11) 111 頁。ただし、独立行政法人については、特殊銀行と異なり、営利目的を認めるのが困難であることから、商人となり得ないと解するものとして、森本・商法総則 41 頁注 9)。

72) 会社と同様に営利法人である投資法人と特定目的会社について会社法 5 条と同様のことを定める法規として、投資信託及び投資法人に関する法律 63 条の 2 第 1 項と、資産の流動化に関する法律 14 条 1 項がある。そのため、本文で述べることは、それらについても妥当する。なお、それ以外に商行為概念を定める法規として、有限責任事業組合契約に関する法律 10 条がある。有限責任事業組合は、共同で営利を目的とする事業を営むための組合であって（同 1 条）、同法 10 条は、組合員が組合の業務として行う行為が商行為となると定めている。これは、有限責任事業組合が法人でないことに対応したものであって、有限責任事業組合の共同事業としてする行為と共同事業のためにする行為をともに商行為とする趣旨の規定であると説明される。来住野・前掲注 13) 85 頁注 22)。

り[75]、会社法5条は、このような商行為を行為の内容に基づいて定めるのではなく会社という行為主体に基づいて定める点で、商法501条や502条と異なる特殊性を有することになる。そのことにともない、循環論法（会社は、事業としてする行為が商行為となり、それを業とするから商人となるというトートロジーな説明）となる印象を拭えない。会社法5条がそのように定めるのは、形のうえでは商行為法主義を維持しながら商人法主義を採用したのと同様の結論を得るためであるといえよう。しかし、立法論としては、そのような循環論法によるべきではなく、会社について、正面から商人法主義を採用して、商人であるとする規定を会社法に設けるべきである[76]。

[73] たとえば、大塚＝川島＝中東29頁。ただし、本文の説明によらず、会社は、商人であるとする規定がなく、会社法上、当然の商人であると位置づけられていると解釈されることもある。淺木愼一『商法総則・商行為法入門〔第2版〕』（中央経済社、2005年）23頁。また、落合＝大塚＝山下27頁以下、高田晴仁「会社の『商人』性」韓国全南大學校法學論叢28巻2号318頁（2008年）のほか、第12講分析編も参照。商工会議所法7条1項は、商工業者として、自己の名をもって商行為をすることを業とする者、店舗その他これに類似する設備によって物品を販売することを業とする者、鉱業を営む者のほかに、会社を定めている。商工会法2条も同様である。ここで、会社が固有の商人や擬制商人と区別して定められていることは、本文の説明と符合しない。むしろ、前記の解釈と符合しよう。しかし、前記の解釈のように明文の規定によらずに会社が商人であることを認めることには賛成しがたい。

[74] 会社が商人となることは、商法11条1項でも前提にされている。その規定が「商人（会社及び外国会社を除く。以下この編において同じ。）」と定めているのは、そのことを前提にして、「以下この編」の規定（第1編総則・第4章商号以下の規定）が会社に適用されないことを表わすためである。もっとも、すべての会社が商人となるわけではなく、営利目的がなく商人とならない会社も存在すると主張されることもある。たとえば、弥永18頁注8）。

[75] 池野千白「新商法と会社法の考え方」CHUKYO LAWYER 4号126頁（2006年）。これに対して、会社が事業としてする行為について、固有の商人概念を導き出す基礎となる商行為（商4条1項が定める商行為）となることは認めながら、基本的商行為に含めないものとして、たとえば、森本・商法総則33頁。しかし、もともと固有の商人概念を導き出す基礎となる商行為を基本的商行為と呼ぶ以上（たとえば、大隅・商法総則91頁）、それに含めることができよう。

[76] たとえば、相原隆・百選75頁。

(2) 商人に関する規定の適用

会社は、商人であるから、商人に関する規定が適用される。しかし、そのような規定には会社に適用されないものが少なくない。

具体的には、会社には、第1編総則のうち第3章商業登記から第7章代理商までの規定が適用されない。それらに代えて、同様の事項について定める会社法の規定（たとえば、第7編雑則・第4章登記の規定や、第1編総則のうち第2章会社の商号以下の規定）が適用される（ただし、会24条1項参照）。

そのうち第4章商号から第7章代理商までの規定が適用されないことは、その最初の規定である商法11条1項が「商人（会社及び外国会社を除く。以下この編において同じ。）」と定めていることから明らかである。他方、第3章商業登記の規定は「この編の規定により登記すべき事項」を対象とするものであって（商8条等）、会社には「この編の規定」（商5条、6条1項、11条2項、15条2項、17条2項前段、22条。さらに、それらの規定に係る登記事項の変更または消滅に関する10条）が適用されないから、第3章商業登記の規定が適用されることもない。

そのほかに、商法5条と6条も、会社に適用されることがない。それらは未成年者や被後見人が商人となる場合に適用される規定であって、会社を含む法人は未成年者や被後見人となること自体がないからである。

前掲したもの以外の商人に関する規定（第2編商行為の規定）は、会社にも適用されるのが基本となる[77]。ただし、そのうち商法503条2項が適用されるかをめぐって争われている。この問題は分析編7で検討する。

▎分析編

5　銀行取引

(1) 序説

多数説は、銀行取引（商502条8号）について、金銭または有価証券の転換を媒介する行為（このような契約）ととらえ、それに該当するためには、

---

77) そのため、会社について、商人であるとすることの実際上の意味は、前掲した第1編総則の規定との関係において認められるのではなく、商人を要件とする第2編商行為の規定との関係（たとえば、商512条（報酬請求権）を適用する点）において認められる。たとえば、森本・商法総則33頁注6）。

金銭または有価証券を不特定多数の者から収受する行為（預金契約のような受信行為）と他人に融通する行為（貸付契約のような与信行為）があわせて行われることが必要であるとする。そこで、貸金業者や質屋営業者が行う自己資金のみの貸付契約は、そのうち受信行為を欠くことから（出資の受入れ、預り金及び金利等の取締りに関する法律2条参照）、銀行取引に該当しないと解釈する[78]。そのような解釈によると、それらの業者が会社であれば格別（会5条参照）、そうでなければ、その貸付契約は商行為とならず、それらの業者は商人とならない。判例も、大審院以来、一貫して、そのような解釈をとる（大判明治41年6月25日民録14輯780頁、最判昭和50年6月27日判時785号100頁等）。

これに対して、少数説は、銀行取引について、金融業（その契約）ととらえる等して、自己資金のみの貸付契約のような受信行為をともなわない与信行為が含まれると解釈する[79]。そのような解釈によると、貸金業者や質屋営業者が会社でなくても、その貸付契約は商行為となり、それらの業者は商人となる。

(2) 検討

多数説は、転換の媒介を必要とする理由として、それが商法501条1号等において要件とされていることを挙げる。すなわち、それらの規定において譲渡する目的物は他人から取得したものでなければならないのと同様に、銀行取引においても融通する目的物は他人から収受したものでなければならないと解釈する[80]。

確かに、それらの規定に現れている財貨転換の媒介という性質（固有の商）は、民法から商法を独立させる要因となった。その意味で、そのような性質が商行為の基礎概念となることに異論を唱える余地はない。

しかし、そのことは、そのような性質が商法の出発点となったことを意味するにとどまるのであって、そのような性質が商行為に求められる共通の要

---

78) たとえば、大隅・商法総則107頁。
79) たとえば、竹田・商法総則47頁。
80) たとえば、松本烝治『商法判例批評録』（巖松堂書店、1923年）338頁。

素であることまでは意味しない。それは、商行為として定められている行為が、固有の商からはじまって、これを補助する商（補助商。たとえば、商502条11号のうち商行為の仲立ちまたは取次ぎに関する行為）に及び、さらには補助商とさえいえないもの（第三種の商。商502条7号等）にまで広げられていることから明らかである。そのため、そのような性質を、ことさら銀行取引において強調することには賛成しがたい。かえって、それを強調することは、銀行取引が固有の商としてではなく補助商として位置づけられること[81]と符合しないようにみえる。

　それどころか、銀行取引について、多数説のように解釈すれば、その多くは商法501条1号に含まれることになる。その点を説明すると、同号が定める有償取得を目的とする行為と、その取得したものの譲渡を目的とする行為は、消費寄託や消費貸借でも構わない（解説編2(3)を参照）。そこで通常、預金契約のような受信行為は、消費寄託であるから、同号が定める有償取得を目的とする行為に含まれる。また、貸付契約のような与信行為は、消費貸借であるから、その取得したものの譲渡を目的とする行為に含まれる。さらに、それらの行為の目的物である金銭や有価証券も、同号の目的物に含まれる[82]。加えて、受信行為を行うのは、目的物である金銭等を与信する（譲渡する）ことにより利益を得るためである。そのため、同号が要件とする利益を得て譲渡する意思も充足する。その結果、多数説によれば、銀行取引の多くが同号に含まれることになり、商法502条8号の存在意義を失わせることになりかねない。それを失わせないためには、少数説がいうように受信行為をともなわない与信行為は銀行取引に含まれると解釈すべきである[83]。

---

81) たとえば、大隅・商法総則29頁、32頁。
82) 金銭について、単なる価値にすぎないととらえれば、この限りでない。しかし、そのようにとらえることには賛成しがたい。金銭は、法律上、物（動産）として位置づけられており、商法501条1号の目的物に含まれると解すべきである。森川隆「金銭債権の法的性質——法規との整合性の観点から」大阪経済法科大学法学論集54号7頁以下（2002年）。この点に関して、同号の行為が消費寄託や消費貸借でも構わないとされるのも、それらの通常の目的物である金銭が同号の目的物に含まれることを前提にしていると解される。

そのように解釈することは、銀行取引の例示として両替が挙げられていること（商502条8号）とも符合する。両替は、自己資金のみをもって行うことがあり得るからである。

多数説は、銀行が金銭または有価証券の転換の媒介者であることから、銀行取引をその転換を媒介する行為ととらえる[84]。しかし、明治32年新商法の立法過程では、銀行取引は「銀行ノ取引」または「銀行自身ガ為ス取引」という意味ではなく「銀行ノ為ス可キ個々ノ取引ヲ云フ」のであって、「故ニ営業トシテ個々ノ取引中其一ヲ為セシトキハ其取引ハ即チ銀行取引ナリ」と説明されている[85]。決して、受信行為と与信行為があわせて行われることが必要であるとは解されていない。また、明治23年旧商法でも、与信行為について、それだけで商行為となることは認められていた（解説編2(1)に掲げた同5条1号を参照）。そのような沿革からしても[86]、多数説は説得力を欠く。

そもそも、多数説は、受信行為をともなわない与信行為について、営業的商行為として認める必要があることは肯定しており、それを立法論として主張している。昭和10年に法制審議会において決議された商法改正要綱第207が金銭または有価証券を貸し付ける行為を営業的商行為に加えることを提言しているのも、そのような主張に属する。しかし、以上で述べたことからすれば、それは解釈論の枠内で導くことができよう[87]。

6　商人資格の取得時期
(1)　序説

商人は、基本的商行為をすることを業とする者、店舗その他これに類す

---

83) そのため、商法502条8号の存在意義は、受信行為をともなわない与信行為のような転換の媒介が認められない行為を商行為とする点に求められる。その点は、同条3号（特にガスの供給契約）と同様である。前掲注18)を参照。
84) たとえば、大隅・商法総則107頁。
85) 法典調査会・前掲注2) 26頁。
86) 沿革の詳細について、高田晴仁「梅謙次郎『最近判例批評』の商法学的意義」法研81巻1号16頁以下（2008年）。
87) 以上の詳細について、森川隆「商法502条8号の『銀行取引』と金銭貸付行為」法学政治学論究38号227頁以下（1998年）。

る設備によって物品を販売することを業とする者、鉱業を営む者である（商4条）。そのため、それらの営業目的行為を開始しなければ商人資格を取得しないとも解される。そのように解すると、営業目的行為を開始する前の営業の準備段階では、商法の規定が適用されない。特に営業の準備行為（開業準備行為）は、商人の行為である附属的商行為（商503条1項）とならず、商行為に関する規定が適用されないことになる。

しかし、一般には、そのように解されていない。むしろ、会社については、生まれながらの商人（生まれながらにして商4条1項の要件をみたす者）であって、商人資格を離れて存在し得ないから、成立して法人格を取得した時点（営業目的行為を開始する前の設立登記（会49条、579条）が行われた時点）において、同時に商人資格を取得すると解されている[88]。

また、会社以外の者についても、営業目的行為を開始しなければ商人資格を取得しないとは解されていない。むしろ、営業の準備行為は、営業目的行為に向けて計画されて行われるから、附属的商行為として商法の規定が適用されるべき商人の行為であることが認められている[89]。

そのことは、明治32年新商法の立法過程でも認められていたように見受けられる。その点を説明すると、その立法過程では、営業の譲渡および取得を絶対的商行為に加えることが提案されたものの、その提案が撤回された。そして、その理由は、それが附属的商行為に含まれる点に求められていた[90]。それは、譲渡人にとって営業の終了行為であり、譲受人にとって営業の準備行為となることから、そのいずれにとっても附属的商行為となるのであって[91]、絶対的商行為として定める必要がないと考えられたと解される。そのため、会社以外の者についても、営業目的行為を開始する前の時点で商人資格を取得することは認められていたといえよう[92]。

(2) 会社以外の者の商人資格の取得時期

とはいえ、会社以外の者については、具体的にどの時点において商人資格

---

88) たとえば、蓮井＝森40頁、44頁。
89) たとえば、西原86～87頁。
90) 法典調査会・前掲注2) 22頁、762頁。

を取得するかが問題にされる。この問題に関して、最判昭和33年6月19日民集12巻10号1575頁は、営業をなす意思を準備行為によって実現した時点で商人資格を取得する（それとともに、その行為は最初の附属的商行為となる）と判示する（営業意思主観的実現説）[93]。

しかし、そうすると、準備行為の相手方は、営業意思を認識し得なかった場合も、商行為に関する規定が適用されることになり、不測の損害を被ることがある[94]。そのことから、営業意思が客観的に認識可能となった時点で商人資格を取得するという解釈が一般に支持されてきた（営業意思客観的認識可能説）[95]。

そのような解釈の中には、営業意思が準備行為それ自体の性質から認識可能でなければならないと限定的に解釈するものもある。その解釈によると、

---

91) たとえば、椎津盛一『改訂商行為法〔8版〕』（巌松堂書店、1940年）52頁。営業の終了行為については、営業目的行為を終止している限り、商人資格を喪失しているのであって、附属的商行為となり得ないとも解される。しかし、商人資格の喪失について営業の準備行為における商人資格の取得と平行的に考えて、そのように解さないのが通常である。たとえば、大隅・商法総則126頁注4）。また、附属的商行為について、営業の維持便益のためにする行為とする限り（解説編2（2）(ii)③を参照）、営業の終了行為が含まれると解せるか疑問がないわけではないが、含まれると解されるのが通常である。たとえば、大隅・商行為法21頁。

92) 明治32年新商法の起草委員が参加した法典質疑会が編集した書物でも、そのことは認められている。法典質疑会編『法典質疑問答 第5編〔復刻版〕』（信山社、1994年）7頁以下。

93) それ以前の判例は、営業意思を特別の表白行為（店舗の開設や開店広告等）により外部に発表した時点で商人資格を取得すると判示していた（表白行為説）。たとえば、大判大正14年2月10日民集4巻56頁。

94) そのことの典型例として、従来は、時効期間の点が挙げられてきた。たとえば、田中誠＝喜多105〜106頁。具体的には、営業意思主観的実現説によると、金銭を貸し付けた相手方は、それが営業資金として使われることを認識し得ず、返還請求権の時効期間が10年になる（平成29年改正前民167条1項）と考えていた場合も、その時効期間が5年になり（平成29年改正前商522条本文）、不測の損害を被ることがあった。しかし、平成29年改正前商法522条が削除され、商行為によって生じた債権も民法が定める債権の時効期間（民166条1項）に服することにされたことから、その点は妥当しなくなった。そのことにともない、従来と比べて、準備行為の相手方が不測の損害を被るケースは、少なくなったといえよう。

95) たとえば、小町谷52頁。

営業設備のある営業所の借受けや営業の譲受けのような行為は、商人資格を取得させるが、営業資金の借入れのような行為は、この限りでない。ただし、後者の行為も、事情を知っている相手方に対する関係では、商行為となると説明される[96]。最判昭和47年2月24日民集26巻1号172頁も同様に説明する。

　他方、商人資格の取得（その主張）を段階的・相対的に決定する解釈も主張されている（段階説）。具体的には、商人資格の取得と準備行為の附属的商行為性について、営業意思が準備行為によって主観的に実現された段階では相手方が主張できるにすぎず、営業意思が特定の相手方に認識されたかまたは認識され得べきであった段階では行為者も相手方に対して主張することができ、営業意思が一般に認識され得べき段階に至ったときは附属的商行為の推定（商503条2項）が生じると解釈されている[97]。

　しかし、商人資格の取得は、商法4条の要件をみたすか否かという事実の存否の問題であって、その解釈のように、それを法律の規定がないにもかかわらず事実の主張の可否の問題（対抗問題）として処理することには賛成しがたい[98][99]。

7　会社の行為に対する商法503条2項の適用の可否

(1)　序説

　この問題は、会社の行為に非商行為があるか否かに関係する。すなわち、会社の行為について、非商行為がなく、すべて商行為となるならば、商行為

---

[96]　たとえば、大隅・商法総則123頁。
[97]　たとえば、鴻・商法総則109頁以下。
[98]　たとえば、落合＝大塚＝山下37頁。
[99]　この問題に関して、「各学説は、商法4条の商人資格の取得時期を論じながらもその実質は商行為に関連する規定の適用開始時期を検討するものであって、商法総則の規定についてはその趣旨を斟酌しつつ各規定ごとに適用（ないし類推適用）の開始時期を確定する作業が必要になるのではなかろうか」と指摘されることもある。森本・商法総則45頁注20)。確かに、特に営業意思客観的認識可能説は、商行為に関する規定の適用開始時期の検討に重きを置くものといえよう。しかし、その指摘のように、商法総則の規定について、同じ商人に関する規定であるにもかかわらず、規定ごとに適用の開始時期を区別することには問題があろう。

であることを推定する（したがって、推定を覆せば非商行為となることを認める）商法503条2項は、適用する余地がない。これに対して、非商行為があるならば、その余地があることになる。

　この問題に関して、最判平成20年2月22日民集62巻2号576頁は、「会社の行為は商行為と推定され、これを争う者において当該行為が当該会社の事業のためにするものでないこと、すなわち当該会社の事業と無関係であることの主張立証責任を負うと解するのが相当である。なぜなら、会社がその事業としてする行為及びその事業のためにする行為は、商行為とされているので（会社法5条）、会社は、自己の名をもって商行為をすることを業とする者として、商法上の商人に該当し（商法4条1項）、その行為は、その事業のためにするものと推定されるからである（商法503条2項。同項にいう「営業」は、会社については「事業」と同義と解される。）」と判示し、会社の行為に商法503条2項が適用されることを認めている。また、そのような適用肯定説をとる論者は、会社法5条が、会社の行為という包括的な文言を用いずに、事業としてする行為と事業のためにする行為という個別的な文言を用いて、それらの行為を商行為とするのは、それ以外に会社の非商行為があることを含意していると説明する[100]。さらに、会社についても、社会的実在として存在し活動している限り、事業以外の活動領域（個人としての生活領域）があると説き、このような領域の行為（非商行為）の具体例として、災害や社会的行事における寄付を挙げる[101]。

(2) 検討

　確かに、商法11条1項が「商人（会社及び外国会社を除く。以下この編において同じ。）」と定めて、第1編総則のうち第4章商号以下の規定が定める商人に会社が含まれないことを示しているのは、それ以外の規定（第2編商行為の規定である商503条2項）が定める商人には会社が含まれることを前提にしていると解するのが素直である[102]。

---

100)　たとえば、森本・商行為法9頁注5)。
101)　たとえば、大隅・商行為法23頁。非商行為の具体例として、組織法上の行為を挙げるものとして、森本・商行為法9頁注5)。

しかし、会社について、会社法5条が事業のためにする行為が商行為となると定めて商法503条1項と同旨の内容を定めていることから、同条項は適用されないと解される。そのため、それと同一の条文を構成する同条2項が適用されないと解釈しても、別段おかしなことではなかろう。かえって、会社法5条が商法503条1項と同旨の内容を定めながら同条2項と同旨の内容を定めていないのは、このような規定が不要であることを前提にしていると解釈するのが自然である。決して、会社の行為に同条2項を適用することを予定しているからではなかろう[103]。

　さらに、会社に事業以外の活動領域があることを認めることには賛成しがたい。会社は、一定の事業目的（会27条1号、576条1項1号）のために認められた存在であり、事業を離れて存在し得ない。そのため、事業以外の活動領域はないのであって、その行為は、事業としてする行為か事業のためにする行為のいずれかである。そのいずれにも該当しなければ、そもそも会社の行為となり得ない。それゆえ、会社の行為は、すべて商行為であり、商法503条2項が適用されないと解釈すべきである（適用否定説）[104]。災害等における寄付も、事業目的を遂行するうえで間接的に必要な行為であるとする立場[105]から出発すれば、事業のためにする行為に該当することになろう[106]（そのことにともない、会社の業務に関する行為として株式会社の代表取締役（または代表執行役）や持分会社を代表する社員の権限（会349条4項、420条3項、599条4項）に含まれる）。

　確かに、適用肯定説は、ドイツでも主張されている。具体的には、会社（商事会社・Handelsgesellschaft）にも事業以外の活動領域はあるのであって、商人の行為を商行為と推定するドイツ商法典344条1項は会社の行為にも

102）　黒野葉子「会社の行為が商行為に該当することの主張立証責任」金判1310号23頁（2009年）。
103）　相原・前掲注76）75頁。
104）　たとえば、近藤38頁。
105）　たとえば、最判昭和45年6月24日民集24巻6号625頁。
106）　黒野・前掲注102）23頁。事業のためにする行為に該当することの理由として、会社のケースでは、災害等における寄付も帳簿の記載事項となり、個人のようなポケットマネーがないことを挙げるものとして、たとえば、西原93頁注3）。

適用されると解釈されている[107]。しかし、ドイツでは、一般に、そのような解釈は支持されていない。むしろ、会社には事業以外の活動領域がなく、会社の行為は例外なく商行為となることが認められている。そのことにともない、同条項の適用範囲は、もっぱら個人商人の行為に限られると説明されている[108]。判例も、そのように説明する（BGH, Urt. v. 5. 5. 1960, NJW 1960, 1852）。そのため、適用否定説が多数説であり判例の立場でもある。

ただ、他方において、株式引受のような組織法上の行為は、非商行為であると解釈されることが多い[109]。そのような解釈は、組織法上の行為について、個人商人の身分法上の行為（解説編2（2）(ii)③を参照）と同様に扱うものといえよう。それと同様に、性質上、一律に非商行為として扱うものと解される。

そのような解釈には疑問がないわけではないが[110]、それによれば、結局、会社の行為には非商行為もあるのであって、そのうち取引行為のような対外的な行為がすべて商行為となるにとどまる[111]。ただ、それでも、会社の行為に商法503条2項が適用されないこと自体は変わらないのであって[112]、そのことの理由が二元的に説明されることになろう。すなわち、そのうち対外的な行為は、すべて商行為となるから同条項が適用されず、組織法上の行為は、身分法上の行為と同様に、行為自体から事業のためにするも

---

107) Heymann/Norbert Horn, HGB, Bd. 4, 2. Aufl.（2005）、§343 Rdnr. 16 u. §344 Rdnr. 3. そのような解釈をとる下級審判決として、OLG Düsseldorf, Urt. v. 24. 5. 1996, BauR 1996, 905.
108) Oetker/Rüdiger Pamp, HGB, 5. Aufl.（2017）、§343 Rdnr. 16 u. §344 Rdnr. 2；Karsten Schmidt, Münchener Kommentar zum HGB, Bd. 5, 4. Aufl.（2018）、§343 Rdnr. 13 u. §344 Rdnr. 2．ただし、ここでいう会社の行為は、組織法上の行為を含まず、対外的な行為であることが前提にされていると解し得る。後掲注109）を参照。
109) たとえば、大判明治43年12月13日民録16輯937頁。前掲注101）も参照。ドイツでも同様である。Oetker/Pamp, a. a. O.（Anm. 108）、§343 Rdnr. 9；Schmidt, a. a. O.（Anm. 108）、§343 Rdnr. 6 f.
110) 来住野・前掲注13）81頁。
111) たとえば、淺木・前掲注11）131頁以下。
112) その点はドイツでも同様であって、そのような解釈によっても、会社の行為にドイツ商法典344条1項が適用されないことは変わらないと解される。

のでないことが明瞭であるから同条項が適用されないと説明されよう。

(森川隆)

第2講 商号 ―定義・商号権・名板貸―

1 はじめに

2005年に会社法が単行法となり（平成17年法律第86号）、商法第1編第4章以下では同編中の「商人」から会社・外国会社が除かれた（商11条1項）。結果、商号に関する規定は、図表2-1のとおり、個人商人については商法に、会社については会社法に定められた。また、商業登記法や不正競争防止法等にも商号に関する重要な規定があり、それらについても触れる。

[図表 2-1]

	商法 第1編 総則 第4章 商号	会社法 第1編 総則 第2章 会社の商号
商号の選定・登記	11条1項（選定）・2項（登記）	6条1項（会社の名称）・2項（会社の種類と使用すべき文字）・3項（他の種類の会社と誤認されるおそれのある文字の使用禁止） ※911条1項（株式会社設立登記）・3項（登記事項）等
他の商人・会社と誤認させる名称等の使用の禁止	12条（他の商人と誤認されるおそれのある名称・商号の使用禁止）	7条（会社と誤認されるおそれのある文字の使用禁止） 8条（他の会社と誤認されるおそれのある名称・商号の使用禁止）
過料	13条（12条1項違反）	978条（6条3項、7条、8条1項違反）
名板貸	14条	9条
商号の譲渡	15条	なし ※22条（譲渡会社の商号を使用した譲受会社の責任等）

▎解説編

2 商号の定義

「商号」という文言を含む法律は多いが[1]、その定義規定は、「商法第11条第1項又は会社法第6条第1項に規定する商号をいう。」とする商業登記法1条の2第4号のみである。しかし、商法11条1項も会社法6条1項も商号を定義するものではなく、商号の定義規定は事実上存在しない。

ただし、商号が知的財産であることについては明文で定められている（知財基本2条1項）。このことは、工業所有権の保護に関するパリ条約1条(2)項が、工業所有権の保護の対象に商号を含むとしており、国際的な取り決めである。

商号の定義は判例によっており、商号とは、商人がその営業上の活動において自己を表彰する名称である（大判大正5年3月1日民録22輯439頁）。

商法と会社法が別個の法律である現在、上記の定義は会社の商号には該当しないようにも思われる。しかし、会社がその事業としてする行為およびその事業のためにする行為は、商行為であり（会5条）、自己の名をもって商行為をすることを業とする者が商人であるため（商4条1項）、会社も商人である（ただし、以下で「商人」というときは、個人商人を指す）。したがって、判例による定義は、会社の商号にも当てはまり、会社の商号とは、会社がその事業上の活動において自己を表彰する名称である。

商号の定義から、次のことが導かれる。

① 商号は名称であることから、文字によって表示することができ、かつ、呼称可能なものでなければならない。図形や記号、あるいはそれらと文字との結合によるものは商号ではない。
② 商人・会社でないものの名称は商号とはなり得ない。相互会社は、保険業を行うことを目的として、保険業法に基づき設立された保険契約者をその社員とする社団であり（保業2条5項）、非営利法人である。したがって、営利[2]法人である会社法上の会社ではないため、相互会社の名称は商号ではなく、単に「名称」といわれる（保業23条1項2号）。

---

1) 2018年6月現在、135の法律で使用されている（e-Gov法令検索 http://elaws.e-gov.go.jp/search/elawsSearch/elaws_search/lsg0100/search）。

③ 自然人が一般生活で自己を表すために使用する氏名や、営業活動外で用いる雅号・芸名等は商号ではない。氏名は、人が個人として尊重される基礎であり、その個人の人格の象徴であって、人格権の一内容を構成するものであり（最判昭和63年2月16日民集42巻2号27頁）、その譲渡も放棄もできない。他方、商号は譲渡も放棄も可能である（8、10参照）。両者は、自己を他者から識別し特定する機能を有する点で共通するにすぎず、氏名に関する議論を直接、商号に当てはめるべきではない。

3 商号と商標

商号と商標は、ともに名称であるという点では共通するが、その他の面では大きく異なる。

商標とは、人の知覚によって認識することができるもののうち文字、図形、記号、立体的形状、もしくは色彩またはこれらの結合、音、その他政令で定めるもの（標章）であって、業として商品を生産等する者がその商品について使用をするもの、あるいは、業として役務を提供等する者がその役務について使用をするものをいう（商標2条1項）。商品について使用するものを「商品商標」、役務について使用するものを「役務商標」あるいは「サービスマーク」という。

(1) 構成要素

商号は、文字によってのみ表示されなければならない。

会社の商号については、会社の種類に従い、株式会社等の文字を用いなければならない（会6条2項）。「ANAホールディングス株式会社」が商号であり、「全日空」や「ANA」、図形との結合である「ANA」は商標になり得るが、商号ではない。ただし、「ANAホールディングス株式会社」を商標登録すること（商号商標）は可能である。

商標は、文字のみでもよいが、図形、記号、立体的形状、色彩、これらの

---

2) 会社の営利性とは、対外的活動により利益を上げて構成員に分配することを目的にすることをいう（落合誠一『会社法要説〔第2版〕』（有斐閣、2016年）27頁、民33条2項参照）。

結合も認められる。また、音や政令で定められたもの[3]も商標となり得る。

(2) 対象

　商号は、商人・会社の名称であり、商標は、商品・役務の名称である。商品とは、商取引の目的となる物、特に動産をいい、役務とは、他人のために行う労務または便益であって、独立して商取引の目的となるものをいう[4]。

　商号が商人・会社という権利能力を有する「人」（民3条、34条、会3条）の名称であるのに対して、商標が商品・役務という権利の主体とはなり得ないものの名称であるという違いを認識することは重要である。

(3) 使用場面

　商人・会社は「商人」であり、自己の名をもって商行為をすることを業としている者である（商4条1項）。したがって、商号は、商人・会社が業として商行為を行っている際に使用されるものである。一方、商標は、業として、生産等される商品や提供等される役務について使用されるものである（商標2条1項）。

　商法4条1項に「業とする」、商標法2条1項に「業として」という文言が現れるが、その意味は異なる。

　商法4条1項における「業とする」は、営利目的で同種の行為を反復して行うことである[5]。

　しかし、商標法2条1項における「業として」については、営利を目的とする場合に限らない[6]。商標法は、非営利団体が商標権者となることを排

---

[3]　商標に係る文字、図形、記号、立体的形状または色彩が変化するものであって、その変化の前後にわたるその文字、図形、記号、立体的形状もしくは色彩またはこれらの結合からなる「変化商標」のうち、時間の経過に伴って変化する「動き商標」（商標施規4条）やホログラフィーその他の方法により変化する「ホログラム商標」（商標施規4条の2）、商標に係る標章（文字、図形、記号もしくは立体的形状もしくはこれらの結合またはこれらと色彩との結合に限る。）を付する位置が特定される「位置商標」（商標施規4条の6）がある。

[4]　特許庁編『工業所有権法（産業財産権法）逐条解説〔第20版〕』（発明推進協会、2017年）1390頁。

[5]　大隅・商法総則91頁、鴻・商法総則103頁、近藤20頁、青竹12頁。

除しておらず、また、その使用許諾を無償で行うことも自由である。たとえば、熊本県は「くまモン」（商標登録番号5387806号）やその図（商標登録番号5387805号）（図表2－2参照）の商標権者であり、ライセンス料を無償としている（熊本県キャラクターくまモン・くまもとサプライズロゴの利用に関する規程15条）[7]。

［図表2－2］

4　商号の選定

(1)　商号自由の原則

商人・会社は、商号を自由に選定できる（商号自由の原則）。

商人は、その氏、氏名その他の名称をもってその商号とすることができる（商11条1項）。会社法に同種の規定はないが、商号と事業の実際との一致は要求されていない。コンピュータやスマートフォンの輸入・販売等を行う会社の商号が、直訳すれば「リンゴ日本」である「Apple Japan 合同会社」であることは、その一例である。

(2)　商号自由の原則の例外

商号自由の原則には例外規定が設けられている。

まず、会社は、その種類に従い、その商号中に株式会社、合名会社、合資会社、合同会社という文字を用いなければならない（会6条2項）。また、その商号中に、他の種類の会社であると誤認されるおそれのある文字を用いてはならず（会6条3項）、違反した者は、100万円以下の過料に処せられる（会978条1号）。

次に、会社でない者は、その名称または商号中に、会社であると誤認されるおそれのある文字を用いてはならず（会7条）、違反した者は100万円以下の過料に処せられる（会978条2号）。商人の商号自由の原則に対する例外にあたる。ただし、会社法7条は、商人・会社でない者の名称にも適用され、商号自由の原則に対する例外規定にとどまらないものである。

---

6)　特許庁編・前掲注4）260頁。
7)　「くまモンオフィシャルサイト」（http://kumamon-official.jp/application）。

また、何人も、不正の目的をもって、他の商人・会社であると誤認されるおそれのある名称・商号を使用してはならず（商12条1項、会8条1項）、違反した者は100万円以下の過料に処せられる（商13条、会978条3号）。
　「何人」には、当然、商人・会社が含まれ、他の商人・会社であると誤認されるおそれのある商号を選定することはできない。一方、「何人」には商人・会社以外の者も含まれることから、商法12条1項・会社法8条1項も商号自由の原則の例外に関する規定にとどまらない性質を有する。
　もっとも、「不正の目的」がなければ、他の商人・会社であると誤認されるおそれのある商号であってもよいこととなる。「不正の目的」とは、他の会社の営業と誤認させる目的、他の会社と不正に競争する目的、他の会社を害する目的など、特定の目的のみに限定されるものではないが、不正な活動を行う積極的な意思を有することを要する（知財高判平成19年6月13日判時2036号117頁）。
　「銀行」（銀行6条2項）、「保険会社」（保業7条2項）、「信託会社」（信業14条2項）など、当該事業を行う者以外に使用が禁止される文字がある。公序良俗に反する商号も選定できない（民90条）。
　ところで、商号自由の原則の例外として、周知・著名商品等表示に係る不正競争（不正競争2条1項1号・2号）が挙げられることが多い。「商品等表示」とは、人の業務に係る氏名、商号、商標、標章、商品の容器もしくは包装その他の商品または営業を表示するものをいう（不正競争2条1項1号）。商品等表示には、商号以外のものも多く含まれており、商号自由の原則の例外を定めることを目的としていないことは明らかである。周知性・著名性は事実状態であり、その有無の判断は微妙な場合が少なくない。他人の商品等表示に周知性・著名性があることが明らかなときにのみ、不正競争防止法違反となることを避けるために同一・類似の商号を選定せず、結果として、商号自由の原則の例外であるように見えるにすぎない。

(3) **商号単一の原則**

　商人が数種の営業をするときは、各営業について商号を使用することができるが（商登43条1項3号参照）、1つの営業について複数の商号を使用することはできない（商号単一の原則）。1つの営業に複数の商号が使用された

場合、一般公衆の誤認が生ずるおそれを回避するためである。なお、1つの営業に複数の商号が使用された場合、他の商人の商号選択の幅が狭まることも商号単一の原則を肯定する理由とされることがある。しかし、商号選定の幅は、商号自由の原則の例外（4(2)参照）に該当するかどうかによるのみであって、商号単一の原則と直接関係しないと解すべきであろう。

他方、会社は、その名称が商号であり（会6条1項）、複数の事業を行うとしても、商号は1つに限られる。

5　商号の登記

(1)　商人と会社との差異

商人が、その商号を登記するかどうかは自由である（商11条2項）。登記をする場合、商号の登記は、商号登記簿（商登6条1号）になされるが、営業所ごとにしなければならない（商登28条1項）。登記事項は、①商号、②営業の種類、③営業所、④商号使用者の氏名および住所である（商登28条2項）。ただし、小商人[8]は、商号の登記ができない（商7条）。

一方で、会社は、設立登記の際に、本店所在地において商号を必ず登記しなければならない（会911条3項2号、912条2号、913条2号、914条2号）。

なお、商号を登記するには、ローマ字その他の符号で法務大臣の指定するもの[9]を用いることができる（商登規50条1項）。

(2)　商号登記の効果

商号の登記は、その商号が他人の既に登記した商号と同一であり、かつ、その営業所（会社の場合は本店）の所在場所が当該他人の商号の登記に係る

---

[8] 小商人とは、商人のうち、法務省令で定めるその営業のために使用する財産の価額が法務省令で定める金額を超えないものをいう（商7条）。具体的には、営業の用に供する財産につき最終の営業年度に係る貸借対照表（最終営業年度がない場合は、開業時における貸借対照表）に計上した額が、50万円を超えないものである（商則3条）。詳しくは、第1講3(4)を参照。

[9] ローマ字（大文字および小文字）、アラビヤ数字、「&」（アンパサンド）、「'」（アポストロフィー）、「,」（コンマ）、「-」（ハイフン）、「.」（ピリオド）、「・」（中点）である（平成14年法務省告示315号）。

営業所の所在場所と同一であるときは、することができない（商登27条）。つまり、ある商号の登記後に、それと類似する商号の登記が同一の所在場所になされることや、同一商号が隣接する場所に登記されることが許されている。そのような登記を抹消したい場合は、商法12条、会社法8条、不正競争防止法2条1項1号・2号、3条に基づき差止請求をするほかはない。

6 商号権

(1) 商号権等に関する法律上の規定

　商人・会社は、他人によりその商号の使用を妨げられない権利（商号使用権）と他人が同一・類似の商号を不正に使用するのを排斥する権利（商号専用権）を有し、両者をあわせて、商号権というと一般的に説明される（ただし、分析編11参照）。

　商号権という文言は、法律上になく、講学上の表現である。商号使用権も、明文の規定はなく、商号自由の原則が認められている以上、当然のことであり、同原則の言い換えといえる。商号専用権も、法律上に規定はなく、商法、会社法、不正競争防止法に規定されている差止請求権を指す。

(2) 商号使用権

　一般に、商号使用権侵害は、不法行為（民709条）が成立するといわれる。しかし、無体物である商号は物理的な占有ができず、商号の使用のみを妨げるという行為は想定しがたい。仮に、それが可能であるとした場合、商号を使用できない結果、営業・事業活動ができなくなるのであって、それはもはや、営業・事業妨害による不法行為である。したがって、商号使用権を権利としてことさら強調する必要はない。

(3) 商号専用権

　商号専用権は、次の図表2-3のように、各法の差止請求権を指すが、多くの点で異なっており、単純に「専用権」と総称できるようなものではない。なお、他人の商号と同一・類似のドメイン名（一般的には、URL、ホームページアドレスともいわれる）として使用等する行為も不正競争である（不正競争2条1項19号・10項）。ドメイン名は、現在、日本語表記が可能にな

り、商号そのものがドメイン名として使用されることが考えられる。

[図表2-3]

	商法12条、会社法8条	不正競争防止法		
		2条1項1号	2条1項2号	2条1項19号
差止請求権者	不正の目的をもって、その商人・会社であると誤認されるおそれのある名称または商号の使用によって営業上の利益を侵害され、または侵害されるおそれがある商人・会社（2項）	事業者（1条）かつ、不正競争によって営業上の利益を侵害され、または侵害されるおそれがある者（3条1項）		
被差止請求者	何人（1項）ただし、営業上の利益を侵害する者または侵害するおそれがある者	事業者（1条）かつ、営業上の利益を侵害する者または侵害するおそれがある者（3条1項）		
周知性等	不要	周知性	著名性	不要
不正の目的等	不正の目的	不要		不正利得目的・加害目的
類似性	明記なし	必要		
誤認・混同のおそれ	誤認のおそれ	混同のおそれ	不要	
差止対象行為	商号の使用（登記の抹消を含む）	商号の使用・商号を使用した商品の譲渡等	ドメイン名の使用・その使用をする権利の取得等	
		侵害の行為を組成した物（侵害の行為により生じた物を含む）の廃棄、侵害の行為に供した設備の除却等（3条2項）		

　差止請求権者について、商法・会社法は商人・会社であることを明らかにしている。不正競争防止法では、不正競争によって営業上の利益を侵害され、または侵害されるおそれがある者とされているが、商号に関しては、その保有者である商人・会社となる。なお、不正競争が立証できれば、営業上の利益侵害を別個に立証する必要はない。この点、商法・会社法も、同様

に、他人による不正の目的での自己と誤認されるおそれのある名称・商号の使用を立証できれば、営業上の利益侵害を別個に立証する必要はないと解すべきである。

　被差止請求者について、商法・会社法は「何人」とし、商人・会社以外の者も対象となっている。不正競争防止法では、商人・会社のほか、学校法人、家元、病院などを含む事業者である。

　周知性（不正競争 2 条 1 項 1 号）の範囲については、ある地域のみでも構わず、換言すれば、周知ではない地域における使用は差し止められない（横浜地判昭和 58 年 12 月 9 日無体集 15 巻 3 号 802 頁）。著名性（不正競争 2 条 1 項 2 号）とは、周知性が極限まで高まったものであり、全国において知られていることが求められている。商法 12 条 2 項、会社法 8 条 2 項、不正競争防止法 2 条 1 項 19 号では、周知性等は求められていないが、侵害者に不正の目的等があることを要件としており、差止めの範囲は広いものではない。

　類似性について、商法・会社法は求めていないが、非類似で誤認のおそれを生ずるとは考えられず、誤認のおそれに含まれていると解される。不正競争防止法 2 条 1 項 1 号は、類似性に加えて、混同のおそれを求める。混同のおそれとは、他人の周知の商品等表示と同一または類似のものを使用する者が、自分とその他人とを同一の主体として誤信させることである。類似であれば混同のおそれがあり、後者は不要とも思えるが、混同のおそれには、他人の周知の表品等表示と同一または類似のものを使用する者が、その他人との間に親子会社の関係や系列関係などの緊密な営業上の関係が存するものと誤信させる行為（広義の混同）も含まれ、別個の要件とされる（最判昭和 58 年 10 月 7 日民集 37 巻 8 号 1082 頁）。

　一方で、不正競争防止法 2 条 1 項 2 号は、混同のおそれを不要とするが、明らかに無関係な事業者の使用等であっても、著名な商品等表示の持つイメージを希釈化したり、汚染すること（たとえば、超高級スポーツカーのメーカーとして世界的に著名な名称の性風俗関連特殊営業（風俗営業等の規制及び業務の適正化等に関する法律 2 条 5 項）への使用）も不正競争行為に含まれていることによる。また、不正競争防止法 2 条 1 項 19 号については、不正の利益を得る目的や他人に損害を加える目的でなされる不正競争であり、混同のおそれの要件をことさら求める必要がない。

なお、他人による商号の不正使用によって損害が発生した場合は、その賠償の請求をし得る（民709条、不正競争4条）。損害賠償請求権は、被害者（商号の正当な使用者）またはその法定代理人が損害および加害者（商号の不正使用者）を知った時から3年間行使しないとき、または、不法行為（商号の不正使用）の時から20年間行使しないとき、時効によって消滅する（民724条）。

7　名板貸
(1)　名板貸規定の構造

　商人・会社は、自己の商号を使用して営業または事業を行うことを他人に許諾することができ、これを名板貸という。許諾をした商人・会社を名板貸人、許諾を受けた他人を名板借人という。

　名板貸をした商人・会社は、当該商人・会社が当該営業・事業を行うものと誤認して名板借人と取引をした第三者に対し、名板借人と連帯して、当該取引によって生じた債務を弁済する責任を負う（商14条、会9条）。

　許諾対象が商人・会社の名称である商号の使用であるため、名板貸人は商人・会社である。名板借人も、商号を使用して営業・事業を行う者であるから、商人・会社である。単に商号を使用して手形行為をすることを許諾した場合は、営業・事業を行うものではないから、名板貸責任はなく（最判昭和42年6月6日判時487号56頁）、一般の表見法理による。なお、商号を廃止した者も、廃止以前の許諾に基づき名板貸責任を負う（最判昭和42年2月9日判時483号60頁）。

　名板貸責任に関する規定は、禁反言の原則ないし外観理論に類似する法理がわが国にも存在することを認めて名義貸与者の責任を認めた大審院判決（大判昭和4年5月3日民集8巻447頁）による影響を受けて、昭和13年商法改正で当時の商法23条（以下、「平成17年改正前商法23条」という）として創設された。平成17年改正前商法23条を受け継いだ商法14条・会社法9条も、禁反言の原則ないし権利外観理論に基礎を置くものである（類推適用について、分析編12参照）。

(2) 名板貸責任の発生要件

(i) 商号使用の許諾

　商号使用の許諾が必要である。法文上は、商号を使用して営業・事業を行うことの許諾であるが、商号使用のみ許諾して、営業・事業の許諾はしないということは想定しがたい。

　許諾は黙示でもよいが、単なる黙認では足りず、誤認されやすい状態を是正する作為義務を負うような場合でなければならない。他人が自己の商号を使用して第三者と売買契約を締結することを知りながら、阻止しなかった場合（最判昭和30年9月9日民集9巻10号1247頁）、他人がその氏名の肩書に自己の商号を記載した名刺を使用して取引きをなしていたことを黙認した場合（前掲・最判昭和42年2月9日）などが挙げられる。

　許諾の対象について、商号そのものに加え、甲株式会社が許諾した「甲株式会社宮崎出張所」（最判昭和33年2月21日民集12巻2号282頁）、和文商号の会社が許諾した英文商号（最判昭和41年3月11日判時441号33頁）なども含まれる。

　許諾の範囲について、名板貸人が特定の営業・事業に限定した場合、名板借人がそれを越えて取引きをしたときには、名板貸人は責任を負わない（最判昭和36年12月5日民集15巻11号2652頁）。もっとも、限定を越えた取引きについて、上記の黙示の許諾に該当するような場合は、名板貸人の責任が認められよう。

(ii) 第三者の誤認

　名板貸人がその営業・事業を行うものと第三者が誤認することが必要である。したがって、第三者が名板借人との取引きであると知っていれば、名板貸人は責任を負わない。第三者が過失により誤認した場合でも、名板貸人は責任を負うが、第三者に重過失があるときは、重過失は悪意と同様に取り扱うべきものであるから、名板貸人はその責任を免れる（最判昭和41年1月27日民集20巻1号111頁）。

　第三者の誤認の内容が、名板貸人がその営業・事業を行うことであることから、名板貸人と名板借人の営業・事業が同種であることを要するかが問題となる。判例は、これを認める（最判昭和43年6月13日民集22巻6号1171頁）。しかし、平成17年改正前商法23条から現在に至るまで、同種である

ことは条文上の要件ではなく、また、ほぼすべての定款に「前各号に付帯または関連する一切の事業及び業務」との会社の目的が記載される現在、同種である必要はないと解される。

(3) 名板貸人の債務の範囲

　名板貸人は、名板借人と連帯して、当該取引によって生じた債務を弁済する責任を負う。両者の責任の関係は不真正連帯であり、第三者はいずれに対しても請求できる。名板貸人が弁済した場合、名板借人に対して不当利得返還請求をなし得る（民703条）。

　名板貸人の債務について、「取引によって生じた債務」の範囲が問題となる。名板借人の債務不履行による損害賠償債務は当然として、契約解除による手付金返還債務（前掲・最判昭和30年9月9日）のような原状回復義務、名板借人の取引行為の外形をもつ不法行為により負担することになった損害賠償債務（最判昭和58年1月25日判時1072号144頁）も含まれる。他方、名板借人が交通事故その他の事実行為である不法行為に起因して負担するに至った損害賠償債務は、取引きによって生じていないため含まれない（最判昭和52年12月23日民集31巻7号1570頁）。

8　商号の譲渡

　商人の商号は、営業とともにする場合または営業を廃止する場合に限り、譲渡できる（商15条1項）。

　営業とともに譲渡するとしたのは、営業と分離して商号の単独譲渡を認めると一般公衆を誤解に陥れることとなることや同一商号の背後には同一営業を予想する取引相手方の利益を保護するためである（営業譲渡については第4講参照）。また、営業廃止時に商号の単独譲渡が認められるのは、譲渡人の営業と譲受人の営業を混同するおそれが少なく、譲渡人が営業を廃止する際に商号の価値を活かして処分することができるようにしたためである[10]。

　商人の商号の譲渡は、登記をしなければ、第三者に対抗することができない（商15条2項）。その登記は譲受人の申請によって行い、申請書には、譲

---

10) 大隅・商法総則201頁、鴻・商法総則209頁以下。

渡人の承諾書および商法15条1項の規定に該当することを証する書面を添付しなければならない（商登30条1項・2項）。これらの規定から、商号の譲渡は、当事者間の意思表示のみによって効力を生ずることが示されている。

また、明文の規定はないが、商人の商号は相続することができる。そのことを前提として、相続に関する登記について規定されている。商号の相続による変更の登記を申請するには、申請書に相続を証する書面を添付しなければならず（商登30条3項）、相続人が登記を申請するには、申請書にその資格を証する書面を添付しなければならない（商登32条）。

会社法には、商号の譲渡を定めた規定はないが、事業の譲受会社が譲渡会社の商号を引き続き使用する場合に関する規定（会22条1項）があり、事業とともに商号の譲渡を認めていると解される（事業譲渡については第4講参照）。また、事業廃止時の商号の譲渡についても会社法に規定はないが、清算の手続（会475条以下、644条以下）において、金銭以外の財産を清算人が換価する際（会481条、649条参照）等の場合に、商人の商号と同様に、その単独譲渡が認められ得ると解されよう。もっとも、この場合の登記制度がないため、譲渡会社の清算結了登記（会929条）と譲受会社の変更登記（会915条1項）を経ることになると思われる。

9　商号の変更

商号の変更は可能である。ただし、商号自由の原則の例外に該当する変更は認められない（4(2)参照）。

商人が登記した商号を変更した場合、遅滞なく、変更の登記をしなければならない（商10条、商登29条2項）。

会社の商号は、定款の絶対的記載事項（会27条2号）であり、商号の変更は定款の変更となるため（会466条、637条）、株主総会の特別決議または総社員の同意が必要となる（会309条2項11号、637条）。その後、2週間以内に、その本店の所在地において、変更の登記をしなければならない（会911条3項2号、912条2号、913条2号、914条2号、915条1項）。

商人・会社がその営業の種類・事業を変更した場合、商号を続用するならば、変更登記は不要である。商号とは、あくまで商人・会社の名称であり、

営業・事業の名称ではないからである。ただし、商人が商号登記をしていた場合、営業の種類は登記事項であるため、その点の変更登記は必要となる（商登28条2項2号、29条2項）。また、会社の場合、事業変更が定款の目的の変更となるならば、既述した会社商号変更の場合と同様の手続が必要となる（会309条2項11号、466条、637条、911条3項1号、912条1号、913条1号、914条1号、915条1項）。

10　商号の廃止

　商法に商号の廃止の規定はないが、商人は自由になし得る。そのことを前提にして、商号登記をした者が商号を廃止したときは、その登記を申請しなければならないと定められている（商登29条2項）。

　会社は、その名称が商号であるから（会6条1項）、清算の結了（会507条、667条、929条）とともに商号が廃止されるのみであると解されよう。

　なお、登記した商号を廃止したときや商号の登記をした者が正当な事由なく2年間当該商号を使用しないときは、当該商号の登記に係る営業所（会社の場合は、本店）の所在場所において同一の商号を使用しようとする者が、登記所に対し、当該商号の登記の抹消を申請することができる（商登33条1項1号・2号）。

▶分析編

11　商号権の構造と法的性質

(1)　商号権の構造

　商号権は商号使用権と商号専用権からなると説明されるが、これは構造的な矛盾を含んでいる。

　商号権の侵害とは、他人による商号の不正使用であるといわれる。しかし、不正使用があっても、無体物である商号の使用は妨げられず、商号使用権の侵害はない。また、商号専用権は、不正使用によって発生するものであり、不正使用によって侵害されるものではない。したがって、商号権の侵害があっても、それを構成する2つの権利は侵害されていない。

　商号専用権の根拠の1つとされる不正競争防止法は、排他的独占権を与えるものではなく、行為規制を定めるものである。商法12条も会社法8条

も、その1項で禁止される行為を規定し、2項でその差止請求を規定する。これは、不正競争防止法2条1項と3条の関係と同様である。つまり、商法12条も会社法8条も、行為規制を規定しているのであって、「専用権」という語感が与えるような排他的独占権ではない。

以上から、商号権とは、知的財産である商号を客体とする権利であるが、商号自由の原則により、同一の商号が複数存在することが許されているため、排他的独占権ではなく、単に商人・会社がその商号を保有・使用することができる権利であると解される。

(2) 商号権の法的性質

商号権の法的性質については、財産権説、人格権説、両者の2面性を有するとする折衷説がある。法的性質が争われるのは、権利の移転や相続について結論が異なるためである。一般に、権利の法的性質は、その権利の内容たる利益が、財産的なものか、人格的なものかで決定される。

商号は知的財産であり（知財基本2条1項）、その譲渡（商15条1項、会22条1項参照）や相続（商登30条3項参照）も可能である。したがって、商号権は財産権である。

人格権説は、商号を知的財産とする知的財産基本法に反し、譲渡・相続を不可とする人格権の理論的帰結が商法や商業登記法の規定に反するため、採り得ない。

折衷説は、不正競争防止法14条が信用回復措置を認めていることが人格権的側面を有する現れと説く。しかし、商号、さらには氏名についてまで周知・著名性（不正競争2条1項1号・2号）が、また、過失では足りず、不正利得・加害目的（不正競争2条1項19号）が求められるものが、人格的利益保護規定であるとは到底認められない。また、商品等表示・特定商品等表示（不正競争2条1項1号・2号・19号）は、商標や標章、商品の容器・包装までも包含し、これらに人格的利益を見出すことはできない。加えて、回復措置の対象となる信用は営業上のものである（不正競争14条）。両者の性質を有し、それが不可分一体であるならば、人格権的側面の効果として、譲渡・相続できないとの結論になるはずである。折衷説も採用できない。

商人・会社の人格的利益の保護は、民法709条、710条、723条や刑法

230 条等の問題であり、商号権侵害とは次元を異にするものである。

12　名板貸規定の類推適用
(1)　商人・会社以外の者への名板貸規定の類推適用
　平成 17 年改正前商法 23 条が「自己ノ氏、氏名又ハ商号」としていた点を、商法 14 条、会社法 9 条は「自己の商号」とした。平成 17 年改正前商法 23 条は、非商人にも適用されることが明確であったが、商法 14 条、会社法 9 条では、名板貸責任を負うのは商人・会社のみということになる。

　現代の法令では、その冒頭に、目的・趣旨規定が置かれるが、平成 17 年改正前商法には設けられていなかった。そこで、商法が商人の営業や商行為という商事に関する法律であることを明らかにするため、趣旨規定として商法 1 条 1 項を置いた[11]。会社法 1 条も同様であると解される。

　商法 14 条から「氏、氏名」が削除され、責任主体が商人に限定されたのは、商法 1 条 1 項により商事に関する法律であることを明らかにするという趣旨に鑑みたものである[12]。会社法 9 条も同様であると解される。

　現行法で削除された商人・会社以外の者に、商法 14 条や会社法 9 条を類推して名板貸責任を負わせることは、上記の立法趣旨を没却し、認められるべきではない。一般の表見法理等による解決をすべきである。

(2)　商号の使用とその許諾がない場合への名板貸規定の類推適用
　平成 17 年改正前商法 23 条は、広く類推適用が認められていた。しかし、要件の異なる商法 14 条、会社法 9 条においても同様とすべきかは一考を要する。そこで、平成 17 年改正前商法 23 条下でも議論の多かった事例（最判平成 7 年 11 月 30 日民集 49 巻 9 号 2972 頁）について検討する。

　スーパーマーケット Y に出店しているペットショップ A からインコを購入した客 X の家族が、インコから感染した病気により死亡した。

　最高裁は、「本件店舗の外部には、Y の商標を表示した大きな看板が掲げ

---

[11]　郡谷大輔＝細川充「会社法の施行に伴う商法および民法等の一部改正」商事法務 1741 号 37 頁（2005 年）。
[12]　郡谷＝細川・前掲注 11) 38 頁。

られていたが、テナント名は表示されていなかったというのであり、本件店舗の内部においても、本件店舗の4階から屋上に上がる階段の登り口に設置された屋上案内板や右階段の踊り場の壁には、『ペットショップ』とだけ表示されていて、その営業主体がYであるかAであるかは明らかにされておらず、そのほか、Aは、Yの黙認の下に、契約場所を大きくはみ出し、4階から屋上に上がる階段の踊り場等に値札を付けた商品を置き、契約場所以外の壁に『大売出し』と大書した紙を何枚も張りつけるなどして、営業をしていたというのである。これら事実は、買物客に対し、Aの営業があたかもYの営業の一部門であるかのような外観を与える事実ということができる。」として、商号の使用許諾も商号の使用自体もない本事案に平成17年改正前商法23条の類推適用を認めた。なお、YはAに商標使用を許諾していない。

　商法14条と会社法9条においてもこのような事案への類推適用を認める見解は、外観に対する信頼保護を目的とする立法趣旨に理由を求める。しかし、商法・会社法が、商事・会社に関する法律であることを明らかにするため商法1条1項と会社法1条を設けたことは、法全体の立法趣旨であり、商法14条も会社法9条もそのもとにあることを忘れるべきではない。

　この点、他の商人・会社と誤認させる名称等の使用は「何人」にも禁止されているが（商12条1項、会8条1項）、商号の不正使用により損害を被るのは、商人・会社ばかりでなく、需要者も含まれよう。それにもかかわらず、差止請求権者が商人・会社に限定されていることからも（商12条2項、会8条2項）、商法・会社法が商事・会社に関する法律であることが鮮明に現れている。

　商法14条と会社法9条の立法趣旨は、商事・会社に関する外観に対する信頼保護を目的とし、それゆえ、使用許諾の対象から氏、氏名を削除し、商人・会社の名称である商号のみとした。したがって、商法14条と会社法9条をこの事案に類推適用できるとすれば、その立法趣旨を没却するばかりか、商取引における予見可能性を奪う[13]。

　知的財産法の分野において、知的財産の利用を他人に許諾した場合、許諾者に連帯責任を負わせる規定があるのは商号のみである[14]。名板貸規定の類推適用は、使用許諾がない場合には絶対行うべきではなく、許諾があった場合でも、商標が商品・役務の名称であり、商人・会社の名称ではない以上、

商号を商標登録した「商号商標」の使用の場合等、非常に限られたもの以外には認められるべきではない。

(諏訪野大)

13) 近時、Y1株式会社が経営するホテルにY2が出店しているマッサージ店で施術を受けたXが障害を負った事案において、会社法9条の類推適用を認める裁判例がある。本事案では、Y1による商号使用許諾もY2による商号の使用もない。
　第1審判決(神戸地姫路支判平成28年2月10日判時2318号142頁)では、平成17年改正前商法23条と会社法9条との要件の差異には全く触れず単純に平成7年11月30日最高裁判決を引用して、Y1の名板貸責任を認め、控訴審判決(大阪高判平成28年10月13日金判1512号8頁)も踏襲した。
　本文で述べた通り、法改正により要件が異なったのであるから、平成7年11月30日最高裁判決を引用して安易に類推適用を認めるべきではない。

14) 商標の使用許諾を受けた者が、その使用において、商品・役務の品質誤認や第三者の商品・役務と混同を生じさせた場合、審判により商標登録が取り消されることがある(ただし、商標権者がその事実を知らなかった場合において、相当の注意をしていたときは、この限りでない)が(商標53条1項)、名板貸責任とは次元を異にすることは言うまでもない。
　また、使用許諾をした商号や商標が製造物に表示されたとき、その製造物に欠陥があった場合、使用許諾者である商人・会社、商標権者は製造業者ではなくとも「製造業者等」(製造物責任法2条3項2号・3号)に該当し、「製造物責任」(同法3条)を負う。結果、使用を許諾した商人・会社、商標権者は、「製造業者」(同法2条3項1号)とともに不真正連帯の関係にある損害賠償責任を負う。しかし、製造物責任は、民法の不法行為責任の特則であり、取引によって生じた債務の弁済に関する名板貸責任とは場面が異なる。
　他方、商標法53条も、製造物責任法も、許諾なく、つまり無断で商号や商標を使用された場合、適用されないことは法文上明らかであり、また、類推適用されることもない。この点からも、法文上の要件である商号の使用許諾がない場合でも名板貸規定を類推適用することは非常に特殊なものであり、安易に行うべきものではないことが導かれる。

第3講 営業・営業財産

1 はじめに

「営業」や「事業」という用語は、日常用語として、われわれの市民生活や取引社会の中に定着した、社会的・経済的な実体をもった概念であるが、法的に分析すると、商法や会社法が用いる法典用語であるにもかかわらず、その意味内容は必ずしも明確とはいえない。むしろ、とらえどころのない難解な概念といってもよいであろう。

ところで、これらの概念（特に「営業」概念）については、民法の学習において取り上げられることは決して多いとはいえない（民33条2項は「営利事業」と規定している）。ただ、民法の特別法である一般法人法は、会社法に連動して「事業又は営業」という用語を用いているし（一般法人8条など）、「事業」概念に関しては、組合契約において用いられている基本概念である（民667条1項）。さらに、民法の不法行為の特則とされる不正競争防止法においては、広く「営業」概念が用いられている（「営業」（不正競争2条1項1号など）、「営業秘密」（不正競争2条6項など）、「営業上の信用」（不正競争2条1項21号、14条）、「営業上の利益」（不正競争3条など）等）。

よって、これらの概念を検討することを通じて、逆に、民法ひいては私法の基本的な法体系・法概念についての再考を促す契機となるであろう。具体的には、共同所有論（総有、合有論）、物論（集合物論、無体物論）、債務引受・契約上の地位の承継論などと関連する[1]。さらには近い将来、民法・商法の垣根を越えた私法の一般理論として、「組織（団体、事業体）法」の構築

---

1) 花本広志「財産隔離論」北居功ほか『コンビネーションで考える民法』（商事法務、2008年）274頁以下、片山直也「財産」北村一郎編『フランス民法典の200年』（有斐閣、2006年）177頁以下など参照。

が課題となる[2]。

> 解説編

2　営業

(1)　「営業」の社会・経済的意義

「営業」とは、「商人が一定の計画に従い、人的および物的施設を通じて営利活動を実現するところの独立した経済単位であり、社会的・経済的に見れば、一定の活動とその活動を実現するための物的手段とが営利の目的により統合組織化された一個の生活体」[3]であると一応の定義をなすことができる。

営業の要素として、①商人の営業活動（行為）という主観的要素と②営業活動のための人的・物的手段という客観的要素、および③両者を包含する営業活動の組織という総合的要素の3つがある。

このように社会的・経済的な意味での「営業」は、複雑かつ多面的な性格を有するものであり、「営業」の一般的な概念をもって一律に法的な効果を導く基準とすることができるわけではない。結局、実定法規によって営業を規制する場合には、営業のある一面をとらえて対象とせざるを得ないので、まずは各法規の目的に照らし営業のいかなる面が問題とされているかを明らかにする作業が必要となる。

たとえば、商法においては、「営業を行う」（商5条、6条1項、14条など）、「営業の種類」（商登28条2項2号など）、「営業としてする」（商502条）、「営業のためにする」（商503条）などという場合と、「（営業を）譲渡した」（商16条1項、17条2項など、あわせて、平成17年改正前商245条1項1号「営業ノ全部又ハ重要ナル一部ノ譲渡」など参照）という場合とがあるが、前者が営業の主観的要素（①）に着目した規定であり、後者が営業の客観的要素（②または③）に着目した規定であると分析することができる。

なお、類似概念として「企業」がある。企業とは、「一定の計画に従い継続的意図をもって独立の組織により営利行為を実現することが、その中核を

---

2) 髙田晴仁「会社、組合、社団」法学研究83巻11号1頁以下（2010年）、須藤正彦＝坂田純一＝松嶋隆弘編著『事業体の法務と税務』（第一法規、2009年）3頁以下、森田果『金融取引における情報と法』（商事法務、2009年）39頁以下など参照。

3) 大隅・商法総則286頁。

なすもの」[4]との一応の定義がなされる。そもそも沿革的には両概念は同意義ではなく、企業の語は、物的組織を中心に比較的大規模の事業を意味するのに対して、営業の語は、営業者を中心に比較的小規模の事業を意味していた[5]。しかし、戦後、商法を企業の法として構成する立場（企業説）が通説となると[6]、企業が上位概念であり、商法は同法が規制の対象とする企業を営業と呼ぶと理解されるようになる。そこにおいては、両者にもはや本質的な区別はなく、ほぼ同義となる[7]。これに対して、商法に経済学上の企業概念をそのまま導入することに反対し、「営業」概念の独自性を主張する学説も有力ではある[8]。

(2) 「営業」と「事業」

　経済法の領域においては、「事業」、「事業者」の概念が用いられてきた。商法自体も、たとえば「鉱業を営む者」を「商人」とみなす（商4条2項）との擬制を用いてはいるが、商人の営む事業（営業）に限定されず、それよりも広い意義にとらえて、経済法の規制対象とするためである。たとえば、独占禁止法2条1項前段は、「この法律において『事業者』とは、商業、工業、金融業その他の事業を行う者をいう。」と規定する。よって、商人の事業（営業）活動またはその事業（営業）上の財産に関する限りは、事業と営業とは同義と解されてきた[9]。

　その後、SPC（特定目的会社）に関する「資産の流動化に関する法律」（平成10年）、NPOに関する「特定非営利活動促進法」（平成10年）、一般社団・財団法人に関する「一般社団法人及び一般財団法人に関する法律」（平成18年）、公益社団・財団法人に関する「公益社団法人及び公益財団法人の認定

---

4) 大隅・商法総則 31 頁。
5) 田中誠・総則 203 頁。
6) 田中誠・総則 10 頁以下、服部 5 頁以下など。
7) 田中誠・総則 203 頁、大隅・商法総則 286 〜 287 頁注1)。
8) 米谷隆三『商法概論Ⅰ（営業法）』（有斐閣、1941 年）41 頁、27 頁、古田龍夫『企業の法律概念の研究』（法律文化社、1987 年）132 頁以下など参照。古田は、「営業」を「得意先獲得の手段」と位置づけ、一般の債権債務や労使関係は含まれないとする（古田・前掲書 153 〜 154 頁）。
9) 田中誠・総則 203 〜 204 頁。

等に関する法律」(平成18年)など、他の法人法制で一般的に「事業」という用語が用いられるのと平仄を合わせて、「会社法」(平成17年)は、会社法前の商法で用いられていた「営業」という用語を改め、「事業」という用語を用いることとした。これは、会社法が他の多くの法人法制や組織法としての基本法的な役割を果たしていることに鑑み、用語の統一を図るという法制的な観点によるものである。

なお、営業と事業の関係については、次の点が考慮されている。すなわち、会社法前(平成17年改正前)の商法においては、個人商人は、1個の営業につき1個の商号を用いるという考えのもと、1つの個人が複数の営業を営むときには複数の商号を用いることができることとされているのに対し、会社は、法人の名称が商号とされ、1個の商号しか持ちえないため、仮に会社が複数の営業を営んでも、1つの「営業」と取り扱うほかなかった。そこで、このような概念の差異を整理し、会社が行うべきものの総体には、個々の営業とは区別して、事業と表記することとし、結果的には、会社法および会社法後の商法においては、個人商人が営むものには「営業」、会社が営むべきものの総体には「事業」という用語が当てられることになった[10]。よって、会社法9条(商14条)は「自己の商号を使用して事業又は営業(営業又は事業)を行うことを他人に許諾した会社(商人)」とするが、他人が会社の場合は事業の許諾、他人が個人商人の場合は営業の許諾となる。

以上から、会社法前(平成17年改正前)の商法における「営業の譲渡」等(平成17年改正前商245条以下)の表現も、会社法では、「事業の譲渡」等(会467条以下)の表現に変更されているが、改正の趣旨は用語の整理の問題であるから、これらに関する従来の解釈を直ちに変更するものではない[11]。

「企業」の法から「事業(体)」の法へのパラダイム転換[12]の中で、いわゆ

---

[10] 齊藤真紀・会社コンメ(12)25頁。

[11] 相澤哲=郡谷大輔「定款の変更、事業の譲渡等、解散・清算」商事法務1747号6頁(2005年)。

[12] 神田秀樹『会社法〔第20版〕』(弘文堂、2018年)1頁は、「会社は、事業を行うための法形態の1つである」とする。パラダイム転換の必要性につき、須藤ほか・前掲注2)3頁以下など参照。

る「ゴーイング・コンサーン」としての「事業」概念[13]が定着しつつあるが、そこでは「営業」概念をめぐる従前の議論が再評価されるべきである。

(3)　「営業」の法的意義

　営業については、譲渡・出資・賃貸借・担保等の取引を可能とする法制度の整備が求められるが、まずはその前提として、営業の法的意義を明らかにしておくことが必要となる。すなわち、社会的存在としての営業を法律上いかに説明するかである。この点については古くから、営業行為説、営業財産説、営業組織説の3つの学説の対立が存する[14]。これは先に分析した営業の3つの要素（主観的要素、客観的要素、総合的要素）にほぼ対応したものである。

　（i）　営業行為説[15]

　同説は、営業の各種構成要素のうち、営業として不可欠なもの（営業の本体）は営業活動であるとする。よって、財産または営業に固有の事実関係は、そのいずれか一方を欠くも営業たるに妨げない。同説において営業譲渡は、営業の経営者たる地位を引き継ぐ約束すなわち営業者たる地位の譲渡と構成される（地位交替承継説）。

　（ii）　営業財産説[16]

　同説は、営業の用に供される各種財産の総体、すなわち物や権利のほかに営業に固有な事実関係を加えた組織的一体であるとする。同説において営業譲渡は、組織的財産の譲渡と構成される（営業財産・営業有機体譲渡説）。

　（iii）　営業組織説[17]

　同説は、得意先関係、仕入先関係、販売の機会、営業上の秘訣、経営の組織などの固有の事実関係（goodwill）を営業とする。すなわち、営業の本体

---

13)　江頭憲治郎『株式会社法〔第7版〕』（有斐閣、2017年）959頁。
14)　大隅・商法総則287頁。
15)　田中耕・商法総則〔改正第25版〕322頁以下、337頁以下は、「営業上の活動」および「経営者たる地位の引継」の側面を重視する。
16)　通説とされる。竹田・商法総則82頁以下、松本烝治『商法総論〔訂正3版〕』（中央大学、1924年）161頁以下など。
17)　野津務『商法総則第2部（営業論）』（有斐閣、1934年）124〜125頁など。

は無体の価値物である事実関係にあり、財産物件は単なる従物にすぎない。同説において営業譲渡は、営業に固有な事実関係（組織）の譲渡であり、各個の財産はこの営業組織の従物としてその譲渡に伴って移転すると構成される（営業組織譲渡説）。

　まず、社会的存在としての営業は営業活動を離れて考えることはできないが、法律上の処分の対象としてみる場合に、営業活動を処分の対象とみることは無理があり、また譲受人は、営業を譲り受けると否とを問わず、営業者として行動し得るのであるから、営業活動または営業者たる地位の承継ととらえる必要はない。よって、(i)営業行為説は取りえない。営業の客観的要素に着目する(ii)または(iii)が妥当であろう[18]。

　次いで、営業にその各個の構成部分の総和よりも高い価値を与えるものはいわゆる事実関係（goodwill）であって、これを除いては営業なる観念を認める意味はない。問題は、事実関係を中心とする営業財産を法的にどのように構成するかである。

　この点は、民法における「財産（物）」論と関連する。民法は「物」を有体物に限定し（民85条）、無体物（知的財産、ノウハウ、権利など）について所有権を観念しないが、広く「財産権」という概念で無体物を包摂する余地は存する（民163条、205条など）。他方、判例法は、動産譲渡担保については、「集合物」概念を観念し、構成部分たる動産と二重の帰属を承認する。さらに特別法であるが、工場抵当法、鉄道抵当法、漁業財団抵当法は、抵当権の客体として、種々の財産によって組成される「財団」を承認する。たとえば「漁業財団」は、定置漁業権又ハ区画漁業権（1号）、船舶並其ノ属具及附属設備（2号）、土地及工作物（3号）、地上権及土地若ハ水面ノ使用又ハ引水若ハ排水ニ関スル権利（4号）、漁具及副漁具（5号）、機械、器具其ノ他ノ附属物（6号）、物ノ賃借権（7号）、工業所有権（8号）の全部または一部をもって組成することができるとする（漁業財団抵当法2条）。また企業担保法は、設定者たる株式会社が発行する社債を担保するために、会社の

---

18) 従前、講学上、「主観的意義における営業」と「客観的意義における営業」を区別するのが一般的であったが、(ii)説、(iii)説においては、「客観的意義における営業」が対象とされている。

「総財産」について、「一体として」、物権としての企業担保権の設定を認める（企業担保法1条）[19]。

以上と対比するとき、営業財産の法律構成としては、(a) 中心となる固有の事実関係（goodwill）を無体財産権として客体を観念する考え方（(iii)営業組織説）、(b) 固有の事実関係を核としてさまざまな財産が付加され一体化した「財団」類似の客体を観念する考え方、(c) 相互に対等なさまざまな財産の集合体として客体を観念する考え方（(ii)営業財産説）が想定される。

(iii)営業組織説のように、固有の事実関係のみをもって営業と解することも的確とはいえないので、構成要素たるさまざまな財産が対等な形で集合体（組織的財産）を形成していると分析する(ii)営業財産説が通説となっているところである[20]。しかし、今後は、単にさまざまな財産の集合体というだけでなく、「収益装置」としての有形・無形の固定資産の集合体と把握する方向性が検討されるべきではないか[21]。

3　営業財産
(1)　営業財産の意義
(i)　有機的一体性

営業財産（通説によれば、営業と同義）は、一定の営業目的のために組織化され、有機体として機能する財産の総体を指す（有機的一体性説）。最判昭和40年9月22日民集19巻6号1600頁は、平成17年改正前商法245条1項1号によって特別決議を経ることを必要とする営業の譲渡につき、「一定の営業目的のため組織化され、有機的一体として機能する財産（得意先関係等の経済的価値のある事実関係を含む。）の全部または重要な一部を譲渡し、これによって、譲渡会社がその財産によって営んでいた営業的活動の全部または重要な一部を譲受人に受け継がせ（ること）」と判示している。

営業財産は、積極財産および消極財産によって構成される。積極財産には、動産不動産（原料品、商品、現金、有価証券、機械、器具、土地、建物）、

---

19)　片山直也「財の集合的把握と財の法」吉田克己＝片山直也編『財の多様化と民法学』（商事法務、2014年）123頁以下など。
20)　大隅・商法総則287〜289頁など参照。
21)　片山・前掲注19) 130頁、138頁参照。

権利（地上権、質権、抵当権、債権、無体財産権）のほか、事実関係（得意先関係、仕入先関係、販売の機会、営業上の秘訣、経営の組織）も構成要素とされる。営業の法的意義に関する営業組織説と営業財産説の違いは、この事実関係（無体物）を営業の本体とし、他の構成要素を従物として、営業を一種の無体財産と構成するか、営業に固有の事実関係も含めた組織的な一体を一種の集合財産と構成するかに存するが、いずれの立場においても、この事実関係がもっとも重要な構成要素であることには争いはない。営業（財産）は、それによって有機的一体性が基礎づけられ、各構成要素の総和よりも高い独自の価値を帯有するに至るのである。また、営業の存続中において構成要素に変動があっても、営業（財産）の同一性に影響を生じない[22]。

消極財産は、営業上の取引その他営業に関して生じた一切の債務であり、これも組織的一体として営業財産に包含されるとされてきたが[23]、今日的には議論の余地がある。ちなみにフランスでは、消極財産（営業に関して生じた債務）は、「得意先（clientèle）獲得の手段」（収益装置）としての財産ではないゆえに、営業財産に含まれないと解されている[24]。

以上のように、判例・通説は、営業財産の有機的一体性を認めるが、仮に、観念上、「集合物」類似の法概念を用いて、独立財産性を認めることができるとしても、財団抵当法や企業担保法のような実定法制度が存しない以上、営業を一個の財産権としての取引（特に担保取引）の客体とすることはできず、現状では、個々の構成要素ごとに権利変動および公示を観念せざるを得ない[25]。現行法の解釈として、営業の法的単一体を認め、その上に完全な権利（一種の「無体財産権」）を認めることが可能であるとする学説も存するが[26]、少数にとどまる。立法論として、登記により営業財産の範囲を明確にし、その上に一個の財産権を認めることの必要性が長らく説かれてきたところである[27]。

なお、営業は、権利または法律上保護される利益として、その侵害に対し

---

22) 大隅・商法総則 289 ～ 292 頁など。
23) 大隅・商法総則 291 頁など。
24) 古田・前掲注 8) 13 ～ 14 頁、54 頁、片山・前掲注 1) 200 ～ 201 頁など参照。
25) 大隅・商法総則 293 頁など。
26) 野津・前掲注 17) 125 頁。

て不法行為による救済が与えられる。不正競争防止法は、営業上の利益の侵害につき差止請求および損害賠償請求を認めている（不正競争3条以下）。

(ii) **特別財産性**

営業（財産）は、商人の財産の中でも私用財産から区別され、独立して譲渡・賃貸借などの債権契約の目的となる。営業（財産）は商人の財産の中でも特別の地位を有して、私用財産に対して「特別財産」を構成するものといわれる。商人が数個の独立の営業を営む場合には、各営業につきそれぞれ独立の営業財産が構成され、1つの営業は他の営業の目的に供せられる財産を包含しない[28]。

しかしながら、現行法制下においては、営業の特別財産性は、あくまでも債権法的な効力にとどまり、それ以上に法律上の特別の地位が認められているわけではない。すなわち、法人格が付与されておらず、組合財産や信託財産のような独立財産性は認められていない（民676条1項・2項、677条、信託22条～25条など）。よって、営業財産は営業上の債権者のみならず、商人の債権者の一般担保をなし、営業外の債権者もその債権をもって営業上の債務と相殺し、または営業財産に対して強制執行することができる。逆に、営業上の債権者もその債権をもって営業外の債務と相殺し、私用財産に対して強制執行をなすことを妨げられない[29]。

しかしながら、たとえば、民法では、組合財産については、大審院判例が、「組合財産ハ特定ノ目的（組合ノ事業経営）ノ為メニ各組合員個人ノ他ノ財産（私有財産）ト離レ別ニ一団ヲ為シテ存スル特別財産（目的財産）ニシテ其ノ結果此ノ目的ノ範囲ニ於テハ或程度ノ独立性ヲ有シ組合員ノ私有財産ト混同セラルルコトナシ」と判示し、「特別財産（目的財産）」という理論から解釈論として組合財産の「独立性」を承認した例がある[30]。さらに権利能力なき社団につき、最高裁が、「総有」理論によって、構成員の有限責任を認めたことは広く知られているところである[31]。よって、営業財産について

27) フランスの営業財産担保制度につき、福井守『営業財産の法的研究』（成文堂、1973年）137頁以下など参照。
28) 大隅・商法総則290頁など。
29) 大隅・商法総則292頁など。
30) 大判昭和11年2月25日民集15巻281頁。

も、解釈論によって一定の範囲で営業財産の独立性を認める余地がないわけではない。

(2) 営業譲渡

営業譲渡の意義については、先述(2(3))のとおり、営業の法的意義に関する学説の対立(営業活動説、営業財産説、営業組織説)に応じて、地位交替承継説、営業財産譲渡説、営業組織譲渡説の対立が存するが、いずれの立場においても、営業の同一性(組織的一体性)が維持され、社会通念上、譲受人が譲渡人と同じ状態において営業を継続していることが前提とされている。よって、営業の継続を前提とせずに、営業を構成する各個財産をすべて譲渡しても、営業の譲渡ということはできない。

商法総則の規定は、営業譲渡人の競業避止義務(商16条)、商号続用または債務引受広告をなした譲受人の履行責任(商17条、18条)を定めるものであるから、営業の継続を当然の前提とするが、株式会社の総会特別決議に関する規定(平成17年改正前商245条1項1号「営業ノ全部又ハ重要ナル一部ノ譲渡」)に関しては、営業活動の承継を前提とせずに、営業を構成する各個財産のすべてを譲渡することが、「営業ノ全部又ハ重要ナル一部ノ譲渡」に該当するか否かについて争いが生じた。

前掲・最判昭和40年9月22日大法廷判決の法廷意見は、「商法245条1項1号によつて特別決議を経ることを必要とする営業の譲渡とは、同法24条以下にいう営業の譲渡と同一意義であつて、営業そのものの全部または重要な一部を譲渡すること、詳言すれば、一定の営業目的のため組織化され、有機的一体として機能する財産(得意先関係等の経済的価値のある事実関係を含む。)の全部または重要な一部を譲渡し、これによって、譲渡会社がその財産によつて営んでいた営業的活動の全部または重要な一部を譲受人に受け継がせ、譲渡会社がその譲渡の限度に応じ法律上当然に同法25条に定める競業避止義務を負う結果を伴うものをいうものと解するのが相当である。」(条文はいずれも平成17年改正前商法規定)と判示し、営業活動の承継を前提とせずに、営業を構成する各個財産のすべてを譲渡することは、株主総会の

---

31) 最判昭和48年10月9日民集27巻9号1129頁。

特別決議を経ずとも有効になし得るとの原審の判断を支持した[32]。これに対しては、同判決の少数意見を含めて、法律概念の相対性、営業活動の承継の有無による著しい不均衡、静的安全の重視を理由に、法廷意見に反対する学説が有力であるが[33]、詳細は、第4講において取り上げる。

会社法は、「営業」を「事業」に、「営業譲渡」を「事業譲渡」に改めたが、改正の趣旨は前記のとおり用語の整理の問題であるから、以上の解釈論は維持されている。事業は、「一定の事業目的のため組織化され、有機的一体として機能する財産」(いわゆる「ゴーイング・コンサーン」)であり、事業譲渡(ゴーイング・コンサーンの譲渡)といえるためには、譲渡会社の製造・販売等に係るノウハウ等の譲受人による承継が必要であり、単に承継動産・不動産等を用いて同種の事業が行われるだけでは足りない[34]。

なお、事業譲渡についても、財産として独立した価値のある事業(組織化され、有機的一体としての財産)の移転ではあるが、その対象となる事業自体について、必ずしも1つの財産権が観念され、その公示方法が承認されているわけではないので、事業譲渡契約には、譲渡人と譲受人の間で、事業を構成する個々の物や権利、債務、契約上の地位を一括して移転させる効果意思が含まれていると分析して、個々の構成要素の移転について民法上の権利変動のルール(意思主義・対抗要件主義)によらざるを得ない。

▶分析編

4 営業譲渡と営業上の債務の帰属

一般に、営業上の取引その他営業に関して生じた一切の債務は、組織的一体として営業財産に包含されると解されている。前述のとおり、そのこと自体も検討の余地はあるが、仮に包含されることを前提とするしたうえで、

---

[32] その後の最高裁判決(最判昭和41年2月23日民集20巻2号302頁、最判昭和46年4月9日判時635号149頁)を含め、判例は、地位財産移転説(営業財産譲渡説と地位交替承継説との折衷説)であると分析されている(服部401頁)。

[33] 倉澤・会社判例104～105頁、宮島司『企業結合法の論理』(弘文堂、1989年)239頁は、実質説(松田二郎)、修正形式説(服部栄三)、修正実質説(鈴木竹雄)などの対立を踏まえて、意思解釈の側面から再構成する。

[34] 旭川地判平成7年8月31日判時1569号115頁。

営業を譲渡した場合に、営業上の債務も当然に移転するか否かが問題となる。

営業譲渡の債権者に対する効果については、昭和13年商法改正までは、特別規定はなく、民法の一般原則によって処理することとし、営業が譲渡された場合、債務引受あるいは債務者交替による更改など、個別の債務負担の行為の有無によって決定され、そのような行為がない場合には、債務者は譲渡人であり、譲受人は原則として当然に債務者とはならないとされた。しかしそれでは、債権者の保護に欠けるので、債権者保護の目的のために、昭和13年改正によって、商号続用および債務引受広告をなした営業譲受人の責任を認める制度（平成17年改正前商26条、28条、現行商17条、18条）が導入されたという経緯が存する[35]。同責任の根拠については、禁反言の法理・外観法理に求められた[36]。

しかし他方、通説においては、営業（財産）を消極財産も含めた組織的一体として構成することから、その組織的一体としての営業を譲渡するときには、営業上の債務も当然に譲受人に移転するとの説明が必要となってくる。

そこで商法通説は、営業の譲渡があるときは、営業上の債務も当事者間においては譲受人に移転するのが原則であるが[37]、債権者に対する関係においては、債務の引受・譲渡人のためにする弁済の引受その他の義務負担行為がない限り、譲受人は当然には義務者とならず、義務者は依然として譲渡人である、とのいかにもわかりにくい説明をするに至っている[38]。

広く組織法（事業体法）における事業債務の帰属・承継の問題は、今後、民法・商法の枠を越えて、議論を深化させる必要がある。

まずは、帰属の問題である。前述したように営業財産に消極財産（債務）を含めるか否かについては、「組織的一体」あるいは「有機的一体性」ということからただちに営業上の債務も含まれるとする短絡的な説明は、根本か

---

[35] 山下眞弘『会社営業譲渡の法理』（信山社、1997年）220頁など参照。
[36] 最判昭和47年3月2日民集26巻2号183頁、最判昭和29年10月7日民集8巻10号1795頁。
[37] 大判昭和10年10月2日大審院判決全集1輯22巻25頁、東京高判昭和26年9月12日下民集2巻9号1076頁。
[38] 大隅・商法総則317頁など。

ら見直されるべきである。「収益装置」という視角から考えるならば、有形・無形の固定資産に限定し、債務は含まれないとする余地は十分に存する。そのうえで、営業上の債務につき営業財産でどこまで責任を負担させるかは別途検討すべきである。その際には、信託財産と信託財産責任負担債務という信託法の構成が参考になろう。信託の対象について、信託法は、単に「財産」と規定しているが（信託2条3項）、これは、「積極財産」に限り、「消極財産」すなわち「債務」は信託財産を構成するものではないとの立場を表明している[39]。しかし同時に、「信託財産責任負担債務」という概念を導入し、「受益債権」（信託21条1項1号）、「信託事務の処理について生じた権利」（同項9号）などに係る債務は、信託財産責任負担債務となるとする。さらに、信託設定時において、すでに委託者において発生している債務を信託行為によって信託財産責任負担債務とすることを認める（同項3号）。すなわち、わが国の信託は、「信託財産」（積極財産）＋「信託財産責任負担債務」という構成で、信託における債務と責任の連結をはかっている[40]。

　次いで、組織（事業体）再編に伴う債務の承継の問題である。改めて、民法上の債務引受の法律構成を確認しておこう。平成29年改正前民法下においては、免責的債務引受については、債権者を当事者としないで、債務者・引受人間で債務引受を認めるが、債権者の承認が必要であり、これには、債権者の承認を条件とし、承認があれば遡及的に債務移転の効力が生じると構成するもの[41]と、債権者の承認は、債務移転の要件ではなく、債務者の免責の要件と構成するもの[42]とがあり、併存的債務引受については、債務者と引受人との間の一種の第三者のためにする契約として、債権者の受益の意思表

---

[39] 寺本昌広『逐条解説　新しい信託法〔補訂版〕』（商事法務、2008年）75頁注2）など参照。

[40] 片山直也「いわゆる『事業の信託』とその濫用――フランス型patrimoine理論と信託財産責任負担債務」道垣内弘人編『基礎法理からの信託分析〈トラスト60研究叢書〉』（トラスト60、2013年）23頁以下など参照。

[41] 我妻・債権総論568頁など。

[42] 於保不二雄『債権総論〔新版〕』（有斐閣、1972年）334頁、337頁、奥田昌道『債権総論〔増補版〕』（悠々社、1992年）472頁など。

示があれば、引受人が債務を負担するとされていた。平成29年改正民法においては、基本的に債務引受を債務移転構成とするのではなく、併存的債務引受を原則とし、引受人による債務負担行為と、免責的債務引受における債権者による債務者の免責を組み合わせて構成することとされている（民470条以下）[43]。

　よって、営業上の債務については、債権者の保護のため、債権者の意思関与（契約または承諾）なく免責を伴って当然に引受がなされたと構成することは困難と考えるべきであろう。逆に免責の効果がともなわないにもかかわらず、営業譲渡に当然に併存的債務引受の合意（効果意思）が含まれていると解することは、当事者の合理的な意思解釈に反するように思われる。

　事業譲渡に関しては、事業を構成する債務・契約上の地位等を移転しようとすれば、個別にその契約相手方の同意を要するとされている[44]。さらに、貸金業者による貸金債権の一括譲渡と過払金返還債務の帰趨に関して、最高裁は、「貸金業者（以下「譲渡業者」という。）が貸金債権を一括して他の貸金業者（以下「譲受業者」という。）に譲渡する旨の合意をした場合において、譲渡業者の有する資産のうち何が譲渡の対象であるかは、上記合意の内容いかんによるというべきであり、それが営業譲渡の性質を有するときであっても、借主と譲渡業者との間の金銭消費貸借取引に係る契約上の地位が譲受業者に当然に移転すると解することはできない」と判示している[45]。以上から、営業譲渡には営業上の債務の移転の効果が当然に含まれているとする考え方は、今日的にはむしろ少数となりつつあると判断してよいのではなかろうか。

---

43)　潮見佳男『民法（債権関係）改正法の概要』（金融財政事情研究会、2017年）165頁以下など参照。

44)　江頭・前掲注13）958頁など。なお、会社分割・事業譲渡に関しては、一方では、承継債権者につき債務承継を伴うが、他方では、承継されない債務にかかる債権の債務者が存することを前提に、債権者異議の制度（会810条）、さらに平成26年会社法改正により、新たに残存債権者を害する会社分割および事業譲渡につき、残存債権者の履行請求権制度が創設されている（会23条の2第1項～3項、759条4項～7項、761条4項～7項、764条4項～7項、766条4項～7項）。

45)　最判平成23年3月22日判時2118号34頁、最判平成23年7月8日判時2137号46頁。

詳細は、第4講に譲るが、営業・営業財産を取り扱う本講からは、営業（事業）概念自体の見直しが急務である点を付言しておきたい。営業（事業）財産は、本来、収益装置としての組織化された固定資産（有形固定資産および無形固定資産）の集合体であり、収益自体や負債（営業上の債務）については切り離して構成されるべきである。

（片山直也）

第4講 営業・事業譲渡

1 はじめに

　営業とは、商人が一定の計画に従い人的および物的諸施設を通じて営利活動を実現する独立の経済単位をいい、これは社会的・経済的にみれば、一定の活動とその活動を実現するための物的手段とが営利の目的により統合組織化された有機的一体として現れる[1]。それゆえ、営業は必然的に複雑で多面的な性格のものとなり、法がこれを規制するにあたっては、ある特定の面に焦点を当てざるをえない。商法典上「営業」というコトバは2つの意義で用いられているといわれるが（主観的意義の営業と客観的意義の営業）、その意味は、これらが2つのまったく別異の概念であるというのではなく、同じ「営業」なるものを異なった方向から見ているにすぎない。右のような有機的一体としての営業を活動の方面から観察すれば主観的意義の営業となるし、活動の手段たる財産の方面からみた場合には客観的意義の営業となるというわけである[2]。

　そのような営業において、人的および物的設備が整備され組織が強化されてくると、営業自体の客観性が高まり、人的要素としての営業主の意義が次第に失われていく（営業の非人格化ないし物化の傾向）。さらにそれが進んでいくと、たとえ営業主が変更しても営業自体の同一性に影響を与えなくなり、同時に営業を構成する各個財産の価値の総和を超えて営業自身が有する独自の価値も高まってくる。その結果、営業主がこれを移転するにあたって

---

1) 大隅・商法総則135頁、286頁以下。
2) 大隅・商法総則135頁、ほぼ同旨、森本・商法総則76頁。その他、両者は「相互に密接な内的関連をも（ち）……企業主体およびそれを補助するものによって、有機的に総合せしめられる」などと述べる文献もある（石井＝鴻・商法総則77頁、鴻・商法総則122頁）。

は、既存の営業を解体することなく、いわば「生きた営業」として組織的一体性を維持したまま譲渡すべきであるとさえ、いわれるようになる[3]。これが営業譲渡である[4]。

解説編

2 営業譲渡の観念
(1) 概説

「生きた営業」の譲渡とはいっても、譲渡の対象となる「営業」(客観的意義の営業)の構成要素をどのように把握するかによって、営業譲渡の意義ないし本質が変わってくる。この点について判例・学説は多岐に分かれているが(詳細は分析編5で検討する)、もし、営業の構成要素を「一定の営業目的によって組織化された有機的一体としての機能的財産」であると把握すれば(営業財産説)、営業譲渡とはそのような機能的財産の譲渡を指すということになる(営業財産譲渡説)。

営業財産は様々な権利・義務や財産的価値ある事実関係(暖簾・老舗)からなるが[5]、そのような見解からすれば、営業を構成する個々の財産の譲渡は、その分量がいかに多くともここでいう営業譲渡にはならない。逆に、譲渡の目的となる財産に多少の増減変更があっても、組織化された有機的一体として営業がその同一性を維持しつつ移転されるのであれば営業の譲渡である。また、必ずしも営業全体が譲渡される(＝全部譲渡)必要はなく、その一部の譲渡も可能である(＝一部譲渡)。

ただし、ここでいう営業の全部譲渡・一部譲渡という概念には若干注意を要する(なお、会社の事業の全部譲渡・一部譲渡の意味については(3)(i)を参照)。まず、営業の全部譲渡とは、商人が営んでいる特定の営業を全部譲渡

---

[3] 大隅・商法総則299頁以下。加えて、営業の解体によりかかる価値の喪失を招くことは国民経済的利益の観点から問題であると指摘する学説もある(大隅・商法総則299頁以下、森本・商法総則80頁など)。

[4] なお、商法典上明文の規定はないが(ただし、会467条1項4号参照)、営業の賃貸借も認められるとされており、その他経営委任や営業の担保化といった点についても議論されている。

[5] この点については第3講参照。

することをいう。商人が一個の営業しか営んでいない場合には、その全部の譲渡を意味し、商人が複数の異なった営業を営んでいる場合には、その中の一個を譲渡することも営業の全部譲渡である。これに対して、一部譲渡とは、商人が営んでいる特定の営業のうち一部を譲渡することをいう。具体的には、いわゆる複合営業の場合（書籍の出版業と小売業とを一個の営業として営んでいる場合など）には、それぞれの営業部門の譲渡は営業の一部譲渡であるし、支店の営業は営業全体の中では相対的な独立性を有するため、これのみを譲渡する場合は一部譲渡となる。

(2) 営業活動

　営業譲渡により、譲受人は従前譲渡人が営んでいた営業活動をなしうる状態になるが、営業財産譲渡説からすればそれは有機的一体性を有する機能的財産の譲渡の事実上の結果にすぎないとされる（譲受人の営業者たる地位は自己の営業活動によって原始的に取得される）。これに対して、営業は商人の営業上の活動と営業財産の2要素から構成されるとする見解によれば、営業譲渡という観念には営業財産の譲渡のみならず、経営者たる地位の引継ぎも含まれるとされる（地位財産移転説）[6]。この見解からは、譲受人の営業活動は譲渡人から引き継いだものであるということになる。

(3) 会社の事業譲渡

　(i) 総説

　平成17年制定の会社法典では、商法典上の「営業」に代えて「事業」というコトバが用いられている（会21条以下、467条以下など）。その理由としては、他の法人法制との整合性を図るとともに、複数の業種を営む場合に個人商人と会社とで概念に相違があったからであるといわれている。この後者について詳説すると、たとえば、運送業とレストラン業とを行う場合、個人商人についてはそれぞれが「営業」であって別々の商号を持つことができる。これに対し、会社については「営業」とは会社が行うべきものの総体を指し、運送業とレストラン業を行う場合でも会社の営業は1つであると観

---

[6] 田中耕・商法総則297頁以下、322頁、337頁以下、田中誠・総則211頁以下など。

念される[7]。そこで、同じ「営業」の語が一般の商人と会社とで異なる意味（外延）で用いられるのは好ましくないとして、平成17年制定の会社法は用語を改めたのである[8]。

　以上のような形式的な理由で用語を変更したにすぎないのであるから、平成17年改正の前後を通じて規整の実質に変更はない[9]。営業（事業）の全部ないし一部という観念を除けば、本講の「営業譲渡」に関する記述は、原則として会社の「事業譲渡」にも当てはまるし、平成17年改正前における営業譲渡についての判例・学説の考え方は、そのまま会社法のもとでの事業譲渡についても妥当する。

　もっとも、会社法典では、商法16条ないし18条の2に該当する規定が別個に設けられているから（会21条ないし23条の2。平成17年改正前は、商法総則の規定が法人である会社にも当然適用された）、営業譲渡に関する商法総則の規定は、原則として会社には適用されない（商11条1項括弧書き参照。ただし、会24条参照）。

(ⅱ) **株式会社の事業譲渡**

　平成17年改正前商法245条1項1号は、株式会社の「営業ノ全部又ハ重要ナル一部ノ譲渡」には株主総会の特別決議を要すると定めており、この「営業（ノ）譲渡」の意義が同改正前商法24条以下のそれと同一であるか否か、同一でないとすればどのようなものを指すかといった点が争われていた。会社法でも、467条1項1号・2号と21条以下とにそれぞれ該当する条文があり、その論争は続いている。

　まず、判例・多数説は、これらを同義であるとしたうえで、その意義につき「営業そのものの全部または重要な一部を譲渡すること、詳言すれば、一定の営業目的のため組織化され、有機的一体として機能する財産（得意先関

---

7) その条文上の根拠としては、昭和25年改正前商法404条3号および昭和26年改正前有限会社法69条1項4号が、営業全部の譲渡を会社の解散原因としていたことが挙げられている（大隅・商法総則306頁注2))。

8) 相澤哲＝郡谷大輔「定款の変更、事業の譲渡等、解散・清算」相澤哲編著『立案担当者による新・会社法の解説』（商事法務、2006年）139頁、森本・商法総則76頁注2) など。

9) 神田秀樹『会社法〔第20版〕』（弘文堂、2018年）348頁など。

係等の経済的価値のある事実関係を含む。）の全部または重要な一部を譲渡し、これによって、譲渡会社がその財産によって営んでいた営業的活動の全部または重要な一部を譲受人に受け継がせ、譲渡会社がその譲渡の限度に応じ法律上当然に……競業避止義務を負う結果を伴うものをいう」（最判昭和40年9月22日民集19巻6号1600頁）としている。これに対して、それらを同義と解する必要はなく、機能的財産を構成する重要な事業用財産（重要な工場、重要な機械など）が譲渡される場合も含むとする見解もある[10]。さらに、単なる事業用財産（重要な工場、重要な機械など）の譲渡は含まれないが、有機的一体として機能する組織的財産であればたり、事業活動の承継および競業避止義務の負担は不可欠の要件ではないとする見解も有力であり[11]、かつ、基本的にこの見解に依拠しつつ、会社の事業ないし事業財産の譲渡は、それが会社の運命に関わるようなものであるときには、特別決議を経なければ元来無効であるが、そのような場合であることを知らず、かつ知らないことに重大な過失もない譲受人に対しては、会社はその無効を対抗できないとして取引の相手方を保護しようとする見解もある[12]。

(iii) 持分会社の事業譲渡

平成17年商法改正前には、合名会社および合資会社が事業譲渡をなすことは、定款所定の「目的ノ範囲内ニ在ラザル行為」であって、これを行うには総社員の同意を要すると解されていた（商72条、147条）[13]。しかるに、同年制定の会社法典には改正前商法72条と同旨の規定はない[14]。この改正の趣旨は明らかではないが、特段の規定がない以上、もし、事業譲渡が取引法上の行為であるとすれば、これを行うことも会社の「管理」であって、その決定方法・手続については「業務執行」に関する会社法590条以下が適用される[15]。これに対して、事業譲渡が組織法上の行為であるとすれば、定

---

10) 前掲・最判昭和40年9月22日の反対意見、松田二郎『会社法概論』（岩波書店、1968年）427頁など。
11) 大隅健一郎＝今井宏『会社法論中巻〔第3版〕』（有斐閣、1992年）101頁以下など。
12) 鈴木竹雄＝竹内昭夫『会社法〔第3版〕』（有斐閣、1994年）249頁など。
13) 石井＝鴻・商法総則102頁、鴻・商法総則143頁など。
14) ただし、平成17年改正前商法72条に例示されていた定款変更については、会社法637条で総社員の同意を要するとされている。

款変更や解散の場合のように総社員の同意によって行うべきであるということになろう[16]。

3　営業譲渡の法的性質

　営業譲渡は譲渡当事者間の契約によってなされるが、譲渡の対象となるのは1つの財産（権）ではなく、物権、債権、債務、老舗・暖簾といった財産的価値ある事実関係、を含んだ有機的一体をなした機能的財産（および経営者たる地位）である。したがって、右の契約を1つの物権契約（処分行為）であると把握するわけにはいかない。しかも、各財産（権）の移転方法は同一ではない。そこで、営業譲渡とは、それらの機能的財産（および経営者たる地位）の移転を目的とする債権契約を指すと解されている[17]。その点では民法などでの「譲渡」というコトバの一般的用語例とは異なるわけである。

　この場合譲渡の対価はなくてもよい。これがある場合には有償契約であり、ない場合には無償契約である。また、譲渡の対価が債務負担という形式をとる場合には双務契約、それ以外の場合（対価が債務負担という形式をとらない場合および対価がない場合）には片務契約である。

　つぎに、民商法上、営業譲渡に該当する典型契約はない（＝無名契約）。譲渡の対価が金銭の所有権を移転することである場合には売買契約に、対価がそれ以外の財産権を移転することである場合には交換契約に、対価がない場合には贈与契約にそれぞれ類似する。それゆえ、商法典上特段の規定がない事項についてはこれらに関する規定が類推適用（ないし準用。商1条2項、民559条参照）される。また、商法典上この契約締結の方式について規定はない。それゆえ、意思の合致のみによって成立するという点で諾成契約であり、意思表示の方式が法定されていないという点では不要式契約である[18]。

15）　原則として各社員に業務執行権があるが（会590条1項）、社員が2人以上の場合には、その決定は社員の過半数で行う（同条2項）。
16）　ただし、根拠条文はない。解釈論的には苦しいが、あえていえば会社法637条、641条3号、793条1項等の類推ということになろうか。
17）　もっとも、広義では債権行為のみならずその履行としてなされる物権行為をも含め、履行行為が行われて営業譲渡の法律効果が完結した状態を指すこともある。
18）　なお、営業譲渡と商行為との関係については第1講参照。

なお、しばしば営業譲渡（事業譲渡）は会社の合併と比較される。会社法では、それらはいずれも企業結合ないし組織再編の1つとされ、また、経済的にも類似する面が多い。しかし、前者は債権契約であって取引法上の行為であり、後者は社団法（組織法）上の行為である。現実の法律効果としても、前者は債務の履行として権利義務の個別の移転行為がなされるが、後者は権利義務の包括承継を生ずる点で異なる[19]。

4 営業譲渡の効果

(1) 当事者間の効果

債権契約たる営業譲渡契約の効果として、譲渡人は譲受人に対し営業財産移転義務および競業避止義務（商16条、会21条）を負う。そのほか「経営者たる地位」を引継ぐ義務もありうる（地位財産移転説などに依拠する場合）。また、譲受人も対価を支払う義務を負担する場合がある（3）。

(i) 営業財産移転義務の負担

営業譲渡が「一定の営業目的によって組織化された有機的一体としての機能的財産の譲渡」を指すとすれば（営業財産譲渡説）、譲渡人は意思表示に基づく当然の効果として、譲受人に対して、そのような財産を移転する義務を負う（なお、地位財産移転説によってもこの点は同じ）。

右財産は様々な権利や財産的価値ある事実関係（暖簾・老舗）から成り、また債務や契約上の地位も含むものであるから、義務の履行については、財産の種類に従い、各別に行わなければならない。物権や債権については譲渡行為（物権行為・準物権行為）を行う必要がある。第三者に対する対抗要件も充足すべきことはいうまでもない。対抗要件は引渡、登記、通知・承諾などそれぞれ民商法等に定められた方法による。

債務については、一般的に債務引受、債務者の交替による更改および履行の引受（弁済の引受）によることが必要であるとされる。また、契約によって生じた債務については、後述する契約上の地位の移転によることも考えられる。しかし、「営業財産」を「譲渡」するということからすると、「債務」

---

19) その他にも相違する点は多い。その詳細については鴻・商法総則143頁以下などを参照。

については、譲渡人がこれを免れ譲受人がそれを負担することが必要であると解するのが素直であろう。債権の場合とパラレルに考えてもそうである。もしかりにかかる見解が正しいとすれば、原則として、併存的債務引受（民470条）では要件を満たさない。多くの学説が認める履行の引受（弁済の引受）も同様である。また、債務を移転させるということからすると、ここでは対象となる債務が同一性を保ったまま譲渡人から譲受人に移転することが必要であると解するのが正しいかもしれない。かりに、そのように考えた場合には、債務者の交替による更改（民513条2号、514条）では、その要件を充たしていない。なぜなら、その場合には、譲受人は譲渡人が負担していた債務とは別個の債務を新たに負担することになるからである[20]。しかし、営業譲渡契約に基づく義務の履行というディメンジョンでは、必ずしも同一性を保ったまま債務が移転することが必要であると解する必要はなく、譲渡人が債務を免れ、譲受人が同一内容の債務を負うのであれば問題はないであろう。なぜなら、少なくとも、結果としては譲渡人が債務を免れ、譲受人がそれと同一の内容の債務を負担しているから、その限度では債務が移転したのと同様の結果を生じさせているからである[21]。

　また、財産的価値ある事実関係（暖簾・老舗）については、譲受人をしてこれを利用しうる地位におかなければならない。具体的にどのようにすればそのように評価されるかについては、事実関係の性質によって異なる。たとえば、営業の物的施設たる財産の配置における経営の組織のように、いわば営業財産に化体し、財産の移転とともに当然移転するとみられるものもあれ

---

[20] 実はこの点は、その文言上は平成29年民法改正によって規定が挿入された免責的債務引受（民472条）についても同じである。すなわち、民法472条1項は免責的債務引受に関し「引受人は債務者が債権者に対して負担する債務と同一の内容の債務を負担し、債務者は自己の債務を免れる」と規定し、債務が承継されるとはしていないのである。しかし、平成29年改正後民法は、債務引受の本質に関し、いわゆる異質論と同質論のいずれかに立脚しているのではなく「新法の規律は、異質論からも同質論からも説明がつく」とされている（潮見佳男『新債権総論II』（信山社、2017年）497頁）。その意味では同条の文言にもかかわらず、異質論を前提として、依然として免責的債務引受の効果は「債務者が負担している債務が同一性を変更することなく債務者から引受人に移転する」ことであると解釈することも可能である。もしこのように解釈することができれば、免責的債務引受については同様の問題は生じない。

ば、営業上の秘訣や得意先関係・仕入先関係などのように、秘訣の伝授や得意先・仕入先への紹介推薦などを必要とするものもある。

さらに、契約上の地位の移転も行う必要がある。この場合には債権、債務もまた原則として移転する。

商業使用人・代理商との関係も移転させなければならないが、これらの者の承諾を得ること（民539条の2）[22]が必要か否かについては学説が分かれている[23]。不要とする見解は、商業使用人や代理商が営業の人的施設として実質的には商人よりも営業そのものに所属する関係にあることを根拠としているが、その場合でも商業使用人または代理商が譲受人との関係の継続を欲し

21) 本文で述べたように、債務を移転させる具体的な方法としては、免責的債務引受または債務者の交替による更改があり、加えて、債務を含んだ契約者たる地位全体を移転させる場合には契約上の地位の移転もある。しかし、これらは、①債権者と引受人・新債務者との間の契約で行われるか（免責的債務引受および債務者の交替による更改の場合。民472条2項、514条1項）、②譲渡当事者間での契約締結に加えて債権者の承諾が必要であるか（免責的債務引受および契約上の地位の移転の場合。民472条3項、539条の2）、あるいは③三面契約によることが必要であるとされている（免責的債務引受の場合。明文の規定なし）。その意味では、営業譲渡人が債務を移転させる義務を負うとしても、同人の行為（あるいは譲渡当事者間の行為）のみによって直接これを達成することはできない。せいぜい、これらの場合には、営業譲渡人は、①そのような契約が成立することを媒介するか、②営業譲受人との間でそのような契約を成立させた上で、債権者の承諾を得られるように助力するか、あるいは③債権者を含めた三当事者間でそのような契約が成立するよう助力する、といったことが可能であるにすぎない。

22) ここで適用対象となりうる条文として、これまでは民法625条1項が挙げられてきたが、平成29年民法改正後に関しては、原則として、契約上の地位の移転の要件について定めた民法539条の2が引用されるべきであろう。というのは、もともと、雇用契約が存在していない場合には（代理商との間には雇用契約が存在しないし（通説）、商業使用人との間においても委任契約等で差し支えないとする学説が存在する。詳細は第5講、第6講を参照）、民法625条1項の適用の余地はない上、ここでは商業使用人・代理商との法律関係、すなわち、権利のみならず義務等も含めた契約当事者たる地位の移転が問題となるところ、民法625条1項は、その文言上「使用者」の「権利」の譲渡の可否について規定しているに止まるからである。これまで、契約上の地位の移転については、解釈論上契約の相手方の承諾が必要であるとされてきたものの、民法上明文の規定がなかったため、商業使用人・代理商との関係について民法625条1項に即して考えることにも理由がないとはいえなかったが、今後はその必要はないと思われる。

ないときは、直ちに契約を解除することができるとしている（民628条、651条）。しかし、これらの者が一律に商人よりも営業そのものに所属する関係にあると判断できるかは疑問である。また、契約を解除してもその契約が終了するだけであって、商業使用人・代理商と譲渡人との間に従前と同様の契約関係が生ずるわけではない。もちろん、譲受人との契約を希望する場合には譲受人が契約関係を承継してくれるほうが望ましいが、これは商業使用人・代理商の承諾を要するという構成によっても達成できる。その意味では、民法539条の2の原則通り、移転にはこれらの者の承諾が必要であると解すべきであろう。

(ii) 競業避止義務の負担（商16条、会21条）

営業譲渡は譲受人をして譲渡人の営業をそのまま継続させ、従来の得意先関係・仕入先関係その他の事実関係を利用させることに意味がある。したがって、譲渡人が同種の営業を継続ないし再開して従前の得意先を自己に誘引したり、従来の仕入先に譲受人と取引させないようにするなど、営業譲渡の実効を失わしめるような行為をすることは背理である。そこで、法は譲渡人に同一の市町村（特別区を含むものとし、地方自治法252条の19第1項の指定都市にあっては区または総合区。以下同じ）の区域内およびこれに隣接する市町村の区域内において、営業を譲渡した日から20年間競業避止義務を負わせた（商16条1項、会21条1項）。また、当事者間で特別の合意をすることもでき、この場合には、譲渡をした日から30年を超えない範囲で効力を有する（商16条2項、会21条2項）[24)25)]。

この義務の根拠ないし法的性質については見解が分かれている（分析編6を参照）。

(2) 第三者との関係

(i) 営業上の債権者に対する関係

営業譲渡では、営業の同一性が損なわれないかぎり、営業財産の一部を移

[23)] 不要とする見解として、大隅・商法総則312頁以下、田中耕・商法総則343頁など。必要とする見解として、石井＝鴻・商法総則104頁、鴻・商法総則146頁、森本・商法総則84頁など。

転の対象から外してもよく（2（1）参照)、したがって、もし営業上の債務が譲渡の対象から除外されれば譲受人がこれを承継することはない[26]。もっとも、商法は、譲渡当事者間で債務を引き継がない旨合意したとしても、営業上の債権者が譲受人に請求できる2つの例外を定めている[27]。

① 商号を続用する場合[28]

まず、譲受人が譲渡人の商号を続用する場合には、譲渡人のみならず、譲受人も営業によって生じた債務を弁済する責任を負う（商17条1項、会22条1項。なお、この場合、請求またはその予告をしない債権者に対しては、譲渡人の責任は営業譲渡から2年を経過したときに消滅する。商17条3項、会22条3項)。これは、外観を信頼した債権者を保護するための法定責任であると

---

24) 平成17年改正前商法25条2項では、同一の営業を行わない旨の合意は「同府県及隣接府県内」にかぎって有効であるとされていたが、この点は削除された。これは、運輸・通信の発達した現代では地域の限定は意味が薄いためとか（落合＝大塚＝山下128頁以下)、現在の会社の事業活動の状況にかんがみれば、そのような制約を課すことには合理性が乏しいと考えられたためであるといわれている（相澤＝郡谷・前掲注8) 140頁)。

25) なお、商法16条1項・2項（会21条1項・2項）の制限に反しないとしても、譲渡人は不正競争の目的をもって競業することは許されない（商16条3項、会21条3項)。

26) かりに、譲渡当事者間で移転させる旨の合意をし、債務を移転させる義務を譲渡人が負うとしても、その履行行為として、免責的債務引受（民472条)、債権者の交代による更改（民513条2号、514条)、契約上の地位の移転（民539条の2。ただし、この場合には、債務のみならず契約上の地位全体が移転する）がなされないかぎり、譲受人は当然には債務者にならない。この点については、(1)(i)参照。

27) もっとも、商法17条1項（会22条1項)、商法18条1項（会23条1項）について、譲渡当事者間の内部的合意の如何を問わず、両当事者に法定の責任を負わせたものとする見解もある（大塚龍児「営業譲渡と取引の安全」金判565号60頁（1979年))。

28) なお、商法17条1項（会22条1項）の類推適用の可否が問題とされたものとして、営業の現物出資によって会社が設立された場合（最判昭和47年3月2日民集26巻2号183頁)、いわゆる「屋号」の続用の場合（東京地判平成18年3月24日判時1940号158頁)、ゴルフクラブの名称が「ゴルフ場の営業主体」を表示するものとして用いられていた場合（最判平成16年2月20日民集58巻2号367頁）および商号の英語表記の略称・標章を続用していた場合（東京地判平成27年10月2日判時2331号120頁）等がある。

いわれている（判例、通説。なお、この点については分析編7で詳しく検討する）。この場合、譲渡人が免責されるわけではないから（商17条1項・3項、会22条1項・3項参照）、あたかも併存的債務引受がなされたのと同様の関係となる（民470条1項参照）。

　商法17条1項（会22条1項）の「譲渡人の商号を引き続き使用する場合」というためには、双方の商号がまったく同一のものである必要はないとするのが判例・学説の一般的立場である。もっとも、具体的な事案においてどのようなものであればよいかという点に関しては必ずしも意見の一致をみているわけではない。たとえば譲渡人の商号の前に「新」という文字を附加した場合について、判例（最判昭和38年3月1日民集17巻2号280頁）は同項（平成17年改正前商26条1項）の適用を否定するが、反対する学説が多い。商法17条1項（会22条1項）の法的根拠をどのように解するかが決め手となる。

　譲受人は以上のような責任を悪意者（債務が移転していないことを知っている者）に対しても負担するかという点について、多数説は善意悪意に関係ないとしているが、下級審裁判例は分かれている。かりに、この制度の法的根拠が、判例・通説のいうように外観理論に基づくとすれば善意（無重過失）であることが要求される[29]のがスジである。もっとも、善意（無重過失）であることが要件であるとすると、いつの時点のそれを指すかという点で困難な問題を生ずる。というのは、債務が発生した時点は営業譲渡前であるから善意悪意を問題とする余地はないし、譲渡後はいずれ営業譲渡を知るからである。一般に外観理論では、外観を信頼して新たな利害関係を取得した時点の善意悪意が問題とされるが、商法17条1項（会22条1項）が適用される場合には新たな利害関係を取得しない（この点については、分析編7（1）を参照）点が問題の根本にある[30]。いずれにせよ、文言的には商法17条4項（会22条4項）との相違からして[31]、善意（無重過失）であることを要求していないと解するのが素直であろう。

---

[29]　田中誠・総則223頁、渋谷達紀「企業の移転と担保化」竹内昭夫＝龍田節編『現代企業法講座第1巻・企業法総論』（東京大学出版会、1984年）231頁以下。もっとも、外観理論に基づくとする見解でも、この点を肯定するものは少ない。

以上に反し、営業を譲渡した後、遅滞なく、譲受人が譲渡人の債務を弁済する責任を負わない旨登記した場合にはこのかぎりではない（商17条2項前段、会22条2項前段）。譲渡人および譲受人から第三者に対し、遅滞なくその旨通知した場合も、その第三者との関係では同様である（商17条2項後段、会22条2項後段）。

②　債務を引き受ける旨広告した場合

　つぎに、商号の続用がない場合でも、譲受人が債務を引き受ける旨広告した場合には、債権者は譲受人に対しその弁済を求めることができる（商18条1項、会23条1項。なお、この場合、請求またはその予告をしない債権者に対しては、譲渡人の責任は広告から2年を経過したときに消滅する。商18条2項、会23条2項）。その根拠は一般に禁反言則によるといわれている。

　しかし、もともと禁反言というのは「他人に虚偽の表示をした者は、それを信頼して行動した者に対し、表示の内容が虚偽であったとして後で改めて真実を主張することは許されない」ということをいうと定義づけられており（表示による禁反言）[32]、これによって救済されるためには、前言を「信頼して行動した」といえる必要がある。しかるに、本条の場合はそうではない。

　そう考えると、譲受人が一方的意思表示によって債務を負担すると構成するしかないようにも思われるが[33]、もともと譲渡当事者間で債務引受をしない旨の合意がある場合であるから、そのような法律構成も困難である[34]。

　つぎに、いかなるものが商法18条1項（会23条1項）にいう「広告」に該当するか。一般に「広告」とは不特定多数人に対する表示を指すとされており[35]、そうであるとすると、新聞広告、チラシといった不特定多数人に対

---

30)　渋谷・前掲注29）232頁以下は、営業の譲渡時点から商法17条2項（会22条2項）の登記または通知をしたならば営業譲渡人が免責を得たであろう時点までに悪意となった者は悪意者として救済を受けえないが、それ以降に悪意となった者は救済されるとしている。同項の解釈上、時機に遅れた通知により悪意となった者に対しては営業譲渡人は免責を主張しえないのであるから、それと同じ時期に通知以外の事実により悪意となった者に対しても免責を主張できないと解しないと均衡を欠くことを根拠としている。しかし、このように解しても「登記または通知をしたならば営業譲渡人が免責を得たであろう時点」を一義的に決定することは困難であろう。

31)　会社コンメ（1）216頁。

32)　法令用語研究会編『有斐閣法律用語辞典〔第4版〕』（有斐閣、2012年）257頁。

して行われる場合が「広告」にあたることは問題ない。これに対して、大多数の債権者に対して個別的になされた書状やメールは、そのような定義には該当しない。もっとも、ここでの広告の方法には、そのようなものをも含むとする学説もある[36]。

さらに、どのような内容の広告がこれにあたるか。「債務引受」を表すコトバを明示的に用いた場合に適用があるのはもちろんであるが、そのような直接的な文言がなくても「広告の趣旨が、社会通念の上から見て、営業に因つて生じた債務を引受けたものと債権者が一般に信ずるが如きものであると認められるようなものであれば足りる」と解されている（最判昭和29年10月7日民集8巻10号1795頁など判例・通説）。もっとも、この判例は「地方鉄道軌道業並に沿線バス事業を……譲受けA株式会社として新発足することになりました」という文言について、営業上の債務を引受ける趣旨を包含

33) 昭和13年改正作業に先だって昭和6年に法制審議会で議決答申された「商法改正要綱」の解説には、そのように述べる文献もある（松本烝治「商法改正要綱解説（1）」法協49巻9号1630頁（1931年）。営業譲渡の通知、広告等において譲受人が従来の債務の弁済の責めに任ずべき旨の意思を表示する場合にはその表示通りの責任を負わせるのは当然である、という）。しかし、要綱第十の三は「営業ノ譲受人カ従来ノ商号ヲ継用セサル場合ニ於テモ第三者ニ対シテ譲渡人ノ負担シタル営業上ノ債務ノ弁済ノ責ニ任スヘキ旨ノ意思ヲ表示シタルトキハ其責ニ任スルコト」という規定を設けるとしていたのであって、本文の場合と同列には論じられない。

34) 同じく「広告」によって債務負担をするものとして、民法は「懸賞広告」について規定を置いており（民529条以下）、これを単独行為によるものと解すると、営業譲渡に際して行われる広告でも同様に解することは不可能ではなかろう。ただ、そのようにいうと、そのような効果意思なく「広告」を行った場合には錯誤無効の主張が可能ということになる。しかし、商法18条（会23条）の文言上そのような解釈論を採用することは困難であろう。また、譲渡人の債務を引き受ける旨の広告がなされた場合には、譲渡人に対する請求を怠ったり（不作為もまた行為である）、譲受人を信頼できると考え従前と同様の条件での取引を開始する（継続する）ということが多いといえ、そこに一応禁反言を基礎づける契機がないとはいえない。しかし、実際には請求を怠ったり、譲渡人と取引を継続したことが要件となるわけではない（前言を「信頼して行動した」場合に限定して適用されるのではない）。それゆえ、それが根拠となるかは疑問である。

35) 我妻・債権各論上75頁、松坂佐一『民法提要・債権各論〔第5版〕』（有斐閣、1993年）22頁など。

36) 田邊157頁以下など。

すると解しているが、学説上批判が強い。その後、判例は、取引先に対して同様の内容の挨拶状が送付された事案に関し「A、BおよびC（以下旧三会社という）が営業を廃止し、新にDが設立されて旧三会社と同一の中央卸売市場における水産物等の卸売業務を開始するという趣旨の取引先に対する単なる挨拶状であつて、旧三会社の債務をDにおいて引受ける趣旨が含まれていない」と判示するに至った（最判昭和36年10月13日民集15巻9号2320頁）。「単なる挨拶状」としていることからすると商法18条（会23条）の「広告」には該当しないとする趣旨であるようにも読めるが「債務を……引受ける趣旨が含まれていない」と述べていることからすると、前掲・最判昭和29年10月7日とは反対の立場を採用したと理解することもできよう。

(ⅱ) **営業上の債務者に対する関係**

営業譲渡があった場合、原則として営業上の債権も譲受人に移転するが、債務者に対してこれを主張するためには対抗要件を備えることが必要である（民467条1項など）。

他方、営業上の債権でも、営業の同一性が損なわれないかぎり、譲渡の対象から除外することができる（2(1)参照）。ただし、その場合でも、譲受人が譲渡人の商号を続用しているときには、債務者がその事実を知らないで譲受人に弁済してしまう可能性がある。そこで、法は、譲受人が譲渡人の商号を続用しているときには、弁済者が善意・無重過失で譲受人に弁済した場合には、その「弁済」が「効力を有する」と規定している（商17条4項、会22条4項）。この場合には、営業譲渡の事実を知らない債務者の保護が趣旨であるとして、一般に「善意」というのは営業譲渡のあったことを知らないことであり「重大な過失」というのは少し注意すればそのような事実を知りえたであろうということを意味するとされている[37]。

---

[37] 服部422頁など。しかし、営業譲渡があったことを知らなければ、債務者はむしろ譲渡人に対して弁済してしまうことが多いのではあるまいか。逆に、同項で譲受人への弁済が要件となっているからには、営業譲渡については悪意であることが前提とされているのではないか。その意味では、ここで善意というのは当該債権が営業譲渡の対象から外されていることを知らないこと、重大な過失というのは少し注意すればそのような事実を知りえたであろうことを意味すると解釈すべきであると考える。

(iii) 詐害的営業譲渡と債権者

　もともと、会社分割にあたっては、承継会社等に承継される債務を恣意的に選別して、承継されない債務の債権者を害することが問題とされてきた。これに対しては、これまで詐害行為取消権（民424条以下）で対処すべきと解されてきたが、それでは妥当な結論にならないこともあった。そこで、平成26年の会社法改正で、詐害行為取消権とは別にこれに対処する規定を設けることとされた（会759条4項など）。しかし、同様のおそれは、営業譲渡についても存在する。そこで、同年の改正では、譲受人に承継されない債務の債権者（残存債権者）を害することを譲渡人が知って営業譲渡をした場合には、譲受人は承継した財産の価額を限度として承継されない債務を履行する義務を負うと規定された（商18条の2、会23条の2）[38]。

　分析編

5　営業譲渡の意義

　前述（解説編2（1））したように、営業譲渡概念については、営業の構成要素をどのように把握するかということによって見解が分かれている。

(1)　判例・学説

　まず、客観的意義の営業につき営業財産説を採るとすれば、営業譲渡をもって営業財産の譲渡、すなわち、一定の営業目的のために存する組織的財産の譲渡であると解することとなる（営業財産譲渡説）[39]。このような組織的財産が移転されると、譲受人はこれを利用して営業活動を営むことができるようになり、その結果、譲受人は営業につき譲渡人と同様の営業者たる地位を取得する。この関係が経済的には営業者たる地位の引継ぎ・移転として現象するが、法律的には譲受人の営業者たる地位は自己の営業活動の開始により当然に取得される。

　これに対して、営業につき営業活動を重視する者は、企業者地位交替説ま

---

[38] この点については、坂本三郎編著『一問一答　平成26年改正会社法〔第2版〕』（商事法務、2015年）344頁以下、同編著『立案担当者による平成26年改正会社法の解説』（商事法務、2015年）207頁以下などを参照。

[39] 竹田・商法総則92頁、大隅・商法総則300頁以下、服部401頁など。

たは地位財産移転説に立つ。まず、企業者地位交替説とは、企業者たる地位の引継交替であるとする見解、あるいは端的に企業の存続を前提とする企業者地位の譲渡であるとする見解をいう[40]。

つぎに、地位財産移転説とは営業の経営者たる地位に就かせる（引き継ぐ）約束をもってする営業財産の譲渡であるとする見解である[41]。この見解は、営業を客観的に考察すれば商人の営業上の活動と営業財産との2要素から構成されるとしたうえで、営業譲渡という観念には営業財産の譲渡のみならず、経営者たる地位の引継ぎも含まれるとする。一般に判例（前掲・最判昭和40年9月22日）がこの立場を採用するものといわれている[42]。

(2) 検討

まず、企業者地位交替説は法律論と経済論とを混同するものであると批判され[43]、また、営業譲渡をもって「企業者たる地位の引継交替」と解することは、企業経営における人的要素が希薄化し、営業がその主体から離れた客観的存在としての性格をあらわにし、それ自体一個の経済的価値物として法律取引の対象とされている現実に即しないと非難される[44]。

つぎに、営業財産譲渡説と地位財産移転説であるが、それらの相違は経営者たる地位の引継ぎの有無にかかわる。これが経済的現象にすぎず、法律的には譲受人の経営者たる地位は自己の営業活動の開始により当然に取得されるとするのか（営業財産譲渡説）、あるいは経営者たる地位を引き継ぐことも、有機的一体をなした機能的財産の移転と同様契約の目的（効果意思の内容）に含まれるとするのか（地位財産移転説）という理解の相違である。

[40] 升本重夫「企業譲渡に就て──営業譲渡に関する一考察」法学新報46巻2号197頁（1936年）、西原寛一『商法総則・商行為法（商法講義Ⅰ）〔改訂版〕』（岩波書店、1958年）101頁など。
[41] 田中耕・商法総則338頁（なお、297頁以下、322頁、337頁以下参照）、田中誠・総則211頁など。なお、本文に掲げた3つの学説のほか、営業組織譲渡説とよばれる学説もある（長場189頁）。すなわち、客観的意義の営業概念について営業組織説を採る場合には、営業譲渡概念についても、商人の経営上の組織および見込みが取引上一個の目的物として生前行為により他人に移転せられることであるとする。
[42] 田中誠・総則212頁など。なお、小橋114頁参照。
[43] この批判は地位財産移転説に対しても向けられている。
[44] 大隅・商法総則302頁。

この点、商法16条1項（会21条1項、平成17年改正前商25条1項）の文言上営業譲渡は経営者たる地位の引継ぎを前提としていると主張する見解がある。すなわち、同項は「営業の譲渡が行われた場合には、当事者が別段の意思を表示しないかぎり、譲渡人は同市町村および隣接市町村内で20年間同一の営業を行うことができないものと定めているが、このような譲渡人の競業避止義務は、譲受人が営業主の地位を承継することを前提としてはじめて成り立つ」「（反対の）特約によって譲渡人の競業避止義務を排除するということは、当事者が譲渡人の譲受人との競業をあえて認めることを意味する。つまり、特約にもとづいて営業の譲渡をした譲渡人がふたたびあらたに同一の営業を行えば、譲受人との競業が生ずることになるのであって、それはすなわち、譲受人が、譲り受けた営業につき、営業主の地位を承継していることにほかならない」という[45]。しかし、その文言上商法16条1項（会21条1項）は「同一の営業を行」うことを禁止するのであって（平成17年改正前商法25条1項も同じ）、これを行った結果「競業」が生ずるとまで規定しているのではない。その意味では、条文の文言が決定的論拠となるか疑問の余地があろう。

　なるほど、営業財産譲渡説の論者がいうように、譲渡人から引き継ぐと否とにかかわらず、譲受人は、はじめから営業者として行動しうる。しかし、だからといって経営者たる地位を引き継ぐことを契約の目的となしえないものではあるまい。商人は他の商人が使用していると否とにかかわらず、原則として自由に商号を選定しうるが（商11条1項）、それでもなお「商号の譲渡」（商号権の譲渡）という制度が用意されている（商15条）。自ら営業を開始しうることをもって経営者たる地位の承継が不可能であることの決定的証拠とはできない。

　そこで、経営者たる地位の承継なるものが経済的現象に止まるものでないことを示すためには、自ら営業を開始して経営者となる場合との法的な相違を示す必要がある。この点、地位財産移転説は、営業譲渡の法律効果として、譲渡人は譲受人をして営業を続行するに必要な地位に就かしめる義務を負うとされ、その具体例として、営業に必要な事項を指示する義務や譲受人

---

45) 倉澤・会社判例101頁以下。

にとって不利な行為をなさざる義務（競業避止義務）を挙げている[46]。このうち、競業避止義務については経営者たる地位の引継ぎに関する義務を認めることによってはじめて理解できるとしているが、反対説は、この見解によっても競業避止義務は当然には生じないと主張する[47]。いずれにせよ、この見解のようにこの義務の負担が譲渡人の債務の目的となるとすると、これと対価の支払とが同時履行の関係に立つ可能性があろう[48]。その点で反対説とは異なる。

また、この見解に立つとされる判例が述べるように、経営者たる地位の引継ぎによって「営業的活動の全部または重要な一部」が譲受人に受け継がれる。この点、営業財産譲渡説によると、営業の引継ぎは経済的な現象に止まり、法律的には譲受人の営業者たる地位は自己の営業活動の開始により当然に取得されるとする点において対照的である。営業活動が引き継がれるということは、同一の営業が継続しているということであるから、もし、譲渡人の営業活動に対する侵害行為がなされていたとしたら、地位財産譲渡説によれば、営業譲渡後は、侵害があったという事実をその営業の現時の営業主である譲受人が主張できるということになる。たとえば、商法12条2項の侵害予防請求や不正競争防止法3条1項の差止請求には「営業上の利益を侵害され、又は侵害されるおそれがある」ことが必要であるが、譲渡人が営業主であったときにその侵害行為があった場合であっても譲受人はその請求をなしうるということになる。もちろん、侵害行為（違法行為）がなされた結

---

[46] 田中耕・商法総則338頁以下。
[47] 地位の引継ぎによって譲渡人は当該企業については他人となるが、別に同種の営業を始めるか否かは地位の引継ぎとは別のことであって同種営業避止の義務は営業譲渡の効果としては当然でてくることにはならないとする（竹田・商法総則97頁）。
[48] たとえば、譲渡人が競業行為を行っている場合には、譲受人は対価の支払を拒絶できるし、逆に譲受人が対価の支払を怠っている場合には、譲渡人は、その履行（の提供）あるまでは——営業財産の移転の拒絶とともに——営業を継続しうるということになる。これに対して、競業避止義務の負担が意思表示上の効果によるのではない——あるいはそうであるとしても、主たる債務ではない——、とすると、同時履行の抗弁権は行使できない。営業財産譲渡説の論者のうち、競業避止義務が法定の義務であるとする見解（竹田・商法総則96頁以下など）によれば、当然そのような結論となろう。

果、具体的な債権（損害賠償請求権など）を取得していた場合には、それが「営業財産」を構成するならば、営業財産譲渡説によっても、譲受人はこれを取得したうえで行使できる。しかし、債権といったレベルにはなっておらず、また財産的価値ある事実関係ともいえないようなもの（事実問題として、侵害行為があったということなど）は、営業財産として引き継ぐことは難しいであろう[49]。

6　競業避止義務の法的性質ないし根拠
(1)　学説の整理

　まず、前述（5（2））したように、地位財産移転説からは、譲渡人は経営者たる地位の引継ぎの履行として譲受人をして営業を続行するために必要な地位に就かせなければならず、そのような義務の一環として譲渡人は譲受人に対して不利な行動をしない義務を負うと説明される。

　これに対して、営業譲渡によって譲渡人には同種の営業を行ってはならないという義務が当然には生ぜず、これは法律がとくに認めた義務であるとする見解もある[50]。しかし、商法 16 条（会 21 条）は任意規定であり（1 項は「当事者の別段の意思表示がない限り」としている）、1 項の範囲を超えた合意（たとえば、同一ないし隣接市区町村内に限定せずに義務を負担することなど）も 2 項に反しないかぎり有効である。そのような特段の合意がなされた場合に、これも法定の義務であるということは困難であろう。

　そこで、商法 16 条 2 項（会 21 条 2 項）が競業避止義務に関する特約を認

---

49)　民事訴訟においては「いったん訴訟が開始され、紛争解決過程としての訴訟状態——やがて終局判決に実を結ぶところの訴訟上の当事者の有利不利な地位——が形成され」ることがあり、これを新しい当事者に承継させるために「訴訟承継」制度があるといわれる（新堂幸司『新民事訴訟法〔第 5 版〕』（弘文堂、2011 年）848 頁）。これは、訴訟当事者たる地位の承継の問題であるが、同様のことは、「営業主たる地位」についても観念できるのではあるまいか。すなわち、もしかりに、永年営業活動を行うことにより、営業主として、その地位に「有利不利な状態」が形成されるとすれば、営業の譲受人がこれを引き継げるかという点が問題となりえよう。この点、企業者地位交替説や地位財産譲渡説によれば、承継は可能であると考えられるのに対し、営業財産譲渡説によれば困難であると思われる。

50)　竹田・商法総則 96 頁以下など。

めている以上、この義務が必ずしも営業譲渡に伴う当然の効果とはいえないとしたうえで、原則としてこれは営業譲渡を実効あらしめるために法律によって政策的に定められた義務であるが、2項を超えない範囲内では意思表示に基づく義務であるとする見解が主張されている[51]。「2項を超えない範囲内……」というのは、競業避止義務負担の合意があった場合についてのそれを指すと思われるが、そうであるとすると、当事者間で競業避止義務を負担する旨の合意があれば意思表示上の義務であり、そうでなければ法定の義務であるということになる。

　さらに、法定の義務かどうかは言葉の問題にすぎず、営業財産の中核的な構成要素である事実関係（暖簾）の移転にこそこの義務を認める実質的根拠があるとする見解もある[52]。

(2) 若干の検討

　前述（5（2））したように、地位財産移転説からすると、競業避止義務は意思表示に基づく当然の義務であって（この義務の負担は営業譲渡の絶対的要素である）、譲渡人の主たる義務（の1つあるいは一部）である。この見解を採用するといわれる判例（前掲・最判昭和40年9月22日）が「営業の譲渡とは、……一定の営業……財産……の全部または重要な一部を譲渡し、これによって、譲渡会社がその財産によって営んでいた営業的活動の全部または重要な一部を譲受人に受け継がせ、譲渡会社がその譲渡の限度に応じ法律上当然に同法25条に定める競業避止義務を負う結果を伴うものをいう」と述べることは、そのような理解を前提としていると思われる。

　これに対して営業財産譲渡説によれば、譲渡人の主たる義務の内容は営業財産の譲渡であるから、契約上の主たる義務として競業避止義務が生ずることはない。当事者間にそのような義務を発生させる特別の合意があれば従たる義務として発生し、そうでなければ法律によって政策的に課された義務であるということになる。

　他方、当事者間での別段の意思表示が許される以上、商法16条1項（会

---

51) 服部415頁など。
52) 大隅・商法総則314頁、森本・商法総則84頁注10)など。

21条1項）は任意規定にほかならない。それゆえ、もし競業避止義務が法律によって政策的に課された義務であるとすると、同項は任意規定によってそのような義務を課しているということになる。しかし、これは不自然である。むしろ同項は当事者の意思を推定した規定であって、競業避止義務自体は意思表示に基づくというべきであろう（これは営業譲渡の意思表示における相対的要素たる常素である）。同項の存在意義は、競業避止義務を負うか否か明確に定めておかなかった場合に原則としてその旨の合意があるとし、また、競業禁止が合意内容に含まれている場合にも、どこでの競業が禁止されるのか、いつまで競業が禁止されるかといった点について明示的に定めておかなかった場合にこれに備える[53]ということにあろう。

7　商号続用の場合の譲受人の責任の法的根拠

「解説」編で述べたように、たとえ営業譲渡の対象から外された債務でも、譲受人が商号を続用する場合には、譲渡人のみならず譲受人もまたその債務を弁済する責任を負う（商17条1項、会22条1項）。しかし、その法的根拠については見解が分かれている。

(1)　外観理論・禁反言法理説

まず、多くの学説は、譲受人が譲渡人の商号を続用する場合においては、営業上の債権者は営業主の交替を知りえず、譲受人たる現営業主を自己の債務者として考えるか（事業主体の混同）、または譲渡の事実を知っているとしても譲受人による債務の引受があったと考えるのが常態であって（債務引受の誤信）、いずれにしても、譲受人に対して請求をなしうると信ずることが多いからであるとし、債権者の信頼保護が立法趣旨であるとする（外観理論・禁反言法理説）[54]。判例もこの見解に立っている[55]。商法17条（会22条、平成17年改正前商26条1項）は、昭和13年改正でドイツ法に倣って創設されたものであるが、改正当時「営業譲渡ガ当事者間ニアリマシテモ、其事ガ第三者ニハ能ク分ラナイコトガ有リ得ルノデアリマス、況シテヤ営業ノ

---

53)　会社コンメ（1）202頁。
54)　鴻・商法総則149頁、森本・商法総則85頁など。

譲受人ハ営業ノ譲渡人ノ商号ヲ用ヒルト云フ場合ナドニ付テ考ヘテ見マスルト、第三者ハ営業譲渡ノアツタコトガ殆ド全ク分ラナイノデアリマス……左様ナ場合ニハ譲渡人ノ営業上ノ債務ニ付テハ譲受人モ其弁済ノ責ニ任ズルノデアルト云フコトニ致シマシテ、第三者ヲ保護シタノデアリマス」といわれていた[56]。

しかし、この見解に対しては、まず、外観保護の規定ならば善意の債権者のみが適用対象となるはずであるが、条文の文言上そのようにはなっていないと批判されている（商17条4項、会22条4項参照）。ついで、事業主体の混同については、債権者が交替を知らないならば依然として譲渡人を債務者とすれば足りるのであってなぜ譲受人に連帯責任を負わせる必要があるのか、あるいは、営業主の交替を知りえないのに、譲受人を自己の債務者と信じうるか等という指摘がなされている。また、債務引受の誤信については、商号の続用から債務引受の外観が作り出されているといえるのか、債権者が営業譲渡の事実を知っているのに、商号続用の事実から債務引受を信頼したといえるか疑問である等と指摘されている。そのうえ、前述の立法時の説明でも「第三者ヲ保護シタ」ということは読み取れても譲受人が自己の債務者であると信頼したことの保護ということは読み取れないとする指摘もある。さらに、何よりも、商法17条1項（会22条1項）はすでに譲渡人に対して債権を有している者に適用されるのであり、商号続用という外観をみて新た

---

55) 前掲・最判昭和29年10月7日は「譲受人が譲渡人の商号を続用する結果営業の譲渡あるにも拘わらず債権者の側より営業主体の交替を認識することが一般に困難であるから、譲受人のかかる外観を信頼した債権者を保護する為に、譲受人もまた右債務弁済の責に任ずることとした」ものであると述べ、その趣旨を「事業主体の混同」に求めている（ただし、この判例の直接の争点は平成17年改正前商法28条（＝商18条、会23条）の「広告」の意義であり、ここで引用した部分は傍論である）。また、前掲注36）最判昭和47年3月2日は「出資者の商号が現物出資によって設立された会社によって続用されているときは、営業の譲渡を受けた会社が譲渡人の商号を続用している場合と同じく、出資の目的たる営業に含まれる出資者の自己に対する債務もまた右会社がこれを引受けたものと信頼するのが通常の事態と考えられる」と述べ、その趣旨を「債務引受の誤信」に求めている（ただし、現物出資による株式会社の設立に類推適用すべきであるとされた事案）。
56) 寺澤音一『改正商法審議要綱』（法文社、1941年）69頁、松本・前掲注33）1630頁。

な取引関係に入った者（新たに利害関係を有するにいたった者）について適用されるのではない。したがって、論者のいう「外観保護」というのが、本来の意味の外観理論を指すとしたら弁済責任の根拠となるとはいえない。また、もし外観信頼が問題となるならば、せいぜい営業主の交替を知らなかったために債権者が債権保全の措置を講じる機会を失ったことへの救済に止まるのではないか、と批判されている[57]。

(2) 企業財産担保説

　第2に、営業上の債務については営業財産が担保となっているものと認められるので、債務の引受をしない旨を積極的に表示しないかぎり、譲受人が併存的債務引受をしたものとみなして責任を負担させるものであるとする見解がある（企業財産担保説）[58]。この見解は商法17条1項（会22条1項）が債権者の善意・悪意を問題にしていないことおよび同条3項で譲渡人の責任が営業譲渡から2年を経過したときに消滅することを一貫して説明できるといわれる（ただし、後者の点については(7)を参照）。しかし、商号続用の場合だけなぜ併存的債務引受をしたとみなされるのかということは説明できず、また譲受人が登記や通知を行うことによって責任を免れること（商17条2項、会22条2項）の説明がつかないと批判される。さらに、譲受人は譲り受けた営業財産の限度で責任を負うのではなく、無限責任を負うということとも整合性がないといわれる[59]。

(3) 以上の2つの根拠をともに挙げなければならないとする見解

　これらに対して、第3に、外観保護と担保機能の両方を根拠としなければ不十分であるとする見解もある[60]。これによって、上記2説の弱点をう

---

57) 外観理論・禁反言法理説に対する以上の批判については、近藤115頁、田邊154頁以下、小橋一郎「商号を続用する営業譲受人の責任——商法26条の法理」河本一郎ほか編『上柳克郎先生還暦記念・商事法の解釈と展望』（有斐閣、1984年）16頁など。
58) 服部418頁など。
59) 企業財産担保説に対する以上の批判については、会社コンメ(1)211頁、山下眞弘「営業譲渡と債権者保護の法理——営業譲受人の責任規定の根拠」山下眞弘『会社営業譲渡の法理』（信山社、1997年）244頁、森本・商法総則86頁など。

まく説明できるともいえるが、他方においてその双方に対する批判を受けることになるのではないかという指摘もある[60]。

(4) 譲受人意思説

第4に、商号を続用する者は、営業上の債務をも承継する意思があるのが通常であり、商号を続用しない譲受人はその意思が通常ないものとして商法17条1項ないし3項（会22条1項）のような規定が用意されているとする見解がある（譲受人意思説）[62]。この見解は、商法17条2項（会22条2項）の規定や商法18条（会23条）の規定を合理的に説明できるといわれている。しかし、問題はそのような意思を有するのが通常であるかという点であろう[63]。

もともと、営業譲渡契約が締結されれば、債務を含んだ譲渡人の営業財産すべてが移転の対象となるのが原則である。例外として、譲渡当事者間で特段の合意があれば特定の財産を譲渡の対象から外すことができ、商法17条1項（会22条1項）はまさに「債務」が譲渡の対象から外された場合に関する規定である（分析編4(2)(i)参照）。したがって、同項は譲渡当事者間で、営業上の債務を承継しないという明確な合意がある場合に適用される。にもかかわらず、なにゆえ商号の続用があれば営業上の債務を承継する意思があるのが通常といえるのであろうか。

(5) 営業活動参加説

第5に、商号は営業主の名称であるが、その営業に密着していて、営業の譲受人が譲渡人の商号を続用する場合には、譲受人は、対外的には、譲渡人の営業活動に参加するものとして取り扱われ、合名会社の成立後加入した社員がその加入前に生じた会社債務についても責任を負うのと同様、譲渡人

---

60) 大隅・商法総則317頁以下など。
61) 会社コンメ(1)212頁。
62) 山下眞弘「営業譲渡の債権者に対する効果——債務引受広告の意義を中心として」『会社営業譲渡の法理』（信山社、1997年）233頁、同・前掲注59) 246頁以下、田邊155頁など。
63) 落合誠一「商号続用営業譲受人の責任」法教285号29頁（2004年）。

の営業活動に参加した譲受人は、参加以前に生じていた債務についても責任を負うとする見解もある（営業活動参加説）[64]。

なるほど、ここでは商号の続用による責任が問われている以上、「商号」の性質に着目してその根拠を説明しようとする点は首肯できる。

しかし、もともとわが国では合名会社は原則として社団であって（平成17年改正前商52条参照）、営業主体は社団（会社）そのものである。社員が入れ替わっても社団の同一性は失われない。新たに社員になるというのは、その社団の構成員になるということである。これに対して、営業譲渡については、営業財産（および経営者たる地位）を譲渡することによって営業主体そのものに変更を来す。それゆえ、これらを同視することには疑問がある。また、そもそも譲受人は自ら営業主体となるために営業を譲り受けているのに、商号を続用する場合になぜ「対外的には、譲渡人の営業活動に参加するものとして取り扱われ」るのであろうか。さらに、この場合、債務の承継だけではなく、その他の営業全般について「対外的には、譲渡人の営業活動に参加するものとして取り扱われ」るのであろうか。もしそうであるとすると、「対外的には、譲渡人」が営業活動の主体のままになり、理論上は譲渡以降に生じた債務について、譲渡人の責任が生ずることになりかねない。

(6) 詐害的営業譲渡防止説

第6に、譲受人が債務を引き受けない場合に商法17条2項（会22条2項）の措置を講ずるように誘導するために、この責任が定められたとする見解もある（詐害的営業譲渡防止説）[65]。この見解は、譲渡人（債務者）に弁済能力があれば債権者が譲受人に請求する必要は生じない以上、商法17条1項・2項（会22条1項・2項）が問題となるのは、譲渡人が破綻状況にあるような場合に限定されるとする。そのうえで、そのような場合には、譲渡人と譲受人とが債権者と協議することなく、一方的に詐害的な再建を試みることは防止されるべきであり、抜け駆け的な営業譲渡をさせないために商法17条1項・2項（会22条1項・2項）が設けられたとする。

---

[64] 小橋・前掲注57) 17頁。大隅・商法総則 317頁以下など。
[65] 落合・前掲注63) 31頁。

しかし、これに対しては、破綻処理的でない営業譲渡において営業譲渡後に譲渡人の弁済資力に問題が生じたときなどにも1項の適用が考えられるので、その場合も含めて商号続用時には2項の措置に誘導することが法の趣旨か検討する必要があると批判されている[66]。また、譲渡人と譲受人が債権者と協議することなく抜け駆け的に営業譲渡をすることを防止することが商法17条1項（会22条1項）および2項の趣旨であるとするが、2項は譲渡後遅滞なく登記ないし通知せよという規定であって、そもそも抜け駆け的な営業譲渡を防止できる規定ではない。2項の措置を取らせる意義として、この学説は詐害行為取消権の行使を適時に行えるようにすることを想定しているのではないかという指摘もあるが[67]、これとて本来は事後的な手段である。また、営業譲渡を認識させるための手段としては登記では不十分であるとする批判もある[68][69]。

(7) まとめ

以上のように解すると、どれもその根拠を完全には説明しえてはいないように思われる。そこで、この点に関連すると思われる商法17条3項・4項（会22条3項・4項）の位置づけを併せて検討することによって、分析のまとめとしたい。

前述したように、一般に商法17条1項（会22条1項）の規定については、当事者間で債務を承継させる旨の合意がなかった場合に、商号を続用す

---

66) 会社コンメ(1)213頁。
67) 後藤元「日本私法学会シンポジウム資料・商法の改正・報告Ⅱ・商法総則──商号・営業譲渡・商業使用人を中心に」NBL935号24頁（2010年）。
68) 後藤・前掲注67) 24頁。
69) なお、平成26年改正により、詐害的な営業譲渡が行われた場合に、債務を承継されない債権者を保護する規定が設けられた（商18条の2、会23条の2。前述。分析編4(2)(ⅲ)参照)。これによれば、承継した財産の価額を限度とし、かつ、営業の譲渡人が悪意の場合にかぎられるとはいえ、商号続用の有無を問わず、債権者の保護が図られる。商法17条（会22条）1項・2項の趣旨も詐害的な営業譲渡の防止にあるとすれば、これに加えてなぜ、商法18条の2（会23条の2）のような規定が設けられたのか、平成26年改正後も、商法17条（会22条）1項の責任が残存しているのはなぜか、といった点について、改めて検討する必要があろう。

ることを根拠として例外的・附加的に譲受人にも債務を負担させるものであると説明されている[70]。したがって、主たる債務（本来の債務）は依然として譲渡人に帰属したままである。しかるに商法17条3項（会22条3項）によれば、2年が経過するとこれのほうが先に消滅してしまう。もちろん、企業財産担保説のように、譲受人が主債務者たる地位を占めていると考えれば譲渡人の債務が先に消滅することをうまく説明できる[71]。しかし、その場合には併存的債務引受をしたものとみなされるという構成がネックとなろう。というのは、その構成では債務の移転は生じず[72]、主たる債務は譲渡人のもとに止まっているはずだからである。他方、商法17条4項（会22条4項）は「第1項に規定する場合」すなわち、同じく譲受人が商号を続用する場合に債務者を保護する規定を置いている。これは、法的性質としては受領権者としての外観を有する者（民478条）に対する弁済であるといってよいであろう[73][74]。営業譲渡が行われた場合に、譲受人が「受領権者……以外の者であって取引上の社会通念に照らして受領権者としての外観を有するもの」（民478条）に該当する場合はほかにもありうるところ、わざわざ「第1項に規定する場合」すなわち、同じく譲受人が商号を続用する場合にかぎって規定を置いたわけである。

　これら3項および4項に加え、1項も商号続用の場合についての譲受人の責任について規定を置いていることからすると、商法17条（会22条）は、

70) もっとも、前述したように、大塚・前掲注27) 60頁などそうでない学説もある。
71) 服部418頁。
72) 我妻・債権総論573頁など。
73) 大隅・商法総則321頁、田邊158頁参照。
74) もともと民法478条は「債権の準占有者」に対する弁済について規定していた。しかるに、「準占有」とは「自己のためにする意思をもって財産権の行使をする」ことを指すから（民205条）、たとえ真実の債権者または受領権者らしくみえる者に弁済したところで、その者が「自己のためにする意思」を欠く場合には民法478条の適用が否定される恐れがあった。そこで、平成29年の民法改正により「受領権者（債権者及び法令の規定又は当事者の意思表示によって弁済を受領する権限を付与された第三者をいう……）以外の者であって取引上の社会通念に照らして受領権者としての外観を有するもの」に対して行った弁済について適用されると規定され、外観に対する弁済者の信頼保護を定めたものであることが明確化された（この点については、潮見・前掲注20) 206頁以下などを参照）。

全体として商号（続用）に着目した規定であるといわざるをえない。そうであるとするならば商号の法的・経済的性質から説き起こして問題を検討する必要があろう[75]。

(鈴木達次)

---

[75] 商号についての詳細は本書第2講に譲るほかない。商号とは法的には商人が営業上自己を表示すべきものとして用いる名称にすぎないが、経済的には「商人の営業上の名声と信用とを化体する」ものであって「通俗的には人格化して考えられ、商号が営業財産の主体の如く観念される」といわれる（田中耕・商法総則304頁以下）。また、母法であるドイツ商法25条の立法理由にも「取引上は、実際に営業財産の所有者が誰であるかとは関係なく、商号が事業から生じる権利義務の担い手であるとみなされることが多」いという記述がみられるようである（新津和典「会社法22条の趣旨と2項の意義――その起源であるドイツ法での立法理由から」銀行法務21・752号22頁(2012年)）。このような「商号」＝「通俗的な営業財産の主体」ないし「事業から生じる権利義務の担い手」という図式を前提として、商法17条1項（会22条1項）については、そのような者に債務を負担させ、同条3項では、商号を使用している譲受人の負担する債務を2年経過後は主たる債務のように取り扱うこととし、他方、同条4項では、そのような譲受人は「債権の準占有者（または、――平成29年改正後民法の表現によれば――、取引上の社会通念に照らして受領権者としての外観を有する者）」に該当するということを明確化したものと思われる。もっとも、そのような関係が成り立つにせよ、なおそのような商号の性質からなぜ商法17条（会22条）のような法律効果をもった規定が定められたのかということについては説明を要する。

第5講 商業使用人

1 はじめに

　商法20条から26条に3種類の商業使用人に関する規定が置かれている。商法は、商人の補助者として、商人の企業内部において商人を補助する者（企業内補助者）と商人を補助すること自体を自らの営業とする独立の商人（企業外補助者）とに分け、企業内補助者である商業使用人と企業外補助者のうち特定の商人のために営業を補助する代理商を総則において規定している。また、会社法は、会社法内ですべての規定を充足させるという趣旨のもと、会社の商業使用人につき、「会社の使用人」というタイトルで会社法10条から15条にほぼ同様の規定を置いている。したがって、商法20条から26条は、個人商人の商業使用人に関する規定である。

解説編

2 商業使用人の意義

　商業使用人とは、特定の商人に従属して営業活動を補助する者のうち、商人の営業上の代理権を有する者をいう[1]。

(1) 特定の商人に従属すること（雇用関係は必要か？）

　商業使用人は、特定の商人に従属して営業活動を補助する者である。商業使用人が特定の商人に従属するということは、商人の指揮命令に服すること

---

[1] 分析編で後述するようにわが国の商業使用人の規定は、ドイツ法を参照しているが、ロエスレルが商業使用人と商業代理人を一体で商業使用人として規定したため、商業使用人の意義につき問題が生じている。藤田祥子「商業使用人の意義」『慶應義塾創立150年記念法学部論文集 慶應の法律学 商事法』（慶應義塾大学法学部、2008年）224頁以下参照。

であり、つまり商人（営業主）との間に雇用関係が存することが必要であるとするのが通説的見解[2]である。通説的見解は、平成17年改正前商法45条が雇用関係につき民法の適用があることを規定していたことや、支配人の営業避止義務が労働力保持義務の具体的発現であることを論拠とする。平成17年改正前商法45条は削除されたが、この削除は通説的見解によれば雇用関係を前提とすることが自明であるためということになる。しかしながら必ずしも雇用関係があることは必要でなく、委任関係があれば、妻その他の家族や友人であっても商法（会社法）にいう商業使用人と解される[3]。雇用関係のない妻その他の家族や友人等の場合、通説的見解においても善意の第三者保護のため商業使用人の規定を類推適用するとしているので[4]、雇用関係を必要とするか否かで結果に差はないとの指摘もされている[5]。古い判例（大判大正5年1月29日民録22輯206頁）には委任関係も含むとするものがあるが、現在の判例の立場（たとえば、最判昭和59年3月29日判時1135号125頁）は、雇用関係を必要とするものと思われる[6]。

親権者や後見人のように法定代理人として本人たる商人のために代理権を有する者や代理商は、商人に従属していないので、商業使用人ではない。また、会社の代表取締役（会349条）、代表執行役（会420条）、代表社員（会599条）のような会社の機関も、商業使用人ではない。

(2) 営業上の代理権を有することは必要か？

営業上の代理権を有しない者は、商業使用人とはいえない[7]。したがって、代理権を有せずに純内部的な勤務に服する技術者・職工・簿記係などは、商業使用人とはいえない[8]。

---

[2] 森本・商法総則91頁。
[3] 石井＝鴻・商法総則88頁、鴻・商法総則163頁、酒巻俊雄＝龍田節編集代表『逐条解説会社法 第1巻総則・設立』（中央経済社、2008年）149頁。
[4] 蓮井＝森92頁。
[5] 落合＝大塚＝山下92～93頁。
[6] ただし、東京地判平成5年1月27日判時1470号151頁は、委任関係も含まれるとする。
[7] 大隅・商法総則140頁、倉澤康一郎『商法の基礎〔3訂版〕』（税務経理協会、1993年）45頁。

3 支配人

(1) 支配人の意義

　支配人の意義について、通説的見解[9]は、営業主（商人、会社）から営業に関する包括的な代理権（一切の裁判上または裁判外の行為をする権限）を与えられた商業使用人を支配人であるとする[10]。通説的見解に立つ場合、選任にあたり商法21条1項（会11条1項）の定める代理権の範囲に多少とも制限が加えられているときは、その制限は支配人の代理権の制限ではなくして、むしろそこには支配人としての代理権の授与がなく、被選任者は支配人とならないことになる。しかし、それでは支配人の代理権の範囲を法定し、これに加えた制限をもって善意の第三者に対抗することを得ないとする商法21条3項（会11条3項）の規定は、意味をもたなくなる。代理権に制限を加えられると支配人ではなく表見支配人の規定が適用されるとするには不自然である。また、取引の相手方がいちいちその使用人の代理権の範囲を探求しなければならないとすると支配人制度の存在意義がなくなってしまう。そこでこれに対し、支配人の意義は、営業主（商人、会社）によって本店または支店の営業の主任者たる地位に選任された商業使用人であるとする有力説[11]がある。有力説によれば支配人たる地位が前提とされ、その地位にある者として選任されるときは、営業主の意思のいかんを問わず、商法21条1項・3項（会11条1項・3項）に定める範囲の代理権を有することになり、その意味で支配人の代理権は法定的に定型化されることになるため、支配人の定義については有力説が妥当である。つまり、支配人であるかどうかは、その名称によるのではなく[12]、内部的に営業の主任者としての代理権が付与

---

8) 従来の多数説は、代理権を有していることを要しないとする。服部278頁。
9) 田中誠・総則380頁、近藤83頁、江頭憲治郎＝門口正人編集代表『会社法大系第1巻』（青林書院、2008年）139頁、服部育生「支配人の代理権」名古屋学院大学論集21巻4号177頁（1985年）。
10) 名古屋高裁金沢支判平成21年6月15日判タ1310号157頁では、営業上の包括的な権限を与えられていることを必要とするとしている。
11) 大隅健一郎「支配人と表見支配人」田中誠二先生記念事業会編『田中誠二先生古稀記念・現代商法学の諸問題』（千倉書房、1967年）62頁、弥永68頁、69頁、早川徹「支配人と表見支配人」菱田政宏編『岩本慧先生傘寿記念論文集・商法における表見法理』44頁、45頁（中央経済社、1996年）。

されているか否かによって決せられる。営業の主任者としての代理権が付与されていないにもかかわらず支配人らしい名称を使用した場合は、表見支配人の問題となる（商24条、会13条）。

(2) 支配人の選任・終任
(i) 選任

支配人は、営業主である商人またはその代理人が選任する（商20条、会10条）。個人商人のうち小商人については第1講3（4）(i)参照。営業を許された未成年者は、営業に関しては成年者と同一の能力を有するから（民6条1項）、自ら支配人を選任することができる。商人の代理人は法定代理人に限られない。支配人が選任できるかに関して明文の規定はないが、商法21条2項（会11条2項）が他の使用人を選任または解任することができるとしていることの反対解釈により、特別の授権がなければ支配人を選任できないと解される。

個人商人による支配人選任の形式については別段の制限はなく、書面による必要もない。会社の支配人の場合は、会社法の規定に従う。つまり、持分会社では、定款に別段の定めがある場合を除き、社員の過半数をもって決定される（会591条2項）。株式会社では、取締役が2人以上いる場合は、取締役の過半数をもって（会348条2項）、取締役会設置会社の場合は、取締役会（会362条2項1号）により決定される。支配人の選任または解任は会社の重要な業務執行であるため、各取締役に選任または解任を委任することはできない（会348条3項1号、362条4項3号）。ただし、取締役会設置会社であっても指名委員会等設置会社の場合は、支配人の選任または解任が取締役会の専権事項となっていないため（会416条4項各号参照）、委任があれば代表執行役のみで選任または解任できる（会416条4項本文、418条1

---

12) 明治32年商法施行法19条を根拠として、かつて支配人・支配役など支配人と認められる名称をつけて選任された者のみが支配人であって、いかに広範な権限を付与された商業使用人であっても、上述のような名称を用いないときは支配人とはならないとする説が比較的有力であった。本間喜一「支配人の代理権」山岡万之助編『横田博士還暦教授25年祝賀記念論文集』（清水書店、1921年）315頁、青木・商法総論271頁。

号)。また、監査等委員会設置会社の場合は、原則として各取締役に選任または解任を委任することはできないが（会399条の13第4項3号）、一定の場合には、取締役会決議により取締役に委任できる（会399条の13第5項・第6項）。清算中の株式会社も支配人を選任または解任することができる（会482条3項1号・2項、489条6項3号）。各会社においては、このように選任または解任につき手続規定があるが、瑕疵ある支配人の選任または解任の効力に関しては、会社の内部手続にすぎないから有効であるとするのが多数説[13]である。これに対し、厳格な手続が求められているところから無効とする見解[14]もある。無効としても取引の相手方は、表見支配人（会13条）や不実登記の効力（会908条2項）により保護されると主張する。

支配人は自然人でなければならないが、行為能力者である必要はないとされる（民102条）。株式会社においては、その他に兼任に制限がある場合がある。まず、社外取締役（社外監査役）は、親会社等および兄弟会社の支配人ではないことが要求されている（会2条15号ハ・ニ、16号ハ・ニ）[15]。そして、支配人は当該会社または親会社の会計参与、監査役、会計監査人、監査等委員を兼任できない（会333条3項1号、335条2項、337条3項1号（会計士24条1項2号・2項、同施行令7条1項9号）、331条3項）。指名委員会等設置会社では、当該会社の取締役との兼任（会331条4項）、親会社の監査委員会の委員との兼任（会400条4項）も禁止される。このほか、独占禁止法上の兼任制限がある（独禁13条、2条3項）。

(ii) 終任

支配人は、(i)で述べた解任のほか、代理権の消滅（民111条）または雇用

---

13) 竹田・商法総則217頁、基本法63頁、会社コンメ（1）157頁。有効説にたつ者は、一般的に取締役会決議を経ない取引の効力とパラレルに考えている。
14) 森本・商法総則94頁注3)、江頭憲治郎＝中村直人編著『論点体系会社法1』（第一法規、2012年）46頁。合資会社の事例として那覇地決平成19年4月5日金判1268号61頁。ただし、この決定については、規定上の問題があるという指摘（伊藤雄司「判批」ジュリ1385号126頁（2009年））がされている。
15) 社外取締役（社外監査役）の要件は、会社法2条15号（16号）のイからホのいずれにも該当しないことである。藤田祥子「社外取締役・社外監査役規定における使用人・重要な使用人」早川勝＝正井章筰＝神作裕之＝高橋英治編『ドイツ会社法・資本市場法研究』（中央経済社、2016年）223頁以下参照。

契約・委任契約の終了（民626条〜628条、631条、651条、653条）によって終任となる。ただし、商人の死亡（民111条1項1号では代理権の消滅事由）は支配人の終任事由ではなく、支配人は相続人の支配人となる（商506条）。詳しくは第11講3（2）参照。

その他、支配人は商人の営業を前提とするため、営業（事業）の廃止、会社の解散も終任事由になると解されている。営業譲渡（事業譲渡）については、見解が分かれている。まず、民法625条1項により雇用関係の場合は労働者の承諾がなければ、その権利を第三者に譲渡できないことから支配人の同意がない限り終任となるとする終任肯定説[16]がある。これに対し、営業譲渡（事業譲渡）は営業（事業）の人的および物的組織をそのまま移転するものであるから原則として譲渡人と支配人との間の関係も譲受人により承継されるとする終任否定説[17]がある。終任否定説の立場では、支配人には任意解約告知権（民627条、651条1項）があるから不都合はないとする。

(iii) 登記

支配人の選任およびその代理権の消滅は、登記事項である（商22条、会918条）。ただし、小商人は商業登記の適用はない（商7条）。個人商人の場合は支配人登記簿に、会社の場合は各会社の登記簿に支配人の登記がなされる（商登6条4号〜8号、43条、44条）。支配人の代理権は営業所（会社では本店・支店）ごとに個別化される。個人商人は、支配人を置いた営業所の所在地において登記するが、数個の商号を使用して数種の営業をするときは、支配人が代理すべき営業およびその使用すべき商号も登記する（商登43条1項3号）。会社の支配人は、すべて本店の所在地で登記される（会918条）。この登記をしない限り、善意の第三者には支配人の選任または代理権の消滅を対抗することができない（商9条1項、会908条1項）。詳しくは第8講参照。

(3) **支配人の代理権**

(i) 包括的な代理権

支配人は、商人に代わってその営業（商人が会社の場合は事業）に関する一

---

16) 鴻・商法総則167頁、酒巻＝龍田・前掲注3）150頁。
17) 大隅・商法総則146頁、森本・商法総則95頁。

切の裁判上または裁判外の行為をなす権限を有する（商21条1項、会11条1項）。支配人の代理権は、包括的な権限であり、その範囲が法律により客観的に定められているところに特色がある。支配人の代理権は、営業所（会社では本店・支店）ごとに個別化され、個人商人の場合には、上述のように営業ごとに個別化される。なお、本店と全部または一部の支店の支配人を兼ね、数支店の支配人を兼ねても構わない。

① 裁判上の行為

裁判上の行為とは、訴訟行為のことである。支配人は、商法（会社法）の規定により、いずれの審級の裁判所でも営業（事業）に関する訴訟行為について、商人の訴訟代理人となることができる（民訴54条1項）。また、弁護士を商人の訴訟代理人として選任することもできる（大判明治35年6月12日民録8輯6巻63頁）。ただし、そのことは支配人が商人の営業（事業）に関する訴訟当事者適格を有するものであることを意味しない（大判昭和6年10月10日民集10巻859頁）。

支配人は上述したように商人の訴訟代理人となることができることから、消費者金融業等の貸付金取立訴訟に関し訴訟行為を行わせるために支配人登記なされている者がおり、弁護士代理原則を潜脱する利用ではないかといわれ問題となっている（たとえば、仙台高判昭和59年1月20日判タ520号149頁、千葉地判平成14年3月13日判タ1088号286頁）[18]。

② 裁判外の行為

裁判外の行為とは私法上の適法行為を意味する。営業の目的である行為のほか、営業のためにする行為も含まれるため、他の使用人（支配人は含まない）の選任・解任権を当然に有する（商21条2項、会11条2項）。有償行為であるか無償行為であるかを問わない。

何が営業（事業）に関する行為にあたるかについては「当該行為につき、その行為の性質・種類等を勘案し、客観的・抽象的に観察して決すべき」とされる（最判昭和54年5月1日判時931号112頁）。なお、営業（事業）に関

---

[18] 梅本吉彦「会社関係訴訟と支配人制度」大阪市立大学法学雑誌48巻4号32頁以下（2002年）。弁護士代理原則を潜脱する利用が疑われる裁判例について、藤田祥子「持分会社」石山卓磨監修『検証判例会社法』（財経詳報社、2017年）42頁、43頁参照。

する行為であるから、営業（事業）の存続を前提としない廃業、営業譲渡（事業譲渡）などは含まれない。

　支配人が、商人の営業に関する行為を商人の名で、しかし、自己または第三者の利益のために行ったとき、判例は平成29年改正前民法93条ただし書を類推適用して、相手方が代理人の背任的意図を知りまたは知ることができた場合に限って、商人はその行為について責任を負わないとする（最判昭和42年4月20日民集21巻3号697頁参照）。学説では、悪意の相手方の権利行使は権利濫用または信義則違反の行為として許されないとする見解[19]も有力である。

(ⅱ)　代理権の制限

　支配人の代理権に加えた制限は、善意の第三者に対抗することができない（商21条3項、会11条3項）。支配人の代理権は、包括的な代理権であるため、不可制限的なものといわれる。したがって、取引の種類・金額・場所等につき支配人の代理権を制限しても登記することができない。しかしながら、商人と支配人間では、代理権の制限は効力を有するのであり、支配人がこの制限に違反したときは、支配人の解任事由となり、また、支配人の商人に対する損害賠償責任の問題になり得る[20]。

　第三者の悪意の立証責任は、商人の側にある。支配人の代理権の制限の有無について、相手方に調査を要求すべきではないため、相手方は善意であれば保護され、過失の有無を問わないとする見解[21]と悪意と同視できる重過失ある第三者は、保護の対象とすべきではないとする見解[22]がある。

(4)　支配人の義務

　支配人は広範な代理権を有することから特別な義務が課されている。

(ⅰ)　営業避止義務（精力分散防止義務）

　支配人は、商人の許可を受けなければ、自ら営業をすること、他の商人ま

---

19)　大隅・商法総則151頁注11）。
20)　基本法67頁。
21)　酒巻＝龍田・前掲注3) 156頁。
22)　奥島孝康＝落合誠一＝浜田道代編『新基本法コンメンタール　会社法1〔第2版〕』（日本評論社、2016年）60頁。最判平成2年2月22日集民159号169頁参照。

たは会社もしくは外国会社の使用人となること、他の会社の取締役、執行役または業務を執行する社員となることが禁止される（商23条1項1号・3号・4号、会12条1項1号・3号・4号）。支配人に禁じられる営業は、営業主（商人、会社）の営業と同種かどうかを問わない。このような義務は代理商や取締役等には規定されておらず、支配人にのみ課されたものであり、精力の分散を防ぎ、支配人が営業主の営業のために全力を尽くさせることを目的とする。最終的には改正されなかったが、要綱試案では、会社の代表取締役や業務担当取締役でも課されることがない義務を支配人に課すのは合理性に乏しいとして規制の見直しが提案されていた[23]。

(ii) 競業避止義務

支配人は、商人の許可を受けなければ、自己または第三者のために商人の営業の部類に属する取引をすることが禁止される（商23条1項2号、会12条1項2号）。これは、代理商、株式会社の取締役・執行役、持分会社の業務を執行する社員の競業避止義務と同趣旨の義務であり（商28条1項1号、会17条1項1号、356条1項1号、365条1項、419条2項、594条1項1号）、営業の機密に通じている支配人が、競業取引を行うに際し、その地位を利用して商人の得意先・取引先を奪うなど商人の利益を犠牲にして自己または第三者の利益をはかるおそれに対処するためである。

営業（事業）の部類に属する取引とは、商人の営業（行う準備をしている営業を含む）の目的である取引を意味し、営業の補助的行為（手形・小切手の振出、預金など）を含まない。

「自己又は第三者のため」とは、どのような意味か。平成17年改正前商法41条2項が自己のために競業取引を行ったときのみ介入権を認めていたことに関連して、以前は「名において」するという見解[24]と「計算において」するという見解[25]が対立していた。介入権制度廃止により議論の実益はほぼなくなったとの指摘[26]もあるが、もともとの制度の趣旨からすれば経済的な利益の帰属を基準とするのが妥当であるため「計算において」と解すべ

---

[23] 「会社法制の現代化に関する要綱試案」第2部3(2)。
[24] 大隅・商法総則156頁。
[25] 服部287頁。
[26] 会社コンメ(1)169頁。

きであろう[27]。

　(iii)　会社の許可

　商人が会社の場合、営業行為・競業行為をするには、会社の許可が必要になる。この許可について、要綱試案[28]では、取締役会を設置する会社においては取締役会、取締役会が設置されない会社においては原則として取締役を許諾機関とするものとするとしていたが、最終的には明文化されなかった。要綱試案を参考にして考えれば、取締役会設置会社の場合は取締役会、そうでない場合は、取締役または取締役の過半数をもって決定することになろうし、取締役の規定とパラレルに考えれば非取締役会設置会社では株主総会ということになろう。許可について会社の業務執行機関の決定に基づき代表機関によって与えられなければならないとしたうえで、支配人に許可を与えることが会社にとって重要な業務執行になる場合には、取締役会設置会社（指名委員会等設置会社を除く）では取締役会決議が必要である（会362条4項）とする見解[29]もある。

　(iv)　義務違反の効果

　商人の許可を受けることなく行った取引は、有効である。ただし、義務違反により商人に損害が発生した場合、支配人は、債務不履行に基づく損害賠償責任を負うことになる（民415条）。損害の立証は困難であるため、支配人または第三者が得た利益の額を、商人に生じた損害額と推定している（商23条2項、会12条2項）。また、義務違反は、支配人の解任事由にもなる。

(5)　表見支配人

　表見支配人は、支配人ではないが、支店長その他、営業の主任者たることを示すような名称を有する使用人と取引した相手方を保護するため、昭和13年の商法改正により設けられた規定で、権利外観法理ないし禁反原則を基礎とするものである。商人の営業所（会社の場合、本店または支店）の営業の主任者であることを示すべき名称を付した使用人は、その営業所の営業に

---

27)　酒巻＝龍田・前掲注3) 163頁。
28)　前掲注23) 第2部3（2）(注)。
29)　会社コンメ（1）169頁、170頁。考えの詳細は明確ではないが、株主総会で決する場合もあることを念頭に置いているようである。

関し、一切の裁判外の行為をする権限を有するものとみなす（商 24 条、会 13 条）。適用要件は、営業所（本店または支店）の営業の主任者であることを示す名称が付されていること（外観の存在）、商人がそのような名称を付与したこと（商人の帰責事由）、相手方がこのような外観を信頼していたこと（相手方の信頼）である。表見支配人制度の適用には、支配人の登記や営業所または会社の本店・支店の登記があることは要件ではない。

(i) 適用要件

① 外観の存在

まず、表見支配人の規定が適用されるためには、外観の存在が必要である。ここでいう外観の存在とは、支配人ではない使用人に営業所（本店または支店）の営業の主任者であることを示す名称が付されていることである。外観の存在があるというためには、まず、営業所とは何かが問題となる。営業所（本店または支店）であるというためには、営業所の実質を備えていることが必要であると解するのが判例（最判昭和 37 年 5 月 1 日民集 16 巻 5 号 1031 頁）・通説[30]である。営業所とは、営業活動の中心である一定の場所をいい、単に企業の内部の問題として指揮命令が発せられる場所であるというだけでは足りず、外部に対しても、その場で営業上の主要な活動がなされることにより営業活動の中心として現われる場所をいう。営業所の実質が認められれば、その場所に本店・支店のほか出張所、支社・支店・支部という名称が付されていてもよく、出張所長も表見支配人となり得る（最判昭和 39 年 3 月 10 日民集 18 巻 3 号 458 頁）。営業所の実質を備えていない場所が営業所（本店または支店）として登記されている場合、不実登記の効力に関する商法 9 条 2 項または会社法 908 条 2 項を介して、これについても表見支配人制度が適用される（最判昭和 43 年 10 月 17 日民集 22 巻 10 号 2204 頁）。これに対して外観に対する信頼の保護を徹底させ、営業所の実質があるか否かを問わず営業所の外観ないし表示を信頼した相手方にも適用すべきであるとする見解[31]がある。この見解については、通説から営業所の実質がない場合は、民法の表見代理の規定により対処すべきとの指摘[32]がある。

---

30) 田中誠＝喜多 405 頁。
31) 大隅・商法総則 159 頁、服部 298 頁。

次に営業の主任者たることを示すべき名称とは何かについては、一般取引の見解に従って判断することになる。裁判例は多いが、たとえば支店長、支社長、店長などが挙げられる。次長や支店長代理は、他に上席者があることが明らかであるため営業の主任者たることを示すべき名称とはいえない。

② 商人の帰責事由

外観の存在が認められる場合、次に商人がそのような名称を使用人に付したことが必要となる。使用人がそのような名称を勝手に用いただけでは要件をみたさない（大阪高判昭和57年11月26日判時1070号96頁）。商人による名称の付与は明示のほか黙示の付与も含まれ、使用人が営業所の主任者たる名称を用いている事実を知りながら特別の措置を講じないことが黙示の名称付与と評価される（東京高判昭和40年10月12日判タ185号138頁）。

③ 相手方の信頼

表見支配人の規定は、取引の相手方保護のためであるから、外観が存在し、商人の帰責事由があっても相手方が悪意の場合は適用する必要がない。ここでいう悪意とは、その者が支配人でないことを知ることであるとするのが通説[33]である。これに対し、平成17年改正前商法42条は「支配人ト同一ノ権限ヲ有スルモノト看做ス」と規定されていたため、支配人でないことを知っていたか否かを意味すると解していたが、改正後は「一切の裁判外の行為をする権限を有するものとみなす」との表現に変更されたことから、悪意の対象も権限の有無に変わったと解すべきであるという見解[34]がある。悪意の判断時期は、取引に入った時点である（最判昭和33年5月20日民集12巻7号1042頁）。商人が相手方の悪意を立証する責任を負う（最判昭和32年11月22日集民28号807頁）。

過失があっても善意であれば保護されるかについては、名板貸責任の場合と同様に相手方の利益と商人の利益のバランスを考えて重過失ある相手方は保護されないと解される[35]。

---

32) 近藤89頁、森本・商法総則102頁。
33) 大隅・商法総則161頁、森本・商法総則104頁。
34) 会社コンメ（1）178頁。
35) 大隅・商法総則161頁、森本・商法総則104頁。東京高判平成元年6月7日金法1249号30頁。

相手方の範囲について、判例（前掲・最判昭和59年3月29日）は、取引の直接の相手方に限られるものであり、手形行為の場合には、実質的な取引の相手方をいうものと解すべきとする。

(ii) 表見支配人の権限の範囲

(i)③で述べたように条文の表現は平成17年改正により変わったが、表見支配人の権限の範囲に変更はないため、裁判上の行為を除き支配人の権限の範囲と同一であり、営業に関する一切の行為をいう。営業に関する行為は、営業の目的たる行為のほか、営業のため必要な行為も含む。

4 ある種類または特定の事項の委任を受けた使用人

営業全般ではなく、ある種類または特定の事項の委任を受けて商人を代理する使用人である（商25条、会14条）。平成17年改正前商法43条では「番頭、手代」が例示されていたが、現在は削除された。実際の役職としては、対外的取引を行う部門の部長、課長、係長がこれに該当する。

この商業使用人の代理権の範囲は、営業全般ではなく商人から委任されたある種類または特定の事項に関するものに限定され、また裁判上の行為を含まないが、その事項に関する一切の裁判外の行為をする権限を有し、代理権に加えた制限は善意の第三者に対抗できない点では支配人の代理権と共通する。

商法25条・会社法14条（平成17年改正前商43条）の商業使用人に該当するというためには「単に前記事項の委任を受けていれば足り、法律行為に関するなんらかの権限を与えられていることは必要でないと解するのが相当である。」と判示した原審（東京高判昭和60年8月7日判タ570号70頁）と同旨として「当該使用人が営業主からその営業に関するある種類又は特定の事項の処理を委任された者であること及び当該行為が客観的にみて右事項の範囲内に属することを主張・立証しなければならないが、右事項につき代理権を授与されたことまでを主張・立証することを要しない」とする判例（前掲注22）最判平成2年2月22日）がある。この判例の判旨について学説は、事実行為の準委任により使用人の代理権を擬制したものであるとする見解[36]と事実行為の準委任があれば代理権が法律上推定され、代理権についての立証責任を転換するという見解[37]がある。支配人の意義とパラレルに考えてみ

ると支配人の意義における通説的見解と同様、ある種類または特定の事項に関し包括的な代理権が授与された者を商法25条・会社法14条における商業使用人であると考えるのが通説的見解ということになろうか。これに対し事実行為委任説は、支配人の意義における通説的見解と有力説のどちらによっているのか論者によって明確ではない。事実行為委任説を主張する者の中には、支配人における有力説と同じであると解している者[38]がいる。しかしながら、事実行為を委ねるという意思と代理権を授与するという意思は基本的に異なるのであり、事実行為の委任があれば、商法25条・会社法14条の商業使用人になるという解釈は無理がある。有力説においても代理権授与を前提としているのであり、事実行為委任説は支配人における有力説と同列とはいえない。そこで商法25条・会社法14条の商業使用人の意義は、有力説による支配人の意義と同様に商法25条・会社法14条の商業使用人たる地位に任用された否かで解すべきである[39]。

商法25条2項（会14条2項）の「善意の第三者」には、善意でも重過失のある者は、含まれない（前掲注22）最判平成2年2月22日）。

商法25条・会社法14条の商業使用人については、支配人の場合と異なり、営業・競業避止義務が規定されていないが、その類推適用を主張する見解がある[40]。また、部長・課長の肩書を信頼した取引の相手方の保護のためには民法の表見代理に関する規定では不十分であるとして表見支配人に関する規定を類推すべきであるという主張がある[41]。

---

36) 近藤光男「商業使用人の代理権」龍田節＝森本滋編『川又良也先生還暦記念・商法・経済法の諸問題』（商事法務研究会、1994年）10頁、吉本健一・百選63頁。
37) 大塚龍児「商法43条における使用人の代理権」商事法務1215号81頁（1990年）。
38) 沢野直紀「企業経営と商業使用人制度」森淳二朗編『蓮井良憲先生・今井宏先生古稀記念・企業監査とリスク管理の法構造』（法律文化社、1994年）532頁、537頁、538頁。
39) 藤田祥子「商法43条における商業使用人の意義」奥島孝康＝宮島司編『倉澤康一郎先生古稀記念・商法の歴史と論理』（新青出版、2005年）777頁。岡田陽介「支配人の意義」法学研究論集25号228頁（2006年）。
40) 大隅・商法総則163頁。
41) 服部316頁。東京地判昭和58年6月10日判時1114号64頁、東京地判平成14年5月31日判タ1124号249頁では、表見支配人規定の類推適用が否定された。

5　物品の販売等を目的とする店舗の使用人[42]

　物品の販売、賃貸その他これらに類する行為[43]（以下、「販売等」とする）を目的とする店舗の使用人は、その店舗にある物品の販売等をする権限を有するものとみなされる（商 26 条本文、会 15 条本文）。取引の相手方は、その店舗の使用人に販売等の権限があると考えるのが通常である。そこでこのような相手方の信頼を保護して取引の安全を確保するため、権限を擬制しているのである。店舗とは、一般公衆が自由に立ち入り、その場で物品の購入や貸借等をすることができる施設を意味する。この使用人には店舗内にある物品の販売等の権限が擬制されるだけであるから、販売等の契約は、店舗内で行わなければならない（福岡高判昭和 25 年 3 月 20 日下民集 1 巻 3 号 371 頁）。

　この規定は、相手方の信頼を保護するためのものであるため、使用人にそのような権限がないことにつき相手方が悪意である場合は、保護されない（商 26 条ただし書、会 15 条ただし書）。「悪意」には、表見支配人の場合と同様、重過失も含まれると解される[44]。

分析編

6　ドイツ法

　わが国の商法は、明治時代、ドイツ人のヘルマン＝ロエスレルが草案を作成したことに端を発しており、商業使用人の規定もロエスレルによれば、当時のフランス法等には規定がなく、ドイツ法やスペイン法を参照したものである。ドイツにおいて、商業代理人と商業使用人は章立てを分けて規定されている。商業代理人に該当するのは、支配人とわが国の商法における支配人以外の商業使用人にあたる商業代理人である。ただし、タイトルは支配権（Prokura）と商業代理（Handlungsvollmacht）となっている。ドイツにおける商業使用人とは、労働者であって非独立のものである。非独立というのは、

---

42)　金融商品取引法上の外務員にも同趣旨の規定がある（金商 64 条の 3）。森本・商法総則 107 頁注 28）参照。

43)　賃貸その他これらに類する行為にレンタルビデオ業が入ることに異論はないが、その他に何が該当するかについては、酒巻＝龍田・前掲注 3) 183 頁参照。

44)　平成 17 年改正前商法（44 条）では、ただし書ではなく表見支配人の規定が準用されていた。

人的従属性（営業主に従属する）すなわち典型的には指揮命令に服することを意味する。ロエスレルは、ドイツの商業代理人と商業使用人を一体で商業使用人として規定したために解説編2で述べたように商業使用人の意義につき、雇用関係を必要とするか、営業上の代理権を有することを要件とするかにつき学説が対立する原因となっている。現在のわが国の商業使用人規定は、代理権に関するものがほとんどで、それ以外の規定はドイツ商法典（HGB）の商業使用人に規定されている営業・競業避止義務だけである。わが国では、支配人のみに営業避止義務が課されており、それが株式会社における取締役よりも広い範囲であるとして問題になっているが、ドイツでは商業使用人すなわち労働者一般に対する義務であり、ただし、大幅に制限して解釈されている[45]。ドイツ商法は、外部関係（商業代理人）と内部関係（商業使用人）を明確に分けて規定したため、商業使用人に関する規定の多くは労働法関係の他の法律に内容が移され、漸次削除されていった。そこで現在残っている条文中、重要なものは競業避止義務関係だけであり、それもすべての労働者に適用されるため、商業使用人規定を商法内に置く意味は失われている。

7　表見代理（民109条、110条）と不法行為（民715条）

　裁判例において表見支配人が肯定される業種には銀行や信用金庫が圧倒的に多い[46]。そこで支配人に関する紛争の大部分を占める表見行為については、表見支配人ではなく実際にはある種類または特定の事項の委任を受けた使用人や表見代理規定の適用範囲のほうが広いといわれる[47]。裁判例では、多くの場合まず商法25条、会社法14条（平成17年改正前商43条）の商業

---

45)　藤田祥子「商業使用人規定の行方──ドイツ商法との比較」法研82巻12号387頁（2009年）。
46)　たとえば、前掲・最判昭和54年5月1日。淺木愼一「銀行支店長の地位と権限に関する諸問題」神戸学院法学22巻3＝4号345頁以下（1992年）、小櫻純「銀行の支店長の商法上の権限制限と表見責任」菱田政宏編『岩本慧先生傘寿記念論文集・商法における表見法理』（中央経済社、1996年）61頁以下。
47)　松井智予「支配人・商業使用人をめぐる紛争の現状と解釈論」吉原和志＝山本哲生編『関俊彦先生古稀記念・変革期の企業法』（商事法務、2011年）30頁。

使用人であると主張し、さらに表見代理（民109条、110条）や不法行為（民715条）が主張される。表見法理などは、原則として商法25条・会社法14条（平成17年改正前商43条）の適用が否定されてはじめて問題となる[48]。

　裁判例の分析によれば[49]、権限の認定が比較的困難な商業使用人規定を紛争当事者がなお利用する意義は、悪意・過失のある相手方（民109条）、代理権の存在を信ずるにつき正当の事由のない相手方（民110条）を保護しない表見代理や過失に応じて賠償額を減殺する不法行為と異なり、軽過失を保護する点にあるとする。

8　商業使用人規定の行方

　支配人制度は、通信・交通手段の乏しかった時代に自ら全領域で活動を行わない商人・会社により主として利用されてきており[50]、また、現在でも個人商人の支配人についてはニーズがある[51]。しかしながら、市場のグローバル化、企業とりわけ会社組織の階層化・精緻化等により、独立性の高い営業所の存在を前提に強大な包括的代理権を授与する支配人制度の意義は、会社において相対的に低下しつつある。特に株式会社は、その活動の大規模化・複雑化・専門化が進む中にあって、統一的な経営戦略のもとに組織化され運営されるのが一般的であり、代理権についていえば会社の特定の種類の営業や業務につきそれを付与することの重要性が高まっている[52]。また、支配人に取締役よりも広い範囲の営業・競業避止義務が課されていることも問題である。個人商人と会社では、支配人制度の利用につきニーズ等が異なるため、会社法と商法に再編成され、業法の面での変化も進む現代の実情に対応した支配人・商業使用人規定のあり方を考えるべきではないかという指摘[53]

---

48)　たとえば、民法109条が適用された東京高判昭和42年6月30日判時491号67頁、東京地判昭和53年9月21日判タ375号99頁）、民法110条が適用された東京地判平成7年12月18日金判1008号30頁、民法715条が適用された前掲注41）東京地判平成14年5月31日。
49)　松井・前掲注47) 36頁。
50)　髙橋美加「経営権限の委譲と包括的代理権（1）」法協118巻3号376〜379頁（2001年）参照。
51)　松井・前掲注47) 7頁、8頁参照。
52)　神作裕之「会社の使用人」ジュリ1267号19頁（2004年）。

がされている。

　また商業使用人の規定は代理権の規定がほとんどであることからタイトルを商業使用人ではなく商業代理人とすることも考えられるが、そうすると代理商との違いがわからなくなるという指摘[54]がある。そこで商事代理全体を根本的に検討することが要請されよう。なお第11講参照。

（藤田祥子）

---

53) 松井・前掲注47) 41頁。
54) 鴻・商法総則161頁。

第6講 代理商

1 はじめに

　代理商は、委託者である商人が生産する商品等の取引の代理または媒介を行う、委託者とは独立した商人である。代理商の典型例を考えてみると、委託者である商人が、自らが生産する商品の販売を代理商に委託し、代理商は顧客を見つけて取引の代理を行い、委託者である商人はその出来高に応じて手数料を支払うという例が挙げられる。本講では、民法の代理にならって、商品等の取引の代理または媒介を委託する商人を「本人」（ただし、条文は「商人」としているので、条文の引用部分はそのまま「商人」と記載する）、その委託を受けて代理または媒介を行う商人を代理商、代理商が取引の代理また媒介を行う顧客を「相手方」ということとする（図表6-1参照）。

[図表6-1]

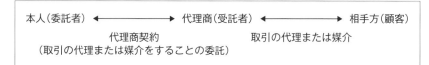

解説編
2　意義

　平成17年改正前商法46条には、代理商の定義に関して独立の条文[1]が存在していたが、現行商法においては、商法27条の通知義務の規定の中に括

---

1) 平成17年改正前商法46条「代理商トハ使用人ニ非ズシテ一定ノ商人ノ為ニ平常其ノ営業ノ部類ニ属スル取引ノ代理又ハ媒介ヲ為ス者ヲ謂フ」。

弧書で規定するという形をとっている。そこで、まずは代理商の意義に関する部分から解説する。

　代理商とは、商人のためにその平常の営業の部類に属する取引の代理または媒介をする者で、その商人の使用人でないものをいう（商27条括弧書）[2]。代理商制度は、企業の営業範囲を拡大する場合に、支店の設置や商業使用人の派遣の方法によることも可能であるが、これよりも、その地方の事情に通じ、かつ信用ある者を代理商として選び、この者にはその締結する契約高に応じた手数料を支払うことにすれば、多くの業績を挙げながら、しかも経費を節約することができ、また企業規模の伸縮が容易になるという利点があるとされ、特に保険、海上運送[3]、物品販売などを目的とする企業において利用されているといわれる[4]。

　より簡単に現代に即した形で言い換えると、商品、サービスの供給者が営業範囲を拡大するときに、現地の商人にその営業を委託して、売上げに応じた手数料を払うことにすれば、自己資本を用いることなく広範囲かつ同時期に営業を拡大できる利点がある。代表的なものとして保険代理店、旅行代理店等があり、その他にも前述した業態で利用されている。

　上記のような性質から、代理商の定義に関しては、まず、「その平常の営

---

2)　代理商の定義規定は、平成17年商法改正時にその文言が若干変更されており、条文に出てくる「平常」は継続的に代理・媒介を引き受けるという意味であったのに、改正後は平常が営業を修飾する語になってしまい、意味内容が変容しており不適切であるという指摘がある。洲崎博史「代理商・仲立人・問屋――取引仲介業の規整」NBL 935号42頁、43頁注9）（2010年）。
3)　傭船や入出港に必要な手配、手続などを行う船舶代理店などがある。
4)　田中誠二＝喜多了祐『全訂コンメンタール商法総則』（勁草書房、1975年）427頁、大隅健一郎＝戸田修三＝河本一郎『判例コンメンタール13上・商法III上（総則・商行為）〔増補版〕』（三省堂、1985年）196頁、基本法75頁。
　　このほか、平成15年の証券取引法改正で、その前身が創設された、金融商品仲介業者も代理商に当たる。金融商品仲介業とは、金融商品取引業者または登録金融機関の委託を受けて、委託者のために、①有価証券の売買の媒介、②取引所金融商品市場・外国金融商品市場における有価証券の売買取引・デリバティブ取引の委託の媒介、③有価証券の募集・売出しの取扱い、私募の取扱い、特定投資家向け売付け勧誘等の取扱い、または④投資顧問契約・投資一任契約の締結の媒介を行うものをいう（金商2条11項）。黒沼悦郎『金融商品取引法』（有斐閣、2016年）628頁以下。

業の部類に属する取引の代理又は媒介をする者」という部分と、「その商人の使用人でないもの」という独立した商人である部分が明文で規定されている。

前者部分について、契約締結権が与えられていて取引の代理を行う代理商を締約代理商といい、契約締結権はなく本人のために取引の媒介を行う代理商を媒介代理商という。これらの行為は、代理商契約に基づいて特定の商人のために継続的に行われることが必要となる[5]。なお、代理商に当たるか否かについては、上記のような要素を持つか実質に従って判断されなければならないとされ、単に「代理店」という名称を使っていても法律上の代理商と一致するとは限らないことに言及した裁判例（大判昭和15年3月12日新聞4556号7頁、東京高判昭和32年1月28日下民集8巻1号135頁）がある。

後者部分は代理商が独立した商人であることを要求している。商業使用人は、本人に雇用されて、本人の企業組織内で営業の補助を行う者であるが（なお、商業使用人につき雇用が必要かについては前講で述べたとおり議論がある、第5講2(1)）、代理商は、本人の企業外にあって営業の補助を行う者である。これは、前述した、本人が営業範囲の拡大を意図したときに、自己資本によるよりも、その地の商人に契約高に応じた手数料を支払うこととすれば、営業拡大の費用と時間を節約できる利点があるという説明での当事者の関係を想定すると当然の性質といえる。このように代理商の定義は比較的に明瞭であるが、現実的には代理店などの名称を使用していても、実際上は商業使用人に近い場合もあり得る。裁判例（大判昭和17年5月16日大審院判決全集9輯19号3頁）においては、区別の基準として、手数料か定額報酬か、営業所の所有・営業費の分担関係を挙げたものがある。

また、会社法の代理商規定（会16条以下）との関係であるが、その定義について会社法16条括弧書では、「会社のためにその平常の事業の部類に属

---

5) 鴻・商法総則182頁以下では、代理商の意義として、(1) 特定の商人の補助者であること、(2) 本人との間の継続的な関係の存在が必要であるとしている。これは、明文規定にはないが、不特定多数のために随時媒介を行う仲立人と異なること、1回または数回限りの代理行為を行うにすぎない商行為の代理人とは異なる（基本法76頁）という点から生じていると思われる。

する取引の代理又は媒介をする者で、その会社の使用人でないものをいう。」としている。このため、本人が会社である場合には、会社法の代理商規定が適用されることになり、現実的には会社法の代理商規定の方が問題となる場合が多いのではないかと思われる。

3 代理商に関する特則

本人と代理商との間の権利義務は代理商契約によって定まるが、締約代理契約の法的性質は、法律行為をすることの委託であるから委任（民643条以下）であり、媒介代理契約の法的性質は、法律行為でない業務の委託であるから準委任（民656条）であると解される。このため、原則的には民法の委任に規定される義務を履行すればよいこととなるが、商取引に求められる要請から代理商には若干の特則が規定されている。

(1) 通知義務

民法645条は、受任者による報告義務を規定しており、委任者の請求のあるときか、委任が終了した後は、遅滞なくその経過および結果を報告しなければならないとしている。しかし、それでは迅速な取引を必要とする商取引の目的に合わないので、代理または媒介を行ったときには遅滞なく通知を行う特則を商法27条（会16条）で規定している。商法27条は個別の取引または媒介のたびに通知をさせる点で本人の保護の面が強いが、他方、発信主義がとられており、その不到達や延着についての危険は本人が負担する点では代理商を保護している。なお、本条項は任意規定であると解されており、代理商は月末等に一括して通知するなどの条件で契約することも可能である。

(2) 代理商の競業の禁止

代理商は商人の許可を受けなければ、自己または第三者のためにその商人の営業の部類に属する取引をすることや、その商人の営業と同種の事業を行う会社の取締役、執行役または業務を執行する社員となることはできない旨が規定されている（商28条1項、会17条1項）。

この規定は、代理商が本人の営業に関して知り得た知識や企業秘密を利用

して、本人の利益よりも自己または第三者の利益を優先する恐れがあることから設けられたものとされる[6]。

代理商は本人との委任契約（民643条）または準委任契約（民656条）に基づき善管注意義務（民644条）を負っているが、さらに取締役、執行役、持分会社の業務執行社員と同様の競業避止義務（会356条、365条、419条2項、594条）が課されていることになる。ただし、その範囲については、独立した商人であることから、支配人のように自ら営業を行うこと（商23条1項1号）や会社の取締役、執行役または業務を執行する社員となることができない（同項4号）といった制限はなく、その商人の営業の部類に属する取引をすることと、その商人の営業と同種の事業を行う会社の取締役、執行役または業務を執行する社員となることはできない旨を規定しているだけであり、これら以外の営業を行うことは制限されていない[7]。

また、平成17年改正前商法48条2項は同法41条2項を準用して、競業避止義務に違反した場合には、本人の為に取引したものとみなすことができるとした、いわゆる介入権を認めていたが、現行商法28条2項では、競業避止義務違反によって代理商または第三者が得た利益の額は、商人に生じた損害の額と推定するという損害額の推定規定があるのみである。これは、平成17年改正前商法264条3項、平成17年廃止前有限会社法29条3項に、会社と取締役の関係についての、いわゆる介入権の規定が存在していたが、株式会社または有限会社における介入権の効果は債権的なものであり、会社と取締役との内部関係においてのみ効力を生じ、第三者に対して物権的効力を生ずるものではないとする説が通説・判例（最判昭和24年6月4日民集3巻7号235頁）であることから、その効果は競業行為に関する損害額の推定規定と実質的に変わるものではないという理由で削除されたため[8]、同様の

---

6) 基本法77頁、弥永82頁。
7) 競業の禁止の範囲について、代理人と支配人に違いがあるのは、「代理商は、その職務に専念すべき支配人とは異なり、特定の商人に従属するものではないから、本人の営業に関して知りえた知識などを冒用して本人の犠牲において自己または第三者の利益をはかる行為が防止されれば足りると考えられたからである。」として、競業避止義務の立法趣旨を強調しつつ、支配人の従属性と代理商の独立性を根拠として説明するものとして、森本・商法総則112頁がある。

理由で削除されたものと思われる。

(3) 通知を受ける権限

物品の販売またはその媒介の委託を受けた代理商は、商法 526 条 2 項の通知その他売買に関する通知を受ける権限を有する旨規定している（商 29 条、会 18 条）。代理商（ここでは締約代理商）は、委任された範囲内で代理権を有し、媒介代理商は代理権を有さない（事実行為のみを委託されている）ことが原則となるから、本規定が存在しない場合には、売買の目的物が種類、品質または数量に関して契約の内容に適合しない旨の通知を本人に対して行わなければならなくなる。このため本規定は、取引の相手方保護あるいは便宜と売買取引の迅速化を目的に、代理商が通知を受ける権限を設けているとされる。

この点、商法 29 条に規定されている以外の権限について規定がないことから、それら以外の権限を有するには、本人からの授権が必要と考えられるため、同条において権限の明確化と拡張を主張する見解が古くからある[9]。

(4) 契約の解除

代理商契約は委任契約であるので、民法 651 条 1 項の規定により各当事者がいつでもその解除をすることができるのが原則となるが、商法 30 条 1 項（会 19 条 1 項）では、これに対する特則として、商人および代理商は、契約の期間を定めなかったときは、2 か月前までに予告し、その契約を解除することができると規定している。商法 30 条 1 項が設けられている理由は、代理商関係の常属的性質を考慮したものであるとか、継続性をその性質とするなどと説明されており、両者の継続的取引への期待を保護するものであると考えられる。このため、当該規定は両者の合意によってこの期間を短縮することができる任意規定と解されている[10]（横浜地判昭和 50 年 5 月 28 日判タ 327 号 313 頁）。

---

8) 相澤哲編著『一問一答 新・会社法〔改訂版〕』（商事法務、2009 年）120 頁。
9) 大隅・商法総則 171 頁以下、鴻・商法総則 192 頁。両者とも、特に保険代理商との関係を懸念しているようである。このような見解を指摘するものとして、落合＝大塚＝山下 104 ～ 105 頁。

また、商法30条1項による解除を行った場合には、民法651条2項1号に規定する、当事者の一方が相手方に不利な時期に委任の解除をしたときの賠償義務の規定の適用はされない[11]（東京控判昭和2年5月28日新聞2720号14頁）。商法30条1項が規定する2か月間または両者が合意した期間が存在するため、民法651条2項が保護しようとする一方的な委任契約の解除による損害がないためと考えられる[12]。

　また、やむを得ない事由があるときは、商人および代理商は、いつでもその契約を解除することができる（商30条2項、会19条2項）。

(5) 代理商の留置権

　代理商は、取引の代理または媒介をしたことによって生じた債権の弁済期が到来しているときは、その弁済を受けるまでは、商人のために当該代理商が占有する物または有価証券を留置することができる（商31条、会20条）。代理商は代理商契約に基づいて、本人のために取引の代理または媒介をすることで、手数料、報酬、立替金などの債権を有することになるが、その継続的な取引関係から留置権にも特別の規定を設けている。なお、当該規定は任意規定であると解されており、特約によって排除できるとされる。

　また、商法31条の構造は、民法295条の留置権（民事留置権）と商法521条の商人資格に基づく留置権（商事留置権）の規定が代理商にも当然に適用されるので、民法上の一般原則の上に商人資格に基づく留置権が特則として存在し、さらにその上に代理商の留置権が特則として存在するという形になっている。

　その内容は、まず、民事留置権は、「その物に関して生じた債権」であること（被担保債権と留置物との間に牽連関係があること）が要求されるが、商

---

10) 大隅ほか・判例コンメ・前掲注4) 201頁、基本法78頁以下、鴻・商法総則190頁、服部327頁。
11) 鴻・商法総則191頁、弥永84頁。
12) 幾代＝広中288頁によれば、「たとえば委任者についていえば、受任者から解約されたとき委任者が遅滞なく他人にその事務処理を委任するのが困難な時期などをいう」としており、商法30条1項が規定する期間ないし両者の合意がある場合には、そのような事態は生じないからと考えられる。

事留置権は代理商と本人との間の継続的取引関係があり、その債権と留置物との間にいちいち牽連関係を要求するのでは代理商を十分に保護することができないから、そのような牽連関係があることを必要としない[13]。また、債務者の破産手続開始の時において破産財団に属する財産につき存する民事留置権は、破産財団に対してはその効力を失う（破66条3項）が、商事留置権については、特別の先取特権とみなされて別除権として、その権利の目的である財産について破産手続によらないで、その権利を行使することができる（破66条1項、65条1項）。民事再生手続においても別除権（民再53条1項）とされており、会社更生手続においても更生担保権（会更2条10項、29条、104条〜112条）として、管財人が担保目的物の価額に相当する金銭を裁判所に納付し、当該財産上の担保権を消滅させることができるとされており担保的効力は残る。

さらに、商事留置権と代理商の留置権との関係で特則となるのは、前者には留置する目的物が、「その債務者との間における商行為によって自己の占有に属した債務者の所有する物又は有価証券」という条件があるのに対して、後者にはそのような条件がないという点である。つまり代理商の留置権の場合は、その業務の性質上から、本人からではなく相手方から取得する物もあり、また、本人のために占有するものであっても、まだ本人の所有物になっていないか、あるいは他人の所有に帰した場合もあり、このような場合に代理商を保護するため設けられているとされる[14]。

> 分析編

4　代理商の線引き

(1)　実態が曖昧な場合、商業使用人

すでに解説編でも触れたとおり、たとえば代理店という名称を付していても、代理商とはいえないものや、実情が商業使用人に近い場合など、代理商に当たるのか否か判断が明確でないことがあり得る。

代理商の規定が適用されるには、独立した商人が本人から商行為の代理ま

---

13)　基本法79頁。
14)　基本法79頁、鴻・商法総則189頁、大隅・商法総則170頁以下。

たは媒介を委任されることを要する。このため、代理商となるか否かは理論的には明瞭であり、当事者間の契約内容を確認すればよく、それが明瞭でない場合や契約の条件が内容とかけ離れている場合（たとえば、代理商契約なのに、費用をすべて本人が負担していて、報酬も月額一定額であるなど）には、その実質に従って、前述した裁判例が示す基準からその内容を判断することになる点には賛同できる。

(2) 特約店・フランチャイズ

代理商と内容が近く、日本では代理商制度よりも存在感のある非典型契約として、特約店、フランチャイズがある。ここでは、これらの形態と代理商との違いを簡単に確認して、代理商の特徴を明らかにしてみたい。

まず、特約店とは、商品の生産者・輸入業者・元売業者等が、特約店に対して継続して商品を供給することを約し、特約店はこれを自己の計算で他に販売し、その商品の市場を維持し、拡大することを約する契約であるとされる[15]。

フランチャイズとは、特約店の特殊形態で、特約店（フランチャイジー）は、特定の商標・サービスマーク等を使用することにより同一のイメージの下に営業を行う権利を与えられ、かつその事業経営につき統一的な方法による統制・指導・援助を受け、その見返りとして対価（加盟金、ロイヤルティー等）を支払うものである[16]。

---

[15] 遠藤喜佳＝松田和久『商法総則・商行為法――プチ・コンメンタール〔改訂版〕』（税務経理協会、2015年）68頁。これに加えて、商品供給者である著名な商人の販売チャネルとして系列化された「特約店」と呼ばれる者が少なくなく、特約店と商品供給者との間には、競業避止義務（専属店制）、一手販売権、テリトリー制、販売先指定、商標・サービスマークの使用許諾、販売ノウハウの伝授、信用供与等の事項を含む特約店契約という名の基本契約が、通常締結されることから、その法的地位は代理商に類似する点が多いと指摘するものとして、江頭262頁がある。

[16] 江頭262頁。フランチャイズが特約店の特殊形態か否かについては触れていないが、「フランチャイズ契約」の項目で類似の定義をするものとして、法令用語研究会編『有斐閣法律用語辞典〔第4版〕』（有斐閣、2012年）1010頁。また、フランチャイズ契約の一般的な要素を提示するものとして、小塚荘一郎「フランチャイズ契約論（1）」法協112巻9号1191頁以下（1995年）。

特約店（契約）にしても、フランチャイズ契約にしても、契約当事者は本人の使用人ではなく独立した商人である。しかし、特約店契約の内容の中心は、商品の継続的供給契約であり、代理や媒介ではなく、商品は契約者の一方が買取りの後に転売するという内容で、消費者との契約関係は、特約店との単純な売買契約となる。また、フランチャイズ契約についても、契約内容の中心は、商号・商標の利用やノウハウの供給であり、消費者に提供される物やサービスの提供主体（契約相手）は、フランチャイジーである。
　このように、特約店契約とフランチャイズ契約は、代理商契約と根本的な部分で異なるが、代理商を利用するメリットして想定される、営業基盤のない地方で費用をかけずに営業を展開する（あるいは営業網を構築する）という目的を達成するためには、細かい違いはあるものの、特約店契約やフランチャイズ契約でも達成できるわけであり、少なくとも日本においては、このような目的達成のために代理商よりも上記2つの方法の方が活用されているといえる。代理商とこれらの非典型契約との違いは、代理商の場合は手数料制であるが、非典型契約の場合は買取りである点、そしてこれに関連して、消費者との売買関係は、代理商の場合は、本人が直接の当事者となるが、非典型契約の場合は特約店やフランチャイジーが当事者となる点である。これは、本人からすれば商品の在庫を抱えるリスクを負わなくてよいし、本人と契約する相手方（ここでは特約店、フランチャイジー側）からみても手数料制よりもある程度裁量と収益が見込める非典型契約を選択することによるためでないかと思われる[17]。

(3)　諸外国の代理商保護の方向性との差異

　上記のような日本の状況に対して、ヨーロッパ諸国では代理商の活用は活発である。代理商が利用される結果として、代理商契約終了後にも代理商が開拓した顧客が本人と継続して取引をする場合に、代理商契約が続いていれば得られるはずの手数料収入を補償するというような趣旨から、補償請求権を認める国が多い[18]（これを認めないと、本人からすれば、代理商が継続的に取引をしてくれる顧客を見つけてくれば、契約を更新しない方が以後支払う手数料

---

17) 会社コンメ（1）185頁。

を節約できることとなってしまう。また、代理商の側からみても、契約終了間際に長期的に取引を続けてくれそうな顧客を見つけるインセンティブに欠けることとなるという見方もある[19]）。

　また、ドイツにおいては、1980年代後半あたりから、人件費の節減を目的に、形式的には自営業者（代理商）として扱われるが、現実の就業形態からすれば被用者とされるべき、いわゆる仮装自営業者が現れており、これに対しては、ドイツでは労働者概念の拡張の議論がある[20]。しかし、日本においては、前述したように代理商制度が活用されないためか、代理商の保護を手厚くするような改正は今のところなされていない[21]。

5　代理商規定の条文上の位置づけ

　現在の商法において代理商の規定は、商業使用人の規定と並んで、総則編に規定されている。これは、商業使用人と代理商は、特定の商人のためにのみ業務に従事するのに対して、仲立人、問屋、運送取扱人は、広く取引相手を募り、不特定の商人と取引する点に着目した分類である（次頁の図表6-2参照）。

---

18)　各国の状況を概説的に述べるものとして、江頭264〜265頁、小塚荘一郎「事業者間契約の強行法的規律」前田重行ほか編『前田庸先生喜寿記念・企業法の変遷』（有斐閣、2009年）189頁以下、個別に検討するものとして、桑原康行「イタリアにおける代理商契約」成城法学75号41頁（2007年）、山田泰彦「フランスの代理商契約」法学論集50巻143頁（1995年）、山田晟「ドイツ商法における代理商の補償請求権」成蹊法学8号33頁（1975年）。
19)　小塚・前掲注18）190頁。
20)　仮装自営業者の問題状況については、柳屋孝安『現代労働法と労働者概念』（信山社、2005年）270頁以下、立法の経緯については、同「ドイツにおける自営業者に対する労働法、社会保障法上の規整の動向」法と政治51巻2号605頁以下（2000年）、春田吉備彦「保険代理商の労働者性」労働法律旬報1505号16頁以下（2001年）。
21)　洲崎・前掲注2）43頁も、わが国での立法の必要性がどれほどあるのか必ずしも明らかでない点を指摘している。これに対して、近時の裁判例ではこの「特約店契約」を将来的に終了させる更新拒絶や一方的な解約について制限しようとする傾向があることから、代理商契約の解消に関する解釈運用にも何らかの影響があると解する余地もあり得るとする見解もある（会社コンメ（1）194頁）。

[図表 6-2]

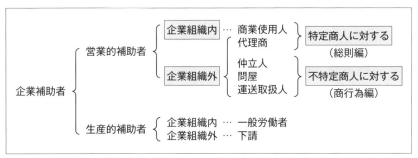

* 清水新「代理商」綜合法学 5 巻 4 号 73 頁（1962 年）を参考に作成。

　しかし、商法起草当時は、代理商の規定（商業取次人）は仲立人、仲買人、運輸請負人、運輸営業人と並んで規定されていた。その理由は、他人の嘱託によってその業を営み労力および資本を嘱託人のために使用する点では企業組織外にある商人と同じであり、商業使用人の為すことと異なるところはないとはいえ、商業使用人は雇人にすぎず、代理商は独立の営業を行っている点で区別されるという趣旨の説明[22]がされており、代理商の分類を企業組織外のものとして位置づけていたと考えられる。しかし、明治32年の新商法において、代理商は商業使用人と並んで第一編総則の中に規定されることとなった。この理由としては、代理商は一定の商人の営業機関であり、一定の商人のためにその営業の部類に属する商行為の代理もしくは媒介を為す者であるから、企業組織外にある商人と同一に論ずることはできない。独立の商人である点から観察すると商業使用人とは異なるが、その性質は大いに類似している。このため、いくつかの立法では、支配人に関する規定を代理商に適用することとしている。したがって商業使用人の規定の後に代理商の規定を置いているという趣旨の説明[23]をするものがある。また、代理商の地位に関して多少の物議があるが、代理商が行う営業は、商行為の代理または媒介であるから、企業組織外にある商人と同じく商行為に規定するべきとしても間違いではないが、代理商の営業は外観上ほとんど本人の営業に埋没し

---

22) ロエスレル683頁。
23) 丸山長渡『改正商法要義（上巻）』（同文館＝濟美館、1899年）56頁。

ているだけでなく、これに関する規定もほとんど本人との関係のものである。このため使用人と異なるのは自己の営業の為にするのと同時に本人のために動作するという点にあるだけである。それゆえ、これを一種の商行為もしくは営業という点から規定するよりはむしろ本人の営業を補助する点から規定する方が妥当であるという趣旨の見解[24]もあり、当時においても、企業内・外に着目するのか、取引相手が一定・不定であることに着目するのかで規定すべき場所において議論があったようである。

現代の日本においても、代理商を企業内・外からの分類に注目して、商行為法で規制するのが整合的であるという見解や[25]、代理商規定の置き場所について言及するものがある[26]。また、ドイツにおいても古くから代理商規定の位置づけについて学説の対立が存在する[27]。

しかし、代理商規定の位置づけに関する議論は、代理商をどちらの側面から見て整理する方がよりよいかという問題だけにあるようであり、実質的にはどちらにあっても当事者への影響はないように思われる。私見としては、特約店やフランチャイズが発達している日本の現状から見れば、企業内・外の側面からとらえる方が理解しやすいように思われるが、他方、代理商制度が積極的に活用され、その地位が労働者的な地位に近づく場合もあり得るヨーロッパ諸国の現状からは特定の商人との継続的取引の有無に着目した整理の方が説得的であるといえ、結局は制度の利用形態に依存するのではないかと思われる。

6 代理商規定の将来

前述したように、日本においては代理商制度の利用よりも特約店、フランチャイズが多く利用されている。これは日本に代理商が定着していなかったという背景と、大資本のもとで開発された統一的サービスや商品の方が好ま

---

[24] 志田鉀太郎『志田氏商法要義（巻之壱）』（和仏法律学校、1899年）213頁以下。
[25] 森本・商行為法103頁。
[26] 洲崎・前掲注2）41頁。
[27] 藤田祥子「ドイツ商法における代理商規定の位置付け」奥島孝康先生古稀記念論文集編集委員会編『現代企業法学の理論と動態——奥島孝康先生古稀記念論文集　第1巻《下篇》（成文堂、2011年）789頁以下。

れることが一因のように感じられる。

　このような社会的な背景やニーズの違いから、日本においては、従来から代理商制度が定着している特定の分野を除いては、自由に契約条件を設定できる非典型契約の方が今後も活用されていくのではないかと思われる。

（長畑周史）

第7講　商業帳簿

1　はじめに

　商法19条において、商業帳簿についての規定が置かれている。

　平成17年改正前商法における商業帳簿の規定は商人一般を対象としていたが、商業帳簿について定めている商法19条は会社および外国会社を除く商人のみに適用される（商11条1項、商則2条1号）。平成17年改正前商法32条1項では、「営業上ノ財産及損益ノ状況ヲ明カニスル為」とされていたため、商業帳簿とは、商人が営業上の財産および損益の状況を明らかにするために作成すべき帳簿であると表現されてきたが、商法19条2項では、「営業のために使用する財産」について作成するものとしている。何が商業帳簿にあたるのかについて、平成17年改正前商法において争いがあったこともあり、商法19条2項では商業帳簿は会計帳簿および貸借対照表をいうとし、会社法においては、商業帳簿という語は使われていない。したがって、商業帳簿とは、会社および外国会社を除く商人（以下、個人商人という）がその営業のために使用する財産について、適時に正確に作成しなければならない帳簿であり、会計帳簿と貸借対照表をさす（商19条2項）ということができる。作成に関する規定は、会計処理の変化に対応できるように、法務省令に委ねられている。

解説編

2　商業帳簿の沿革

　商業帳簿の源はギリシャに発しており、商人がその営業上の出来事を帳簿に記載したという慣習は、中世紀の終わり頃からであるが、日付順というのではなく、備忘録的なものであった[1]。勘定科目の形成によって、秩序的に帳簿を記入したのはローマ人であり、14世紀になるとイタリア半島におけ

る商人が複式簿記を採用するようになり、アラビア数字の発明発達に伴って、その記帳組織が大いに進歩し、その後、1673年のルイ14世の商事勅令が1807年のナポレオン商法典に継承され、フランス商法の基礎となり、1861年のドイツ旧商法の母法となった[2]。

　商業帳簿は、初めは単なる商人の営業上の出来事に対する記憶の補助というが如き使命の下に生まれたものであるが、後に至っては、商人の営業上の利益の計算を示す方法として使用され、さらに商人と取引する第三者保護という法的使命までも有するようになったのである[3]。

　企業が個人商人から会社、特に株式会社に移行するとき、この制度は単なる商人のための個人的便宜制度にとどまらず、株主、債権者のために商人の営業の信用状態を明らかにするための制度としての性格を具有することとなった[4]。商業帳簿制度は株式会社の出現とともに、法律上の制度となったのである[5]。

3　企業形態と法規制

　このように、商業帳簿は、商人自身の経営判断のための資料にとどまらず、出資者や債権者の保護を目的とし、さらに、国は租税[6]を課する際の資料にもなるため、商人の自由に委ねず、法的に規制する必要性がある。その規制は企業形態・規模により、異なることになる。

　個人商人に、その営業のために使用する財産について、作成を義務づけているのは、商業帳簿として会計帳簿と貸借対照表である[7]。合名会社と合資会社には、会計帳簿と貸借対照表を作成する義務を定め（会615条1項、617条1項）、任意で損益計算書、社員資本等変動計算書または個別注記表を会社計算規則第2編の規定に従い作成すると定めた場合は、計算書類とし

---

1) 長場228頁。
2) 田中誠・総則293頁、294頁。
3) 長場230頁。
4) 石井＝鴻・商法総則138頁。
5) 石井＝鴻・商法総則139頁。
6) 会計制度には、商法・会社法会計、金融商品取引法会計、法人税法会計があり、トライアングル体制と呼ばれている。分析編において検討する。

て作成する義務が生じる（会615条1項、617条2項[8]、会計71条1項1号）。合同会社は、会計帳簿、貸借対照表、損益計算書、社員資本等変動計算書および個別注記表の作成が義務づけられている（会615条1項、617条2項、会計71条1項2号）。株式会社は会計帳簿、貸借対照表、損益計算書、株主資本等変動計算書、個別注記表およびこれらの附属明細書（会432条1項、435条2項[9]、会計59条1項）の作成が義務づけられている。株式会社は貸借対照表またはその要旨（大会社においては貸借対照表および損益計算書またはその要旨）を公告しなければならない（会440条1項・2項）。大会社（会2条6号）には会計監査人による監査が強制されている（会328条1項・2項）。

　個人商人における商業帳簿の目的には、まず、個人財産と営業用財産の峻別が挙げられる。営業上の債権者に対して個人の財産をもって責任を負うことになるが、営業上の債権者の利益を考慮したうえでの作成義務が課されている。商業帳簿の作成・保存・提出義務に違反した場合であっても、商法上の制裁はないが、破産した場合には、債権者を害する目的による商業帳簿の隠滅・偽造・変造は一定の刑罰が科せられる（破270条）。会社の場合は、過料の制裁がある（会976条7号・8号）。

　商業帳簿に対する立法はさまざまであり、干渉主義、放任主義、折衷主義に分かれるとされるが、わが商法は、帳簿の作成は義務づけるが、その形式には別段干渉しないことを基本とする折衷主義をとっている。

---

7) 昭和48年3月20日に国会提出された法律案では32条1項において、商人すべてに損益計算書の作成義務を課していたが（「商法の一部を改正する法律案新旧対照表」商事法務625号9頁（1973年））、最終的に削除され、「会計帳簿の作成について零細な商人に複式簿記を強制しないよう行政指導すること」という附帯決議がなされた（「商法の一部を改正する法律案、株式会社の監査等に関する商法の特例に関する法律案及び商法の一部を改正する法律等の施行に伴う関係法律の整理等に関する法律案に対する附帯決議（7月3日衆議院本会議）」商事法務636号19頁（1973年））。商法が損益計算書の作成を義務づけていないのはこの経緯に基づくとする説（弥永・コンメ計規商施規5頁）と貸借対照表によっても期間収益力を表示できるためであるとする説（落合＝大塚＝山下73頁）がある。
8) 会社法617条2項では、持分会社の「財産の状況」を示すために必要かつ適切なものとしている。
9) 会社法435条2項では、株式会社の「財産及び損益の状況」を示すために必要かつ適当なものとしている。

4　商業帳簿の意義と種類

　商業帳簿とは、個人商人が、その営業のために使用する財産について適時に正確に作成しなければならない帳簿であり、会計帳簿と貸借対照表をいう（商19条2項）。適時にとあるので、納税申告時にまとめて記載することは認められない。正確に作成するのは当然である。小商人には商業帳簿の作成義務はない（商7条）。商法上作成を求められているものであるので、商人が任意に作成するものは商業帳簿ではない。たとえば、個人商人が作成する損益計算書は、商業帳簿ではない[10]。商業帳簿の範囲について、商業帳簿には法律上の一定の効果（保存義務・提出義務等）が付されているので、その範囲を拡張するような解釈は許されないからである[11]。一方で、商業帳簿とは何かという問題は商業帳簿の作成目的いかんという視点から検討されるべきであって、作成義務の有無のみを根拠にすべきではないとする立場もある[12]。この立場に立てば、個人商人等が任意に損益計算書を作成する場合も商業帳簿と解することとなる[13]。平成17年改正商法において、商業帳簿に関する規定の文言は簡略化されているが、他方で、基本理念として、一般に公正妥当と認められる会計の慣行に従うべきことを宣明していることとの関連を踏まえて、商業帳簿の意義および範囲が解明されなければならないであろう[14]。

(1)　会計帳簿

　平成17年改正前商法33条1項では会計帳簿に記載する時期と事項を定めていたので、会計帳簿とは、一定の時期における営業上の財産およびその価額、取引その他営業上の財産に影響を及ぼす事項などを整然かつ明瞭に記載した帳簿であるとされていた。営業上の財産に影響を及ぼす事項とは、法律行為に限らず、盗難、火災、風水害による財産の滅失毀損といった事象を含む。簿記会計では、これらを含め取引という。会計帳簿には、請求書や領

---

[10]　基本法55頁、近藤75頁。
[11]　大隅・商法総則213頁、田中誠・総則303頁。
[12]　蓮井＝森79頁、服部353頁。
[13]　蓮井＝森80頁。
[14]　蓮井＝森79頁。

収書で裏付けられる日々の取引の内容を発生順に記載した日記帳（今日ではほとんど利用されていない[15]）、日々の取引の内容を複式簿記の原理に基づいて借方と貸方の両面に整理して勘定と金額を記載した仕訳帳（日記帳と仕訳帳の両者の機能を有する伝票の利用が現在多い）、仕訳帳に記載した取引を資産・負債などの勘定別に転記した総勘定元帳などの主要簿以外に、現金出納帳、預金出納帳、仕入帳、売上帳、手形記入帳等の補助簿も含まれる。単式簿記では日記帳、元帳である。

　総勘定元帳の各勘定口座の中で、資産、負債、純資産に属する勘定残高を集めたものを決算残高勘定といい、これを基礎として貸借対照表が作成される。総勘定元帳における費用、収益に関する各勘定を集めたものを集合損益勘定といい、これを基礎に損益計算書が作成される。

　商法および商法施行規則に会計帳簿の作成時期および記載内容についての規定はない。個々の商人の判断に委ねられている。公正妥当な会計実務慣行が定着してくれば、会計帳簿の範囲は自ずと確定するであろう（商19条1項、商則4条2項）[16]。損益計算書の作成が義務づけられていないことから、複式簿記による記帳・記録が求められているわけではないので、金銭の収支や債権・債務など、一部の項目についてだけ備忘的に記帳・記録する単式簿記でもよい[17]。単式簿記では、概ね、帳簿組織が簡単で記帳の内容も単純であることから、決算を行うためには、企業の所有するすべての資産および負債について実地に調査を行いその結果を一覧表の形にまとめた財産目録を作成することが必要となり、それを要約する形で貸借対照表が作成されるが、この財産目録は、財産の実在を証明する重要な書類であっても、会計帳簿とはいえない[18]。会計帳簿は、書面または電磁的記録をもって作成または保存することができる（商則4条3項）。

15）　大塚＝川島＝中東126頁。
16）　関173頁。
17）　大隅・商法総則221頁、坂本延夫＝中村建＝関英昭＝西川昭編著『新 現代商法総則・商行為法』（嵯峨野書院、2006年）125頁。会計帳簿に基づく貸借対照表の作成を求める現行法の立場からすれば、会計帳簿の内容および記載方法は、複式簿記の理論と実務によるべきとする立場として、蓮井＝森84頁。
18）　畠田公明『商法総則・会社法総則』（中央経済社、2018年）139頁。

(2) 貸借対照表

貸借対照表とは、開業の時および各営業年度の末日における商人の財産状態を明らかにするために、開業時および各営業年度の会計帳簿に基づき資産、負債および純資産を記載したものである（商則7条1項・2項、8条1項）。会社計算規則74条〜76条のような区分を要求しておらず、適当な項目に細分化することができるとし、この場合において、当該各項目については、資産、負債または純資産を示す適当な名称を付さなければならないとする（商則8条2項）。貸借対照表は、一定の時期における商人の財産状態、つまり、営業活動に必要な資金がどこからどれだけ調達され、どのような形で実際に運用されているのかを商人が示す点に特色があるのであるが、個人商人は、資産の部の合計、負債の部の合計および純資産の部の合計の3つの数値だけで財産状態を表すことで足りる[19]。各営業年度に係る貸借対照表の作成に係る期間は、当該営業年度の前営業年度の末日の翌日（当該営業年度の前営業年度がない場合にあっては、開業の日）から当該営業年度の末日までの期間とし、この場合において、当該期間は、1年（営業年度の末日を変更する場合における変更後の最初の営業年度については、1年6か月）を超えることができない（商則7条3項）。貸借対照表の表示の原則として、貸借対照表に係る事項の金額は、一円単位、千円単位または百万円単位をもって表示するものとし、日本語をもって表示するものとする。ただし、その他の言語をもって表示することが不当でない場合は、この限りでない（商則6条）。

[図表7-1] 個人商人の貸借対照表（商則8条1項）

【報告式】　　　　　　　　　　　　　　　　　　　単位千円

科目		金額
資産の部	資産合計	2,000
負債及び純資産の部	負債合計	1,000
	純資産合計	1,000
	負債・純資産合計	2,000

---

19) 弥永・コンメ計規商施規20頁では、資産の部の合計、負債の部の合計および純資産の部の合計の3つの数字だけで表すものは貸借対照表とはよばないと思われるので、その意味ではこの規定は立法論としては問題があると指摘されている。

【勘定式】　　　　　　　　　　　　　　　　　　　　　単位千円

科目	金額	科目	金額
資産の部	2,000	負債の部	1,000
		純資産の部	1,000
資産合計	2,000	負債・純資産合計	2,000

(3) 資産・負債の評価

　会計帳簿に記載すべき資産の価額をどのような基準によって評価するかは、重要な問題である。資産を過大評価すれば、収益力が過大に表示され、逆に過小評価すると、期間損益計算が不正確なものとなる。資産の評価方法には、原価主義（取得原価を基準として評価する）、時価主義（評価時の時価によって評価する）、低下主義（原価と時価を比較して低い方の価額を基準として評価する）、時価以下主義（時価を最高限度として評価する）がある。

　会計帳簿に記載すべき資産については、商法施行規則5条に規定されている。貸借対照表において資産等の区分を要求していないので、資産全体としての規定をしている。

　個人商人の会計帳簿に計上すべき資産については、商法施行規則または商法以外の法令に別段の定めがある場合を除き、その取得価額を付さなければならない。ただし、取得価額を付すことが適切でない資産については、営業年度の末日（営業年度の末日以外の日において評価すべき場合にあっては、その日）における時価または適正な価格を付すことができる（商則5条1項）。これは、企業会計原則第3の5（貸借対照表に記載する資産の価額は、原則として、当該資産の取得原価を基礎として計上しなければならない）によったものである。取得価額を付すことが適切でない資産とは何かについては、「一般に公正妥当と認められる会計の基準その他の会計の慣行」を斟酌すべきこととなる。

　償却すべき資産については、営業年度の末日において、相当の償却をしなければならない（商則5条2項）。償却すべき資産、相当の償却については、「一般に公正妥当と認められる会計の基準その他の会計の慣行」を斟酌すべきこととなる[20]。

次の各号に掲げる資産については、営業年度の末日において当該各号に定める価格を付すべき場合には、当該各号に定める価格を付さなければならない（商則5条3項）。

「一　営業年度の末日における時価がその時の取得原価より著しく低い資産（当該資産の時価がその時の取得原価まで回復すると認められるものを除く。）　営業年度の末日における時価

二　営業年度の末日において予測することができない減損が生じた資産又は減損損失を認識すべき資産　その時の取得原価から相当の減額をした額」

商法施行規則5条3項1号は、平成17年改正前商法34条1号ただし書（流動資産）、商法施行規則5条3項2号の予測することができない減損は平成17年改正前商法34条2号（固定資産）を引き継いだものであるが、資産全体に適用される。商法施行規則5条3項2号の減損損失については、「一般に公正妥当と認められる会計の基準その他の会計の慣行」を斟酌することとなる[21]。

取立不能のおそれのある債権については、営業年度の末日においてその時に取り立てることができないと見込まれる額を控除しなければならない（商則5条4項）。平成17年改正前商法34条3号（金銭債権）を引き継いだものである[22]が、債権すべてに適用がある。取り立てることができないと見込まれる額については、「一般に公正妥当と認められる会計の基準その他の会計の慣行」を斟酌することとなる。

個人商人の会計帳簿に計上すべき負債については、商法施行規則または商法以外の法令に別段の定めがある場合を除き、債務額を付さなければならないが、債務額を付すことが適切でない負債については、時価または適正な価格を付すことができる（商則5条5項）。債務額を付すことが適切でない負債については「一般に公正妥当と認められる会計の基準その他の会計の慣行」を斟酌することとなる[23]。

---

20)　弥永・コンメ計規商施規12頁、13頁。
21)　弥永・コンメ計規商施規14頁、15頁。
22)　弥永・コンメ計規商施規15頁。
23)　弥永・コンメ計規商施規16頁。

のれんは、有償で譲り受けた場合に限り、資産または負債として計上することができる（商則5条6項）。のれんは、商法上は資産に当然あたると考えられており、本項が設けられていなくとも貸借対照表の資産の部に記載することができるが、本項は自家創設あるいは無償取得のれんの計上を資産であるにもかかわらず認めないという趣旨であると解される[24]。

(4) 会計慣行との調整

個人商人の会計は、一般に公正妥当と認められる会計の慣行に従うものとする（商19条1項）。法律や規則が会計処理の細目まで定めることをせず、具体的な処理は会計実務慣行に委ねることによって、法律と会計実務との調和を図った規定である。商法・商法施行規則に規定があるものに限らず、規定がない事項についても会計慣行に従うものとされる。商法施行規則第3章（商業帳簿）の用語の解釈および規定の適用に関しては、一般に公正妥当と認められる会計の基準その他の会計の慣行を斟酌しなければならない（商則4条2項）。

株式会社と持分会社では、「企業会計の慣行」とあるが、個人商人では、「会計の慣行」となっている。公正な会計慣行とは何かに関わる問題となる[25]。

会社法における「一般に公正妥当と認められる企業会計の慣行」は企業会計審議会が公表した企業会計原則、企業会計基準委員会が定めた企業会計基準が主たるものであるが、これらは、上場会社を対象としたものである。平成17年に立法された会社法において、会計参与の制度が導入されたこともあり、日本公認会計士協会、日本税理士連合会、日本商工会議所および企業会計基準委員会により、「中小企業の会計に関する指針」が定められた。さらに、平成24年に中小企業庁、金融庁の「中小企業の会計に関する検討会」が、「中小企業の会計に関する基本要領」を公表し、中小会社の公正な会計慣行を明確化する作業が行われている。

それでは、個人商人に対しての「一般に公正妥当と認められる会計の慣

---

[24] 弥永・コンメ計規商施規16頁。
[25] 大塚＝川島＝中東131頁。

行」とは何か。「一般に公正妥当と認められる企業会計の慣行」よりも広く、たとえば、上記の企業会計審議会が公表した企業会計原則、企業会計基準委員会が開発・公表した企業会計基準あるいは中小企業の会計に関する指針において指示されていない会計処理方法も個人商人にとって「一般に公正妥当と認められる会計の慣行」にあたることは十分に想定できる[26)27)]。

公正妥当であるかどうかは、その慣行が商業帳簿の作成目的に適合しているかどうかで判断する。すなわち、個人商人が営業のために使用する財産を適時に正確に表示するものであるかが問題となる。「会計の慣行」については、「企業会計の慣行」のように、現在すでに行われている事実に限らず慣行となることが確実である新しい合理的な会計処理方法を含むと解するべきである[28)]とは考えることはできず、明文化されていない会計処理については実際に実施されていることが必要であろうし、明文化されているものでも実施されていない会計処理が含まれている場合には実施されることにより慣行となるといえよう[29)]。

5 商業帳簿の保存

商人は、帳簿閉鎖の時、すなわち帳簿の使用を廃止した時から10年間、その商業帳簿およびその営業に関する重要な資料を保存しなければならない（商19条3項）。この義務は、後日、紛争が生じた場合の証拠の保全のために認められたものである。営業に関する重要な資料とは、営業に関する信書や受取書、仲立人日記帳（商547条）、倉荷証券控帳（商602条）等である。この保存義務は商人資格を失っても継続する。

---

26) 弥永・コンメ計規商施規9～10頁。
27) 平成17年廃止前有限会社法における有限会社の貸借対照表が問題となった事件では、企業会計原則は有限会社については何ら法的拘束力を及ぼさないとした（東京高判平成7年9月28日判時1552号128頁、日本コッパース事件）。
28) 弥永・コンメ計規商施規9頁。
29) 江頭憲治郎＝中村直人編『論点体系会社法3 株式会社Ⅲ』（第一法規、2012年）477頁。

6　商業帳簿の提出

裁判所は、申立てによりまたは職権で、訴訟の当事者に対し、商業帳簿の全部または一部の提出を命ずることができる（商19条4項）。民事訴訟法219条では書証の提出は当事者の申立てが必要であり、同法220条では一定の場合には提出を拒むことができるが、商業帳簿では裁判官の職権で提出が命じられ、また提出を拒めない点で、民事訴訟法の特則になる。訴訟は商事に関するものであるかを問わない[30]。裁判所への不提出の効果は一般原則どおりで裁判所は文書の記載に関する相手方の主張を真実と認めることができる（民訴224条1項）。

商業帳簿の証拠力については商法上定められていないので[31]、自由心証主義の一般原則による（大判昭和17年9月8日新聞4799号10頁）。株式会社のように企業会計原則に則って帳簿を作成している場合にはその帳簿の証拠力を高くみてもよいであろうが、個人商人や個人企業の場合には公正なる会計慣行はもっと広いものになるので、すべての商業帳簿に高い証拠力を認められるかどうかが問題となる[32]。

分析編

7　トライアングル体制

会計制度には、その根拠となる法律の違いにより、商法・会社法会計、金融商品取引法会計、法人税法会計があり、トライアングル体制と呼ばれている。それぞれの法の目的が異なるため、会計処理の方法が異なる場合が生じる。商法・会社法会計の歴史は企業会計との調整の歴史であった[33]。昭和37年商法改正まで、商法上、毎決算期に企業が保有する財産の明細（財産目録）を、その時点における財産の価値（解体価値）で表示して作成するこ

---

30)　青竹75頁。
31)　明治23年商法39条1項は商業帳簿に一定の証拠力を認めていた（西山芳喜・百選52頁）。
32)　三枝ほか・論点整理68頁。
33)　稲葉威雄＝尾崎安央編『改正史から読み解く会社法の論点』（中央経済社、2008年）258頁。

とが求められており、資産の評価方法は原則時価以下主義がとられていた。昭和37年商法改正により、損益法による規定が多く新設され、株式会社の貸借対照表、損益計算書、営業報告及び附属明細書に関する規則（昭和38年法務省令第31号）が制定された。昭和49年商法改正では、商業帳簿から財産目録が削除され、評価方法が損益法に転換され、貸借対照表を会計帳簿に基づいて作成する誘導法を導入し、資産評価を原価主義とした。また、公正なる会計慣行の斟酌規定を新設し、商法と証券取引法（筆者注：当時。現金融商品取引法）における会計基準の一致をはかったのである。このように、企業会計原則が企業会計実務において、重要な役割を果たしているが、税法が、実際の企業会計実務に大きな影響を持っている。法人税法74条1項では確定決算主義を採用しており、税法上認められている処理をとるためには会社法上の決算においてその処理方法を採用しておく必要があり、このことから、会社法上の決算の処理方法が逆に税法により拘束をうけることになる[34]。

8　税法基準と公正な会計慣行

　企業会計基準、商法・会社法に定めがない場合、詳細な規定がない場合には、法人税法に基づく確定決算主義の考え方のもとで、課税所得の計算に関する法令等に準拠した会計処理、いわゆる税法基準による会計処理が行われてきた。税法は、商法の目的とは異なり、企業の財産および損益の状況を正確に判断することを必ずしも目的とはしていないのであるから、税法基準が一般に公正妥当と認められる会計（企業会計）の慣行であるか否かは、個別的に検討を加える必要がある[35]。いわゆる税法基準による会計処理が「公正なる会計慣行」にあたるどうかが、問題となった判例として、①大阪地判平成15年10月15日金判1178号19頁、②東京地判平成17年9月21日判タ1205号221頁、③大阪地判平成18年2月23日判時1939号149頁、④最判平成20年7月18日判時2019号10頁[36]、⑤最判平成21年12月7日

---

[34]　浜田道代編『キーワードで読む会社法〔第2版〕』（有斐閣、2006年）164～165頁。
[35]　弥永真生「会計基準の設定と『公正ナル会計慣行』」判時1911号32頁（2006年）。
[36]　①②判例とも、新基準と旧基準（税法基準）があり、どちらが唯一の公正なる会計慣行であるのかが争われた事例であり、ともにそれぞれ民事事件と刑事事件がある。

金法 1891 号 43 頁があるが、いずれも、いわゆる税法基準による会計処理であっても、平成 17 年改正前商法 32 条 2 項の「公正なる会計慣行」にあたるとする。上記判例以後、⑥宇都宮地判平成 23 年 12 月 21 日判時 2140 号 88 頁、⑦大阪地判平成 24 年 6 月 7 日金判 1403 号 30 頁、⑧大阪地判平成 24 年 9 月 28 日判時 2169 号 104 頁、⑨大阪高判平成 26 年 2 月 27 日金判 1441 号 19 頁（⑦の控訴審判決）があり、⑧判決については経営判断原則も加味されている。

　その後、貸倒引当金については、企業会計基準 10 号「金融商品に関する会計基準」が策定され、有価証券報告書提出会社等「金融商品に関する会計基準」が唯一の一般に公正妥当と認められる企業会計の慣行となる会社はそれに従って貸倒引当金を計上する必要があり、その点で、上記判例は、会計基準が整備される前の過渡的状況における事件であったといえる[37]。有価証券報告書提出会社等でない会社に対しては、「金融商品に関する会計基準」が唯一の一般に公正妥当と認められる企業会計の慣行とは必ずしも考えておらず、その場合に、どのように「取立不能見込額」を算出するか、税法基準によることができるかという問題は残っているが、前述の「中小企業の会計に関する指針」は、法人税法の区分に基づいて算定される貸倒引当金繰入限度額が明らかに取立不能見込額にみたない場合を除き、繰入限度額相当額をもって貸倒引当金とすることができるとしている[38]。

　個人商人は税法基準によることが多いが、税法基準が一般に公正妥当と認められる会計の慣行であるか否かについては、個々検討する必要がある。

（岡本智英子）

---

[37]　江頭＝中村・前掲注29）481 頁。
[38]　江頭＝中村・前掲注29）481 頁。

第8講　商業登記

1　はじめに

　商業登記とは、商人に関する取引上重要な事項を公示することにより、反復・継続して行われる企業取引の円滑と確実をはかるとともに、商人をめぐる経済主体間の利害を調整することを目的とした制度である。これによって、商人と取引しようとする一般公衆は登記事項を確認し、商人に関する重要な情報にアクセスすることができる。会社以外の商人に関する商業登記については、商法典第一編総則に規定が設けられており（通則規定として、商8条～10条。実体的規定として、商5条、6条1項、11条2項、15条2項、22条）、他方、会社に関する商業登記については、会社法に規定が設けられている（通則規定として、会907条～910条。実体的規定として、会911条～938条）。

解説編

2　商業登記制度
(1)　商業登記制度

　広く一般公衆を相手として反復・継続して行われる企業取引において、企業取引が円滑かつ安全に行われるためには、企業取引にとって重要と認められる事項を事前に世間一般に知らしめておく必要がある。すなわち、商人と取引関係に入る一般公衆にとっては、取引上重要な事項（企業の基本的組織構造、商人の営業能力、使用人の代理権の内容・範囲等）が明らかになることが要請される。他方、商人としても、取引上重要な事項を公示することにより、自己の信用を確保することが可能となる。

　このような要請に応える特別の公示制度が「商業登記制度」であって、一般公衆の利益と商人の利益の双方のために認められた制度である[1]。商人に

関する事項の公示内容が詳細であればあるほど、商人の信用を維持するとともに、取引の安全にも役立つが、他方で、登記しなければならない事項が広範囲に及ぶと、商人の営業上の秘密が害されるおそれがある。また、商人と取引を行う一般公衆にとっても、商業登記事項が多いほど、当該商人の営業に関して確実な情報を得て安心して取引に入ることができるが、反対に、公示された事項については、それを知らなかったときにも対抗されるという不利益を被る。これらの相反する利益を衡量して、いかなる事項を商業登記事項とするのかは、高度の政策的判断を要する問題である[2]。そのため、商法および会社法は、登記事項を法定するとともに、商業登記の一般的効力について規定している。

(2) **商業登記の歴史**

商業登記制度の起源は、中世イタリアの商人団体員名簿であるといわれる。13世紀頃から、支配人・会社および商号などの特別登記簿が私法目的で使用されるようになった。しかし、近代的な商業登記制度は、18世紀に入ってから主としてドイツ法において整備されたものであって、一般ドイツ商法典(ADHGB)に商業登記に関する一般的な規定が設けられ、ドイツ商法典(HGB)がこれを発展せしめた[3]。わが国の商業登記制度も、主としてドイツにならったものである[4]。

3 商業登記の意義

商業登記とは、商人に関する一定の事項を商業登記簿に記録してなす登記のことをいう(商8条、会907条)。商業登記簿には、商号登記簿・未成年者

---

1) 大隅・商法総則251頁。Victor Ehrenberg, Das Handelsregister, in: Handbuch des gesamten Handelsrechts, Bd. 1, Leipzig 1913, S. 532.
2) 西原・日本商法論279頁、落合=大塚=山下160頁以下。
3) 西原・日本商法論278頁、大隅・商法総則252頁、鴻・商法総則228頁、渋谷光子「商業登記制度の発展」宮脇幸彦ほか編『豊崎光衛先生追悼論文集・無体財産法と商事法の諸問題』(有斐閣、1981年) 652頁以下、東季彦「商業登記ノ歴史」法協33巻8号150頁以下 (1915年)。
4) ロエスレル77頁以下。ロエスレルは、商業登記に関して、一般ドイツ商法典(ADHGB)のほか、スペイン商法も参照している。

登記簿・後見人登記簿・支配人登記簿・株式会社登記簿・合名会社登記簿・合資会社登記簿・合同会社登記簿・外国会社登記簿という9種類がある（商登6条）。これらは登記所（法務局もしくは地方法務局もしくはこれらの支局またはこれらの出張所）に備え置かれている（商登1条の3）。

　商法の規定による登記であっても、たとえば、船舶登記（商686条）のように、商業登記簿以外になされるものは商業登記ではない。各種協同組合の登記や保険相互会社の登記は、商人に関する事項を商業登記簿に記録してするものではないから、商業登記ではない。しかし、これらの登記の実体法上の効力および登記手続に関しては、商業登記と類似した規定が置かれ（農協9条、生協7条等）、会社法および商業登記法の関連規定が多数準用されている（組合等登記令25条、生協92条、保業67条等）。

　商業登記は、法律に特別の定めがある場合を除いて、登記事項である事実・法律関係を公示するという機能を有するにすぎない。これに対して、不動産登記は物権の公示手段と物権変動の対抗要件とされている点で、商業登記とはその役割を異にする。

　企業担保法に基づく企業担保権の登記は、商業登記簿である株式会社登記簿になされる（企業担保法4条）。企業担保は株式会社制度と結合した制度であるので、商業登記に属しているが、これは企業担保権という担保物権設定の効力発生要件として特殊の登記である[5]。

4　商業登記事項

　商業登記に登記すべき事項は、商人に関する取引上重要でありかつ法的に意義のある事項として、商法・会社法その他の法律によって定められている。反対に、商法・会社法その他の法律によって登記事項とされていないものは、登記することができない。これらの事項は、たとえ誤って登記されても、商業登記としての効力を生じない。登記事項は、さまざまな観点から分類される。

---

[5]　鴻・商法総則228頁以下。

(1) 登記事項の分類
　(i) 絶対的登記事項と相対的登記事項
　商業登記事項は、「絶対的登記事項」と「相対的登記事項」に区別される。商人が必ず登記しなければならないものを「絶対的登記事項」といい、登記するか否かが商人の自由であるものを「相対的登記事項」という。個人商人の場合、未成年者または後見人が営業を行う事実（商5条、6条1項）、支配人の選任および代理権の消滅（商22条）が絶対的登記事項であり、他方、商号（商11条2項）は相対的登記事項である。個人商人が絶対的登記事項の登記を怠ったとしても、罰則による制裁があるわけでなく、この場合、登記をしないと善意の第三者に対抗することができない（商9条1項前段）という不利益を被るにすぎない。なお、相対的登記事項といっても、いったん登記した事項に変更または消滅が生じたときは、遅滞なく変更または消滅の登記をしなければならず（商10条、会909条）、その意味で絶対的登記事項となる。会社の場合には、会社法911条以下に多くの商業登記事項が定められているが、商業登記事項のほとんどが絶対的登記事項であり、会社法に定める登記を怠ると、取締役等の一定の責任者に対して過料の制裁が科せられる（会976条1号）。

　(ii) 設定的登記事項と免責的登記事項
　また、商業登記事項は、「設定的登記事項」と「免責的登記事項」に区別される。特定の事実・法律関係の創設に関係する場合が「設定的登記事項」であって、たとえば、商号の選定、支配人の選任、会社の設立、代表取締役・代表執行役の就任等がこれにあたる。これに対して、法律関係の免責を生じさせる場合が「免責的登記事項」であって、たとえば、支配人の退任、代表取締役・代表執行役の退任等がこれにあたる。しかし、設定的登記事項と免責的登記事項はお互いに排斥しあうものではなく、1つの登記事項が設定的である場合もあれば、同時に免責的である場合もある。現行商法のもとでは、商号の変更（商11条2項、10条、会911条3項2号、912条2号、913条2号、914条2号、915条1項）がその典型例であって、新しい商号が登記されると、古い商号でした行為については免責的であり、新しい商号でした行為については設定的である。商業登記は、免責的登記事項について、その効用を発揮することが多い。

(2) 登記事項の通則

平成17年改正前商法では、本店所在地において登記すべき事項は、商法に別段の定めがない限り、支店所在地においても登記しなければならないとされていた（平成17年改正前商10条）。しかし、商業登記の電子化に伴い、平成17年改正によって、会社の支店所在地における登記は、原則として、商号、本店の所在場所、支店の所在場所のみとなった（会930条2項、商登48条～50条、95条、111条、118条）。

登記事項に変更または消滅が生じたときは、その事項が相対的登記事項であっても、当事者は、遅滞なく、その変更または消滅を登記しなければならない（商10条、会909条）。もっとも、遅滞した登記の申請であっても、登記官はこれを却下することができない。

5 商業登記の手続

(1) 商業登記法・商業登記規則

わが国の商業登記制度の創設[6]は、旧商法の制定、ひいてはロエスレル商法草案に遡る。旧商法は、明治24年1月1日施行の予定であったが、法典論争に巻き込まれて、その施行が延期された。明治26年法律第9号によって同年7月1日から、旧商法中第1編第2章の商業登記簿に関する規定が会社について施行された。

その後、明治32年3月9日に新商法が公布され、同年6月16日に施行された。新商法では、商業登記の手続に関する規定は置かれておらず、商業登記の公示力を中心とする実体規定を整備した。商業登記に関する手続は、非訟事件手続法（明治31年法律第14号）に定められ、商業登記取扱手続（明治32年司法省令第13号）が制定された。ここに現行の商業登記制度の基礎が築かれた[7]。

その後、家事審判法施行法（昭和22年法律第153号）により、非訟事件手

---

6) わが国における商業登記制度の立法の沿革については、筧康生＝神崎満治郎＝立花宣男編集代表『全訂詳解商業登記 上巻』（金融財政事情研究会、2011年）7頁以下。
7) 明治32年商法第9条は「本法ノ規定ニ依リ登記スヘキ事項ハ当事者ノ請求ニ因リ其営業所ノ裁判所ニ備ヘタル商業登記簿ニ之ヲ登記ス」と規定しており、もともと商業登記は裁判所の管轄下にあった。

統法が改正され、商業登記の事務は、裁判所の手を離れ、司法事務局またはその出張所が所掌した。法務局及び地方法務局設置に伴う関係法律の整理等に関する法律（昭和24年法律第137号）により、非訟事件手続法の一部が改正され、法務局もしくは地方法務局またはその支局もしくは出張所が商業登記の事務をつかさどることになった。

　昭和38年には商業登記法（昭和38年法律第125号）が成立し、これに伴い、商業登記規則（昭和39年法務省令第23号）が新たに制定され、他方、非訟事件手続法中の商業登記に関する規定が削除され、旧商業登記規則（昭和26年法務省令第112号）は廃止された。

　現在、商業登記の手続については、商業登記法および商業登記規則がこれを詳細に規定している。

(2) **登記の申請・管轄**

　商業登記は、原則として、当事者の申請によって行われる（商8条、10条、会907条、909条、商登14条、36条1項、41条）。会社の登記については、その代表者（代表者が法人である場合にはその職務を行うべき者）が会社を代表して登記の申請をする（商登17条2項1号参照）。代理人による申請も認められている（商登17条2項2号、18条）。登記の申請は、書面（申込書）でしなければならない（商登17条1項）[8]。

　ただし、当事者申請主義の例外として、登記事項が裁判によって生じた場合には、裁判所の嘱託によって登記がなされることがある（商登14条、15条）。たとえば、会社設立無効の登記・登記事項に関する株主総会決議の取消判決等の登記（会937条）、更生会社についての登記（会更258条、259条）、会社の破産手続に関する登記（破257条）等がこれにあたる。休眠会社の解散の登記（会472条1項本文、商登72条）のように、登記官が職権で行う場合がある。商号の廃止または変更があった場合の商号の登記の抹消のように、利害関係人の請求による場合もある（商登33条）。

---

[8] 登記の申請は、管轄登記所に出頭してする方法、管轄登記所に申請書を郵送してする方法、管轄登記所がオンライン指定庁である場合にはオンライン申請（商登規101条〜108条参照）による方法のいずれで行ってもよい。

登記事務は、当事者の営業所所在地を管轄する登記所がつかさどる（商登1条の3）。登記所における事務は、登記所に勤務する法務事務官のうちから法務局または地方法務局の長が指定する者が登記官としてこれを取り扱う（商登4条）。

(3) 登記官の審査権

　登記の申請があった場合に、登記官は、それが適法になされたのか否かを審査して、それを受理するのか否かを決定することを要する。そして、登記の申請が不備であると判断するときは、登記官は、理由を付した決定で、登記の申請を却下しなければならない（商登24条）。

　登記の申請があった場合に、登記官がどの程度まで審査権を有するのかという点につき、学説上、形式的審査主義と実質的審査主義の対立がある。すなわち、形式的審査主義は、申請の形式上の適法性（申請事項が登記事項であるか、登記所の管轄に属するか、申請書および添付書類が法定の形式を具備するか等）について、登記官は審査の職務と権限を有するとする。これに対して、実質的審査主義は、それを超えて、申請事項の実体的真実についても、登記官は審査の職務と権限を有するとする。商業登記法制定前の非訟事件手続法旧151条は「登記所ハ登記ノ申請カ商法、有限会社法又ハ本章〔筆者注：同法中商業登記の章〕ノ規定ニ適セサルトキハ……之ヲ却下スヘシ」と規定して、その規定が抽象的・概括的であったため、かつては実質的審査主義に立つ学説が有力であった[9]。これに対して、判例は、大審院と最高裁を通じて、一貫して、形式的審査主義をとっている[10]。商業登記法24条は、登記官が申請を却下すべき事由を具体的に列挙して、登記官の審査の範囲を明確にしている。その大部分が形式的事由であることから、現行法は形式的審査主義を採用するものと解される[11]。ただし、問題となるのは、商業登記

---

9) 松本・商法総論215頁、田中耕・商法総則382頁、西原・日本商法論285頁。
10) 大判大正7年11月15日民録24輯2183頁、大判昭和8年7月31日民集12巻1968頁、最判昭和43年12月24日民集22巻13号3334頁、最判昭和61年11月4日集民149号89頁等。
11) 大隅・商法総則259頁、田中誠・総則429頁、鴻・商法総則234頁、服部475頁、米津昭子・争点Ⅰ11頁。

法24条10号が「登記すべき事項につき無効又は取消しの原因があるとき。」を却下事由として挙げている点である。形式的審査主義の立場からは、無効原因について、会社の設立登記の申請書に添付された定款に発起人の署名がない場合や絶対的記載事項の記載がない場合のように、その無効が客観的に明白である場合にだけ登記官は申請を却下すべきであり、登記事項である法律関係の有効無効に解釈上疑義がある場合には、記録官にすぎない登記官は申請を却下すべきではないと解されている。他方、取消原因については、登記すべき事項に取消原因がある場合には、取り消されるまではその事項は法律上有効であるから、登記官は申請を却下すべきではなく、登記したうえで、その取消しがあったならば登記の抹消申請に基づいて抹消すべきものと解されている。

(4) 登記の訂正および抹消

登記に錯誤または遺漏があるときは、当事者は、その登記の更正を申請することができる（商登132条1項）。登記官は、登記に錯誤または遺漏があることを発見したときは、遅滞なく、登記した者にその旨を通知しなければならない（商登133条1項本文）。ただし、その錯誤または遺漏が登記官の過誤によるものであるときは、通知することなく、登記官は、遅滞なく、監督法務局または地方法務局の長の許可を得て、登記の更正をしなければならない（商登133条2項）。

①登記に商業登記法24条1号から3号までもしくは5号に掲げる事由があるとき、または、②登記された事項につき無効原因があるとき（ただし、訴えをもってのみその無効を主張し得る場合を除く）は、当事者は、その登記の抹消を申請することができる（商登134条1項）。登記官は、登記が前記①または②のいずれかに該当することを発見したときは、1月をこえない一定の期間内に書面で異議を述べないときは登記を抹消すべき旨を通知しなければならない（商登135条1項）。登記官は、異議を述べた者がいないとき、または異議を却下したときは、登記を抹消しなければならない（商登137条）。

6　商業登記の公示

　商業登記は、商人に関する一定の事項を公示させ、これにより商人と一般公衆との間の利害調整を目的とする制度であるから、登記事項の公示が不可欠となる。公示方法としては、登記事項について関係人からの請求を待って個別的に情報を提供する方法（受動的公示）と、広く一般に公示しておく方法（一般的公示）が考えられる。

　従来、商業登記の公示は、受動的公示として、登記簿等の閲覧、謄本または抄本の交付、登記事項に変更がないことまたはある事項の登記がないことの証明等の方法によって（平成16年改正前商登10条、11条）、個別的に行われてきた。平成16年商業登記法の改正により、商業登記簿がブック式から電磁ディスク式をもって整備されたことに伴い、何人も、手数料を納付して、登記簿に記録されている事項を証明した書面（登記事項証明書）の交付（商登10条）および登記簿に記録されている事項の概要を記載した書面（記録事項要約書）の交付（商登11条）を請求できることになった。また、「電気通信回線による登記情報の提供に関する法律」に基づくオンライン登記情報提供制度により、利用者が、インターネットを利用して、民事法務協会のウェブサイトから、有料で登記事務がコンピュータ化された登記所（オンライン庁）が保有する登記情報の送信を受けることが可能となった。なお、登記簿の附属書類の閲覧について利害関係のある者は、手数料を納付して、その閲覧を請求することができる（商登11条の2）。

　一般的公示として、平成17年改正前商法は、登記した事項は、登記所において遅滞なくこれを公告（官報に掲載する方法）することを要するものとし、公告と登記とが相違するときは、公告はなかったものとみなすとしていたが（平成17年改正前商11条）、同年の改正によって削除された[12]。官報による公告には公示方法としての実効性が低いことから、官報による公告の復活を望む声は見られなかったが、今後のインターネット技術の発展を踏まえて、商業登記制度の理論的な再構築を検討する必要があろう。

---

12) 戦時中から平成17年まで、公告は当分の間しないものとされ（法務局及び地方法務局設置に伴う関係法律の整理等に関する法律附則9項）、登記のときに登記および公告があったものとみなしていた（同附則10項）。

7　商業登記の効力
(1)　商業登記の一般的効力

　商法9条1項は、「この編の規定により登記すべき事項は、登記の後でなければ、これをもって善意の第三者に対抗することができない。登記の後であっても、第三者が正当な事由によってその登記があることを知らなかったときは、同様とする。」と規定している。これを商業登記の一般的効力という。これは、商人の取引が大量かつ反復・継続して行われ、不特定多数の第三者との間で利害関係が発生することから、商業登記によって商人と第三者との利害関係の調整をはかろうとするものであって、まさに商法9条1項は商業登記制度の本来の目的を明らかにした規定である[13]。会社法908条1項にもこれと同様の規定がある。

　商法9条1項は、商業登記の一般的効力について、登記前の効力と登記後の効力の両方について規定しているので、以下では両者を分けて説明する。

(i)　登記前の効力（消極的公示力・消極的公示原則）

　これは、登記すべき事項である事実や法律関係が発生しているのに、未登記のままである登記事項の対抗の問題である。商法9条1項前段によれば、登記すべき事項は、登記の後でなければ、これをもって善意の第三者に対抗することができない。これを商業登記の「消極的公示力」（negative Publizitätswirkung）または「消極的公示原則」（negatives Publizitätsprinzip）という。登記すべき事項でなければ、原則として、その事実や法律関係をそのまま第三者に主張することができるが、登記すべき事項であれば、登記をしなければ、その事実・法律関係を善意の第三者に対して主張することができない。

---

13)　本条は、新商法（明治32年）12条を平成17年改正により法文の口語化・文言の修正・条数の変更を行ったものであるが、その沿革は旧商法（明治23年）22条、ひいてはロエスレル商法草案22条にまで遡る。本条の沿革および立法趣旨の詳細に関しては、大塚龍児「商業登記（および公告）の対抗力について」江頭憲治郎編『鴻常夫先生還暦記念・八十年代商事法の諸相』（有斐閣、1985年）156頁以下、ロエスレル86頁以下、法典調査会「商法修正案参考書」法務大臣官房司法法制調査部監修『日本近代立法資料叢書21』（商事法務研究会、1985年）7頁以下。

商法9条1項前段にいう「登記すべき事項」については、未登記事項と既登記事項の双方が考えられる。これらのうち、未登記事項については、必ず登記しなければならない絶対登記事項と、登記するか否かは商人の自由に委ねられている相対的登記事項がある。

　商法9条1項前段によれば、登記すべき事項が実体法上存在していても、これを登記しないと、当事者はこれを善意の第三者に対抗することができない。たとえば、終任後の支配人Bが商人Aを代理して第三者Cと取引を行った場合には、当該取引は無権代理であるが、終任の登記をするまでは、商人Aは善意の第三者Cに対して支配人Bの終任を対抗することができず、終任後の支配人Bの代理行為の効果を引き受けなければならない。ここでいう「当事者」とは、登記事項である法律関係の当事者のことである。たとえば、支配人の選任・終任登記については、商人と支配人が当事者に該当し、合名会社の社員の退任登記については、会社、退社員および他の社員が当事者に該当する[14]。第三者の善意は、第三者が法律上利害関係を有するに至った時点、つまり第三者が取引を行った時点を基準として判断される。第三者の「善意」とは、第三者が登記すべき事項の存在を知らないという意味である。善意であれば、重過失を含めて、それが過失に基づくものであったのかどうかは問題とならない。これに対して、悪意の第三者に対しては、登記がなくても、当事者はその事実や法律関係を対抗することができる。第三者が悪意であることの立証責任は、第三者の悪意を主張する者がこれを負担する。

　商業登記の消極的公示力は、上記の支配人終任の場合のように、既登記事項について登記と相違する事実が生じた場合における免責的登記事項について重要な意味を持つ。それに限らず、伝統的通説は、設定的登記事項についても商業登記の消極的公示力が認められると解しているが[15]、設定的登記事項について実際に商法9条1項前段が適用される場面は多くはない。たと

---

[14] 大隅・商法総則267頁以下、田中誠・総則434頁以下、鴻・商法総則241頁。これに対して、支配人・代表取締役は、商業登記の積極的公示力および消極的公示力において登記当事者ではないという見解として、大塚・前掲注13) 183頁以下。

[15] 松本・商法総論223頁、竹田・商法総論301頁、大隅・商法総則271頁、田中誠＝喜多166頁。

えば、商人AがBを支配人として選任したところ、選任登記未了の間に、BがAを代理して第三者Cと取引を行ったという場合を想定すると、商法9条1項前段によれば、Cが善意である限り、AないしBは、BがAの支配人であることを主張することができない。その結果、AはCに対して当該取引に基づいて何の請求もすることができず、他方、CはBに対して無権代理人としての責任を追及することができそうである。しかし、商法9条1項前段により第三者が保護されるためには、第三者は取引時に善意でなければならない。CはBをAの支配人と認識して取引をしており、当該事実についてCは悪意または悪意に準ずる者といえるから、商法9条1項前段の要件を欠く[16]。また、CはBをAの支配人と認識して、Bによる代理行為の効果がAに帰属するものとして取引をしているから、Cは期待した効果を得ており、この場合に、AのCに対する請求を認めたり、Bの無権代理人としての責任を否定しても、Cが不測の不利益を被ることはない[17]。したがって、上記事案は商法9条1項前段が適用されるべき場面ではない[18]。それゆえに、設定的登記事項について商法9条1項前段の適用があるとしても、それは当事者が新たに選任された支配人による契約の解除や債務履行の催告を主張するような場合に限定されよう[19]。

　商法9条1項は、当事者が第三者に対抗することができるかどうかだけを問題としている。したがって、第三者から当事者に対する主張については、商法9条1項の適用は問題とならず、登記がなくても、その事実・法律関係を主張することができる。同様に、当事者間や、第三者相互間でも、

---

16) 関271頁以下。
17) 落合＝大塚＝山下114頁以下。最判昭和35年4月14日民集14巻5号833頁も、会社の商号変更や会社代表者の就任の登記前に新商号や新代表取締役名義で手形行為がなされたという事案において、手形取得者が新代表取締役に対して無権代理人の責任（手8条）を追及することを否定する。
18) 森本151頁、蓮井＝西山84頁。
19) 竹田省「商業登記の効力」竹田・商法理論8頁、松本・商総論228頁、大隅健一郎「商業登記の効力」鈴木竹雄＝大隅健一郎編『商法演習II 総則、商行為、手形・小切手(1)』(有斐閣、1960年) 4頁、田中誠二＝喜多166頁。これに対して、設定的登記事項について商法9条1項前段を適用することに反対する見解として、大塚・前掲注13) 177頁。

商法9条1項の適用は問題とならず、登記がなくても、その事実・法律関係を主張することができる。

(ii) 登記後の効力（積極的公示力・積極的公示原則）

これは、登記すべき事項を登記した後の対抗に関する問題である。すでにみたように、商法9条1項前段は、登記すべき事項は登記後でなければこれをもって善意の第三者に対抗できないと規定しているから、これを反対解釈すると、登記すべき事項は、登記した後であれば、これをもって善意の第三者に対抗することができる。これを商業登記の「積極的公示力」(positive Publizitätswirkung) または「積極的公示原則」(positives Publizitätsprinzip) という。

登記した後は当事者がその事実・法律関係を善意の第三者にも対抗できることの根拠について、伝統的通説は、第三者の悪意が擬制されるからだと説明している[20]。すなわち、この立場によると、登記した後は第三者はその事実を知っていたものとみなされるから、当事者はその事実を第三者に対して主張することができる、というのである。

ただし、上記の例外として、商法9条1項後段によれば、たとえ登記後であっても、当事者が正当な事由によってその登記があることを知らなかったときは、当事者はその事実を第三者に対抗することができない。つまり、これは商業登記の積極的公示力の例外を定めた規定である。商法9条1項後段にいう「正当な事由」とは、災害による交通・通信の途絶、登記簿の滅失など、第三者が登記簿を閲覧することを不可能にする客観的障害のことであり、これに対して、第三者の病気、旅行による不在などの主観的障害はこれに含まれないと解されている[21]。この場合の立証責任については、第三者

---

[20] 悪意擬制説の提唱者たる竹田省博士は、第三者の登記・公告に対する絶対的探知義務を前提とすることにより、第三者の悪意擬制を正当化している。すなわち、登記・公告後は、一般の第三者において登記事項を探知することが必要であり、その探知を行わなかった場合には、第三者の悪意を擬制して、実際には善意であっても、第三者は登記事項の対抗を受ける、というのである。竹田・商法総論312頁以下、297頁、竹田省「商業登記の効力」竹田・商法理論17頁以下。悪意擬制説を支持する見解として、田中耕・商法総則387頁、大隅・商法総則269頁、田中誠・総則434頁、鴻・商法総則241頁。

がこれを負担する。その結果、第三者が、その登記があることを知らなかったこと、および、その点について正当の事由があることを立証しなければならない。

(iii) 商法9条1項の適用範囲

商人の取引は大量かつ反復・継続して行われ、不特定多数の第三者との間で利害関係が発生するので、商人と第三者との利害関係を調整するために、商法9条1項の規定が設けられている。そのため、商法9条1項は、原則として、取引行為にのみ適用される。その結果、たとえば、交通事故のような純粋の不法行為については、商法9条1項を適用する余地はない。しかし、取引行為と密接な関連をもって生じた不法行為や不当利得には商法9条1項の適用があると解されている。

訴訟行為について商法9条1項の適用があるのか否かに関しては、見解の対立がある。学説は訴訟行為に同条を適用することを一般に肯定するが[22]、これに対して、判例は会社代表者を確定する際に同条の適用を否定する[23]。

(2) 不実登記の効力

商業登記は本来既存の事実や法律関係を公示するものであるから、登記の基礎にある事実や法律関係が実体法上存在しなければ、たとえ登記がなされていても、原則として、何の効果も発生しない。たとえば、Bが商人Aの支配人に選任されていないのに支配人選任の登記だけがなされている場合には、Bが商人Aのために何らかの法律行為を行ったとしても、その効果が商人Aに対して帰属することはない。つまり、この場合には、Bは商人Aの無権代理人であるから、Aによる追認がなければ、Bによる無権代理行為の効果が商人Aに対して帰属することにはならない。しかし、このような考え方を貫くと、常に真実の実体関係に従って法律関係が処理されるから、

---

21) 最判昭和52年12月23日判時880号78頁、西原・日本商法論291頁、大隅・商法総論270頁、鴻・商法総則242頁。反対するものとして、ロエスレル87頁、竹田・商法総論317頁、松本・商法総則227頁、大塚・前掲注13) 190頁。

22) 大隅・商法総則272頁、田中誠・総則439頁、鴻・商法総則242頁、服部481頁。

23) 最判昭和43年11月1日民集22巻12号2402頁。

商業登記を信頼した者が不測の損害を被るおそれがあり、第三者は実体関係の真偽を確認したうえで取引をしなければならず、企業取引の簡易迅速化の要請に反するばかりか、商業登記制度の信頼までも失うことになりかねない。そこで、商法9条2項は、「故意又は過失によって不実の事項を登記した者は、その事項が不実であることをもって善意の第三者に対抗することができない。」と規定している。

本規定は、もともと昭和13年商法改正により新設された規定であるが[24]、ドイツ法の権利外観法理または英米法の禁反言の原則に基づいて、不実の登記を信頼した第三者と不実の登記について帰責事由のある当事者との利害の調整をはかったものである。これを「商業登記の公信力」と呼ぶことが多い。会社法908条2項にもこれと同様の規定がある。

登記申請権者に故意または過失がある場合に、商法9条2項が適用される。たとえば、Bが商人Aの支配人に選任されたという事実がないのに、商人Aが故意または過失によって支配人選任の登記をした場合には、商法9条2項の適用がある。故意または過失により不実の登記をした者とは、登記申請権者が申請登記の内容が不実であることを知りながらまたは不実であることを知ることができたのに誤って虚偽の内容の登記を申請した場合である。これに対して、不実の登記が登記申請権者の故意または過失に基づかない場合には、たとえば、登記官の過誤や第三者の虚偽申請に基づく場合には、商法9条2項の適用はない。

上述したように、虚偽の登記が登記申請権者以外の者によってなされた場合には、原則として、商法9条2項は適用されない。ただし、その例外として、登記申請権者が自ら登記申請をしないまでも、何らかの形で不実の登記の出現に加功し、または不実の登記を是正すべき義務がある者がこれを知りながら責めに帰すべき事由によってこれを放置した場合には、商法9条2項が適用ないし類推適用される[25]。

商法9条2項によって保護される善意の第三者とは、登記と事実との不

---

[24] 本規定（平成17年改正前商14条）の立法趣旨については、司法省民事局編『商法中改正法律案理由書（総則会社）』（清水書店、1937年）12頁。
[25] 最判昭和55年9月11日民集34巻5号717頁、大隅・商法総則284頁、田中誠・総則447頁、鴻・商法総則244頁。

一致を知らない第三者のことであり、その際、第三者の過失の有無は問わない。なお、第三者が実際に登記を見て不実の登記を信頼したことが必要であるのか否かについては争いがあり、必要説[26]と不要説[27]が主張されている。

(3) 特殊の効力

商業登記は本来既存の事実や法律関係を公示することを目的としているので、商業登記は、原則として、一般的効力（公示力）を有することになる。これに対して、商法は例外的にある種の登記について公示力以外の効力を認めている。これを商業登記の特殊な効力という。

(i) 創設的効力

商業登記をするによって、新たな法律関係が創設される場合がある。これを商業登記の創設的効力という。会社の設立登記がその典型例であり、本店所在地における設立登記によってはじめて会社が成立する（会49条、579条）。この場合には、会社法908条1項の適用が排除される。設立登記によって、正当事由の有無を問わず、会社の成立をすべての第三者に対して主張することができる。

(ii) 補完的効力

商業登記をすることによって、法律関係に存在する一定の瑕疵を主張することができなくなって、その瑕疵が補完されたのと同様の効果を生ずる場合がある。これを商業登記の補完的効力という。たとえば、設立登記によって株式会社が成立した後は、発起人は、錯誤や詐欺・強迫を理由として、設立時発行株式の引受けの無効や取消しを主張することができない（会51条2項）。この場合には、発起人は株式会社の成立と同時に株主になるので、設立登記によって株式引受けの瑕疵が補完されたのと同様の効果が認められる。

(iii) 付随的効力

商業登記をすることによって、ある行為が許容されたり、または一定の責任が免除される場合がある。これを商業登記の付随的効力という。たとえ

---

26) 鴻・商法総則246頁、落合＝大塚＝山下121頁。
27) 大隅・商法総則284頁、服部488頁、関284頁。なお、この見解のもとでは、権利外観理論に基づく根拠づけは困難であろう。落合＝大塚＝山下121頁。

ば、設立登記によって株式会社が成立すると、株券発行会社では、株券の発行が可能となる（会215条）。合名会社や合資会社の社員は、退任の登記から2年（会612条2項）、解散の登記から5年（会673条1項）を経過すると、その責任を免れることができる。

(iv) その他の効力

商人の商号（ただし、会社の商号を除く）は一定の場合に譲渡することができるが、その譲渡は、登記をしなければ、第三者に対抗することができない（商15条1項・2項）。つまり、商号譲渡の登記には物権変動と同様の対抗力が認められる。

外国会社は、1人以上の日本に住所を有する代表者を選任し（登記事項である。会933条2項2号）、外国会社の登記（会933条）をすると、日本において取引を継続してすることができるようになる（会818条1項）。外国会社の登記をしないで取引を継続してなすと、取引をした者は、相手方に対して、外国会社と連帯して生じた債務を弁済する責任を負う（会818条2項、罰則、会979条2項）。これらの効力は商業登記の強化的効力と呼ばれている。

分析編

8 商業登記の積極的公示力と外観保護規定

商業登記の積極的公示力との関連で検討を要するのが、民商法上の外観保護規定との関係である。すなわち、商業登記の積極的公示力を前提とすれば、たとえば、商人Aが支配人Bについて終任登記をした後に、BがAの支配人としてCとの間で取引を行った場合には、たとえCが善意であっても、Aは当該取引の効果が自分へ帰属することを否定することができそうである。これに対して、商法24条、会社法13条によると、Bが表見支配人に該当する場合には、Cが悪意でないかぎり、Bには支配人と同様の権限があるものとみなされるから、その結果、商人Aは当該取引の効果が自分へ帰属することを認めなければならない。そこで、商業登記の積極的公示力と民商法上の外観保護規定との関係をどのように理解したらよいのかが問題となる。商業登記の積極的公示力との矛盾・抵触が問題となり得る外観保護規定としては、表見支配人に関する商法24条・会社法13条、表見代表取締

役に関する会社法354条[28]等のほか、代理権消滅後の表見代理に関する民法112条1項がある。

(1) 判例

この問題点について、判例は興味深い展開を示している。最判昭和49年3月22日民集28巻2号368頁は、Y会社の代表取締役Aが退任し、その旨の登記がなされた後に、AがY会社の代表取締役名義で振り出した約束手形の所持人Xが、Y会社に対して手形金の支払いを請求した事案において、次のように判示している。

「株式会社の代表取締役の退任及び代表権喪失は、商法188条及び15条によつて登記事項とされているのであるから、前記法の趣旨に鑑みると、これについてはもつぱら商法12条のみが適用され、右の登記後は同条所定の『正当ノ事由』がないかぎり、善意の第三者にも対抗することができるのであって、別に民法112条を適用ないし類推適用する余地はないものと解すべきである。」

これに対して、最判昭和42年4月28日民集21巻3号796頁は、共同代表[29]の定めがあり、その旨も登記されていたY会社が有する鉱泉地共有持分を共同代表取締役の1人であるAが単独でY会社を代表してXに売却し、XがY会社に対してその移転登記を求めた事案において、次のように判示している。

「共同代表の定めがあり、かつ、その旨の登記がある場合において、代表取締役の一人が単独で行なつた法律行為についても、商法262条の規定の類推適用が可能であつて、……原審認定の事実関係のもとでは、会社がその

---

28) これらの外観保護規定は昭和13年改正により新設された規定である。商法24条、会社法13条（平成17年改正前商42条）の立法趣旨については、司法省民事局・前掲注24）26頁。会社法354条（平成17年改正前商262条）の立法趣旨については、奥野健一ほか『株式会社法釈義』（巌松堂、1939年）173頁。

29) 共同代表とは、複数の代表者が共同してのみ会社を代表することができることを認める制度である（平成17年改正前商77条、147条、261条2項、旧有限会社法27条3項）。共同代表の定めがある場合には、共同代表者の1人が単独で代表行為を行っても、原則として、有効な代表行為にはならない。共同代表の制度は、共同支配人制度（平成17年改正前商39条）とともに、平成17年商法改正によって廃止された。

責に任ずべきものと解するのが相当である。」（同旨・最判昭和43年12月24日民集22巻13号3349頁）

　上記最高裁の判例は、商業登記に積極的公示力があることを認めたうえで、代表権の消滅または共同代表の定めによる代表権の制限を登記した場合には、代理権消滅後の表見代理に関する民法112条1項の規定は適用されないが、表見代表取締役に関する平成17年改正前商法262条（会354条）は適用されるとして、一見すると矛盾するような結論を採用しているものと解される。

(2) 学説

　伝統的通説は、商法9条1項の解釈として、商業登記の積極的公示力によって第三者の悪意が擬制されると理解してきた[30]。しかし、登記義務者が登記すると、商業登記の積極的公示力によって、正当の事由がない限り、第三者は悪意者として扱われるから、伝統的通説のもとでは、実際には第三者が善意であったとしても、表見代理・表見支配人・表見代表取締役等の民商法上の外観保護規定によってその信頼が保護される余地がなくなり、善意の第三者が酷な結果を強いられることになる。そのため、学説では、(i)悪意擬制という伝統的通説の説明を維持しながらも、その不都合を回避する「例外説」、(ii)商業登記の積極的公示力を否定する「異次元説」、(iii)商法9条1項後段等の正当事由を弾力的に解釈する「正当事由弾力化説」が主張されている。

(i) 例外説

　この見解によれば、商業登記の積極的公示力を認めたうえで、表見支配人・表見代表取締役などの商法・会社法上の外観保護規定をもって商業登記の積極的公示力の例外を定めたものと理解するが[31]、他方、民法上の表見代理についてはその例外と認めない。例外説は、このような結論を法の適用に

---

[30] 竹田・商法総論297頁、竹田省「商業登記の効力」竹田・商法理論18頁、田中耕・商法総則387頁、大隅・商法総則269頁、田中誠・総則434頁、鴻・商法総則241頁。

[31] 龍田節「判批」民商57巻5号154頁（1968年）、関280頁、河本467頁、北沢407頁、前田庸『会社法入門〔第12版〕』（有斐閣、2009年）482頁。

関する一般原則に従って根拠づけている。すなわち、民法と商法、会社法は一般法と特別法の関係にあるから、商法9条1項等により民法112条1項の適用が排除される。これに対して、商法24条・会社法354条等と商法9条1項等との関係は、商法・会社法中の規定の優劣の問題であるから、「後法が前法に優先する」との原則に従って、商法24条、会社法354条等が優先して適用される[32]。

(ii) **異次元説**

この見解によれば、商業登記制度は取引安全の確保のために取引上重要な企業内容の公示義務を特に商人に課すものであり、これはもっぱら取引相手または公衆の利益保護を目的とする制度であって、商人の利益保護はその目的ではないと理解する[33]。すなわち、非登記事項であれば、原則として、善意の第三者にも事実をもって対抗することができる。しかし、商法9条は、登記事項は登記がなされない限り事実をもって第三者に対抗することができない規定として、登記義務者を通常よりも不利に扱う。登記後は、登記事項の対抗力を非登記事項の対抗力とほぼ同じに復帰させる。つまり、商法9条は、未登記の登記義務者を不利に扱うことで、登記義務が励行され登記制度が機能することをねらいとするものであって、登記済の登記義務者に対して第三者の悪意を常に主張する利益を与えるものではない。これに対して、会社法354条・民法112条1項等の外観保護規定は、それらの規定がなければ当事者は事実をもって対抗できることを前提とする。したがって、代表取締役の解任登記により原則に復帰して、会社が広く第三者に対抗できる場合であっても、さらに会社法354条、民法112条1項等の適用が可能であることに理論的な障害は存在しない。要するに、商法9条は公示主義に基づく規定であって、外観保護規定とは次元を異にする。

(iii) **正当事由弾力化説**

この見解は、商法24条、会社法354条等の外観保護規定は、商法9条1

---

[32] その実質的な理由として、取引にあたりいちいち登記簿を調査する煩雑さが耐え難くなり、登記の存否を絶対視することが取引の実情に照らし適当でないとの認識が表見代理制度・表見支配人制度の基礎にあることが挙げられる（龍田・前掲注31）153頁）。

[33] 浜田道代「商業登記制度と外観信頼保護規定（1）(2)(3)」民商80巻6号1頁以下、81巻1号72頁以下、81巻2号1頁以下（1979年）、大塚＝川島＝中東109頁以下。

項後段、会社法908条1項後段でいう「正当な事由」に該当すると理解する立場である[34]。すなわち、この見解は商業登記制度を外観主義の一表現としてとらえているが、その基本的な発想は異次元説と同様であって、登記前は制限されている事実・法律関係の対抗力が登記という外観が加わることで本来の対抗力を取り戻す。他方、外観保護規定との関係では、どちらの外観を優先するかの問題であり、商法24条、会社法354条等は商法、会社法が認めた例外であるから、これらの外観保護規定が登記に優先し、これらの規定は商法9条1項後段・会社法908条1項後段でいう「正当な事由」に該当する。

(3) **検討**

まず、(i)例外説に対しては、以下の点に疑問がある。商法9条1項は、商業登記の積極的公示力によって第三者の悪意を擬制するとは一言も述べていない。悪意擬制説を前提とする例外説は、登記に対する第三者の絶対的探知義務のもと、第三者の悪意擬制が及ぶ範囲を不当に拡大して解釈している。すなわち、Aの支配人登記がある場合に、Bに支配権がないことについての第三者の悪意が擬制されるというのが例外説であるが、これは商業登記の積極的公示力を「登記された事項」から「登記簿を見ればわかる事項」（Bに支配権がないこと）にまで拡大しすぎた結果である[35]。例外説によれば、商業登記の積極的公示力と民商法上の外観保護規定との矛盾・抵触について分析的な検討を経ることなく、法の適用に関する一般原則に従って両者の矛盾・抵触が解決される。つまり、例外説は、抽象的な論理のみから結論が演繹的に導き出される危険性を含んでおり、法律構成として妥当であるとは言いがたい[36]。

続いて、(ii)異次元説に対しては、その理解が商法9条1項の規定と調和しないという批判が可能である。商法9条1項後段は、第三者に正当な事由があるときは登記の後であっても当事者は登記事項を対抗することができ

---

[34] 服部485頁以下。
[35] 大塚・前掲注13) 216頁。
[36] 落合誠一「商業登記の効力」法教287号43頁（2004年）。

ない旨を規定しているが、この規定は「正当の事由がない場合には第三者の善意・悪意を問わずに当事者は登記事項を対抗できる」という商業登記の積極的公示力を前提としないと理解できない[37]。商法9条1項が商業登記の推奨だけを定めていると理解することは、現行法が相対的登記事項についても商業登記の積極的公示力を認めていることと相容れない[38]。異次元説は、商法9条1項が「登記の奨励」をアメ（積極的公示力）とムチ（消極的公示力）の手段で行っていることを見過しており[39]、商業登記の制度趣旨の理解として問題がある。立法論としても、取引上重要な事実を公示させることだけを目的として、登記をした商人の利益保護に直接には結び付かない商業登記制度を設けることの意義が乏しい[40]。

最後に、(iii)正当事由弾力説に対しては、次の批判が可能であろう。商法9条1項後段の「正当な事由」を弾力的に解釈する場合には、正当事由の範囲が拡大され、その限界をどこに置くのかが必ずしも明らかではない。この見解は、公示主義の最たる表現である商業登記制度を外観主義の一表現としてとらえているが、公示主義は企業取引にとって重要である事実の存否を世間一般に知らしめることを要求するものであって、公示主義と外観主義とはそれぞれ別個の目的と内容を有する原則であるから、商業登記制度を外観主義に包摂することはできない[41]。正当事由弾力説は、商業登記の積極的公示力と民商法上の外観保護規定がいかなる場合に矛盾・抵触するのかを分析することなく、商法24条、会社法354条等の名称付与の外観が登記に優先するという価値判断を先行させて、両者の矛盾・抵触を解決しようとする点に問題があり、結果的に例外説の説明の仕方を変えただけにすぎないものになっている[42]。

37) 関280頁。
38) 森本・商法総則156頁。
39) 落合＝大塚＝山下118頁。
40) 蓮井＝西山88頁。
41) 浜田・前掲注33) (3) 14頁以下。
42) 大塚・前掲注13) 218頁。

(4) 商業登記の積極的公示力と外観保護規定との関係

　上記3つの学説のいずれにも賛成できないとすると、商業登記の積極的公示力と民商法上の外観保護規定との関係はどのように理解されるべきであろうか。この点に関しては、商業登記の積極的公示力が及ぶ範囲を的確に分析することで、いかなる場合に両者が矛盾・抵触するのかが自ずと明らかとなる。すなわち、ここでは支配人・代表者の選任・就任登記を例にして説明すると、登記すべき者は、商業登記を通じて、登記された者Aが支配権・代表権を有することを主張することができるだけであって、他方、登記されていない者Bに支配権・代表権がないことを主張できるわけではない[43]。これが商業登記の積極的公示力と呼ばれるものであって、要するに、商業登記の積極的公示力は、登記された事項に限定され、登記簿を見ればわかる事項には及ばない。その結果として、登記された支配人・代表者以外の者Bに代理権を与えた旨を第三者に表示した場合には、商業登記の積極的公示力と矛盾・抵触することなく、民法109条1項の代理権授与の表示による表見代理が成立する。そして、民法109条1項とその理論的基礎を同じくする商法24条・会社法354条等の外観保護規定は商業登記の積極的公示力と矛盾・抵触しないから、これらの規定が商法9条1項後段等の特別規定であると理解する必要はない[44]。

　このように分析すると、商業登記の積極的公示力と民商法上の外観保護規定は必ずしも一律に矛盾・抵触しているわけではないことが明らかとなる。現行法のもとで両者の間に矛盾・抵触が生じるのは、Aが支配人・代表者に選任されかつ選任・就任登記がなされた後に、辞任または解任されかつ終任・退任登記もなされたが、その後、Aが従前どおり支配人・代表者として第三者と取引をした場合に限定される[45]。支配権・代表権の消滅の登記がな

---

43) 落合＝大塚＝山下117頁以下。
44) 落合＝大塚＝山下118頁。本文でも述べたように、商法24条、会社法354条等の外観保護規定は商業登記の積極的公示力と矛盾・抵触しないから、たとえば、Aが商人Cの支配人を辞任または退任し、かつAの支配権の消滅の登記がなされた後に、商人Cが新たに使用人Aに対して商法24条所定の名称を付し、使用人Aがその名称を用いて第三者と取引をした場合には、商法24条に基づいて、商人Cは善意・無重過失の第三者に対して責任を負うことになる。

された場合には、登記をした者は、商業登記の積極的公示力に基づいて、旧支配人・旧代表者に支配権・代表権がないという事実を、第三者に「正当な事由」がある場合を除いて、登記があることを知らない第三者に対して主張することができる。そして、それが真実である以上、裁判所もそのような事実認定をせざるを得ないから、その際、民法112条1項を適用ないし類推適用する余地はないことになる[46]。このような商業登記の積極的公示力と民法112条1項との関係については、実質的に考えても、支配権・代表権の消滅の登記がなされているにもかかわらず、民法112条1項の適用があるとすれば、商人としては、支配権・代表権の消滅を潜在的な取引の相手方に対して個別的に通知する措置をとらなければならないことになる。しかし、包括的・定型的な代理権・代表権を有して多数の者と大量継続的な取引を行なう支配人・代表取締役等の退任に際して、そのような個別的な措置が要求されていると考えることには解釈論として無理がある[47]。したがって、支配人・代表者の退任登記をすれば、商業登記の積極的公示力によって民法112条1項の適用が排除されるという結論は決して不合理なものではない[48]。

以上の検討から明らかとなるように、商業登記の積極的公示力は、民法109条1項または同条を基礎とする外観保護規定（商24条・会354条等）と矛盾・抵触することはなく、まさに民法112条1項の適用ないし類推適用を排除するために法定されているものと考えることができる[49]。

なお、権限踰越型の表見代理について、商法・会社法は、代理権・代表権は無制限であって、代理権・代表権に加えた制限は善意の第三者に対抗する

---

45) なお、平成17年改正前商法のもとでは、共同支配・共同代表の登記があるのに単独代表が行われた場合も商業登記の積極的公示力と外観保護規定との矛盾・抵触が生ずる場合に含まれていた。しかし、平成17年の商法改正により共同支配・共同代表とその登記制度が廃止されたから、現行法のもとでは、このような矛盾・抵触の問題は生じない。
46) 落合＝大塚＝山下118頁、前掲・最判昭和49年3月22日。
47) 森本・商法総則154頁、関282頁。
48) 森本・商法総則154頁、関282頁。
49) 落合＝大塚＝山下119頁。このような理解は前記2つの最高裁の判例（前掲・最判昭和49年3月22日、前掲・最判昭和42年4月28日）の結論とも一致する。

ことができない旨を規定しているから(商6条2項、21条3項、25条2項、会11条3項、349条5項、420条3項、483条6項、599条5項、655条6項)、重ねて民法110条を問題とする必要はない[50]。

(渋谷光義)

---

50) 落合＝大塚＝山下119頁、森本・商法総則154頁注9)。

第9講 普通取引約款
―企業間取引・対消費者取引―

1 はじめに

　現代社会においてグローバルな巨大企業でも特定の地場の零細企業でも、大量の商品やサービスの供給を継続的に行うことによってその存続が図られるわけであるが、その商品やサービスの供給は、法律上は契約という法律行為の形式でなされる。本来は、平成29年法律第44号として第193回国会において成立した「民法の一部を改正する法律」、いわゆる民法（債権法）改正法（以下改正民法とする）が確立した重要な基本原則としてあらためて明文化した契約自由の原則[1]に基づき、契約は、当事者が相互に自己に有利な契約条件を導くべく交渉をし、その中で妥協点を見出して、成立に至るものであるが、現在の企業が当事者となる大量の商品やサービスの供給契約は、このような過程を経て締結されることはあまりなく、むしろ予め定型化された契約条件を定めた内容の存在を前提として締結されるのが通常である。

　このような状況は消費者レベルでの視点から考えた場合にも同様であって、現代社会において、伝統的に民法が想定してきた契約がそのまま行われ

---

1) たとえば2008年にわが国が加入した国際物品売買契約に関する国際連合条約（ウィーン売買条約）は、発信から到達までの時間をほとんど無視できることから、契約の成立に関して、到達主義を採用している。また、「電子消費者契約及び電子承諾通知に関する民法の特例に関する法律」4条が、電子承諾通知を発する場合に現行民法526条1項、527条を適用しない旨を定めていたが、改正民法で現行民法526条1項および527条が削除され、隔地者間の契約成立時期に関してこれまでの発信主義から到達主義に変わることから前掲法4条が不要になるために、「民法の一部を改正する法律の施行に伴う関係法律の整備等に関する法律」298条によって、前掲法4条が削除され、それに伴い同法の名称も「電子消費者契約に関する民法の特例に関する法律」とされることになった。

ているケースはそうは多くない。たとえば売買を例にとっても、一般市民たる消費者が売買契約を締結する相手方が同じ消費者であるというケースがまま見受けられるのは、ネット上のオークションなどであって、実際には消費者の締結する売買契約の相手方は大半が個人であれ、法人であれ、企業であろう。それゆえ、民法学において、もはや一般市民生活関係を規律するといっても、このように売買契約をとってみても、社会における技術革新も相まって、対企業を意識せざるを得ない状況である[2]。

また、明治32年商法から受け継がれている現行商法の対象の多くが企業生活関係であるとしても、そこには企業対企業に加えて、若干の企業対消費者といった構図が考えられてきたにすぎない。しかし、現在、さまざまな企業が、自己の直販サイトにおいて対消費者向けの販売を行うようになっており、企業対消費者という契約関係が企業生活関係に占める割合は比べようもないほど増加している。そうすると、商法学では、企業対消費者という契約関係についての規制を意識せざるを得ず、この構図は、民法学が意識を変えてきた、消費者対企業という構図と同じことになり、結局どちらの当事者からみるかという違いしかないことになる[3]。

それゆえ、この関係においては、民商統一という方向性を志向することに一定の意味があるといえる[4]が、現行法においては、どのような規整が望ましいのかはなかなか難しい問題である。たとえば一方的商行為に関する商法3条を他の商法の条文と関連させてどのように解するかという問題についても従来からかなりの議論がある[5]。

もちろん、民商法以外にも、企業対消費者という関係については、割賦販売法、特定商取引に関する法律といった法規制もあるわけだが、それらは締結される契約類型に着目したものであり、伝統的な契約関係とはもはや異なっているため、特別法による規制に委ねられたとも考えられる。企業（事

2) 改正民法521条は、①契約締結の自由（改正民法521条1項）、②契約内容決定の自由（同条2項）について定め、同法522条は、③契約成立に関する締結方式の自由（不要式の自由）（同法522条2項）を定めている。
3) 特にこの点については、対話者間の契約の成立など、民法学において、商法の規定に沿った形の解釈によって、契約の申込み・承諾といった契約の成立に関する民商法の規定の整合性がはかられていることに顕著に表れているといえよう。内田・民法Ⅱ30頁以下参照。

業者）と消費者という契約当事者に着目した法規制としては消費者契約法がある。消費者基本法1条の文言にあるような「消費者と事業者との間の情報の質及び量並びに交渉力等の格差」が存在することをふまえたうえでの法規制であって、とりわけ民商法の任意規定と異なる定めを置いたとしても、無効と解される可能性を認める消費者契約法10条は特に重要な意味を有する[6]。

2　約款の意義と機能

さて、ある消費者が携帯電話・スマートフォンを新たに契約しようと考えたとしよう。その価格について、商店側と値引き交渉をするだろうか？　中にはそういった交渉事が得意だという人もいるだろう。しかし、そういうのはまったく苦手でできればやりたくないという人もいるに違いない。また、得意だとしても、同じように交渉をした他の人より安く契約できたかどうかはわからないから、決して得をしたとはいえない。大して交渉をしなかった人の方が商店側の好意で、粘って交渉した人よりも安く契約できることがあるかもしれない。また、自分の用途に合った形でオリジナルのプランやセットを提供してほしいと思ったとしてもそれに応じてはくれないだろう。せい

---

[4]　少なくとも消滅時効と法定利率については、改正民法によって、民商統一的な解決が図られることになったので、施行後は、たとえば商人資格の取得時期に関する議論のように商法と民法のどちらを適用すべきかといった議論等はほぼ実益がなくなる。また、商行為法WG（山下友信ほか）「商行為法に関する論点整理」（商行為法WG最終報告書（2008年））（https：//www.shojihomu.or.jp/documents/10448/1966166/shiryou0601.pdf）は、民法の改正作業が行われている段階でのものではあるが、当該民法改正にともなって商行為法の規定についていかなる調整が必要かという観点から検討が行われたものであり、改正民法の成立に次いで2018年5月に第196回国会において「商法及び国際海上物品運送法の一部を改正する法律」がすでに可決成立している現在でも、当時の問題意識を知る上で重要な資料である。

[5]　最判昭和48年10月5日判時726号92頁。

[6]　大阪高判平成16年12月17日判時1894号19頁、神戸地判平成17年7月14日判時1901号87頁、京都地判平成20年4月30日金判1299号56頁など下級審では数多くの裁判例が消費者契約法10条による無効を認めているが、最判平成23年7月15日民集65巻5号2269頁や最判平成24年3月16日判時2149号68頁など、最高裁判例ではむしろ同条の適用を認めないものの方が目立つように思われる。

ぜい、このような種類のプランやセットがあるので、その中から選んでくれと言われる程度だろう。一々個別に客に応じていては商店もきりがないからである。このように、さまざまな人と交渉するとなると商店側もかなりの労を要することになる。すなわち、多くの交渉コスト、事務処理コストを負担することになる。また、消費者側も同様である。

　ところが、もしも、交渉には一切応じないが、常にマーケティングに基づいた数種類のプランに応じた価格を更新し、業界最安値を設定しているという商店であればどうだろう。少なくとも、提示されたプランや価格について、交渉の余地がないから、その価格が設定されたときに購入を希望する消費者はみな公平に処理されることになる。

　こういったメリットを活かそうとして、ある業界において、企業と多数の取引相手方との間に類型的な取引が行われる場合に、当該企業が個別の契約についてその内容として用いられる定型的契約条件の束を作成したものが、約款（普通取引約款、普通契約条款、業務約款など）とよばれるものである[7]。その約款を用いる限り、契約の相手方である消費者は公平に扱われることになり、また、企業側は大量の取引を簡便に処理することができるようになり、交渉コスト（取引費用）は大幅に軽減されることになる。したがって、企業側が約款を用いようとすることには一定の合理性があるといえる。

　ところが、契約の当事者が意識的に契約内容・条件として明示した約款ではなく、存在や内容を認識していないのに契約当事者を拘束する条項がある場合でも、実務上は、取引が約款の利用を前提としているときは、当事者間における拘束力を認めるのが通常である。そのため、対企業の契約関係において消費者は、当該約款どおりの契約を締結するかしないか、すなわち約款に定められた契約内容・条件をのむかのまないかの自由しかないことになる。そのため、約款の内容が消費者にとって一方的に不利である場合や、約款についてよく認識しないまま締結された契約の効力をどのように解するかといった消費者保護の要請が働く場合の約款の拘束力について、伝統的に議

[7) たとえば、運送約款、倉庫寄託約款、普通保険約款、宅配便運送約款、銀行取引約款、信託約款などがある。国際的なものとしては、国際商業会議所が制定したINCOTERMSが有名である。

論がなされてきた。

　判例は、当事者双方が特に普通取引約款によらない旨の意思表示をしないで契約したときは反証がない限りその約款による意思をもって契約したものと推定すべきであるとした（意思推定理論）[8]。これに対して、約款の内容について善意であることを契約の相手方が証明した場合には約款に拘束されないことになり、法的安定性を害するという批判から、学説では、普通取引約款を利用する取引については、約款内容に関して相手方の知・不知に関わらず、また約款による意思の有無に関わらず、当事者が特に約款によらない意思表示を行っていない限り、約款に拘束されるとするものが多数である。

　約款の拘束力の根拠については、さまざまな見解が主張されてきたが[9]、最近では、約款によるということについての合意に求め、各種取引の個別類型ごとに、契約の本質的目的、企業者側からの少なくとも普通取引約款によるという旨の指示といった働きかけ等から形成される、合理的な期待に合致する限りにおいては約款に合意するという内容のものと解釈され、それに反する条項については拘束力が生じないと解する見解が有力である[10]。

　企業取引の定型化という機能とともに、約款には、企業が利益を追求するためのメカニズムとしての性格を有することから、必然的に生じる、内包する契約条件を自己に有利なものにしようとするインセンティブがある。もちろん、企業が契約上有利な地位を得るという機能は、企業間取引で平常取引のある顧客側の方が立場的に強者であるような場合には、あえて封印されることもあり、完全かつ有効には発動しないこともある。これに対して、対消費者取引の場合には、企業側が圧倒的に優越した地位に立つのが普通であり、約款は前掲の定型化と有利な契約条件作成という機能がフルに発揮されることになる。

3　情報の偏在とその是正——改正民法における定型約款規制

　消費者は、企業に比べると一般的に商品やサービスについての理解力や情

---

8) 大判大正4年12月24日民録21輯2182頁。
9) 河本一郎・争点Ⅰ6頁参照。
10) 山下友信「普通保険約款論（4）（5・完）」法協97巻1号68頁以下、同97巻3号331頁以下（1980年）。

報収集能力で格段に劣るうえに、求める商品やサービスが生活に必須のアイテムであったりすると購入しないという選択肢を採りづらいために、契約の内容や条件について企業と対等な立場で交渉するということが極めて困難であり、事実上不可能なことが多い。

　それゆえ、約款についてよく知らないまま消費者が契約締結に至ってしまうケースということは多分に考えられる。これは、提供される商品・サービスについての情報の質・量についての偏在が生じているためである。そこで、この情報の偏在から生じるトラブルを解消するために事前・事後の対策が必要となる。

　まず事前の予防的措置としては、企業側に情報提供義務を課すということが考えられる。この情報は契約の現実の相手方だけでなく、広く潜在的な相手方となり得る者すべてに知らされることが有益であるから、行政法規によって、義務違反に対して罰則で企業側に一定の制裁が加えられることによる情報提供へのインセンティブがもたらされるように定められることが望ましい。内容の健全性、および取引の公正性の確保のためにも行政の役割が期待される。もちろん、取引によっては、たとえば保険契約のように、契約成立のために、消費者側の私的な情報を企業側が必要とすることもあり得るため、契約当事者間で必要な情報の共有がもたらされなければならないだろうが、この私的な情報は、現実の契約の当事者間でのみ厳格に管理され共有されるべきものであるから、その提供の義務化および義務違反の効果については契約法規に委ねるべきであるから、契約法による規制に任せればよい[11]。

　次に、事後的な処理的措置としては、不当な約款条項の解釈をどうするかということを考えなければならない。ある約款条項が不当だからといって当該約款全体が無効ということにはストレートには結びつかない。誰に対しても不当な条項もあれば、ある特定の者、場面についてのみ不当な条項というのもあり得るだろう。したがって、約款によるということ自体は肯定した（約款自体の合理性・有効性は認めた）うえで、当該不当条項のみを無効にす

---

11) たとえば保険取引において、保険会社側の情報提供義務（説明義務）が保険業法に定められ、保険契約者側の告知義務が保険法に定められていることは、情報の偏在・共有という観点から、本文のようにとらえることが可能であると思われる。

る、あるいは制限的に解釈して、実質的に修正するという方向性をとるべきであろう[12]。この点の約款規制の実質的な問題としては、民法（債権関係）の改正に関する法制審議会民法（債権関係）部会での議論において、不当条項に関する一般条項を置くとともに、個別条項規制として、不当条項リストとして、ブラックリスト、グレーリストを作成することが提案されたが、改正民法では、定型約款に関する規定（改正民法548条の2〜548条の4）を新設して、その中で、定型約款の個別の条項のうち、相手方の権利を制限し、または相手方の義務を加重する条項であって、その定型取引の態様およびその実情ならびに取引上の社会通念に照らして信義則（民1条2項）に反して相手方の利益を一方的に害すると認められるものについては、その不当性に鑑み、合意をしなかったものとみなすという解決を図った（改正民法548条の2第2項）。この点につき、当然ながら消費者契約法10条との関係性を考える必要がある[13]。ここでいう定型約款とは、ある特定の者が不特定多数の者を相手方として行う取引であって、その内容の全部または一部が画一的であることがその双方にとって合理的なものであるとされている（改正民法548条の2第1項）。具体例としては、鉄道の旅客運送取引における運送約款、宅配便における運送約款、電気供給契約における電気供給約款、預金契約における普通預金規定、保険取引における普通保険約款、インターネットを通じた物品売買における購入約款、インターネットの利用における利用規約、コンピュータソフトウェアに関するライセンス規約等が考えられている[14]。

最後に、約款の法源性については、実際に社会に約款取引として定着している契約に関しては、いわゆる白地商慣習として、法源というまでもなく拘束力を有すると解し、新規の営業形態における約款に関しては、企業側が消費者側に約款を提示してその内容を説明するなどした場合には、契約当事者間で約款の拘束力を意識的に契約に取り込んだものとして一定の拘束力を認

---

12) たとえば、普通保険約款における他保険契約の告知・通知義務に関する条項については、一般的に裁判例ではその効果が制限的に解されてきた（その結果、現在では他保険契約の通知義務に関しては大多数の保険会社が約款から削除している）。
13) この点については、大村敦志＝道垣内弘人編『解説 民法（債権法）改正のポイント』384〜387頁以下（有斐閣、2017年）の説明が簡潔でわかりやすい。

めてよく、ことさらに法源という必要はないように思われる[15]。もちろん、法律の定めに基づいて行政認可が求められる約款については、政令・省令などを補完する規範としての法源性が明確に認められるものと解してよい。

(笹本幸祐)

14) 本文に掲げたもののほか、複数の大規模な居住用建物を建設した大手の不動産会社が同一の契約書のひな形を使って、多数にわたる各居室の賃貸借契約を締結しているといった事情がある場合には、契約内容を画一的なものとすることによって、各種管理コストが低減し、入居者としても契約内容が画一的であることから利益を享受することもありうるため、個別の事情によっては例外的に当該ひな形が定型約款に該当することがありうるが、個人が管理する小規模な賃貸用建物について、ひな形を利用して賃貸借契約を締結しているような場合のひな形は定型約款には該当しないと考えられている。筒井健夫＝村松秀樹編著『一問一答 民法（債権関係）改正』246頁（商事法務、2018年）参照。

15) 結局は、約款が用いられる、個々の具体的契約の内容に沿って解釈するほかなく、その意味では、ことさらに約款一般の法源性を議論する実益はないといってよい。約款の効力が争われた、個々具体的契約に関する裁判例を総合的に整理・検討したものとして、中井美雄『約款の効力』（一粒社、2001年）があり、出版年は古いが内容は極めて参考になる。

第10講 商事契約の成立

1 はじめに

契約は当事者の意思表示の合致によって成立するのが原則である。改正民法522条は、申込みと承諾による契約成立についてこのことを規定している[1]。現行民法および商法には、このことを定める規定がなかったが、民法（債権法）改正に際して、契約の成立に関する原則が明文化されることとなった。基本原則たる契約自由の原則から、締結の自由、相手方選択の自由、内容の自由および方式の自由が認められており、特に法律に定めのない限り、契約書の作成は契約成立の要件ではない[2]。この点、当事者間に交渉力や情報力などの格差がある場合に契約自由の原則を貫くと、交渉力や情報力において相対的に劣後する者の利益が害されることがあることから、契約自由の原則に対する制約も現代契約法にとって重要な課題である。もっとも、商事契約については、こうした制約よりも当事者の自治が認められる範囲が広いこととなろう。

契約が合意によって成立するということは、意思表示の合致がなされるまで、当事者は契約に基づく一切の義務を負わないことを意味する。もっとも、実際の取引実務においては、契約の成立にあたり申込みと承諾がなされる以前の段階で契約交渉がなされる場合が少なくない（特に商事契約の成立においては、契約交渉がなされるのが一般的であろう）。ここで、契約成立以前

---

1) 以下では、2017年に成立した「民法の一部を改正する法律」による改正後の民法を前提に検討を加える。なお、改正後の民法を「改正民法」と称し、改正前の現行民法と区別する。改正民法は一部の規定を除き、2020年4月1日から施行予定となっている。
2) 改正民法521条は、契約自由の原則のうち、契約締結の自由および契約内容の自由について規定する。

は当事者間には一切の義務が認められず、また契約自由の原則を根拠に自由な契約交渉の打ち切りを容認することは、契約交渉当事者の信頼を害することになりかねない。そこで、近時の学説判例においてはこのような場面において交渉当事者に何らかの義務を認め、不当な交渉打ち切りや交渉過程における説明義務違反を根拠とする責任を認めている[3]。

契約成立に関する規定は、申込みとそれに対する承諾という2つの意思表示の合致による構成を前提としている。契約を申込みと承諾に分解して説明するモデルは比較法的にも一般的であるが[4]、実際の取引では当事者が交渉を重ねて合意を形成していくことで契約が成立する場面も少なくない。交渉による契約の成立を申込みと承諾の2つの意思表示に分解して説明することは困難であることから、契約成立を申込みと承諾によって説明するモデルには限界があることも事実である[5]。したがって、民法に規定された申込みおよび承諾に関する諸規定については、契約成立の一態様に関する規定と位置づけることが妥当である[6]。

改正民法は521条以下において、申込みおよび承諾についての諸規定を定めている一方、商法にも平成29年改正前の507条以下4か条に契約の成立に関する規定が置かれていた[7]。民法と商法との関係は一般法と特別法の

---

[3] 判例には、マンションの売買契約の交渉破棄事例において、契約準備段階の信義則上の注意義務違反を理由に損害賠償責任を認めたものがある。最判昭和59年9月18日判時1137号51頁。現在では、契約交渉の破棄は原則として自由であるが、不当に相手方に損害を与える場合には、責任が発生すると解されている。もっとも、責任の性質および責任の内容については争いがあったところ、最判平成23年4月22日民集65巻3号1405頁は、契約締結前の説明義務を契約上の義務とすることを否定している。

[4] フランス民法では契約は合意によって成立すると規定するのみで、申込みと承諾についての規定は存在しない。しかし、学説では申込みおよび承諾の意思表示を観念する(2005年に公表された民法典改正草案では、申込みと承諾に関する規定が提案されている)。

[5] 近時の民法理論においては、申込み・承諾型モデルと交渉型モデルを区別するものがある。平井宜雄『債権各論I上 契約総論』(弘文堂、2008年)166頁。また、民法典において申込み・承諾型モデルに限定しない、契約の成立に関する一般的規定を置くことも主張されている。

[6] 中田裕康『契約法』(有斐閣、2017年)98〜99頁。

それであることから、一般に商法の規定は民法の特則として位置づけられ、民法の規定を商法の性格を根拠に修正あるいは補充するものとされる。しかし、商法における契約の成立に関する諸規定には民法の特則としての性格を有するものにとどまらず、商法の適用対象外となる場面、すなわち一般法たる民法が適用される場面においても、商法の規定の適用が解釈によって認められているものもある。したがって、商事契約に限らず契約の成立については、民法と商法それぞれの規律の適用関係を理解しておく必要がある。

▍解説編

2 申込みの効力

(1) 申込みの意義

申込みとは特定の内容の契約の成立を目的とする意思表示であり、これに対する承諾があることで契約が成立するものである（改正民法522条1項）。申込みと区別すべきものとして、申込みの誘引がある。申込みの誘引は、相手方に申込みをさせる意思表示であり、契約を成立させるか否かは申込みの誘引をした側が決する（求人広告等を想定されたい）。しかし、申込みと申込みの誘引の区別は容易ではないため、当事者のどちらに契約成立の最終決定権を認めるべきかを諸般の事情から判断しなければならない。

契約は、申込みに対する承諾の意思表示がなされることによって成立する。承諾の意思表示がなされるまで契約は成立しないため、申込みの意思表示がされた段階では契約に基づく債権債務が発生せず、当事者はいまだ契約による拘束力を受けないことは当然である。しかし、申込みの意思表示それ自体にも一定の効力が認められている。申込みの本体的効力としての承諾適格と、申込みの撤回可能性についての申込みの拘束力である。

(2) 承諾適格

申込みの本体的な効力は、相手方の承諾によって契約を成立させるというものである。これを承諾適格という。承諾とは、申込みに応じてその内容で

---

7) 後述のように、民法改正により商法507条が削除されることとなり、改正民法施行後は、商法上の契約の成立に関する規定は508条以下の3か条となる。

契約を締結する意思表示であり、承諾がなされれば申込みの内容が契約内容となる。申込みの内容に対して条件を付すなど、内容に変更を加えて承諾をしたときは、当初の申込みを拒絶し、変更を加えた承諾が新たな申込みをしたものとみなされる（改正民法528条）。したがって、変更を加えた承諾に対して、改めて承諾がなされることによって契約が成立する。

　改正民法528条を厳格に貫くと、申込みに対して軽微な変更が加えられた場合であっても改めてそれに対する承諾がなければ契約は成立しないことになる。そこで、その変更が契約の成立に影響を与えるほどの重要性を有さない場合には、変更を加えた承諾であっても有効な承諾として契約の成立を認める見解がある[8]。

(3) 申込みの拘束力

　申込みがなされた時点では契約が成立していないとはいえ、無制限に申込みの撤回を認めることは、被申込者の信頼を害することになる。そこで、申込みの意思表示を撤回できない効力（いわゆる申込みの拘束力）が認められる。申込みの拘束力は、契約がいまだ成立していない段階においても、申込みの撤回を制限して、申込みの相手方を保護するための法定効果と位置づけられる。

　民法は、申込みの効力について、申込みが承諾の期間を定めてなされた場合と、承諾期間を定めないで隔地者間でなされた場合について規定を置いている。

(i) **承諾期間を定めた申込み**

　承諾期間を定めた申込みの場合、承諾期間内は申込みの撤回が認められず、承諾期間が経過することによって申込みの効力、すなわち承諾適格が失われる（改正民法523条）。承諾期間内は承諾適格および拘束力がともに存続

---

[8] 立法例として、国際物品売買契約に関する国際連合条約19条2項は「申込みに対する承諾を意図する応答は、追加的な又は異なる条件を含む場合であっても、当該条件が申込みの内容を実質的に変更しないときは、申込者が不当に遅滞することなくその相違について口頭で異議を述べ、又はその旨の通知を発した場合を除くほか、承諾となる。申込者がそのような異議を述べない場合には、契約の内容は、申込みの内容に承諾に含まれた変更を加えたものとする。」と規定する。

し、承諾の通知を受けないまま期間が経過することでこれらの効力が失われることになるのである。申込みの効力が失われた後に承諾がなされた場合、申込者はそれを新たな申込みとみなすことができる（改正民法524条）。なお、現行民法においては、延着した承諾が通常の場合にはその期間内に到達すべき時に発送された場合に関する規定があったが（現行民法522条）、改正民法は契約の成立に関して到達主義に立つため、承諾通知の延着は被申込者（承諾の意思表示をする者）が負担すべきであるため、現行民法522条は削除された[9]。

なお、承諾期間を定めた申込みであっても、申込者があらかじめ撤回可能性を留保することは認められる（改正民法523条1項ただし書）。申込者がかかる意思表示をしていた場合、その意思表示は尊重されるべきであり、相手方も撤回可能性を認識している以上不測の損害を被るおそれはないからである。

(ii) 承諾期間を定めない申込み

これに対して、承諾期間を定めない申込みの場合、承諾を受けるのに相当な期間内は申込みの撤回が認められない（改正民法525条1項）。ここでの相当期間は具体的な契約において、申込みおよび承諾の方法、契約内容、取引上の慣行等の要素をもとに決定される。もっとも、改正民法525条1項は申込みの拘束力について規定するのみであり、承諾適格については明言していない。承諾期間を定めてなされた申込みについては、その期間の経過とともにその効力（申込みの拘束力のみならず承諾適格）を失い、それ以降に承諾の意思表示が到達しても契約が成立しないのに対して（改正民法523条2項）、承諾期間の定めのない申込みについては、相当期間の経過により、申込みが撤回可能になることのみが規定されているにとどまり、当然に承諾適格が失われるとは規定されていない。したがって、申込みの効力を失わせるためには、相当期間経過後に申込みの撤回をなさねばならないことになる。この点、承諾期間の定めのない申込みがなされ、申込みを撤回しないまま長

---

[9] 現行民法526条1項は契約の成立時期について発信主義をとっており、意思主義一般について到達主義をとる現行民法97条1項との関係が問題とされていたところであったが、現行民法526条1項が改正により削除された結果、契約の成立時期は承諾の到達時となる。

期間が継続した場合、永久に承諾適格は失われず、それに対する承諾があれば契約は成立するのであろうか。この点につき、商法には規定があることから、以下、民法の議論と商法の議論を対比するかたちで検討する。

なお、現行民法では承諾期間を定めない申込みについては、これが隔地者間でなされた場合についてのみ規定されていたため、対話者間の申込みの場合の取り扱いが問題となっていたが、改正民法では対話者間の申込みの場合には、対話が継続している間は、いつでも撤回することができるとした（改正民法525条2項）。この問題についても、商法の規定が民法の解釈論さらには民法改正に影響を与えたものといえる。

3　対話者間でなされた申込み

(1)　従来の民法上の議論

対話者間でなされた申込みであっても、承諾期間の定めがある場合には改正民法523条が適用され、承諾期間内は申込みの効力が存続し、期間内に承諾がなされなかったときは効力を失う。これに対して、対話者間で承諾期間を定めなかった申込みの効力についての規定は平成29年改正前民法には存在しなかった。

この点、民法の立法過程において、法典調査会の審議の中でもこの点に関する規定を置くべきという意見が出されていた。これに対して、起草者である富井政章および梅謙次郎は、対話者（法典調査会においては「現在者」という表現がされている）の場合については、基本的には対話の終了によって申込みの効力が失われると解することができ、明治23年旧商法およびドイツ民法草案がかかる立法主義をとっているが、例外も多く存在すると考えられるため、あえて規定を置かなかった旨の回答をしている。起草者は、承諾期間を定めずに「現在者」に対して申込みをした場合、直ちに申込みは効力を失う、という規定も考えたが、民法で申込みの効力を失効させるまで規定することが妥当でないと考えていたようである。対話者間でなされる申込みにも種々のものがあり、一律にその効力を民法で規定するのは適当でないという価値判断に基づいているのである。こうして、この点は解釈論に委ねられることとなった。

(i) **申込みの拘束力、撤回可能性**

　民法起草者の中には、対話者間における申込みの効力について、拘束力を認めず、相手方が撤回するまでの間はいつでも撤回が自由であるとする見解がある[10]。こうした結論を支持するものは、申込みの拘束力は意思表示の当然の効力ではなく、法律が認めた特別の効力であるため、規定がない以上、かかる効力を認めないとする。

　これに対して、申込みの拘束力について、撤回の自由は認めないものの、対話関係の終了によって拘束力が失われるとするものもある[11]。いずれにしても、一般的に対話者間における申込みの拘束力は、隔地者間でなされたものよりも弱いものと解されている。ただし、当事者の意思によって拘束力が強められることも可能である。もっとも、多くの場合には、具体的な事情から承諾期間が定められていると認定されることになると考えられている。

(ii) **承諾適格**

　対話者間で申込みがなされ、それに対する承諾がないまま対話が終了し、申込みの撤回がなされていない場合、申込みの効力、すなわち承諾適格はどうなるか。承諾期間の定めがある申込みと異なり、明文の規定が存在しないことから、対話関係の終了後も承諾適格は失われないと解することも可能である。しかし、現在の多くの学説は、対話者間でなされた申込みについては、承諾がないまま対話が終了すれば承諾適格を失うとする[12]。その根拠として、平成29年改正前商法507条が援用されるのが一般的であり、対話者間でなされる申込みについては、別段の意思表示がない限り、対話関係の間に限り契約の成立を認めることが当事者の意思にも適合的であるとされる。判例には、「契約ノ申込ヲ為スニ当タリ承諾期間ヲ定メタルニアラス亦隔地者ニ対シテ申込ヲ為シタルニアラサル場合ニ於ケル契約ノ申込ニ対シテハ直ニ承諾ヲ為ス可キモノナルコトハ民法ノ契約ノ成立ニ関スル規定ニ徴シテ明瞭ナリ」として、即時に承諾がなされなければ効力を失うとする（大判明治39年11月2日民録12輯1413頁）。

---

10) 梅謙次郎『民法要義 巻之三債権編〔訂正増補第33版〕』（有斐閣書房、1912年）387頁。
11) 鳩山秀夫「対話者に対する申込みの効力」法学志林19巻2号33頁（1917年）。
12) 我妻・債権各論上60頁。

(2) 平成29年改正前商法507条

　平成29年改正前商法507条は「商人である対話者の間において契約の申込みを受けた者が直ちに承諾をしなかったときは、その申込みは、その効力を失う」と規定する。本条の沿革は明治23年旧商法293条（ロエスレル草案338条）にさかのぼる。旧商法293条は「契約ノ提供ハ即時ニ又ハ被提供者ニ許与シタル期間ニ承諾ヲ述ヘサルトキハ之ヲ拒絶シタルモノト看做ス」と規定していたところ、現行商法は申込みが当然に効力を失うと規定した。

　本条は、民法が規定をもたない対話者間における承諾期間の定めのない申込みに関する規定であり、商取引の迅速性の要請に基づき民法に対する特則であると解される[13]。すなわち、本条の趣旨は申込みの撤回がなくても、当然に申込みが失効する点にある。本条の適用対象は商行為である契約の申込みであり、特に限定のないことから、当事者のいずれか一方にとって商行為であれば足り、非商人間で行う絶対的商行為としての契約の申込みについても適用される[14]。

　ここでいう対話者とは、当事者間において距離を隔てている場合であっても、電話で対話している場合も含むとされ、意思表示を直接了知し得る関係であれば対話者間における契約の申込みとされる。対話者間であっても、承諾期間を定めて申込みがされた場合には、現行民法521条が適用されるため、平成29年改正前商法507条は対話者間で承諾期間を定めず申込みがなされた場合を対象としている。

　もっとも、すでにみたように、民法の解釈においても対話者間における申込みについて、本条を根拠に対話関係の終了によって効力が失われると解するのが多数説であることから、本条は商法の適用対象だけでなく、契約の成立一般に関する規律と考えることも可能である。この点は、商法学説においても、平成29年改正前商法507条が「民法の商化」により、民法上も原則となっていることが指摘されている[15]。

　こうした状況の中、改正民法は、対話関係の終了により申込みの効力が失

---

13) 松本・商行為法55頁は立法論として民法の一般規定とすることを示唆している。
14) 西原127頁。
15) 鈴木13頁、平出116頁。

われることを明記し（改正民法525条3項本文）、商法507条は削除されることとなった[16]。

4　隔地者間における承諾期間を定めない申込みの効力
(1)　従来の民法上の議論
　すでに2 (3) (ii)でみたように、承諾期間の定めのない申込みが隔地者間でなされた場合について、民法は承諾の通知を受けるのに相当な期間を経過するまではその撤回を認めないことのみを規定し、承諾適格について明言していない（改正民法525条1項本文、現行民法では524条）。そのため、撤回がない限り永久に申込みの承諾適格が認められるかが問題となる。
　この点も現行民法の起草過程において議論の対象となっており、承諾適格について明確に規定すべきという意見もみられる。起草者も、対話者間における申込みの問題と同様に、この点について相当の期間が経過すれば当然に効力が失われる旨の規定も検討しつつ、ここでも一律に申込みの失効を認めることは妥当でないと考えた。起草委員の1人である富井によれば、承諾期間を定めた場合とそうでない場合では当事者の意思が異なり、承諾期間を定めた場合には期間内に承諾の通知を受けなければ申込みは当然消滅するという意思であるとする。これに対して、承諾期間を定めていない場合には、「相當ノ期間ヲ経タラモウ承諾ガアツテモ駄目デアル」との意思があるとはいえないとする。
　学説では、申込みは撤回がされるまでその効力が存続するのが原則であり、特別な規定がない以上、申込者が申込みを撤回しない限り、承諾適格は永久的に存続するとする見解も存在する[17]。これに対して、通説は承諾適格が相当期間の経過によって失効することを認める。構成については分かれており、相当期間経過後さらに一定の期間が経過することで、承諾適格を失う

---

16)　民法の特別法である商法の規定が、民法の一般原則に変容した1つの例として位置づけられる。金井高志『民法でみる商法・会社法』（日本評論社、2016年）55頁。
17)　末弘厳太郎『債権各論』（有斐閣、1918年）72頁、津田利治＝内池慶四郎編著『神戸寅次郎　民法講義』（慶應義塾大学法学研究会、1996年）313〜314頁等。もっとも、実際上は暗黙の取消しとみるべき場合が多いために、承諾適格が永久に存続することは稀であるとしている。

とする見解[18]と、承諾をなし得る地位が10年の時効により消滅することを認める見解[19]などがある。このうち、多数説といえる前者の見解では、申込みの拘束力が存続する期間（改正民法525条1項本文、現行民法524条にいう「承諾の通知を受けるのに相当な期間」）と、承諾適格の存続期間を区別している。したがって、民法の多数説ではこの場合に申込みの拘束力と承諾適格の存続期間が一致しないこととなり、申込みの撤回が可能となった後であっても、相手方の承諾の通知の発信前に申込みの撤回が相手方に到達しない場合には、申込みはなお承諾適格を有しているので、契約の成立が認められることとなる。

(2) 商法508条

商法508条1項は「商人である隔地者の間において承諾の期間を定めないで契約の申込みを受けた者が相当の期間内に承諾の通知を発しなかったときは、その申込みは、その効力を失う。」と規定し、相当の期間の経過によって申込みの効力、すなわち申込みの拘束力および承諾適格がともに失われることを定める。

したがって、相当期間経過後に相手方が承諾をしても、申込みが承諾適格を失っている以上、承諾としての効力ももたず、契約は成立しない。この場合には、遅延した承諾を申込者において新たな申込みとみなすことができる（商法508条2項による改正民法524条の準用）[20]。

本条は旧商法295条（ロエスレル草案340条）に沿革をもつ。旧商法の規定は、「地ヲ隔テタル者ノ間ニ於テハ提供者ニ対スル承諾ノ陳述ハ遅クトモ提供ヲ受取リタル翌日正午マテニ普通ノ送達方法ヲ以テ提供者ニ其陳述ヲ発

---

[18] 戒能通考『債権各論 中巻』（巌松堂、1942年）45頁など。
[19] 柚木馨『債権各論』（青林書院、1956年）13〜14頁など。
[20] なお、本条2項については、民法の規定による場合と異なるものでないため、注意的規定と解されている。商法の起草者は、現行民法523条（改正民法524条）の規定を承諾期間の定めのある申込みに限定するものと解したために、承諾期間の定めのない申込みについて準用規定を置く必要があったのである。しかし、現行民法523条は承諾期間の定めのない申込みについても適用されるため、平成29年改正前商法508条2項は民法の注意的規定以上の意味を持たない。

シタルトキハ即時ニ之ヲ為シタリト看做ス但其翌日カ一般ノ休日ナルトキハ更ニ其翌日ニ於テスルコトヲ得」というものである。これは、前述の旧商法293条において相手方が即時に承諾をなすべきと規定されていたことに基づき、隔地者間では申込みを受けた翌日（休日の場合はさらにその翌日）正午までに承諾通知を発した場合には、即時に承諾をしたものとみなすものである。平成29年改正商法では、このような画一的な規定を改め、民法同様に「相当の期間」という文言を用いたのである。

　本条もまた、商取引の迅速性の要請に基づいて、民法の特則を定めているものと位置づけられる。ここでは、民法の規律として、承諾期間が定められていない申込みの承諾適格について規定がないため、理論上は承諾適格が存続することになることを前提として、これに対する特則という理解がされるのである。しかし、民法の解釈論上も承諾期間を定めない隔地者間の申込みの効力（承諾適格）について、相当期間の経過により申込みが効力を失うとするのが多数説であることから、本条もまた民法の特則にとどまるものではないと解されている。もっとも、民法学上の多数説では、申込みの拘束力の存続期間としての相当な期間と承諾適格の存続期間とを区別していた。これに対して、商法508条は、両者を一致して規定していることから、この点のみ民法学上の有力説と異なることとなる。

　また、本条が定める「相当の期間」とは、改正民法525条1項本文における「承諾の通知を受けるのに相当な期間」よりは短いと解されているようであるが、実際には具体的に判断するほかない。判例には、株式仲買人と客との売買契約において、仲買人からの「売り」の電報を受信した客が4時間後に「買い」の返答をした場合に、相当期間内に承諾の通知が発せられたとしたものがある（大阪地判明治39年12月17日新聞400号18頁）。また、関東大震災後の大正12年9月25日のさつまいも一車の買受申込みに対して、10月18日に承諾の通知が発せられた場合、大震災後の交通輸送の状態を斟酌して、相当期間内に承諾がなされたとしたものもある（大判昭和2年2月21日大審院裁判例（二）民24頁）。

5 申込受領者の特別な義務

(1) 民法の原則

　以上の申込みの効力に関する規定のほか、商法は申込みを受けた者に特別な義務を認めている。民法上は、申込受領者は申込みに対する諾否の自由を有するのみであって、特に義務を負うものではない。申込みは相手方を拘束する効力は有しないため、たとえ、申込者が一定の期間内に諾否をなすべき旨を定めた場合であっても、承諾の義務はなく、承諾期間を定めた申込みとして有効であるにすぎない。

　消費者取引において、事業者が消費者に一方的に商品を送り付け、たとえば「購入する意思がないのであれば10日以内に返送してください。返送をしない場合には契約を成立したものとして扱います」といった趣旨の文書を添付する販売方法があり、ネガティブオプション（送り付け商法）と呼ばれる。消費者を困惑させ、代金の支払いを一方的に請求するものであり、悪徳商法の1つである。そもそも、契約は意思表示の合致がなければ成立しないのであり、承諾をする義務がない以上、この場合に承諾をしなければ契約が成立する余地はない。送り付けられた商品については事業者に所有権があるため、事業者からの返還請求権のみが問題となり、消費者は返還請求に応じられるように保管をしておけばよい（自己の物におけるのと同一の注意義務で保管すればよい）。

　なお、ネガティブオプションに関しては、消費者保護の観点から、特定商取引法に規定があり、送付された商品について、①商品を受領した日から起算して14日を経過するまで、または②事業者に対して商品の引取り請求をしたときには、請求日から起算して7日を経過するまでに事業者が商品を引き取らなかった場合、事業者の返還請求権が消滅するとしている（特定商取59条）。したがって、この期間を経過した以降は、商品を自由に処分することができることとなる。

　このように、民法上は申込みの相手方は申込みに拘束されることなく、いかなる義務も負わない。これに対して、商法には申込受領者に特別の義務を課している。

(2) 諾否の通知義務（商法509条）

(i) 趣旨

商法509条は1項で「商人が平常取引をする者からその営業の部類に属する契約の申込みを受けたときは、遅滞なく、契約の申込みに対する諾否の通知を発しなければならない。」として、申込受領者に諾否の通知義務を課している。申込受領者が、これを怠った場合には申込みを承諾したものとみなされる（同条2項）。本条は、旧商法281条（ロエスレル草案326条）、282条（ロエスレル草案327条）および294条（ロエスレル草案339条）を統合したものである。

民法の原則ではこのような義務は明文上も学説上も認められておらず、申込者が諾否の通知を求めて申込みをなし、一定期間内に諾否の通知がなければ申込みを承諾したものとみなす旨を付して申込みをした場合であっても、申込受領者は諾否の通知義務を負うことなく、承諾の意思表示がない限り契約は成立しない。沈黙が承諾とならないことはいうまでもない。しかし、商取引の迅速性の要請から、平常の取引関係から契約の成立が当然に予想される場合における相手方の信頼を保護するために、本条が定められている。したがって、本条が適用される場面においては、諾否の通知義務を怠った場合には、明示の承諾のみならず黙示の承諾すらない場合であっても契約の成立が認められるのであり、申込みの相手方は民法の原則による場合よりも不利に扱われる。

(ii) 適用範囲

諾否の通知義務が課せられるのは、申込みの相手方が商人である場合である。これに対して、申込者が商人である必要はないが、申込みの相手方と平常取引関係を有する者でなければならない。平常取引関係を有する者とは、ある態度の継続的取引関係が従来から存在し、今後も取引の反復が予想される得意先や仕入先が該当する。したがって、過去に1・2回の売買取引があっただけでは、平常取引関係を有する者とはいえないとする裁判例が存在する（大判昭和6年9月22日法学1巻上233頁）。

また、申込みの内容は、申込みを受けた商人の営業の部類に属する契約であることが求められる。これは、商人が営業として行う基本的商行為であると解され、契約解除の申込みや代物弁済の申込みのような場合は本条の適用

を受けないとされる。判例には、商人が平常取引をする者から営業所の借地権の放棄の申込みを受けた事例において、営業の部類に属する取引でないことを理由に本条の適用を否定した例がある（最判昭和28年10月9日民集7巻10号1072頁）。

諾否通知義務が課せられるのは、営業の部類に属する行為が日常集団的・反復的に行われていることに基づくのであり、必ずしも営業の目的とされているか否かによるものではないとするものがあり、営業の部類に属する行為を広く解することが主張されている。

一方、申込みの内容が不合理な場合にも諾否通知義務を課し、沈黙による承諾擬制をすることは妥当でないことから、申込みの内容の合理性、そして沈黙が承諾を意味すると考えられる類型の取引にのみ本条の適用を限定する見解もある。

なお、商法509条1項に基づく諾否通知義務が課せられるのは、承諾期間の定めのない隔地者間における申込みの場合である。承諾期間を定めた場合には、承諾期間内に承諾をすればよいのであって、遅滞なく諾否の通知をすることは問題とならない（承諾期間が経過すれば申込みは失効する）。そして、対話者間における申込みについては、平成29年改正前商法507条によりただちに承諾をなさないときは申込みの効力が失われるので、やはり諾否通知義務が問題にならない。

諾否通知義務を課せられた商人は遅滞なく通知を発する必要があるが、かかる通知は発信されれば足りる。実際上意味をもつのは、申込みの相手方が拒絶の通知をする場合であるが、拒絶の通知の発信があれば承諾が擬制されることはなく、通知の延着・不到達の危険は申込者の負担に帰する。承諾の意思表示についての発信主義と同様の趣旨による。また、通知の懈怠による不利益（望まない契約成立という効果）を負うのは、通知の懈怠についての帰責性を問い得る場合であり、無能力の場合や正当事由により申込みの存在を知らなかった場合には、通知を発しなかったことについて過失がないとして、承諾を擬制されることはない[21]。

(3) 物品保管義務（商法510条）

(i) 趣旨

　商法510条は、商人がその営業の部類に属する契約の申込みを受けた場合に、申込みとともに受け取った物品があるときは、原則として、申込者の費用でその物品を保管する義務を認めている。もっとも、その物品の価額が保管費用を償うのに足りないとき、または商人がその保管によって損害を受けるときは除かれる。本条は旧商法300条（ロエスレル草案345条）に由来する。

　申込みの相手方が申込みと同時に物品を受け取った場合、民法上はその物品に対して返還や保管の義務は発生せず、申込者のために事務管理が成立し得るのみである。しかし、商事契約においては、契約目的物の品質等を知らせるためであるとか、相手方の承諾を予期して、申込みと同時に物品が送付される場合があり、この場合に商人に対して申込みをした者は、たとえ契約の締結が拒絶されたとしても、申込者の費用でこれを保管することを信頼することが予想される。そこで、商法は、かかる商取引の敏活化と、申込者の保護の観点から、申込みの相手方が商人である場合の物品保管義務を規定したのである。

(ii) 適用範囲

　本条は、申込みが拒絶された場合に、送付物品についてただちに回収等の適宜の措置をとり得ない場合における申込者の利益を保護する趣旨に基づいている。したがって、本条に基づく保管義務が認められるのは、申込者がこうした措置をとり得ない場合に限られることになる。なお、ここでは必ずしも、申込みが隔地者間でなされたか、対話者間でなされたかによって区別されることにはならない。隔地者と対話者を区別する基準は、当事者間の距離によって定まるものではなく、電話による申込みの場合など、対話者間での申込みでもその拒絶があったときに送付物品について適切な対処をなし得ない場合があるからである。

　また、本条は申込みの相手方が商人であり、申込みのなされた契約が申込

---

21) 学説には、申込みの内容に対する意思表示の瑕疵等の場合にも商法509条の適用を否定するものがある。神崎克郎「商事売買における当事者の沈黙」私法28号175頁（1966年）。

みを受けた商人の営業の部類に属することを要するとしているが、商法509条の諾否通知義務と同様に、申込者が商人であることは必要でない。しかし、商法509条とは異なり、申込者がその相手方との関係で平常取引関係を有する者に限定されておらず、当事者間に売買その他何らかの法律関係の存在も前提としていない。商法510条の適用を受ける商人は、申込みを受けた場合、その申込みを拒絶したときでも、善良な管理者の注意をもって物品を保管する義務を負うこととなる[22]。

保管の費用は申込者の負担となるので、保管義務を履行した者は、保管に要した費用債権を担保するために、保管物品の上に民法上または商法上の留置権を行使することができる。しかし、留置権には優先弁済権が認められていないため、保管費用債権は他の債権者と平等の割合で弁済を受けることとなり、十分な弁済を受けられないおそれがある。そこで、商法510条ただし書は保管によって損害を受けるおそれがないことを保管義務の要件としているのである。

本条に対しては、申込者との間に何ら法律関係がなく、さらに平常取引関係もない者に対してまで保管義務を課すことは行きすぎであり、立法論として保管義務を負う者の範囲を限定することが主張されている[23]。

分析編

6 民事契約と商事契約の関係
(1) 両者の接近――「民法の商化」

以上で概観したとおり、商事契約の成立場面においては、商法に「商取引の敏活性」や「商人と契約を締結する者の信頼の保護」など商事契約の特質を根拠とする特別な規定が置かれている。しかし、申込みの効力に関する規定に関する民法解釈論にみられるように、民法上の問題においても商法の規定が参照されている。そこでは、商事契約を規律する商法の規定内容が、契約一般にも妥当することが承認されているのである。このように、商取引および商法において初めて確実に承認され、かつ明確に形成されるに至った思

---

[22] 保管方法は、必ずしも自分で保管する必要はなく、倉庫業者に寄託することなども認められると解されている。平出126頁。
[23] 江頭10頁。

想および法規を民法中に採用することを、「民法の商化」(Kommerzialisierung) という。

すでに民法の起草過程においても商法の規定が参照されている。契約の成立の場面についても、取引実務の意見も参考に、商取引の場面も含めて、民法の規定が起草されている。法典調査会の議論を概観すると、むしろ商取引の場面が一般的な規律として是認され得るが、民法の規定対象は商取引にとどまらないことから、あえて民法には規定を置かなかったのが平成29年改正前商法507条や508条の適用場面ということができよう。

もっとも、現在においては民法理論においても、平成29年改正前商法507条および商法508条に関する規定が一般原則として承認されており、このことが「民法の商化」のあらわれであり、この結果、商法の諸規定は民法に対する独自の意義を失うことになる。それでは、今後の民法と商法の関係はどうなるのであろうか。

(2) 民法改正をめぐる議論から

民法と商法はそれぞれ契約の成立に関する規定を有していながら、民法の規定の解釈論の中で商法の規定と同一の帰結をとる立場が有力であった。この点、民法（債権法）の改正をめぐる議論においても、契約の成立に関する規定の見直しに際し、本講で取り上げたような解釈論を踏まえた提案がなされ、商法の規定を一部とりこむ内容となった。以下では、それぞれの論点について改めて改正提案および改正点を概観し、民法と商法の関係を検討する。

(i) 承諾期間の定めのない申込み

まず、承諾期間の定めのない申込みが隔地者間でなされた場合について、民法はこの点を規定せず、申込みの承諾適格が問題となっていた。これに対して、承諾期間の定めのない申込みの効力（承諾適格）を明記する方向での改正案が示されていた[24]。

---

24) 民法（債権法）改正検討委員会編『債権法改正の基本方針』（商事法務、2009年）【3.1.1.16】、商事法務編『民法（債権関係）の改正に関する中間試案の補足説明』（商事法務、2013年）348頁以下。

すなわち、「相手方はもはや承諾しないだろうと申込者が考えることが合理的な期間」の経過をもって、申込みの承諾適格が失われるとする一方で、この期間内であっても「承諾をするのに相当な期間」の経過後は撤回が可能であるとする考え方が示されていた。すなわち、申込みの拘束力と承諾適格につきそれらの存続期間を区別し、承諾適格に拘束力よりも長い存続期間を認めている。これは、現在の民法学説の通説的見解の立場であり、相当期間経過後に申込みの拘束力と承諾適格がともに失われるとする商法508条1項とは異なっている。

　かかる提案の趣旨は、承諾期間を定めないでした申込者は、「自らの行為によって生じた法的状態を解消すべき」であり、承諾をするのに相当の期間が経過するのみで当然に申込みの効力が失われるのは、申込者に過度に有利になってしまうという価値判断がある。現行民法の起草者も、申込者は承諾期間を定めることで自ら申込みの効力をコントロールできるのであるから、承諾期間を定めない場合とまったく同一に扱うべきでないと考えていたが、同様の思想が基礎にあるといえるであろう。そこで、申込みの相手方の信頼を考慮して、承諾適格は「相手方はもはや承諾しないだろうと申込者が考えることが合理的な期間」の経過があってはじめて失われるとするのである[25]。

　承諾適格の存続期間は、申込みの意思表示および契約の性質に従って判断されるが、原則的に承諾期間を定めなかったリスクは申込者が負担するという価値判断が存在することから、申込みの拘束力が失われる期間よりもかなり長期にわたる場合も考えられる。しかし、商人間で承諾期間を定めない申込みがなされた場合には、承諾適格の存続期間の判断要素として当事者が商人であることが当然考慮される結果、承諾適格の存続期間を申込みが拘束力を有する期間（承諾をするのに必要な相当の期間）と解することによって、商人間については商法におけるのと同様の解決を、本提案によって導き出せると考えられていた。

　もっとも、申込みの撤回が可能となる相当期間と、承諾適格が失われる相当期間の区別が困難であることを理由に明文化は見送られた。このため、改

---

[25] 民法（債権法）改正検討委員会編『詳解 債権法改正の基本方針Ⅱ』（商事法務、2009年）62頁。

正民法には依然として承諾期間の定めのない申込みの承諾適格についての規定がなく、商法 508 条のみがこの点を明記する規定となっている。たしかに、2 つの相当期間を明確に区別して明文化することが容易でないことは理解できる。とはいえ、申込みの効力がいつまでも存続するとは一般に解されていないのであり、民法をより分かりやすいものとするという改正の趣旨からすれば、承諾適格に関する提案を採用した上で、相当期間の長さを解釈に委ねることもできたように思われる。

(ii) 対話者間における申込み

対話者間における申込みについても、すでに現在の民法解釈論は平成 29 年改正前商法 507 条を 1 つの根拠として、対話の終了によって申込みの効力が失われるとしているところ、これを踏まえた提案がなされた。民法制定当時と比較して通信手段が発達した現在においては、対話者間における契約の重要性が増していることが指摘されており、民法にこの点に関する規定を置くことが主張されていた。

それによると、「これまでの判例および多数説の見解に従い」、対話者間の申込みが対話終了時にその効力を失う旨を規定する。従来、平成 29 年改正前商法 507 条等を根拠に同様の結論が支持されていたが、これを民法に取り入れるものである。結果的に、改正民法 525 条 3 項が新設され、平成 29 年改正前商法 507 条は削除された。これもまた、特別法である商法が一般法の民法の原則となっていたことを意味している。

(iii) 申込受領者の義務

申込みの効力に関する平成 29 年改正前商法 507 条および 508 条とは反対に、商人たる申込みの相手方の特別の義務に関する商法 509 条および 510 条は、これを一般原則として適用範囲を拡大する見解はない。しかし、民法改正の議論においては、民法の中に事業者－消費者間の取引についての特別規定を置くことが提案されている。その中で、商法 510 条の規定が、事業者がその事業の範囲内で契約の申込みを受けた場合一般にも該当するとして、同条のような規定を民法に設ける考え方が示されていた。

すなわち、商法 510 条の趣旨の 1 つとして挙げられる申込者の保護の要請は、申込受領者が事業者である場合にもあてはまると考えて、その適用範囲を拡大する。そして、事業者には、事業を行っている以上、自らの事業の

範囲内で契約を締結すべく申込者が物品を送付してきた場合（ユーザーがパソコンメーカーの修理部門に修理を依頼するとともにパソコンを送付するようなケース）には、契約を締結しないとしても、契約締結過程における信義則上の義務として、当該物品を保管する義務があることから、この義務を民法に規定することとしたのである。これにより、商法510条は民法に統合されることとなる。

もっとも、商法学説は商法510条の適用範囲を制限すべきであるというのが多数説であった。物品保管義務を広く認めることは、申込受領者の負担になることから、立法論として反対説も存在する。こうした見解は、当事者間に何らかの契約関係が存する場合、平常取引関係がある場合、または商人による申込みの勧誘に基づいてなされる場合に限って、物品保管義務を認めることを主張するものである。こうした見解の影響もあり、民法改正の議論においては商法510条の規定を民法に取り込むことは否定された。民法改正に結実しなかったとはいえ、ここでも契約成立過程の規律について民法と商法をともに参照する必要性を指摘することができる。

(3) 民商法の将来像

民法改正の議論においては、商法のほかにも消費者法分野の特別法を必要な範囲で民法に統合しようとする意図を有して作成されているため、これらの一部の規定が民法に統合されることが主張されている。もっとも契約成立に関する諸規定についてはすでに民法学説・商法学説がともに商法の規定を一般原則として承認していたために、これらの民法への統合が抵抗なく受け入れられることが考えられる。

以上から、商事契約の成立に関する商法の規定が、民法の特則にとどまらず一般原則化しているのであり、民法と商法の関係が相対化していることがわかる（「民法の商化」）。そもそも純粋に民法の規定のみが適用される契約関係は、現代の取引社会においてそれほど多くないと考えられるところ、契約法に関する規律、特に契約の成立については商法と民法を区別する意義は少ないといえる。

すでに、契約の成立に関する諸規定をめぐる立法過程における議論の中でも、商事契約の場面を念頭に置きつつも、それを一般化することへの抵抗が

起草者にあったようにみられ、これが現行民法の規定に反映されている。しかし、実際の取引において、商事契約でない、純粋な民事契約を区別することは現実的ではないことから、商法の規定が一般原則として商事契約以外の場面においても適用可能性を有することとなったのである。したがって、契約成立に関する規律としては、現在、商法に置かれている規定を含めて、民法典に再構成することが可能であり、これにより法典としての一覧性を担保することにもなろう。

　むしろ、近時においては民事契約か商事契約かではなく、当事者間における交渉力や情報力の格差によって、契約規範の適用を区別することが妥当である。もともと、民法は私法の一般法として、抽象的な「人」を対象に広く適用されるものであった。しかし、民法制定以降の社会において、「人」のあり方は多様化しており、抽象的な「人」を把握するのが困難となっている。とりわけ、契約法においては、抽象的な「人」を前提とした契約自由の原則を維持することの弊害から、同原則に対する制約の必要性が説かれ、民法に対する特別法によって立法的な解決がはかられているものも少なくない。

　しかし、特別法の増大によって民法自体の適用範囲が縮小し、民法の空洞化が指摘されるに至っている。また、法典が本来有する一覧性を損なうことにもなりかねない。そこで、法典のあり方として、古典的なモデルである対等当事者間における利益調整規範とともに、非対等当事者間における規範を置くことが考えられる。ここに至って、契約の一般原則については、ともに対等当事者間を前提とする民法および商法の規定が統合される可能になるのである。このことは、今後の民法典のあり方だけでなく、会社法制定以降の商法において、特に商行為編の規定の私法上の位置づけを再考する契機となる。

（加藤雅之）

第11講 商事代理

1 はじめに

　代理は民商法に共通する重要な概念である。すなわち、代理による法律行為については民法99条～118条において原則規定が置かれているが、商法および会社法では、商事代理に関するさまざまな特則が設けられている。代理制度の存在意義の1つとして私的自治の拡張がしばしば挙げられるが、その代表例が商事代理であり、代理または代表の方法による取引システムが商業活動ないし企業活動を支えているといっても過言ではない。

　ところで、商事代理に関する特則の趣旨は、取引の大量性および反復継続性に由来する簡易迅速性ならびに取引安全確保の要請に応え、もって商行為の円滑をはかることにある。本講においては、そのためにどのような制度がなぜ存在し、その解釈適用をめぐっていかなる問題が生じているのかにつき、必要に応じて民法上の代理と比較しながら解説・検討していくこととしたい。なお、商事代理に関連する諸制度のうち、商業使用人、代理商、仲立営業、取次営業（問屋）については、本書において別途取り上げられているため、それらの詳細については該当する各講に譲る。

解説編
2 商法・会社法上の代理制度

　はじめに、商法および会社法における代理ないし代表に関する主な制度を概観しておこう。まず、商法には、第1編総則において、第6章・商業使用人（商20条以下）、第7章・代理商（商27条以下）、第2編商行為において、代理における非顕名原則（商504条）に関する諸規定がある。続いて会社法には、第1編総則・第3章・会社の使用人等において、会社の使用人（会10条以下）および会社の代理商（会16条以下）、第2編株式会社・第4

章・機関において、第4節・取締役（会348条以下）、第3編持分会社・第3章・管理において、第2節・業務を執行する社員（会593条以下）、第3節・業務を執行する社員の職務を代行する者（会603条）についての諸規定がそれぞれ置かれている。

　上記の現行法制度に至るまでの主要な改正点についても簡単に触れてみよう。第1に、明治23年旧商法典には、第1編商ノ通則・第7章・商事契約・第6節・代理において、第5章・代務人及ヒ商業使用人あるいは第8章・代弁人（代理商）、仲立人、仲買人、運送取扱人及ヒ運送人とは別個に、代理による契約に関する一般規定が設けられていた[1]。この中には、非顕名原則を示す旧商法342条・345条、本人または代理人の死亡を代理の終了事由としない旨を規定した旧商法346条など、商事代理に関する特則が見受けられるが、代理人の善管注意義務に関する旧商法341条2項、無権代理人の責任に関する旧商法343条、越権代理における表見代理に関する旧商法344条など、民法上の代理と共通する規定も少なからず存在しており、他方において旧民法典にも財産取得編・第11章・代理が存置されていたため、民商法典における機能配分を明確化する必要に迫られた。そこで、現行法典の制定にあたっては、代理による法律行為に関する一般原則を民法において定め（第1編総則・第5章・法律行為・第3節・代理）、商事代理に関する特則を商法に設けることとされたのである。

　第2に、明治32年商法典は、支配人の代理権（昭和13年改正前商30条1項）、合名会社の代表社員の代表権（昭和13年改正前商62条1項）、株式会社の取締役の代表権（昭和13年改正前商170条2項）につき、法定の包括的権限とした。第3に、昭和13年改正商法において、表見支配人（平成17年改正前商42条）および表見代表取締役（平成17年改正前商262条）に関する立法化が行われた。

　上記の法整備・法改正は、現行商法および会社法においても継承されている。以下にその特色について整理しておこう。

1) ロエスレル596頁。

3　商事代理の特色

　商事代理の主な特色につき本講では、①非顕名原則（商504条）、②代理権の消滅に関する特則（商506条）および、③代理権ないし代表権の範囲・内容に関する法定化・定型化による、権限の包括性・不可制限性・定型的信頼保護を取り上げる。各々に関する概要は下記の通りである。

(1)　非顕名原則

　第1の特色は、商法504条本文が定める非顕名原則である。明治23年旧商法典においてすでにこれに類する規定が設けられていた[2]。1861年ドイツ旧商法典および1807年フランス商法典はこのような原則について明文の規定をもたず、英米法が顕名のない代理取引につき本人に対する法律関係の成立を認めていたことから、同法に非顕名原則の立法沿革を見出す理解もあるが[3]、ロエスレルは「是今日一般ノ通例トスル所ナリ」と説明している[4]。

　一般的に契約の相手方にとって誰が当事者なのかは重要な要素である。そこで民法上の代理においては顕名が要求されており（民99条1項）、代理人が本人のためにすることを示すことなく意思表示を行った場合、原則として代理人自身が当事者となる（民100条本文）。ところが、商事代理において

---

[2]　第342条　委任者ノ名ヲ以テシタルト否トヲ問ハス委任者ノ為メニ代理人ノ取結ヒタル商取引ニ因リ委任者ハ直接ニ第三者ニ対シテ権利ヲ得義務ヲ負フ

　　　第345条　代理人カ他人ノ為メ商取引ヲ取結ヒタル場合ニ於テ相手方カ自己ノ過失ニ非スシテ代理ナルコトヲ知ラス又ハ委任者ヲ知ラサリシトキハ其相手方ハ委任者ノ不履行ニ因リテ被フリタル損害ニ付キ其代理人ニ対シテ賠償ヲ求ムル権利アリ

　　このように旧商法では、非顕名原則を貫徹して、顕名がない場合において本人のためにする旨につき相手方が善意無過失のときでも、なお本人に効果が帰属することを前提としつつ、本人の債務不履行につき代理人に損害賠償責任を負わせることによって、予期しない当事者と取引することによって損失を蒙った相手方の保護をはかるという構成がとられていた。現行商法はさらに一歩進めて代理人に履行責任を負わせることとしたため、その内容および本人への効果帰属との関係が問われるところとなったのである。

[3]　沢野直紀「商事代理の非顕名主義」竹内昭夫編『特別講義商法Ⅱ』（有斐閣、1995頁）71頁。

[4]　ロエスレル600頁。

は、顕名の有無を問わず代理行為の効果は本人に帰属するのが原則とされている（商504条本文）。このような非顕名原則が採用されている理由は、商事取引は代理の方式によって行われることが多く、かつ大量の取引が反復継続的になされることから、契約を締結するたびに顕名を厳格に要求することは簡易迅速性の要請にそぐわないこと、相手方は顕名がなくても本人のために行われている旨を知り得る場合が多いこと、商事取引においては相手方が当事者の個性に着目していない場合が多く、顕名の有無にかかわらず本人への効果帰属を認めても相手方に不利益はないこと、に求められている[5]。

　もっとも、商事代理であっても、顕名がされなかったために相手方が代理人を当事者と信じて取引に及ぶことがあり得る。そこで、そのような場合における法的手当てとして、「相手方が、代理人が本人のためにすることを知らなかったときは、代理人に対して履行の請求をすることを妨げない。」旨が規定されている（商504条ただし書）。問題は、代理人に対する履行請求の意義についてどのように解釈し、商法504条本文との関係をいかに理解すべきかである。具体的には、①代理人に対して債務の履行を求めることができるにとどまるのか、代理人に権利も帰属するのか、②このような代理人との関係は商法504条本文が定める本人との法律関係に付加して認められるという趣旨なのか（併存構成）、相手方は本人でなくもっぱら代理人との法律関係を主張し得ると解すべきなのか（択一構成）が問われる。

(i) 併存的構成1──代理人履行責任説

　顕名がなくても代理行為の効果は本人に帰属するが、代理人もまた債務の負担を免れないという見解である[6]。代理人は履行責任のみを負うとする点は、商法504条ただし書の文理に忠実な解釈であるといえる。判例はかつてこの見解に立っていた（大判明治39年5月22日民録12輯785頁、大判大正7年5月15日民録24輯850頁）。たとえば、前掲・大判明治39年5月22日は、「相手方カ本人ノ為メニスルコトヲ知ラサリシトキハ代理人ニ対シテモ履行ノ請求ヲ為スコトヲ得ルヲ明カニシタルモノナルコト法文上絲毫ノ疑ヲ容ル可カラス」と判示している。

---

5) 大隅・商行為法33頁、西原122頁など。
6) 松本・商行為法59頁、田中誠・商行為法81頁、石井＝鴻58頁、田邊173頁。

この見解に対しては、本人だけが権利を取得するため、相手方は債権者の地位に立たない代理人に弁済しても無効であり、また、本人から履行請求された場合、代理人に対して有する抗弁（相殺・免除・支払猶予）をもって本人に対して対抗することができず、代理人が当事者であると信じて取引を行った相手方の保護に欠けるとの批判がある。

(ii) 併存的構成2――代理人債権債務帰属説

代理人に債務のみならず債権も帰属し、本人は相手方に対して債務のみを負担する、という見解である[7]。相手方は予期していない本人からの履行請求から免れるばかりか、代理人に対する弁済あるいは代理人による債務免除が有効となり、かつ、代理人に対する相殺等の抗弁も妨げられないが、商法504条の文言からこのような解釈を導くことはできないという難点が指摘されている。

(iii) 併存的構成3――抗弁対抗説

相手方が代理人との法律関係を主張したとしても本人との法律関係を消滅させる必要はなく、商法504条ただし書の趣旨は、本人が出現する前に相手方が代理人に対して履行請求することを妨げず、相手方は代理人との関係において行われた弁済・相殺などの抗弁事由をもって本人に対抗することを認める点に求められる、と解する見解である[8]。(i)説および(ii)説の難点を克服したうえで、現在の判例が採用する下記の(iv)説に対する批判をも踏まえて提示された見解であるが、本人が出現した後は予定していない本人との関係に拘束されるとすることがつねに妥当か否かについては検討を要しよう。

(iv) 択一的構成1――相手方選択説

善意の相手方は、代理人を契約の当事者とするか本人への効果帰属を認めるかについて選択することができる、とする考え方である[9]。最判昭和43

---

[7] 小町谷60頁、神崎克郎「商事代理における非顕名主義」神戸法学雑誌15巻2号345頁（1965年）、田中誠二ほか『コンメンタール商行為法』（勁草書房、1973年）79頁、菅原菊志『判例商法（下）（商法研究Ⅴ）』（信山社、1994年）39頁など。

[8] 森本滋「商法504条と代理制度」奥田昌道ほか編『林良平先生還暦記念・現代私法学の課題と展望（中）』（有斐閣、1982年）294頁、江頭274〜275頁。

[9] 大隅・商行為法33頁以下、平出108頁、米沢明・争点Ⅱ229頁、森田邦夫編著『商行為法』（青林書院、1993年）60頁など。

年4月24日民集22巻4号1043頁は、商法504条ただし書が「かように、代理人に対して履行の請求をすることを妨げないとしている趣旨は、本人と相手方との間には、すでに同条本文の規定によって、代理に基づく法律関係が生じているのであるが、相手方において、代理人が本人のためにすることを知らなかつたとき（過失により知らなかつたときを除く）は、相手方保護のため、相手方と代理人との間にも右と同一の法律関係が生ずるものとし、相手方は、その選択に従い、本人との法律関係を否定し、代理人との法律関係を主張することを許容したものと解するのが相当であり、相手方が代理人との法律関係を主張したときは、本人は、もはや相手方に対し、右本人相手方間の法律関係の存在を主張することはできないものと解すべきである。」と判示して、この構成を採用する旨を明らかにした。

このような見解に対しては、①相手方が選択を行うまでの法律関係が不明確である、②本人の出現後に相手方が自己にとって有利な方を選択することを認めるのは、相手方にとって予定外の保護を与えることになる、との批判がある。

(v) 択一的構成2――立証責任転換説

商法504条ただし書は、民法100条ただし書と同趣旨の規定であり、顕名がない場合における原則ー例外の逆転は立証責任の相違を反映しているにすぎないとみる学説もある[10]。すなわち、代理人において代理意思の表示がない場合は本人に対して代理行為の効果は帰属しないが、相手方が本人のためにすることを知っていた場合はこの限りではない、という理は民商法において異なるところはなく、民法100条ただし書が、本人が相手方の悪意有過失を立証した場合において本人への効果帰属を認めるのに対し、商法504条ただし書は、相手方の側において自己の善意を立証することによって本人に対する効果帰属を否定することができるとしている点において相違しているにすぎない、という。

この見解は、非顕名原則それ自体を疑問視する理解を前提としているが、商法504条の文言からかけ離れており、解釈論としては困難である旨が指摘されている。

10) 竹田・商行為法12頁、西原123頁。

このように、非顕名原則の意義と善意の相手方保護との関係をどのように規律すべきかにつき、商法504条の解釈論は多岐に分かれているが、この問題については分析編においてさらに展開する。

(2) 本人の死亡と代理権の存続
　第2に、代理権の消滅事由に関する特則について取り上げる。民法111条1項1号では、代理権の消滅事由として「本人の死亡」が挙げられている。これは、代理権が本人－代理人間の個人的な信頼関係を基礎として授与されており、相続による承継になじまないことを理由とする原則であるが、商法506条は、商行為の委任による代理権につき、本人の死亡により消滅しない旨を規定している。このような区別は旧民商法典においてもすでに現われていた[11]。その理由としてロエスレルは、「商事ニ於テハ一個人ニ係ル信任ヨリハ寧ロ全営業ニ係ル信用ヲ以テ重シトスル」ため、本人の死亡により営業それ自体が終了するのでない限り代理は消滅しないと説明している[12]。

　商事代理において本人の死亡後も代理権を存続させる必要性および合理性については、現在においても、①本人すなわち営業主が死亡しても営業が終了しない場合が多く、本人の死亡により営業活動を中断させることは商事取引の円滑を害するため、代理権を存続させて営業活動の維持継続をはかるのが望ましい、②相手方は本人の個性よりもその営業そのものを重視して取引を行うのが通常である、③商業使用人あるいは代理商は、営業主の代理人というより企業の人的設備ないしは永続的な企業組織の一環として位置づけられるべき実質を備えている、などの理解が示されている[13]。

　したがって、本人が死亡しても営業活動はその相続人に承継され、使用人

---

11) 旧民法財産取得編第251条　代理ノ履行又ハ其履行ノ不能及ヒ代理ニ付シタル期限ノ到来又ハ条件ノ成就ノ外尚ホ代理ハ左ノ諸件ニ因リテ終了ス
　　第一　委任者ノ為シタル廃罷
　　第二　代理人ノ為シタル抛棄
　　第三　委任者又ハ代理人ノ死亡、破産、無資力若クハ禁治産
　　第四　委任者カ代理ヲ委任シ又ハ代理人カ之ヲ受諾セシ原因タル資格ノ絶止
　旧商法第346条　代理ハ委任者又ハ代理人ノ死亡ニ因リテ解除スルモノニ非ス
12) ロエスレル607頁。

等は、新たな授権行為を要することなく、かつ、本人死亡に関する相続人の知不知あるいは営業を承継する意思の有無にかかわらず、相続人の代理人となるのであって[14]、この理は相続人が未成年者であっても変わるところはない、と解されている（大判大正 5 年 1 月 29 日民録 22 輯 206 頁）。

　また、商法 506 条にいう「商行為の委任による代理権」とは、商業使用人の選任のように、商人である本人の附属的商行為としての委任によって授与された代理権を指しており、受任者が行う委任事項が商行為であることを意味するものではない、との理解が確立している（大判昭和 13 年 8 月 1 日民集 17 巻 1597 頁）。その理由は、商法 504 条が、営業主体としての商人ないし企業の存在を前提としてその維持存続をはかる趣旨から、行為の種類・内容より商人の行為であることを重視している点に求められている。

(3)　代理権・代表権の範囲に関する特則

(i)　はじめに

　第 3 の特色として、商事代理における代理権ないし代表権の範囲に関する特則が挙げられる。民法上の代理では、任意代理における代理人の権限の範囲・内容は原則として個別の委任ないしは代理権授与行為によって定まる。これに対して、商事代理においては、取引の大量性・反復継続性ゆえに、代理人に包括的な権限が授与されることが多く、本人との関係において一定の地位にある代理人の権限を定型化して取引安全を確保することが求められる。そのための法技術として、「包括的権限の法定化・不可制限化」が用いられている。すなわち、支配人の代理権（商 21 条、会 11 条）、株式会社における代表取締役の代表権（会 349 条 4 項・5 項）、持分会社の代表社員の代表権（会 599 条 4 項・5 項）は、「営業（商人の支配人）・事業（会社の支配人）・業務（株式会社の代表取締役、持分会社の代表社員）に関する一切の裁判上又は裁判外の行為をする権限」とされており、かかる代理権または権限に加えた制限は、「善意の第三者に対抗することができない。」と定められている。

13）　江頭 276 頁、森田ほか・前掲注 9) 61 頁、田邊 177 頁、落合＝大塚＝山下 159 頁、森本・商行為法 46 頁、など。
14）　東京高判平成 10 年 8 月 27 日判時 1683 号 150 頁。

(ⅱ) 沿革

代理権に関するこのような特色は、明治23年旧商法における立法システムを継承したものである。旧商法は支配人の代理権について以下のように規定していた。

第45条

① 代務ノ委任ニハ商業主人ノ商号ヲ用ヰ且之ニ代リ裁判上ト裁判外トヲ問ハス其商業ニ関スル総テノ商取引及ヒ権利行為ヲ為シ得ル権力ノ授与ヲ包含ス

② 代務権ニ制限ヲ立ツルモ其制限ハ第三者ニ対シテ無効タリ但第三者其制限アルコトヲ知リタルトキハ此限ニ在ラス

ロエスレルは、支配人の権限を「総括全権」あるいは「完備無限ノ全権」ととらえ、その範囲につき法律上特別の留保を設けない立場を採用した。ドイツ旧商法は、「支配権（Prokura）」の包括性に対して、不動産の譲渡および担保設定については特別の委任を要するとして留保を付していたが、わが国の旧商法はスペイン商法の立法例にならったとされている[15]。

そして、合名会社において業務執行権を有する社員（旧商法109条、111条）、合資会社において業務執行権を有する社員または取締役（旧商法143条1項、144条）、株式会社における取締役それぞれの代表権（旧商法186条）[16]についても、上記の支配人の権限に準じて、特別の委任を要しない「全権代理」として、これに対する制限については第三者が悪意であった場合に限り対外的効力を有するとされた[17]。

---

15) ロエスレル158頁以下。
16) 旧商法第109条　会社ノ権利ハ業務担当ノ任アル社員裁判上ト裁判外トヲ問ハス之ヲ主張シ又ハ有効ニ之ヲ処分スルコトヲ得
　　第111条　業務担当ノ任アル社員ノ代理権ニ加ヘタル制限ハ第三者ニ対シテ其効ナシ
　　第143条① 業務担当ノ任アル社員又ハ取締役ハ裁判上ト裁判外トヲ問ハス総テ会社ノ事務ニ付キ会社ヲ代理スル専権ヲ有ス然レトモ会社契約又ハ会社ノ決議ニ依リテ羈束セラル
　　第144条　業務担当ノ任アル社員又ハ取締役ノ代理権ニ加ヘタル制限ハ善意ヲ以テ之ト取引ヲ為シタル第三者ニ対シテ其効ナシ
　　第186条　取締役ノ代理権及ヒ其権ノ制限ニ付テハ第143条及ヒ第144条ノ規定ヲ適用ス

(iii) 代理権(代表権)に対する内部的制限と第三者に対する効力

　支配人および代表取締役ならびに代表社員に対して法が付与した上記のような包括的代理権(代表権)は、定款の規定またはこれに基づく株主総会あるいは取締役会の決議によって制限することができるが、権限に加えた制限をもって善意の第三者に対抗することができない(会349条5項、599条5項)。その意味については、平成17年商法改正前から、株式会社の代表取締役の行為について議論されてきた。ここでは、取締役会の決議事項に関する代表取締役の専断的行為の効力につき、以下に諸説を紹介する。

① 民法93条1項ただし書類推適用説

　取締役会の決議の欠如は会社の内部的意思決定の問題にすぎず、原則として代表行為の効力に影響を及ぼさないが、相手方が取締役会の決議がない旨につき知りまたは知り得べき時は、民法93条1項ただし書類推適用により、代表行為の無効を主張することができる、という見解である。判例(最判昭和40年9月22日民集19巻6号1656頁)はこの構成を採用したと解されている[18]。これに対しては、ⅰ．機関秩序に関わる基本問題を自然人の意思表示規定に仮託して規律することに無理がある、ⅱ．代表行為において効果意思と表示の不合致はない、ⅲ．相手方に無過失まで要求するのは取引安全に欠ける、などの批判がある[19]。

② 一般悪意の抗弁説

　取締役会の決議を要する旨の定めは会社の内部的意思決定のための手続を示すものにすぎず、これに違反しても代表行為の効力に影響しないが、かかる手続違反につき相手方が悪意であった旨について会社側が立証すれば、一般悪意の抗弁をもって対抗することができる、とする構成である[20]。この立場に対しては、ⅰ．取締役会の決議を要する重要事項についてかかる決議を欠く場合も原則有効と解してよいか、ⅱ．相手方からの履行請求を拒絶する

---

17) ロエスレル339頁以下。
18) 豊水道祐「最判解昭和40年度」曹時17巻11号153頁(1965年)。
19) 竹内昭夫『判例商法Ⅰ』(弘文堂、1976年)233頁、前田庸『会社法入門〔第12版〕』(有斐閣、2009年)480頁、前田重行「判批」『会社判例百選〔新版〕』(有斐閣、1970年)139頁、上村達男・争点Ⅰ143頁、山田廣己「判批」『会社法判例百選〔第2版〕』(有斐閣、2011年)135頁、など。

根拠としては機能しうるが、悪意の相手方に対して履行がされた後における会社側からの原状回復請求権を導くことはできない、などの難点が指摘されている[21]。

③　代表権に対する内部的制限説

取締役会の決議を要する旨の定めをもって代表権に加えた内部的制限（会349条5項＜平成17年改正前商261条3項、78条2項、平成18年改正前民54条＞）ととらえて、善意の第三者に対して対抗することができない、と解する立場である[22]。これに対しては、②説と同じく、取締役会の決議事項がつねに代表権に対する内部的制限にすぎないといえるか、といった疑問が提起されている[23]。

④　越権代表説（2段階構成説）

代表権に対する制限違反を、ア．代表権に加えた内部的制限の違反と、イ．法律上の権限踰越に分けて、前者には平成17年改正前商法261条3項・78条2項・平成18年改正前民法54条（会349条5項）が適用されるが、後者については民法110条類推適用によって取引安全をはかるべしと解する構成である[24]。この見解は、経常性と反復継続性を旨とする営業に関する行為につき、定款等により制限を加えることは、代表取締役が本来有している権限に対する内部的制限にあたるのに対して、営業譲渡のような営業

---

20)　竹内・前掲注19) 233頁、大隅健一郎＝今井宏『新版会社法論（中）Ⅰ』（有斐閣、1983年) 186頁、田中誠二「代表取締役の専断的行為の効力再論」商事法務1003号9頁（1984年）、鈴木竹雄『新版会社法〔全訂第5版〕』（弘文堂、1994年) 193頁、木内宜彦『会社法』（勁草書房、1983年) 188頁、米沢明「判批」『会社判例百選〔第5版〕』（有斐閣、1992年) 97頁。

21)　山口幸五郎・争点〔第2版〕126頁、今井宏「代表権の制限と取引の安全」民商93巻臨時増刊号（1) 166頁（1986年）。

22)　竹内・前掲注19) 233頁、前田庸・前掲注19) 480頁、前田重行・前掲注19) 140頁、野津務「代表取締役」田中耕太郎編『株式会社法講座Ⅲ』（有斐閣、1956年) 1106頁、龍田節『会社法〔第10版〕』（有斐閣、2005年) 109頁、山田・前掲注19) 147頁など。

23)　山口・前掲注21) 126頁。

24)　上柳克郎＝鴻常夫＝竹内昭夫編『新版注釈会社法（6）』（有斐閣、1987年) 164頁以下〔山口幸五郎〕、河本462頁以下、関俊彦『会社法概論〔全訂第2版〕』（商事法務、2009年) 277頁以下など。

の基礎に関する行為あるいは、重要財産の処分、多額の借財など取締役会の法定決議事項に属する行為については、代表取締役は当初より決定権をもたないため、その違反は権限外の行為にあたる、という理解を前提とする。この構成に対しては、ⅰ．個別具体的にいかなる行為がアとイのいずれに属するかにつき、その区別が必ずしも明確とはいえず、取引安全を害する、ⅱ．取締役会の決議事項のいかんを問わず、相手方は代表取締役の代表行為が適正に行われているものと信じてよいのではないか、などの疑問が呈されている[25]。

⑤　相対的無効説

取締役会に決定権を専属させている重要事項につき、その決議を欠いて行われた代表行為は原則無効であるが、悪意または重過失がない相手方に対しては無効の主張が制限される、と解する見解である[26]。利益相反行為に準じる構成であるが、利益相反行為と代表権の制限違反とは問題を異にするとの指摘がある[27]。

(4)　代表権の濫用

(ⅰ)　問題の所在

代理人が、その権限内に属する行為を自己または第三者の利益を図る目的において行うことをもって、代理人の権限濫用という。同様の問題は商事代理および代表についても生じ得るが、支配人・代表社員（持分会社）・代表取締役（株式会社）は営業・会社の事業ないし業務につき広範な代理権ないし代表権を有しているため、民法上の任意代理一般の場合と比較して権限濫用が行われるおそれが大きいといえよう。そこで、その効果につきどのように解すべきかが問題となる。

このような行為は形式的には有権代理（代表）であるため、理論上は代理権の範囲に関する問題ではなく、本来は無権代理とは区別されるべきものである。しかしながら、相手方が代理人の濫用目的を知り、または知り得べき

---

25)　田中・前掲注20) 8頁以下、米沢・前掲注20) 97頁など。
26)　北沢400頁、竹内昭夫著＝弥永真生補訂『株式会社法講義』（有斐閣、2001年）549頁、上村・前掲注19) 143頁。
27)　山口・前掲注24) 166頁。

であった場合においてまで、その効力を認めるべき合理的理由はない。民法（債権法）改正前はこの問題に関する明文規定が存しなかったため、上記の帰結を導くための法律構成につき判例・学説が分かれていた。改正民法の理解を深めるためにあらかじめ確認しておこう。

① 民法93条1項ただし書類推適用説

代表者が本人のためにする表示をしながら自己または第三者の利益を図る目的を有していた場合、相手方がそのような代表者の真意につき知りまたは知り得べきであったときは、民法93条1項ただし書の類推適用により当該代表行為は無効となる、という見解である。これが判例の立場であるが（最判昭和38年9月5日民集17巻8号909頁）、以下のような理解を基礎としている。ⅰ．法律行為の経済的効果を誰に帰属させるかに関する代理人（代表者）の目的は動機にすぎず、本人に利益（経済的効果）を帰属させる旨の表示と自己または第三者の利益（経済的効果）のためにする真意との不合致は、代理（代表）行為の動機レベルにおける真意と表示の不一致であるが、法律効果に関する心裡留保に類似している。ⅱ．このような代理人（代表者）の動機につき悪意有過失の相手方を保護する必要はない。

② 信義則・権利濫用・一般悪意の抗弁説

代理人（代表者）の濫用目的の有無は代理（代表）行為の効力に影響を及ぼすものではないが、そのような目的につき悪意または重過失ある相手方がその有効性を主張することは、信義に反して許されない、という構成である。学説の多くがこれを支持していた[28]。

③ 代表権に対する内部的制限説・相対的無効説

権限濫用も代表権に対する内部的制限の違反にあたるとして、定款等による制限違反と同様に解する見解である[29]。権限濫用は代表権の範囲内の行為であるが、ⅰ．代表権の行使に関する会社－代表者間の内部的義務違反であること、ⅱ．悪意の相手方を保護すべきではないことに関する共通点に着目

---

[28] 鈴木竹雄＝竹内昭夫『会社法〔第3版〕』（有斐閣、1994年）214頁、田中誠二『三全訂会社法詳論（上）』（勁草書房、1993年）619頁、大隅＝今井・前掲注20）198頁、米沢・前掲注20）97頁、山口・前掲注24）127頁、上村・前掲注19）143頁、弥永真生『リーガルマインド会社法〔第14版〕』（有斐閣、2015年）190頁、など。

[29] 前田庸・前掲注19）481頁、山田・前掲注19）147頁など。

するものである。

　そのほか、利益相反行為に準じて、権限濫用による代理（代表）行為は無効であるが、善意の相手方との関係においては有効となる、と構成する相対的無効説も存した[30]。

(ii)　**平成 29 年改正後の民法における代理権濫用**

　平成 29 年改正により民法は、「代理」の節において、無権代理・表見代理とは別個に代理権濫用に関する明文規定を新設し（民 107 条）、代理人の濫用目的につき相手方が悪意有過失であった場合は無権代理に準じて効果不帰属とすることとした。上記の判例・学説の基本的理解を実質的に維持しつつ、これらを代理制度に適合する形で結実させた点に意義がある。代表権の濫用もこれに準じるものとなろう。

　なお、相手方の無過失の要否については見解が分かれていたが、一般に相手方は、疑念を抱くべき特段の事情がない限り、代理人（代表者）の権限のみならず濫用目的の有無についてまで調査確認すべき義務を負わないというべきであるから、無過失を要件としても相手方に過度な負担を課すとはいえないであろう。

> 分析編

4　非顕名原則の合理性

　商法 504 条が定める非顕名原則に対しては、かねてより立法論の見地から強い批判が寄せられている[31]。すなわち、ⅰ．前掲・最判昭和 43 年 4 月 24 日の事案がそうであったように、商行為に関する代理であるからといって、つねに本人－代理人間において反復継続性を有する委任関係または従属関係が存在するわけではなく、相手方としても、当事者が誰でもよいという前提で取引しているとは必ずしも言い切れないため、このような場合を含めて一律に顕名不要として、相手方が代理関係を知らない場合にまで代理の効力を認めるべき合理的理由に欠ける、ⅱ．商事代理における簡易迅速性の要

---

30)　北沢 403 頁など。
31)　松本・商行為法 60 頁、北沢正啓『商法総則・商行為法』（法文社、1954 年）132 頁、鈴木 16 頁、大隅・商行為法 34 頁、平出 108 頁、落合＝大塚＝山下 153 頁など。

請および、顕名がなくても相手方が代理関係を知りまたは知り得る場合が多いという理由については、顕名主義を維持しつつ、相手方が本人のためにすることを知りまたは知り得べきであった旨に関する認定を緩やかに行うなど、商事代理における取引上の要請に即した柔軟な運用によって対応すれば足りるのであって、商法504条のような法的手当ては無用の混乱を招く、などがそれである。

確かに、法律行為・意思表示論からいえば、代理意思の表示がなく、代理人が自己の名で行為すれば、同人が契約当事者となるのであって、そこに示されていない本人が当事者となることはない、というのが理論的帰結である。これについて商事取引の円滑を確保する観点から修正するとすれば、代理人が代理意思を有しており、本人も効果帰属を欲していることから、a. 相手方が代理関係を知りまたは知り得た場合、b. 本人が現れた後で相手方が代理関係を追認した場合、においては、もっぱら本人と相手方との関係を認めてもよいであろう。ただし、b. の場合、追認の遡及効が相手方に予期しない損失を与えることがあり得るため、相手方の利益を害しない限りにおいて追認の効果を生じさせる構成が望ましいといえよう。

5 商事代理における信頼保護

(1) 包括的権限に対する制限と取引安全

解説編3(3)(iii)で紹介したように、判例が、代表取締役による取締役会の法定決議事項（会362条4項）に属する重要財産の専断的処分につき、会社法349条5項（平成17年改正前商261条3項）の問題と別位に扱うのは、代表権に対する法令上の制限（代表権の原始的制限）と定款による制限とは区別すべきである、との理解に基づいていると評されている[32]。

確かに判例は、公法人の首長の代表権に対する法令上の制限については平成18年改正前民法54条の適用はなく、かかる制限に違反する行為は無権代理として民法110条による保護の対象となる、との立場に立っている（最判昭和34年7月14日民集13巻7号960頁、最判昭和35年7月1日民集14巻9号1615頁、最判昭和39年7月7日民集18巻6号1016頁、など）。そして、

---

32) 稲葉威雄「商法改正と銀行取引（1）」金法1002号11頁（1982年）。

越権代表説（2段階構成説）も、代表権に対する法令上の制限（権限に対する原始的制限）と定款による制限（包括的権限を前提とする個別的・内部的制限）とは性質を異にする、との理解を前提とする見解といえる。このことは、会社法349条5項の善意の意義およびその適用対象に関する理解にも関わる。すなわち、同条にいう善意とは、一定の行為につき取締役会の決議を要する旨の不知を指しており、それが定款上の制限であれば、そのような定款の記載についての相手方の不知は保護されるが、法令上の制限である場合、その不知がただちに同条によって保護されるわけではなく、民法110条に基づき、個別具体的な代表行為が取締役会の決議を経て適正に権限を有するに至った旨につき正当な信頼があったことが要求される、というわけである。その基礎には、法人理事の代表権に加えた制限に対する信頼保護について平成18年改正前民法54条と民法110条との関係を明らかにした判例法理（最判昭和60年11月29日民集39巻7号1760頁[33]）があるものと目される。このような構成は、取締役会の法定決議事項に属する行為につき相手方は、適正な手続の履践の有無につき調査確認義務を負う、との理解に適合的である。

　もっとも、これに対しては、どのような事項につき取締役会の決議を要するかおよび、決議が適正に行われたか否かについては、会社の側においてコントロールすべき内部的手続にすぎず、代表取締役と取引する相手方は、当該行為につき当然に必要な手続が履践されているものと信じてよいから、決

---

[33] 漁業協同組合の組合長理事が、同組合の理事会の承認をうけずに組合所有の土地を処分した事例につき、「漁業協同組合は、水産業協同組合法45条の準用する民法53条、54条の規定により、定款の規定又は総会の決議によって特定の事項につき理事が代表権を行使するためには理事会の決議を経ることを必要とするなどと定めて理事の代表権を制限することができるが、善意の第三者に対してはその制限をもって対抗することができないものであるところ、右にいう善意とは、理事の代表権に制限が加えられていることを知らないことをいうと解すべきであり、また、右の善意についての主張・立証責任は第三者にあるものと解すべきである。そして、第三者が右にいう善意であるとはいえない場合であっても、第三者において、理事が当該具体的行為につき理事会の決議等を得て適法に漁業協同組合を代表する権限を有するものと信じ、かつ、このように信じるにつき正当な理由があるときには、民法110条を類推適用し、漁業協同組合は右行為につき責任を負うものと解するのが相当である。」と判示した。

議が適正に行われた旨に対する信頼も会社法349条5項によって保護されるべきである、として、決議を要する旨の不知と決議があった旨の信頼保護との区別化を否定する見解[34]も有力である。

(2) 商事代理の特色と表見代理法理

　支配人・代表社員・代表取締役に付与された代理権・代表権の特色は、包括的権限の法定化および、これに対する制限の対外的効力の否定であった。取引の大量性と反復継続性を旨とする商事代理においては、代理人の権限を定型化して取引安全をはかることが求められるが、このような商事代理の特色は、民法上の代理とりわけ110条を中心とする表見代理制度の解釈論にも少なからぬ影響を与え得ると考えられる[35]。すなわち、商事代理においても、包括的権限が法定化されている代表者あるいは商業使用人に該当しない代理人による越権代理行為については、民法110条の適用対象となり得るが、その際には、商事代理の特色を踏まえた定型的信頼保護に資する要件判断が行われるべきであろう。商法25条および会社法14条は、ある種類または特定の事項の委任をうけた商業使用人に対して、当該事項に関する包括的代理権を付与しているが、部長・課長などの肩書があれば当然にこれにあたるというわけではなく、また、専門家が代理人となる場合もつねに該当するとは限らない。そこで、そのような商事代理または職業的代理の場合における信頼保護については、民法110条が補充的機能を果たすことになるが、そこにおいては、代理人の職業的地位に鑑みて「通常有すべき権限」に対する定型的な信頼保護という視点が必要となるであろう。具体的には、本人と代理人の関係および代理人の地位、代理行為の性質・内容に照らし、客観的にみて当該代理行為が「通常有すべき権限」に属すると判断し得る場合、実際には権限外の行為であったとしても、正当理由の有無を判断するにあたり、特段の事情がない限り、ⅰ．代理権の内容・範囲に関する個別の調査確認義務の軽減ないし免除[36]、ⅱ．当該代理行為に関する本人側の具体的

---

34) 米沢・前掲注20) 97頁、竹内＝弥永・前掲注26) 549頁、弥永・前掲注28) 191頁など。
35) このような視点を示唆する先行業績として、高橋三知雄『表見代理の有権代理構成——代理理論の研究』(有斐閣、1976年) 167頁以下など。

な関与不問[37]、と解すべきであろう。

　かかる意味において、民法110条における「正当理由」の意味および判断枠組みについては類型化が重要であり、商事代理およびこれに準じる職業的代理において反復継続性を有する取引類型と、親族等による個別の重要財産処分のような取引類型とは区別して解釈すべきである。

(武川幸嗣)

36) 民法110条における正当理由の判断につき、同条の起草過程の分析からこのような検討視角を示唆する先行業績として、髙森八四郎＝髙森哉子「権限踰越の表見代理と『正当理由』」髙森八四郎＝髙森哉子『表見代理理論の再構成』(法律文化社、1990年)75頁以下、91頁以下。
37) 本人の帰責性要件の必要性を提唱する見解として、安永正昭「越権代理と帰責性」前掲注8)・林還暦記念1頁以下など。

第12講 商行為通則・有価証券

1 はじめに

　商行為は法律行為である。そして、原則として、商行為もまた一般法である民法の適用が予定されている。しかし商法は、企業取引における大量性、継続性、簡易迅速性、営利性などの諸要素を考慮して、民法の原則的な規定を変更または補充している。

　商法第2編「商行為」は、第1章「総則」において、商行為に関するいくつかの通則と有価証券に関する規定を設けている。商行為に関する通則は、その順序にほとんど脈絡がなく、あるいは債権法的規定と物権法的規定とがあり、あるいは一切の商行為に適用される規定がある一方で商人（あるいは商人間）の商行為にのみ適用される規定があるなど、種々雑多な様相を呈している。

　本講では、そのような変更・補充規定のうち、①「債務の履行・債権担保に関する規定（平成29年改正前商511条、515条、516条、520条、521条、522条）」、②「商行為の営利性が重視された規定（平成29年改正前商512条、513条、514条）」をとりあつかう。また、③「有価証券に関する規定（平成29年改正前商517条、518条、519条）」についても触れる[1]。

　ただし、かかる通則規定のうち、平成29年の民法（債権法）改正（「民法の一部を改正する法律（平成29年法律第44号）」および「民法の一部を改正する法律の施行に伴う関係法律の整備等に関する法律（平成29年法律第45号）」）にともない、平成29年改正前商法513条が修正され、平成29年改正前商法514条、516条2項、517条ないし520条、522条が削除される（改正法は一部を除き2020年4月1日に施行される）。本講では改正法に準拠する形で記

---

1) 分類は、近藤127頁による。

述する（なお、本講では、民法改正に言及する場合、特に断りなき限り上記平成29年民法（債権法）改正のことを指す）。

▎解説編

2 債務の履行・債権担保に関する規定
(1) 多数債務者間の連帯（商511条1項）
(i) 趣旨および本条の沿革

　債務者が複数いる場合、別段の意思表示がないときは、民法上、各債務者はそれぞれ等しい割合で義務を負うことになる（分割債務、民427条）。これに対して商法では、商取引における信用の強化を目的に、債務者の責任を加重して連帯債務であると規定している。商法では、商行為から生じる債務の履行を確実にし、取引の安全を保護するため、連帯債務の債権担保としての側面を意識的に利用しているのである。

　連帯債務は、民法上では原則として当事者の意思に基づいて生じるが（改正民436条）、商法上では法律の規定に基づいて生じる例がいくつかあり（本項のほか、商14条、537条、579条3項など）これらを総称して「商事連帯」と呼ぶこともある[2]。ただし、当事者が反対する旨の特約をなした場合には本項の適用はない。

　本条は明治23年商法287条および288条[3]を修正統合したものであり[4]、本項の前身である明治23年商法287条[5]には反対の明示的特約を留保する文言があったが、これは自明のことであり、かつ明示だけを認め黙示の特約を認めない理由はないとして削除された。また、統合前の両規定には、多数債権者間の連帯も認められていたが、当時の民法上、債権者間の連帯に関する規定がないことから本条では削除された[6]。改正民法432条以下では、連帯債権に関する規定が新設されたが、これに対応する商法規定は置

---

2) 我妻栄＝有泉亨＝清水誠＝田山輝明『我妻・有泉コンメンタール民法——総則・物権・債権〔第5版〕』（日本評論社、2018年）835頁。
3) 商法511条2項の前身規定。ロエスレル草案では333条（ロエスレル520頁）。
4) 『商法修正案参考書　附　商法修正案正文』（八尾書店、再版、1898年）242頁。
5) ロエスレル草案では332条（ロエスレル520頁）。
6) 前掲注4) 商法修正案参考書242頁以下。

かれていない。

(ii) 要件

連帯債務となる要件として、①その行為が債務者の1人または全員のために商行為であること、②債務が数人の債務者の共同の行為によって生じたことを要する。

①この商行為の中には附属的商行為（商503条）も含まれると解されている[7]。また、通説・判例によれば[8]、その行為は債権者のために商行為である必要はなく、かつ債権者のために商行為であるだけでは本項の適用はない。さらに、債権者も債務者も商人であることを必要としない。なお、現存の債務はかならずしも直接商行為によって生じたものでなくてもよく、たとえば、契約の解除または取消しなどの場合の原状回復義務ならびに不当利得返還義務などのように、商行為によって生じた債務と同一性を有すれば足りると解されている。

②連帯債務となる債務は、数人が1個の共同行為によって負担することを要する。そうでなければ、数人が1個の債務を負担することはないからである。しかし、その数人の間に組合関係その他特殊な共同関係があることは必要ではない。共同手形行為について、判例は適用を肯定しているが[9]、学説は、手形の性質から本項の適用はないと解している[10]。

(2) 保証人の連帯（商511条2項）

(i) 趣旨

民法では、保証人は債権者との特約がない限り主たる債務者と連帯せず、いわゆる催告の抗弁権（民452条）、および検索の抗弁権（民453条）を有し、また保証人が数人ある場合は、分別の利益（民456条）を有する。

しかし、商法はその例外として、主たる債務者の商行為によって生じた債務を保証したとき、または保証が商行為であるときは、主たる債務者および

---

[7] 最判平成10年4月14日民集52巻3号813頁。
[8] 大隅・商行為法37頁、西原131頁、弥永92頁、石井＝鴻・商行為法61頁。大判明治45年2月29日民録18輯148頁、大判昭和9年12月14日新聞3790号17頁。
[9] 大判大正5年12月6日民録22輯2374頁。
[10] 田中誠ほか・コンメ105頁。

保証人が別個の行為によって債務を負担した場合でも、その債務は各自連帯して負担すると定めている。商取引の債務の履行を確実にするという立法趣旨である。この規定も本条1項と同じく、当事者が反対の特約をなした場合には適用されない。

(ii) 要件・効果

この規定の適用があるのは、①債務が主たる債務者の商行為によって生じたとき、または②保証が商行為であるときである。

①この債務は絶対的商行為（商501条）によって生じたものでもよく、それゆえ、主たる債務者は商人である必要はない。また、その行為が債権者にとってのみ商行為であるだけでは足りない。債務が主たる債務者の商行為によって直接生じた場合はもちろん、当該債務と同一性を有する限りは本項の適用がある（たとえば、解除による原状回復義務、損害賠償責任など）。

②保証が保証人または債権者のいずれか一方にとって商行為であれば足りるとするのが、判例およびかつての通説であり、商人が自己の営業のために保証する場合（商503条）はもちろん、たとえば銀行が貸付けのために、商人ではない者に保証人となってもらう場合にも本項の適用があるものと解されていた[11]。

しかし、債権者にとっては商行為だが保証人からみると商行為ではない場合にも連帯性を認めることは、債務が債務者にとって商行為たる行為によって生じた場合にのみ連帯を認める本条1項や本項前段（①の要件）との調和からみても、前記(i)の立法趣旨からみても正当ではないとして異論が多く、近時の学説は、保証人にとって商行為である場合のみを本条の適用対象とする見解が多い[12]。この見解に従えば、保証人は商人でなければならないことになる。

なお、保証人が数人いる場合に、主たる債務者と各保証人との間のみではなく、保証人間にも連帯関係が存するか否かは法文上明らかではないが、これを肯定するのが判例・通説である[13]。その結果として、催告の抗弁権なら

---

[11] 大判昭和14年12月27日民集18巻1681頁参照。竹田・商行為法18頁、小町谷83頁。

[12] 大隅・商行為法39頁、西原133頁、蓮井＝西山118頁、近藤132～133頁、青竹122頁。

びに検索の抗弁権のみならず、分別の利益もまた取り除かれることになる。主たる債務者の債務と保証人の保証債務とは当然別個の行為によって発生するのであるから、法文に「主たる債務者及び保証人が各別の行為によって債務を負担したとき」とあるのは、本来は必要のない文言である。これは、主たる債務者と保証人とが時を異にして債務を負担した場合をも含むことを注意的に規定したものと解されている。

主たる債務者の商行為によって生じた債務について、数人が債務の引受をしたときは、重畳的債務引受・免責的債務引受のいずれの場合でも[14]、本項の準用により、債務引受をした数人は連帯債務を負担するとの下級審判決があるが[15]、免責的債務引受の場合には、商行為によって生じた債務の同一性の継続によって、その引受をした数人の債務者の連帯を本条1項によって認めるべきとの見解もある[16]。

(3) 流質契約の自由（商515条）

(i) 趣旨および沿革

本条は、商事債権の物的担保を強化するための物権法的な商法上の特則の1つである。

質権設定行為または債務の弁済期前の契約において、債務不履行の場合に、質権者が質物の所有権を取得し、または法律に定めた方法によらないで質物を処分することを約する契約を「流質契約」という。民法では、債務者の窮迫に乗じて債権者が暴利を得ることを防ぎ、経済的弱者を保護するために流質契約を禁止している（民349条）。

---

13) 大判明治44年5月23日民録17輯320頁。大隅・商行為法39頁、西原133頁、蓮井＝西山118頁。
14) 改正民法470条以下。「重畳的債務引受」とは、従来の債務者の債務を免脱させずに、引受人がこれと同一内容の債務を負担することであり、「併存的債務引受」とも呼ばれる。従来の債務者が債務を免れないため債務の移転ではなく、その実質は、むしろ一種の保証であるといわれる。「免責的債務引受」とは、従来の債務者を免責させ、引受人だけが債務者となる（債務の移転を生じる）ものであって、真の意味における債務引受である（我妻ほか・前掲注2）842頁以下）。
15) 大阪地判昭和33年10月22日下民集9巻10号2140頁。
16) 田中誠ほか・コンメ106頁。

しかし、商人は自己の利害計算を冷静になし得ると考えられることにくわえて、商取引においては金銭その他信用の需要が多く、商人が容易に信用を受けられる必要から、債権者の質権実行を簡易化して金融の便をはかるために流質契約の締結を認めている。本条は、ロエスレル草案にも明治23年商法にも、さらに明治32年商法の政府草案中にも明文が存在しておらず、明治32年の商法制定の際に初めて導入された。

(ⅱ)　**要件**

　本条の要件としては、質権が商行為によって生じた債権を担保するために設定されることが必要である。この商行為が、債務者または債権者のいずれか一方にとって商行為であれば足りると解するのがかつての通説であった[17]。これに対し、債権者にとってのみ商行為となる行為によって生じた債権は含まないと解するべきだとの見解が有力になっている[18]。

　法文からは、債務者にとって商行為である場合だけに限定して解する積極的な根拠は見出せない。後者の学説は、上述の起草趣旨の中でも、商人は冷静に利害を打算して契約をするものであり、民法349条のような後見的規定を必要としないことを重視して、これを根拠としているのである[19]。

　反対に、上記起草趣旨の中でも、企業金融の円滑化のために、商事債権の自治的強化という側面を重視すれば、債権者にとって商行為であっても本条の適用を認めるという結論に至る。また、そもそも流質契約禁止の一般原則に疑問を呈する見解もある。すなわち、かかる原則はすでに実効の乏しいものであるのみならず、商人の貴重な営業資金から金融を受ける者は、たとえ商人ではない者でも多少の不利は仕方ないのであり、しかも金融を受けやすくなるという利点もあるというのである[20]。

　たしかに、流質契約の禁止は、債務者の窮迫につけこんで暴利をむさぼる

---

17)　小町谷89頁。
18)　大隅・商行為法40頁以下、近藤133頁、弥永94頁。
19)　この点、非商人である者が絶対的商行為によって債務を負担した場合をも適用外とするのかどうか、つまり、債務者が商人であることまでを要求するのかについては判然としない。田中誠ほか・コンメ120頁は、「自衛能力のない非商人については……制限して解しなければならない」と非商人を適用除外とするように解している。
20)　西原134頁。

ことを防止する目的から生じているが、現在の判例・通説は、譲渡担保によって流質と同様の効果を生じさせることを有効であると解しており[21]、金融の必要が多い商取引では特に無用の拘束であると指摘される。質屋営業法でも、民法の原則に対する例外が認められている（質屋営業法19条1項本文・2項）。これに対しては、流質契約禁止の一般原則の実行が不十分だとしても、なおわが国の現行実定法の強行規定として現存する以上、その精神を尊重すべきことは解釈論として当然であると反論される[22]。

被担保債権の発生原因とは異なり、質権の設定行為自体は、誰にとって商行為であるかを問わないと解するのが通説である[23]。しかし、先の有力学説の中には、この点についても債務者にとって商行為であることを要し、かつそれで足りるとする見解がある[24]。この学説によれば、質権を設定する債務者は理論上当然に商人でなければならないことになる。

なお、言うまでもないが、本条は流質の特約を許容するだけであって、商事質権の質権者に当然の流質権を認めるものではない。

(4) 債務の履行場所（商516条）

(i) 趣旨および沿革

本条は、明治23年商法317条[25]を修正した規定であり[26]、債務の履行に関する民法上の持参債務の原則（改正民484条1項）に対する商法の特則である。ここでは特に商取引の簡易迅速な決済のために、履行の場所に関して若干の特則が設けられている（なお、有価証券の履行場所に関する、平成29年改正前商516条2項については後述4を参照）。

なお、債務の履行場所とは、一定の地点でなければならないのに対して、履行地とは、履行の場所を含む最小独立行政区画（市、（特別）区、町、村）というフォーミュラが用いられる。

---

21) 我妻ほか・前掲注2) 644頁。
22) 田中誠ほか・コンメ120頁。
23) 岡野28頁、小町谷89頁。
24) 鈴木18頁、田中誠ほか・コンメ121頁。
25) ロエスレル草案では366条（ロエスレル563頁以下）。
26) 前掲注4) 商法修正案参考書245頁。

(ⅱ) 本条の意義

本条は、商事債務一般の履行の場所を定めている。これはさらに、①特定物の引渡しを目的とする場合と、②それ以外の債務を履行する場合とに分けられる。

①民法では、特定物の引渡しについては、別段の意思表示がないときは、「債権発生の時」その物の存在した場所でしなければならない（改正民484条1項前段）。これに対し、商法では、商行為によって生じた債務の履行をすべき場所が、「その行為の性質」または当事者の意思表示によって定まらないときは、特定物の引渡しは、「その行為の時」にその物の存在した場所でしなければならない。

まず、商法は、履行場所が「その行為の性質」によって定まらないときを挙げている。これは原則たる民法の規定にはなかったものであるが、行為の性質上履行場所が定まる場合は、黙示の意思表示があったと考えられるから、この点では民法と実質的な差異はないと解されている。つぎに、民法では「債権発生の時」とあるのに対し、商法では「その行為の時」と定めており、条件付法律行為や期限付法律行為による債務の場合には例外的に差異を生じる（民127条以下）[27]。ただし、この差異に特別な合理性はなく、本条の方が当事者としては物の存在場所を予測でき、立法として優れているといわれる[28]。なお、明治32年商法の修正案参考書では、民法と同じく「債権発生の当時」と説明されていた[29]。

②特定物の引渡し以外の履行場所については、民法では別段の意思表示がないときは、原則として債権者の現在の住所としている（改正民484条1項後段）。商法も、民法と同じく持参債務の原則をとっているが、行為の性質または当事者の意思表示により定まらないときは、債権者の現在の営業所を住所に優先させている。

なお、「商行為によって生じた債務」という場合の商行為は、上述の起草趣旨から、債務者または債権者のいずれか一方にとって商行為であれば足り

---

27) 小町谷85頁。これに反対するものとして、基本法100頁。
28) 西原140頁、田中誠ほか・コンメ125頁。
29) 前掲注4）商法修正案参考書245頁。

ると解されている。また、本条では「履行をすべき場所」となっており、民法では「弁済をべき場所」となっているが、両者は同義と解されている。

(5) 取引時間（平成29年改正前商520条）

本条は、商法516条とともに債務の履行に関する商法規定であり、とりわけ履行または履行請求の時期を定めていた。本条によれば、法令または慣習により取引時間の定めがあるときは、その取引時間内に限り債務の履行をなし、またはその履行の請求をなすことができる。本条は商行為によって生じた債務の履行、または履行の請求に関する規定と理解されている。もちろん、取引時間外になされた弁済の提供であっても、債権者が任意にこれを受領し、それが弁済期日内であれば、債務者は遅滞の責めを負わない[30]。さらに当事者がこれと異なることを特約で定めてもよい。

ところで、改正前民法は弁済の場所について規定を置くのみであり（改正前民484条）、弁済の時間についての明文規定は置いていなかった。しかし、明文のない民法においても平成29年改正前商法520条と同様の結果を認めることが解釈上当然であるから、本条は実質的に民法の特則ではなく、単に注意的規定にすぎないと解されていた。

そこで、本条に相当する民事法上の一般ルールを民法に置くべきであるという考え方が示された結果、本条は今般の民法改正にともない削除され、新設された改正民法484条2項に統合されることになった。改正民法484条2項は、「商人の」といった限定が付されておらず、民商法の一般規定として位置づけられている。

(6) 商人間の留置権（商521条）

(i) 趣旨および沿革

本条は、商法515条とともに商事債権の物的担保を強化するための物権法的な商法上の特則であり、民法の原則（民事留置権、民295条）に対してその要件を軽減している。

商人は、他の商人と継続的に取引を行い、相互に債権債務を負担すること

---

[30] 最判昭和35年5月6日民集14巻7号1136頁。

が多いが、その継続的取引の間に一方の取得する債権は、その者の占有している相手方の所有物によって担保されるものとすることは、商人間の確実な取引関係を維持するのに役立つ。このような商人間留置権の制度は中世イタリアの都市法によって形成されたものであり、ローマ法に淵源を有する民法上の留置権とは起源が異なるといわれている。

なお、商法は、このほかに代理商（商31条）、問屋（商557条）、運送取扱人（商562条）、および運送人（平成30年改正前商589条、753条2項、商574条、741条2項）の留置権を認めており（これらの比較については、図表12-1参照）、これらを総称して商事留置権と称する（商521条の留置権は、狭義の商事留置権であり、特に「商人間の留置権」と呼ばれる）。

本条の前身規定は明治23年商法387条[31]であるが、本条は、これに一大修正をくわえ、とりわけ被担保債権と留置目的物との関連を要しないことにした[32]。その後、明治44年改正法によって、本条の留置の目的物が有価証券にも拡張されることになった。

(ii) 要件

留置権によって担保される債権については、①当事者双方が商人であること、②当事者双方のために商行為となる行為によって生じたこと（双方的商行為でなければならない）、③債権が弁済期にあること、が必要である。

商事留置権は留置の目的物と被担保債権との牽連性は不要なのであって、その点で民事留置権と異なっている。ただし、個別的な関連ではなく、当事者双方の営業上の取引から得られた債権と物という一般的な関連が必要である。それゆえ、第三者から譲り受けた債権を被担保債権とする留置権は認められない。しかし、債権が物とともに移転された場合には（たとえば、相続・会社の合併など）、その承継人は留置権を有すると解されている。指図証券および無記名証券を他人から取得した場合も同様である（通説）。

留置の目的物については、①債務者の所有する物または有価証券であること、②債務者との商行為によって債権者の占有に帰したことが必要である。

①「債務者の所有」という要件は、民法の原則規定（民295条）には存在

---

31) ロエスレル草案では444条（ロエスレル655頁以下）。
32) 前掲注4)商法修正案参考書249頁以下。

[図表 12-1]

	被担保債権	目的物
民事留置権 （民 295 条）	その物に関して生じた債権	その物
	被担保債権と目的物との個別的牽連性が必要	
商人間の留置権 （商 521 条）	商人間の双方的商行為によって生じた債権	債務者との間における商行為によって債権者が占有を取得した債務者所有の物・有価証券
	被担保債権と目的物との個別的牽連性は不要	
代理商（商 31 条、会 20 条）・問屋（商 557 条）の留置権	本人・委託者のために取引の代理・媒介または物品の販売・買入れをなしたことによって生じた債権	本人・委託者のために占有することになった物・有価証券
	被担保債権と目的物との個別的牽連性は不要	
運送取扱人（商 562 条）・運送人（平成 30 年改正前商 589 条、753 条 2 項、商 574 条、741 条 2 項）の留置権	運送品に関して受け取るべき報酬・付随の費用・運送賃・立替金等、運送品の運送に直接関係のある債権	運送品
	被担保債権と目的物との個別的牽連性が必要	

＊弥永 95 頁を参考に作成。

せず、かかる要件を認めた理由は明らかではない[33]。第三者の所有に属する物または有価証券に対しては、たとえ債権者がこれを債務者に引き渡すべき義務を負っている場合でも留置権は認められない。債権者である買主の売買契約の解除により売主である債務者に物品を返還しなければならないような場合にも、留置権の行使を認めないのが下級審判例[34]である。また、債権者の占有取得の際に債務者の所有に属していればよく、その後に債務者が第三者にその所有権を譲渡しても、留置権はなお有効に成立する[35]。

33) 竹田・商行為法 31 頁は債務者の所有に属さない物または有価証券の上に留置権を認める必要のある場合を指摘する。
34) 京都地判昭和 32 年 12 月 11 日下民集 8 巻 12 号 2302 頁。学説上は、賛成するもの（竹田・商行為法 31 頁、江頭 253 頁）と、反対するもの（大隅・商行為法 48 頁、青竹 128 頁）とがある。

留置の目的物に不動産が含まれるかについては争いがある[36]。下級審判例ではこれを肯定するものも否定するものもある[37]が最高裁はこれを是認している（最判平成29年12月14日民集71巻10号2184頁）。民法上、「物」には不動産も含まれるため（民85条、86条）、本条もそのように解するのが文言上は自然である。そもそもこのような争いは、バブル崩壊後、金融機関と建築請負業者との間で生じることが多い。すなわち、土地所有者が建物の建築を依頼したが、融資を受けた金融機関にも建築請負業者にも債務の弁済をすることができず、金融機関が敷地に対する抵当権を実行しようとするのに対し、建築請負業者が建物の請負代金債権を被担保債権として、建物の敷地に対して本条の留置権を行使できるかという問題である（商事留置権には被担保債権と留置目的物との牽連関係は必要ない）。学説上は、不動産が本条の「物」にあたるか否かについて、否定するものもあるが[38]、多数説[39]はこれを肯定している。

　②留置の目的物に関する2つ目の要件は、債務者との商行為によって債権者の占有に帰したことである。かかる商行為とは、債権者・債務者のいずれにとって商行為であってもよいとの学説[40]、その双方にとって商行為であることを要する学説[41]、債権者にとって商行為であることが必要との学説に分かれる[42]。

　不動産が本条の「物」に含まれるとした場合、商事留置権成立の可否は債

---

35) 東京地判昭和53年12月21日判時934号103頁。
36) 留置目的物に不動産が含まれるかという問題のほか、商事留置権の成否が問題となる。その近時の判例として、約束手形が取立てにより取立金に変じた場合であっても、当該取立金を留置することができるとした、最判平成23年12月15日民集65巻9号3511頁がある。
37) 否定するものとして、東京高判平成8年5月28日判時1570号118頁、東京高決平成22年7月26日金法1906号75頁など。
38) 基本法107頁。
39) 西原138頁、田中誠ほか・コンメ159頁、青竹128頁、弥永96頁、近藤135頁。否定説への批判として、田邊光政「不動産に対する商事留置権の成否」金法1484号6頁以下（1997年）。
40) 岡野41頁、小町谷94頁。
41) 弥永98頁、青竹127頁。
42) 竹田・商行為法32頁、大隅・商行為法48頁、西原137頁、近藤134頁。

権者による不動産(先述した建物建築請負の場合の敷地)の占有の有無にかかる。これについても、外形的占有の事実があれば占有を肯定するもの[43]と否定するもの[44]とに分かれる。また、商事留置権成立を肯定しながら、抵当権との関係でその効力を制限するものもある[45][46]。

なお、本条ただし書は、当事者間の特約をもって留置権を排除することができると規定しているが、現在では、民法上の留置権においても解釈上同様の特約をなし得ると解されているため、この点は単なる注意規定とされている。

(iii) 効力

商事留置権の効力については商法に規定がないため、民法の一般規定(民296条以下)によることになる。それゆえ、民法上の留置権と同様に、留置権者は弁済を受けるまで留置目的物を留置し、これにより生ずる果実(民88条)を取得することはできるが(民297条)、留置目的物を売却してその代金を自己の債権の満足に充当することはできない。競売にかけることはできるが(民執195条)、換価金について優先弁済は認められない。

債務者が破産手続開始の決定を受けた場合、民法上の留置権は破産財団に対して効力を失うが(破66条3項)、商事留置権は破産財団に対して特別の先取特権とみなされ(破66条1項)、別除権として破産手続によらないで先取特権を行使することができる(破65条1項)。

ところで、この特別の先取特権とみなされる商事留置権の効力は、破産手続の開始決定後も存続するか、つまり、破産手続の開始によって商事留置権は特別の先取特権に転化するのだろうか。この点について、最判平成10年7月14日民集52巻5号1261頁は、留置目的物が手形であった場合に、特別の先取特権とみなすとする大正11年旧破産法93条1項前段(平成16年

---

[43] 東京高決平成6年2月7日判タ875号281頁など。

[44] 東京高決平成10年12月11日判時1666号141頁、東京高決平成11年7月23日判時1689号82頁、東京高決平成22年9月9日判タ1338号266頁など。

[45] 東京高決平成10年11月27日判時1666号143頁、大阪高決平成23年6月7日金法1931号93頁など。

[46] 建築請負業者の敷地に対する商事留置権に関する判例・学説については、泉田栄一・百選94頁以下。

新破66条1項）の文言は当然には商事留置権の有していた留置権能を消滅させる意味であるとは解されず、商事留置権を特別の先取特権とみなして優先弁済権を付与した趣旨に照らせば、商事留置権者は破産宣告後も手形を留置する権能を有し、破産管財人からの手形の返還請求を拒むことができると判示した。

　平成16年改正後の現行破産法では、破産管財人は、留置目的物を破産財団に回復することが破産財団の価値の維持または増加に資するときには、留置権者に財産相当額を弁済し、かつ裁判所の許可を得て、留置権の消滅を請求することができると規定している（破192条）。これは破産開始決定後も商事留置権の効力が存続していることを前提にしているからだと考えられる。

　また、商事留置権は、民事再生手続や会社更生手続に関しても民法上の留置権とはとりあつかいを異にする（民再53条1項、会更2条10項）。

(7) 商事債権の消滅時効（平成29年改正前商522条）

　平成29年改正前民法では、167条1項において債権の消滅時効における時効期間を原則10年としながら、その例外として、170条から174条において短期消滅時効の制度を設け、ある債権がいかなる職種に関して発生したものであるかによって時効期間を細かく区分し、それぞれ3年、2年、1年の時効期間を定めていた。

　平成29年改正前民法170条以下の職業別の短期消滅時効が設けられた趣旨は、これらの債権は慣習上迅速に請求をなし弁済を完了することが常であること、また、受取証書が交付されないか、交付されたとしても長く保存されないことが通例であることから、長期間経過後、その債権を証明することが困難であること等が根拠とされていた[47]。

　平成29年改正前商法522条は、商事債権の消滅時効を規定したものであり、債権の消滅時効期間を原則10年とする民法規定（改正前民167条1項）に対する特則として、この期間を半分の5年とするものであり、商取引を迅速に決済しようとの趣旨に基づくものであった。本条の前身規定は明治

47）川島武宜編集『注釈民法 (5)』（有斐閣、1967年）342頁以下〔平井宜雄〕。

23年商法349条[48]である。これはイギリス法の出訴期限法（statute of limitations）を参考に時効期間を6年としたもので、時効の起算点もまた規定されていた。本条はこの時効期間をさらに1年短縮して5年とすることを相当と認め、かつその起算点に関する規定を民法に譲ったのである。

しかし、こうした短期消滅時効制度については批判も多く、たとえば、実務上、ある債権がどの消滅時効に該当するのかを判断することが煩雑であったり、その判断自体が困難な場合があること、また、民法あるいは民商法上、短期消滅時効の対象となる債権とそれ以外の債権との時効期間の差異を合理的に説明することができるのか疑問であることなどの問題点が指摘されていた。

そこで、民法改正により債権の消滅時効については抜本的変更がくわえられ、債権者が権利を行使することができることを知った時（主観的起算点）から5年間行使しないとき、または権利を行使することができる時（客観的起算点）から10年間行使しないときに時効消滅するという二元的システムが採用された（改正民166条1項）。さらに、改正前民法170条以下に定められていた職業別の短期消滅時効についてはすべて廃止され、これらの改正に合わせて本条は削除された[49]。

3 商行為の営利性が重視された規定

(1) 報酬請求権（商512条）

(i) 趣旨および沿革

本条および次条は、商人の行為が当然に営利を目的とする行為であることから、商人が営業の範囲内でなす行為が有償であることを原則とするものであり、本条は特約なく報酬を請求できることを認めた規定である。民法上は、他人のためにある行為をしても、特約がない限り無償であり報酬を請求することができないのが原則だからである（たとえば民648条1項）。本条は明治23年商法中には規定されておらず、民法の規定が無償を原則としたこ

---

48) ロエスレル草案では403条（ロエスレル609頁以下）。
49) 潮見佳男『民法（債権関係）改正法の概要』（金融財政事情研究会、2017年）46頁以下。

ととの関係で新設された規定である[50]。なお、本条はとりわけ宅地建物取引との関係で問題とされることが多い（この点については、第16講解説編を参照）。

(ii) 要件

本条適用の要件としては、①商人が、②その営業の範囲内において、③他人のために行為したことが必要である。

①行為の当時に商人であることが必要である。相手方が商人であるかは問題とはならない。

②「営業の範囲内において」なした行為とは、営業の目的である行為のみならず、ひろく営業上の利益または便宜をはかるための一切の行為を包含する[51]。

③「他人のために」行為するとは、行為者が主観的にそうであるだけでは足りず、客観的にみて他人のためにする意思をもって行ったと認められる場合であることが必要である[52]。

なお、本条にいう「行為」とは、法律行為に限らず事実行為をも含み、それゆえ、商行為でも非商行為でもよい。また、他人に委託を受けるなどして行為した場合のみならず、事務管理（民697条）なども含むといわれている[53]。

(2) 利息請求権（商513条）

(i) 趣旨および沿革

本条も前条と同じく、商人が営利を目的とすることから、商人の行為の有償性を原則とする特則であり、特に金銭の消費貸借および立替えについて当然の利息請求権を認めたものである。本条は、立替金等の利息に関する明治23年商法333条[54]と、消費貸借等の利息に関する明治23年商法592条[55]とを整理統合したものである。

---

50) 前掲注4)商法修正案参考書243頁。
51) 大判大正10年1月29日民録27輯154頁。
52) 最判昭和50年12月26日民集29巻11号1890頁。
53) 大判昭和8年9月29日民集12巻2376頁。
54) ロエスレル草案では378条（ロエスレル580頁以下）。

とりわけ、消費貸借の場合には、取引の性質によって定まった慣習上の利率によると規定されていたものが、消費貸借も金銭の立替えも法定利率によるものと改められている。慣習上の利率による場合には民法92条を適用すれば足りるからである[56]。

(ii) 本条1項の意義

民法では原則として消費貸借（改正民589条1項）は無利息であるが、この民法上の原則に対する特則として、本項では金銭の消費貸借について、法定利率による利息すなわち法定利息を請求することができると規定している。本項が適用されるためには商人間で金銭消費貸借がなされることを要するが、当事者双方が商人である場合に要件を限定している点は、本条2項や前条との釣り合いがとれていないとの指摘がある。

立法論として、商人がその営業の範囲内において消費貸借上の債権者となったときは、相手方が商人か非商人かを問わず、同様にとりあつかうべきであるとの見解が有力であり[57]、また、解釈論としても、本項は商人がその営業の範囲内においてした消費貸借にのみ適用されるべきであるとの見解もある[58]。これに対して、商人は、営業の範囲外において借りた金銭も、必要があればただちに営業に流用し得るとともに、当事者は特約によって任意の条件を定め得るから、あえてこのような見解をとる必要はないとの指摘もある[59]。

(iii) 本条2項の意義

本項の定める他人のための金銭の立替えとは、委任・請負・雇用などの関係のもとに他人のために事務を処理する場合のみならず、ひろく他人のために金銭の出捐をなすことをいう[60]。この立替えが委任に基づく場合には、民法650条1項があるため本項は必要ないが、委任以外の関係に基づく場合

---

55) ロエスレル草案では653条（司法省『ロェスレル氏起稿商法草案下巻〔復刻版〕』（新青出版、1995年）27頁以下）。
56) 前掲注4) 商法修正案参考書243頁以下。
57) 岡野24頁、大隅・商行為法46頁、石井＝鴻・商行為法72頁、近藤142頁。
58) 西原119頁。
59) 小町谷74頁。そのうえで、商人から非商人が金銭を借りた場合を除外しているのは狭きに失するという。

には、民法上、原則として利息を生じないから、本項の実益があるのである。

本項は前項とは異なり、商人がその営業の範囲内において立替えをなすことで要件をみたす。それゆえ、相手方が非商人であってもよい。この立替行為に基づく法定利息請求権は同一行為から生ずる報酬請求権（商512条）とは別であるから、商人は立替行為について、法定利息のほかに報酬も請求できると解されている。

(3) 商事法定利率（平成29年改正前商514条）

法定利率は、改正前民法において年5分とされており（民事法定利率、改正前民404条）、平成29年改正前商法では、商行為によって生じた債務について民事法定利率より1分高くし、年6分と規定していた（商事法定利率、平成29年改正前商514条）。これも前2条と同様に、商人の行為の有償性を前提としていると考えられる。

これに対し、低金利の状況が長期間にわたって続いている現下の経済情勢を踏まえると、法定利率の水準が高過ぎるとの認識は広く共有されるものであった。そして、法定利率のあるべき水準を措定するにあたっては、一般の銀行預金の金利と同等の水準にまで利率を下げるのは相当でなく、債権者が同額の金員を他から得るために要する調達コストを填補するという観点や、履行のインセンティブを確保するという要請にもバランスよく配慮し、広い場面[61]に画一的に適用され得る利率として、できる限り広く納得の得られる水準とする必要があった。

法定利率が適正な水準か否かは、とりわけ金融市場における一般的な利率との対比で評価すべきことについては、おおむね異論がないものであった。そこで、民法改正に際し、かかる利率を法定利率の具体的な算定に反映させるため、金融市場の実勢を示す指標の変動に連動して、民事法定利率の数値

---

60) 大判昭和4年12月4日民集8巻895頁。
61) 部会資料の中では、念頭に置くべき適用場面として、当事者の合意により利率の約定をすることが想定しにくい場面、典型的には不法行為（民709条）による損害賠償請求権についての遅延損害金の利率や、不当利得に関する悪意の受益者に対する利息請求権（民704条）の利率が挙げられている。

も変更されるものとする利率の変動制の導入が検討されることとなったのである[62]。

　他方、商事法定利率についても、民法との年1分の差に合理的意味を見出すことができるか疑問が呈されており、民事法定利率を変動制にする議論と並行して、これに対する特別規定として商事法定利率を商法で規定することの要否が問題となった。変動する法定利率が金融市場の一般的な利率を反映するものとすれば、取引の当事者が商人かどうかだけに着目して利率の差を設けるという法規の定め方が現実と遊離した色彩を増すことになるからである[63]。

　その結果、民事と商事とで法定利率の二本立てを維持する法制には合理的理由が見いだせないと結論づけられたことから、商事法定利率は削除され、民法に一元化されることとなった。すなわち、改正民法404条は、変動制を基礎に据えたルールが新たに採用され、利息を生ずべき債権について別段の意思表示がないときは、その利率は法定利率によるとし（改正民404条1項）、その法定利率については、改正法施行時には3％であるが（同条2項）、その後は3年を1期として、1期ごとに同条4項・5項の定めるところにより変更される（同条3項）[64]。

4　有価証券に関する規定

　有価証券とは、財産的価値のある私権を表章する証券であって、その権利の移転または行使に証券の占有を必要とするものをいう。たとえば、手形・小切手・株券・社債券・倉荷証券・船荷証券などがその例である。この定義は、1882年にドイツのブルンナー（Heinrich Brunner）が唱えた定義[65]をも

---

62)　「民法（債権関係）部会資料50　民法（債権関係）の改正に関する論点の補充的な検討(1)」1頁以下。
63)　商行為法WG（山下友信ほか）「商行為法に関する論点整理（第504条～第558条、第593条～第596条）」13頁（2008年）。フランス法は、変動制への移行を契機に商事法定利率と民事法定利率の二本立てを廃止している。
64)　ただし、手形および小切手の遡求・再遡求金額に加算される利息については、国内において振り出しかつ支払うべきもの以外は、満期以後年6％の利率による利息であるとされている（手48条1項2号、49条2号、小44条2号、45条2号）。

4　有価証券に関する規定　255

とに発展したもので、現在のわが国の通説となっている[66]。商行為通則のなかには、指図債権および無記名債権に関する規定（平成29年改正前商516条2項、517条[67]）のほか、有価証券に関する規定（平成29年改正前商518条、519条）が置かれていた。

他方、改正前民法には、469条から473条まで指図債権、記名式所持人払債権および無記名債権についての規定が設けられており、これらは証券的債権と総称されていた[68]。証券的債権については、有価証券と同義とする見解が一般的であり、この見解に立つ場合には、改正前民法の規律には、証券と権利とが結合しているという有価証券の性質から見て適切でないものが含まれているうえ必要な規律も網羅されておらず、「指図証券および記名式所持人払証券以外の記名証券」に関する規定も欠けていた。また、平成29年改正前民法施行法には、指図証券、記名式所持人払証券および無記名証券に関する規定（平成29年改正前民施57条）が設けられており、これらの規定の適用関係についても同時に整理する必要性があった[69]。

さらに民法の証券的債権に関する規律と商法の有価証券に関する規律とは相互に抵触するものも含まれており、これらを分けて規定するのは適切ではなく、有価証券の規定は民法または商法のどちらかにまとめるべきであるとの提言がなされていた[70]。

そこで、民法改正により、証券的債権に関する規律に代えて、民法中に

---

65) 有価証券とは、私権を表章する証券であって、その利用が証券の所持によって私法上条件づけられているものをいう（Heinrich Brunner, Die Wertpapiere, in:Endemanns Handbuch des deutschen Handels-, See- und Wechselrechts, Band II, Leipzig, 1882, S. 147）。
66) 学説の対立につき、田邊宏康「改正民法における有価証券について」専修法学論集130号153頁（2017年）。
67) 「指図債権」、「無記名債権」という文言は、民法上の規定（改正前民469条、86条3項）と平仄を合わせたものと考えられるが、どちらも証券の存在を前提としているため、これらは「指図証券」、「無記名証券」と同義である（弥永115頁注3））。
68) 詳細は、西村信雄編集『注釈民法（11）』（有斐閣、1965年）400頁以下〔沢井裕〕。証券的債権については、改正前民法86条3項において無記名債権が動産とみなされていたほか、改正前民法363条および365条にも質権に関する規定が設けられていた。
69) 「民法（債権関係）部会資料70A　民法（債権関係）の改正に関する要綱案のたたき台(5)」17頁。
70) 商行為法WG・前掲注63）15頁。

「有価証券」という節が新設され、指図証券、記名式所持人払証券、記名証券（指図証券および記名式所持人払証券以外の記名証券）、および無記名証券に関する一般的規律が定められた（改正民520条の2以下）[71]。そして、これにともない改正前民法86条3項、363条、365条、469条から473条、および平成29年改正前商法516条2項、517条から519条は削除された。新たな規律については以下のとおりである。

(1) 有価証券の譲渡および善意取得

(i) 沿革

民法改正前、有価証券の譲渡方法および善意取得に関しては、平成29年改正前商法519条[72]に規定が置かれており、有価証券の性質に応じ手形法および小切手法の規定を準用するという形をとっていた。しかし、本条に対しては、準用スタイルを具体的事項ごとの規定に改める必要があると指摘されていた。すなわち、譲渡方法および善意取得については、本条1項、2項の規定を基礎に指図証券および無記名証券に即した規定とすべきであるというのである[73]。

そこで、民法改正では、有価証券の種類に応じて個別に規定が設けられる

---

71) 有価証券には、証券上の権利者の指定方法による区別として、「記名証券」、「指図証券」、「無記名証券」、「記名式所持人払証券（選択無記名証券）」という種類がある。「記名証券」とは、証券上に特定人を指定し、その者を権利者とする証券をいう。「指図証券」とは、証券に指定した特定人のほか、その者の指図した者を権利者とする証券である。「無記名証券」とは、証券上に特定の権利者を指定することなく、証券の正当な所持人をもって権利者と定める証券である。「記名式所持人払証券（選択無記名証券）」とは、証券上に権利者を指名するが、それと同時にその証券の所持人をも権利者とする旨を記載した証券をいう。大隅・商行為法54頁以下。

72) 本条の沿革としては、まず、明治23年商法396条（ロエスレル草案では455条（ロエスレル673頁））、および398条（ロエスレル草案では457条（ロエスレル674頁））に定められていた指図証券の譲渡方法を受け継ぐとともに、新たに指図証券の善意取得を認めて、手形編の規定を準用した（前掲注4）商法修正案参考書248頁の281条理由）。その後、明治44年の商法改正で、選択無記名証券を無記名証券と同一の効力とする規定を加えるとともに、有価証券の給付を目的とする有価証券も適用範囲にとりこんだものである。

73) 商行為法WG・前掲注63）17頁。

こととなり（改正民520条の2、520条の13、520条の19第1項、520条の20）、これによって平成29年改正前商法519条は削除された。

(ii) **有価証券の譲渡方法**

譲渡方法は、有価証券の種類によって異なる。

①指図証券は裏書によって譲渡される。改正民法520条の2は、「指図証券の譲渡は、その証券に譲渡の裏書をして譲受人に交付しなければ、その効力を生じない」と規定し、裏書と証券の交付が譲渡の効力要件に含まれる旨が示されている。

また、裏書の方式については、改正民法520条の3において、「指図証券の譲渡については、その指図証券の性質に応じ、手形法（昭和7年法律第20号）中裏書の方式に関する規定を準用する」と規定されている。具体的に手形法のいかなる規定が準用されるのか判然としないが、平成29年改正前商法519条1項が手形法12条、13条、14条2項を準用していたことから、これらの規定が当該指図証券の性質に応じて準用されるものと解される[74]。

②無記名証券および無記名証券とみなされる記名式所持人払証券（選択無記名証券、小5条2項）は、当事者間の意思表示と証券の引渡しによって譲渡される。改正前民法下において、動産とみなされていた（改正前民86条3項）無記名証券の引渡しは、権利移転そのものの要件であると解する見解が有力であり、したがって、引渡しが権利移転の対抗要件にすぎなかった民法の規定（改正前民176条、178条）を適用することは、証券の交付なく譲渡しうる点で、有価証券の本質に反するとの批判があった。そこで、改正民法520条の13は、「記名式所持人払証券……の譲渡は、その証券を交付しなければ、その効力を生じない」と規定し、証券の交付が譲渡の効力要件に含まれる旨が定められている。また、無記名証券にもかかる規定が準用されている（改正民520条の20）。

③記名証券は、債権の譲渡（改正民467条）に関する方式にしたがい、かつ、その効力をもってのみ、譲渡することができる（改正民520条の19第1

---

[74] なお、旧来、手形および小切手の裏書に原則として認められる担保的効力（手15条1項、小18条1項）は、一般の有価証券の裏書には通常生じないものと解されている。

項)。

　記名証券の譲渡の効力要件および第三者対抗要件に関しては、中間試案の補足説明において以下のように説明されている。すなわち、(一) 譲渡の意思表示を効力要件とし、債権譲渡通知を対抗要件とする見解、(二) 上記 (一) に加えて証券の交付を効力要件とする見解、(三) 上記 (二) のうち対抗要件を不要とする見解等がいずれも有力に主張されており、特定の見解を採用することは困難である。しかし、記名証券について、譲渡方法等に関する規定を設けずに公示催告手続に関する規定のみを設ける場合には、善意取得等の有価証券法理の適用がないという特徴的な性質さえも明らかにならない。そこで、上記記名証券の譲渡または質入れの効力要件等について、特定の見解を採用しないことを前提に、手形法11条2項と同様の表現をとった、というのである[75]。

　上記の見解のうち、通説は (二) となっている[76]。それゆえ、記名証券の譲渡は当事者間の意思表示によっておこなわれ、対抗要件として債務者に対する通知または債務者の承諾を必要とするが、さらに、譲受人に対する証券の引渡しも要する。

(iii) 証券所持人の権利の推定

　証券所持人の権利の推定については、以下の通りである。

　①指図証券については、改正民法520条の4において、「所持人が裏書の連続によりその権利を証明するときは、その所持人は、証券上の権利を適法に有するものと推定する」とされている。平成29年改正前商法519条1項は小切手法19条を準用しており、これにより指図証券の裏書には資格授与的効力が認められている。本条はこれを踏襲したものである。資格授与的効力とは、証券の占有者が裏書の連続によってその権利を証明するとき、適法の所持人と推定されることをいう。

　②記名式所持人払証券については、改正民法520条の14において、「記名式所持人払証券の所持人は、証券上の権利を適法に有するものと推定す

---

75) 商事法務編『民法(債権関係)の改正に関する中間試案の補足説明』264頁(商事法務、2013年)。

76) 田邊213頁、大隅・商行為法57頁、田中誠ほか・コンメ153頁、西原110頁。

る」とされている。また、無記名証券には記名式所持人払証券に関する規定が準用される（改正民520条の20）。これらは、善意取得とその前提としての（持参人払式証券の）権利推定を規定する小切手法21条（平成29年改正前商519条2項により準用）と同趣旨の規定である（なお、改正前民86条3項、民188条）。

③記名証券については、指図証券、記名式所持人払証券および無記名証券と異なり、権利の推定に関する規律は設けられていない。

(iv)　有価証券の善意取得

①指図証券および②記名式所持人払証券については、それぞれ、改正民法520条の5、520条の15に規定が置かれており（内容は平成29年改正前商519条2項、小21条と同趣旨）、無記名証券には、記名式所持人払証券に関する規定が準用されている（改正民520条の20）。これによれば、事由の何たるを問わず、有価証券の占有を失った者がある場合に、その証券を取得した所持人は、上記(iii)によってその権利を証明するときは、これを返還することを要しない。ただし、悪意または重大な過失によってその証券を取得したときは、この限りではない。

これは有価証券の流通の安全のために善意取得者の保護をはかったもので、軽過失があっても善意取得が認められ、民法193条、194条のような制限がない点で、民法192条の動産の即時取得よりも保護が手厚くなっている。

その要件としては、(一) 有価証券に特有な流通方法、すなわち証券の裏書または引渡しによって証券を取得したこと、(二) 無権利者から証券を取得したこと（通説[77]）、(三) 取得者に悪意または重大な過失がないこと、である。

なお、③記名証券については、指図証券、記名式所持人払証券および無記名証券と異なり、善意取得に関する規律は設けられていない。また、判例によれば、ゴルフ倶楽部の預託証書は有価証券にはあたらないため善意取得は

---

77) これに対し、善意取得の要件には、制限行為能力者や無権代理人による処分の場合および意思表示に瑕疵・欠缺があった場合など、およそ証券の占有を失ったすべての場合が含まれると解する反対説もある（田邊光政『最新手形法小切手法〔5訂版〕』（中央経済社、2007年）133頁）。

認められない[78]。

(v) 証券の譲渡における債務者の（人的抗弁）の切断（制限）

①指図証券および②記名式所持人払証券については、それぞれ、改正民法520条の6、520条の16に規定が置かれている（内容は、改正前民472条と同旨。記名式所持人払証券については改正前民472条を類推[79]）。無記名証券の場合は、記名式所持人払証券に関する規定が準用される（改正民520条の20）（改正前民473条と同様の規定である）。これらによれば、「その証券に記載した事項及びその証券の性質から当然に生ずる結果を除き、その証券の譲渡前の債権者に対抗することができた事由をもって善意の譲受人に対抗することができない」[80]。

なお、③記名証券については、指図証券、記名式所持人払証券および無記名証券と異なり、抗弁の制限に関する規律は設けられていない。

(2) **有価証券の履行場所**

指図証券および無記名証券の弁済は、債務者の現在の営業所において、もし営業所がなければその住所においてしなければならないと規定されていた（平成29年改正前商516条2項）。すなわち、取立債務である。これらの債権は輾転流通するものであって、債務者は弁済期に債権者が一体誰であるのかを知らないことが多いからである。なお、支払呈示期間経過後の手形の支払呈示は、支払場所の記載がある場合であっても、支払地内における主たる債務者の営業所または住所でなければならないと解するのが判例であるが[81]、学説上は、呈示期間経過後は、支払場所の記載だけでなく支払地の記載も効力を失うと解する説が多い[82]。

有価証券については、民法改正により民法中に一般的規律が置かれ、有価証券の履行場所を定めた平成29年改正前商法516条2項もこれに統合され

---

78) 最判昭和57年6月24日判時1051号84頁。
79) 大判大正5年12月19日民録22輯2450頁。
80) その内容の詳細については、西村編集・前掲注68）422頁以下。
81) 最判昭和42年11月8日民集21巻9号2300頁。
82) 倉澤康一郎＝斉藤武＝田邊光政＝木内宜彦『注釈手形法・小切手法』（有斐閣、1978年）84頁。

る形で削除されることになった。改正民法によれば、①指図証券については、そ「の弁済は、債務者の現在の住所においてしなければならない」と規定されている（改正民520条の8）。また、民法520条の8は、②記名式所持人払証券や無記名証券に準用されている（改正民520条の18、520条の20）。これは改正民法484条1項の特則を定めたものである。

平成29年改正前商法516条2項では、履行場所につき「債務者の現在の営業所（営業所がない場合にあっては、その住所）」とされているのに対し、改正民法では「債務者の現在の住所」のみが規定されている。それゆえ、債務者が個人商人の場合に営業所において弁済できなくなるとも解され、（先の支払呈示期間経過後の手形の支払呈示等で）この点は多少なりとも問題を含むと指摘されている[83]。

(3) 有価証券の提示（呈示）[84]と履行遅滞

(i) 趣旨および沿革

改正民法上、一般の債務は、債務の履行について確定期限の定めのある場合、債務者はその期限の到来した時から、不確定期限の定めのある場合はその期限の到来した後に履行の請求を受けた時またはその期限の到来したことを知った時のいずれか早い時から、遅滞の責任を負うのが原則である（改正民412条1項・2項）。しかし、有価証券のなかでも、指図証券または無記名証券（これと同視すべき記名式所持人払証券（小5条2項）も同様）は、債務者の知らないうちに輾転流通するものであるため、現在の債権者（証券所持人）がだれであるかを債務者が知り得ない。また、債権者は証券と引換えでなければ債務者に履行を請求することができない（受戻証券性）。

そこで、これらの証券については、上記(2)により取立債務に関する特則が設けられ、そのうえで、期限到来後、証券所持人から履行の請求があった時点ではじめて債務者が遅滞の責任を負い、しかもこの請求には証券を債務者に呈示（提示）する必要があるとの規定が設けられている（呈示証

---

83) 田邊宏康・前掲注(66) 156頁以下。
84) 平成17年商法改正以後、商法では「提示」という字が用いられている。手形法・小切手法ではなお「呈示」という字が用いられている。

性）。

　①指図証券については、改正民法520条の9により、「指図証券の債務者は、その債務の履行について期限の定めがあるときであっても、その期限が到来した後に所持人がその証券を提示してその履行の請求をした時から遅滞の責任を負う」と規定され（改正民412条1項の特則）、かかる規定は②記名式所持人払証券および無記名証券にも準用されている（改正民520条の18、520条の20）[85]。

(ii) 適用範囲

　いわゆる証券の呈示とは、履行と引換えに証券を交付できるよう、現実に証券を債務者に示すことをいう。もっとも、弁済をなすべき時および場所に債務者が現存しないか、またはその所在が不明である場合は、呈示に必要な処置をつくせば呈示があったものと認められる。たとえば、手形に関する判例であるが、証券を携えて支払場所に赴いたが支払人に面会できなかった場合[86]や、所持人の営業所が支払場所である場合に、所持人が支払場所において手形を持参したのに、支払期日に債務者があらわれなかった場合[87]などである。

　裁判上の請求をなす場合、訴状の送達をもって証券の呈示と同一の効力を有するのか否かは問題である。これを肯定する判例[88]ならびに学説[89]もあるが、通説は、時効中断の効力を認めることはよいが、債務者遅滞の効力までを認めることはできないと解している[90]。ただし、現実の手形の呈示がなされずにいきなり訴訟に持ち込まれることは稀であるため、実際上はあえてこれを問題にする必要はないとも指摘されている[91]。

　なお、改正民法520条の9は、記名証券には準用されていない（改正民

---

85) これらの条文の前身は、平成29年改正前商法517条であり、同条はロエスレル草案中にも明治23年商法中にも存在しなかった規定である（前掲注4）商法修正案参考書246頁）。
86) 大判明治39年11月22日民録12輯1551頁。
87) 大判大正5年10月25日民録22輯1988頁。
88) 大判大正6年2月9日民録23輯133頁。
89) 竹田・商行為法38頁。
90) 大隅・商行為法60頁、西原113頁。
91) 大隅健一郎＝河本一郎『注釈手形法・小切手法』（有斐閣、1977年）291頁。

520条の19）が、記名証券の債務者に対してもまた、証券の呈示証券性によって呈示を要するとの有力説もある[92]。

(4) 有価証券の喪失

(i) 趣旨および沿革

①指図証券については、改正民法520条の12において、「金銭その他の物又は有価証券の給付を目的とする指図証券の所持人がその指図証券を喪失した場合において、非訟事件手続法第114条に規定する公示催告の申立てをしたときは、その債務者に、その債務の目的物を供託させ、又は相当の担保を供してその指図証券の趣旨に従い履行をさせることができる」と規定されている。本条は、②記名式所持人払証券および無記名証券（改正民520条の18、520条の20）、③記名証券にも準用されている（改正民520条の19）。

本条の趣旨および沿革は次のとおりである。有価証券の所持人が証券を喪失しても、これによって当然にその権利を失うわけではない。しかし、証券上の権利の移転または行使には証券を必要とするから、所持人が証券を喪失したときには、特にその再交付が認められる場合のほか（平成30年改正前商605条、627条2項、商608条）、実際上その利用をなすすべを失うことになる。そこで、法は除権決定の制度を認めてその救済をはかっている（平成29年改正前民施57条、非訟114条以下）。

しかし、かつては公示催告手続ニ関スル法律783条によって、除権決定を受けるための公示催告期間は6か月以上必要であったため[93]、その間に債務者が資力を失い、または目的物の価値を減少させるおそれがあった。そこで、平成29年改正前商法は518条[94]を設けて、証券の所持人がその証券を喪失した場合において公示催告の申立てをしたときは、債務者にその債務の目的物を供託させ、または相当の担保を供してその有価証券の趣旨に従った履行をさせることができると規定していたのである。

---

92) 田中誠ほか・コンメ140頁、田邊213頁。指図禁止手形につき、大隅ほか・前掲注91）147頁、鈴木竹雄著＝前田庸補訂『手形法・小切手法〔新版〕』（有斐閣、1992年）242頁注九）。
93) 現行非訟事件手続法では、103条によって2か月以上と規定されている。

(ii) 適用範囲

　平成29年改正前商法518条は、公示催告の申立てが認められる証券のみが対象とされていた。それゆえ、指図証券、無記名証券、選択無記名証券については問題なく適用が認められていたが（平成29年改正前民施57条）、記名証券については公示催告手続が認められていないため、本条の適用はないと解するのが通説であった[95]。

　しかし、民法改正により、改正民法520条の11において、「指図証券は、非訟事件手続法（平成23年法律第51号）第100条に規定する公示催告手続によって無効とすることができる」と規定され、これが記名証券にも準用されたことによって（改正民520条の19第2項）、平成29年改正前民法施行法57条は削除され、記名証券にも公示催告手続が認められることとなった。

　なお、下級審判例によれば、預託金会員制のゴルフクラブが発行しているゴルフ倶楽部入会証書（保証金預託証書）は有価証券ではないから、公示催告手続や除権決定の対象とはならない[96]。

(5) **その他の有価証券に関する規律**

(i) 証券の質入れ

　証券の質入れについては、民法改正にともない、以下のとおり、証券の譲渡の場合と同様の扱いをすることが示されている。

　①指図証券の場合は、改正民法520条の7において、520条の2から前

---

94) 本条の沿革としては、明治23年商法403条（ロエスレル草案では462条（ロエスレル680頁））が指図証券喪失の場合の公示催告を規定していたことをうけ、明治26年施行部分にあたる711条、762条2項の一部、とりわけ766条が喪失手形につき判決確定前の権利行使方法として本条とほぼ同様のことを規定していたのを、明治32年商法において手形以外の指図証券にも及ぼすように改めたことに由来する（前掲注4）商法修正案参考書247頁以下）。その後、明治44年の商法改正で、金銭その他の物の給付を目的とする有価証券に加えて有価証券の給付を目的とする有価証券が付け加えられている。
95) 竹田・商行為法49頁、大隅・商行為法61頁、西原115頁。反対するものとして、大隅ほか・前掲注91）468頁。
96) 東京高決昭和52年6月16日判時858号101頁。

条までの規定が準用されている。指図証券の質入れについては、証書の交付によって効力を生じ、質権設定の裏書を第三者対抗要件とする改正前民法363条および365条の規律が置かれていたが、このような規律に代えて、質権の設定の裏書および証書の交付を質入れの効力要件とするほか、質入裏書の方式、権利の推定、質権の善意取得および抗弁の制限に関し、譲渡の場合に準じた規律が整備された。

②記名式所持人払証券の場合は、改正民法520条の17において、520条の13から前条までの規定を準用すると規定されている。無記名証券の場合は、記名式所持人払証券に関する規定が準用される（改正民520条の20）。これらの規定は民法改正によって新設されたものである。

③記名証券の場合は、通常の債権の質入れに関する方式にしたがい、かつ、その効力をもってのみ、質権の目的とすることができる（改正民520条の19第1項）。民法改正前においては、記名証券については譲渡方法に関する規定が置かれているのみであり（手11条2項）、その質入れについては、まったく規定が置かれていなかった。

(ii) 証券債務者の免責

①指図証券については、改正民法520条の10により、「指図証券の債務者は、その証券の所持人並びにその署名及び押印の真偽を調査する権利を有するが、その義務を負わない。ただし、債務者に悪意又は重大な過失があるときは、その弁済は、無効とする」と規定されている。本条は、②記名式所持人払証券および無記名証券に準用される（改正民520条の18、520条の20）[97]。これらは、改正前民法470条、471条と同趣旨の規定である[98]。

分析編

5　適用範囲と商法3条1項との関係

解説編では本講でとりあげた諸規定を主として条文の趣旨に着目して分類

---

97) なお、持参人払式小切手には改正民法520条の13、520条の14の適用があるといわれ（改正民520条の20）、改正民法520条の10についても適用（指図式小切手の場合）または類推適用（持参人払式小切手の場合）の余地があるといわれる（改正民520条の18、520条の20）（田邊宏康・前掲注66）147頁、165頁）。

98) 詳細については、西村編集・前掲注68）414頁以下。

した。これに対して、要件の面からこれを整理してみると、多くの規定が、「商人」あるいは「商行為」を要件としていることがわかる（図表12-2参照）。

　通説・判例に従えば、第一に、「商人間」、つまり商行為の当事者双方が商人であるときのみ適用されるものとして、商事留置権（商521条）および、異論はあるが金銭消費貸借の利息請求権（商513条1項）がある。第二に、商行為の当事者の少なくとも一方が「商人」であることを要するものとして、報酬請求権（商512条）、金銭の立替えの利息請求権（商513条2項）が挙げられる。「商人」とは、自己の名をもって商行為をすることを業とする者をいい（商4条1項）、そのほかに店舗販売業者と鉱業者（擬制商人、商4条2項）も商人であるとみなされている[99]。これらの諸規定は、行為主体の双方あるいは一方が商法4条に従って商人となる者（および会社）であることがその要件となっているのである。

　第三に、権利義務の発生原因が「商行為」であることを要件にしているものがある。「商行為」と「商人」とは、相互に結合しているが別概念である（第1講解説編参照）[100]。ある行為が商行為であるか否かは行為の当事者ごとに判断しなければならず、その結果、一方にとって商行為となるが、他方にとっては商行為とはならない行為もある（一方的商行為）。

　「商行為」を要件とする規定の中でも、債権者および債務者の双方にとって商行為（双方的商行為）でなければならないものとして、先の商事留置権（商521条）が、いずれか一方にとって商行為であればよいものとして、債務の履行場所（商516条）がある。また、多数債務者の連帯（商511条1項）、保証人の連帯における主たる債務者（商511条2項前段）のように、法

---

[99] 平成17年の会社法の単行法化および商法改正にともない、基本的商行為以外の営利行為を業とする会社の商人性の有無が問題となっている。最判平成20年2月22日民集62巻2号576頁は、会社法5条から、これを固有の商人（商4条1項）とみるが、会社法5条は行為の性質に着目せず商行為を会社という行為主体から導き出している以上、商人性の前提となる基本的商行為とは異質なものである。会社法5条に意味をもたせるとすれば、本条は（商法11条1項の括弧内の文言も併せて）、商法4条2項のような規定がなくとも、会社の商人性を当然の前提にしたものと解することになろう（髙田晴仁「会社の『商人』性」韓国全南大學校法學論叢28巻2号307頁以下、とりわけ318頁（2008年））。この点に関しては、第1講解説編も参照。

文上、債務者にとって商行為でなければならないと要件が限定されているものもある。

これに対し、法文からは当事者のどちらにとって商行為であるかについて特別の限定がなされていないにもかかわらず、学説上、債務者にとって商行為でなければならないと解される規定もある。それが保証人の連帯における保証行為（商511条2項後段）、流質契約の自由（商515条）である。

ここで問題となるのは商法3条1項との関係である。本項は、一方的商行為の場合に、一方には商法の適用があり他方には民法が適用されるといった不統一を避けるため、当事者双方に商法を適用すると規定している[101]。本規定を前提とする限り、商行為をその要件とする上記諸規定（商521条、511条1項および2項前段をのぞく）は、当事者の一方にとって商行為であれば当然に要件をみたすことになるとも考えられるのである。

この点、保証人の連帯における保証行為と流質契約の自由につき、債務者にとって商行為であることを必要とする近年の多数説は、条文の趣旨からこれを例外的・制限的に解釈するという[102]。このように考えていくと、法文や条文の趣旨から例外とされる規定をのぞくと、商法3条1項の適用範囲は非常に狭く解されることになる。商法3条1項はロエスレル草案17条[103]（および明治23年商法16条[104]）が前身規定であるが、その当時から民商法の間で論争になっていた規定である。すなわち、ある行為が一方にとってのみ商行為である場合が日常でもっとも多いが、この場合に、民法上の行為を行っただけの者に商法を適用するのは、法律の一般原則に反するという民法

---

100) もちろん、（固有の）商人は商行為をすることを業とする者であり、商人が営業のためにする行為も商行為であるため（商503条）、通常、商行為をなす者は商人であることが多い（会5条も参照）。しかし、商法501条の絶対的商行為については、たとえ業としてではなく1回限りで行う場合でも商行為にあたる。その場合、商法4条1項の要件をみたさないため、擬制商人（および会社）でない限り、その行為者は「商人」にはなり得ない。それゆえ、非商人間の絶対的商行為ということも理論的にはあり得る。

101) ここで「この法律をその双方に適用する」とひろく規定しているのは失当であり、正確には「商行為に関する規定」と規定されるべきである（岡野4頁）。「商人」であることが要件となっている規定は、別途その要件をみたさなければならないことはいうまでもない。

からの批判があったのである[105]。

　そもそも本規定のルーツは、一般ドイツ商法典（ADHGB）277条にあり、現行ドイツ商法典（HGB）にも同様の規定が置かれている（345条）。一般ドイツ商法典277条により19世紀ドイツ同盟領域内の全売買取引の大半が商法によって判定されることになったが、その実用的重点は、商業のための特別法である商法を市民法に移行させ、商法という見出しのもとに、実際はドイツ同盟領域での債権法・動産法の部分統一を達成するという点にあった。ドイツ帝国統一後にはかかる機能的意義は失われたが、そのことが顧みられることはなく、安易に残置されたものが現行ドイツ商法典345条である。そのため、ドイツ商法における一方的商行為制度の歴史的機能に照らして考えれば、立法論として、わが国の一方的商行為規定は削除すべきであるとの提言もなされている[106]。

102) 本規定を注意的・確認的規定であるとし、商事法定利率や商事消滅時効などについても商法3条1項の適用を制限する見解もあった（服部栄三「一方的商行為と商法の適用」民商78巻臨時増刊号（2）162頁（1978年））。
103) ロエスレル73頁以下。
104) 明治23年商法16条にはただし書があり、「本法中商人ノ身分ニ關スル規定及ヒ反對ノ意ヲ表シタル規定ハ此限ニ在ラス」と規定されていた。
105) 法律取調委員會「商法ニ關スル書類　ボアソナード氏商法草案ニ關スル意見書」法務大臣官房司法法制調査部監修『日本近代立法資料叢書19』（商事法務研究会、1985年）48頁。
106) 岩崎稜『戦後日本商法学史所感』（新青出版、1996年）92頁以下。

[図表 12-2]

	当事者の一方にとって商行為	当事者の一方が商人	当事者の双方が商人
多数債務者の連帯 (511条1項)	債務者にとって商行為		
保証人の連帯 (511条2項)	①主たる債務者にとって商行為 ②保証人にとって保証が商行為 (②について、判例は債権者にとって保証が商行為である場合も含む)		
報酬請求権 (512条)		商人がその営業の範囲内において他人のために行為をしたとき	
利息請求権 ——消費貸借 (513条1項)			商人間で金銭の消費貸借をしたとき (学説の対立あり)
利息請求権 ——立替え (513条2項)		商人がその営業の範囲内において他人のために金銭の立替えをしたとき	
流質契約の自由 (515条)	債務者にとって商行為 (学説の対立あり)		
債務履行場所 (516条)	債権者または債務者のいずれか一方にとって商行為		
商事留置権 (521条)			商人間においてその双方のために商行為となる行為によって債権が生じたとき

＊弥永9頁を参考に作成。また、通説・判例に従った。

(隅谷史人)

第13講 商事売買

1 はじめに

　商法524条ないし528条に商事売買に関する規定が置かれている。商品売買を念頭にこれらの規定が想定する場面は、売主から買主に対して売買商品が引き渡されるべき履行局面での病理現象に対して、それら引き渡されるべき商品について、売主または買主が講じるべき、あるいは、講じることができる措置が定められているのである。具体的には、買主の受領遅滞、定期売買の不履行、そして売主の契約不適合給付の場合の措置である。

▎解説編
2 買主の受領遅滞と売主の措置
(1) 受領遅滞の法的性質

　売主が債務の本旨にかなった弁済の提供を行ったにもかかわらず（民493条）、買主がその受領に応じないとき、買主は受領遅滞に陥る（民413条）。受領遅滞の法的性質については争いがあるが、学説では伝統的に、受領は権利であって同時に義務ではないため、受領遅滞は債務不履行ではなく、受領しなかった債権者に対して債務者に一定の責任の軽減を法が認めた責任であるとの、いわゆる法定責任説の理解が一般的である。もちろん、契約当事者は一定の契約目的の達成のために共同体を形成し、各当事者はその目的のために相手方の債務の履行を受領する義務を負うため、受領遅滞は受領義務の不履行とする理解も有力ではある。しかし、債権者は債務者の債務を一方的に免除できるため（民519条）、常に受領の義務を負うとすることは、債権者の自由な権利の行使・処分とは相容れないとの批判を受ける。反面で、売主による目的物の保管の負担が大きく、とりわけ、売主が引渡しについて先履行義務を負う場合には、受領に応じない買主との関係を解消して、代替取

引に向かう売主の利益を尊重すべきであるから、買主に一定の義務を課すべきことにも合理性は否定しがたい。そこで、買主の権利である「受領」とは区別される、目的物の有体的な持ち去りを意味する「引取り」につき、買主に信義則上の義務を課すべきとする見解が有力となる[1]。

判例は法定責任説に立脚する。座椅子の継続的な売買契約において、買主がその受領を拒絶するため、売主が解除と損害賠償を求めた事案で、「売買ニ於テ買主ハ其目的物ヲ受領スヘキ権利ヲ有スルモ之ヲ受領スヘキ義務ヲ負担スルモノニ非ス随テ買主カ売買ノ目的物ノ受領ヲ拒絶シタリトセハ是レ権利ノ不行使ニシテ受領遅滞ノ責ヲ負フモ債務ノ不履行ニアラス売主ハ之ヲ理由トシテ売買ヲ解除シ得可カラス」として、売主の請求が棄却されている（大判大正 4 年 5 月 29 日民録 21 輯 858 頁）。さらに、ゴルフ場のクラブハウスの屋上受水槽などの製作を請け負った請負人 X の仕事が捗らずクラブハウスの屋根張工事ができないため、やむなく注文者 Y が請負契約を解除した後で、X が受水槽を完成して Y の受領遅滞を理由に契約の解除と損害賠償を求めた事案で、「債務者の債務不履行と債権者の受領遅滞とは、その性質が異なるのであるから、一般に後者に前者と全く同一の効果を認めることは民法の予想していないところというべきである……されば、特段の事由の認められない本件において Y の受領遅滞を理由として X は契約を解除することができない旨の原判決の判断は正当」として、X の請求が棄却されている（最判昭和 40 年 12 月 3 日民集 19 巻 9 号 2090 頁）[2]。

しかし、すでに先の昭和 40 年判決が「特段の事由」がある場合に、買主に債務不履行の責任の余地を示唆していたところ、硫黄鉱石の継続的な採掘売買において、買主 Y が市場価格の下落を理由にその引取りを拒絶したため、売主 X 会社が損害賠償を求めた事案で、「信義則に照らして考察すると

---

1) 詳細は、奥田昌道『債権総論〔増補版〕』（悠々社、1992 年）223 頁以下。
2) もっとも、本事案では X の仕事が遅れてすでに Y 側から解除されているため、この Y の解除が有効であれば、それ以後の時点で問題とされている注文者の受領遅滞を争う余地はない。原審は、すでに Y の解除を有効と認めているのであるから、それを争わずに受領遅滞について上告をし、それに答えたにすぎない上述の最高裁判所の判断は、本事例の解決にとっては意味のない傍論というほかはなく、その先例的価値は限定的である。

きは、X会社は、右約旨に基づいて、その採掘した鉱石全部を順次Yに出荷すべく、Yはこれを引き取り、かつ、その代金を支払うべき法律関係が存在していたものと解するのが相当である。」として、売主の損害賠償請求を認容している（最判昭和46年12月16日民集25巻9号1472頁）[3]。

(2) 受領遅滞による売主の責任軽減と債務解放

　民法上、売主が債務の本旨に従った弁済の提供をしたときには、それ以降、売主は債務を履行しないことによって生ずべき責任を免れる（民492条）。さらに、買主が受領遅滞に陥った場合、売主は仮に買主が目的物を受領していたなら負わなかったはずの不利益を免れることができる。すなわち、買主の受領遅滞以降、売主はなお目的物を保管する義務を負うものの、注意義務は自己の財産に対するのと同一の注意に軽減され（民413条1項）、目的物の保管に要する費用の賠償請求が認められ（民413条2項）、目的物の危険は買主に移転する（民567条2項、536条2項、413条の2第2項）。売主のこうした責任軽減効果は、売主が提供をしたにもかかわらず、買主が受領しなかった事実があれば、ただちに生じる（法定責任説）。

　さらに、売主が目的物の保管債務から解放されたいと望むのであれば、売主は供託制度を利用できる（民494条1項1号）。しかし、供託所に供託できる物品は、「金銭及ヒ有価証券」に限られており（供託法1条）、それ以外の物品は、法務大臣が指定する倉庫営業者・銀行がなければ（供託法5条）、裁判所が保管者を選任することとなる（民495条2項）。さらに、目的物が供託に適しない場合、あるいは、その目的物が滅失・損傷等の事由により価格が低落するおそれがある場合、また、目的物の保存に過分の費用を要する場合、その他目的物を供託することが困難な事情がある場合は、弁済者が裁判所の許可を得て競売に付した後に、その売却代金を供託することができる（民497条）。

　これに対して、商人間の売買では、買主が受領しないか受領できないときに、売主はその目的物を供託し、あるいは、相当の期間を定めて催告をした後に競売に付して、その代価を供託することができ、その代価を売買代金に

---

3)　平野裕之「判批」『民法判例百選II〔第8版〕』（有斐閣、2018年）112頁。

充当することもできる(商524条1項・3項)。また、損傷などの理由で価格の低落のおそれがある目的物の場合、売主は、催告をすることなくただちに競売することができ、その代価を供託し、あるいは売買代金に充当することができる(商524条2項・3項)。売主は、競売に裁判所の許可を要することなく催告だけで、場合によってはその催告も要することなく目的物を競売でき、さらに競売代金を売買代金に充当することもできるため、民法の供託制度を利用するよりもはるかに簡便に目的物の保管義務から解放される。

売買目的物が有価証券であれば供託に適しているが、たいていの場合、売主は商品の供託に頼ることはないであろう。一般的にいえば、売主にとって、目的物を競売してその代価を売買代金に充当するのがもっとも簡便な方策となるはずである。理論的には、競売代価が売買代金を上回ることも想定されようが、実際に買主が商品の引取りを拒むのは商品価格が下落している場合であるから、代価が売買代金を下回るのが通例であろう。さらに、競売さえも売主にとって負担となるなら、売主は買主の引取義務の違反に基づいて、契約を解除した上で代替取引に向かうのが便宜であろう。

なお、売主が供託や競売手続を選択しなければ、原則通り、買主の受領遅滞の状態が継続していることとなる。したがって、商品売買において、売主は、自身が提供しかつ特定した商品をそのままの状態で保管する場合には、買主の受領遅滞の効果として、注意義務の軽減や危険の移転、増加費用の賠償を求めることができることは、先にみたとおりである。しかし、商品売買にあっては、提供・特定された商品をそのまま分離保管することなく、当該商品を他の在庫と混同させて一緒に保管し、あるいは、特定・提供された商品を他に転売して別の商品を在庫として保管することもあり得る。この場合の在庫に対する売主の注意義務が問題となるが、自己の物と同一の注意義務とする裁判例がある(札幌高函館支判昭和37年5月29日高民集15巻4号282頁)。

3　確定期売買の解除

双務契約において、一方の当事者が債務を履行しない場合、相手方は相当期間を定めて催告をしたうえで、契約を解除することができる(民541条)。しかし、期日に遅れる履行が債権者にとって意味を持たない、いわゆ

る定期行為の場合には、相手方は相当期間を定めた催告をすることなく、ただちに解除することができる（民542条1項4号）。これに対して、商人間の売買では、当事者の一方が定期行為の期限を履行しないままに経過した場合、相手方はただちにその履行を請求しなければ、契約を解除したものとみなされる（商525条）。相当期間を定めた催告はもちろん、解除の意思表示（民540条1項）すらも必要なく、期限の経過とともにただちに契約が解除されたものと擬制される。いわゆる確定期売買の特則である[4]。

　問題は、確定期売買がどのような場面で認定されるのかにある。たとえば、クリスマス商品として売買されたにもかかわらず、売主が期日に商品の約半数しか提供しなかった事例で、確定期売買による解除が認定される（大判昭和17年4月4日法学11巻1289頁）。また、土地の転売を業とする商人間での土地の売買において、買主が期日に代金を支払わなかったところ、買主から土地の転売を受けた転得者が売主に対して移転登記を求めた事案で、売主が特飲街を作る買主のために相場よりも相当安価で売却し、何時までも安価な土地の提供に縛られないように、買主が期日までに代金支払を行うことに関心を示し、買主もそのことを了解して代金支払を約束した事情から、確定期売買が認定されている（最判昭和44年8月29日判時570号49頁）。

　なお平成29年民法改正前の通説は、定期行為解除も履行遅滞に基づく解除であるから債務者の帰責性を要件としていたが[5]、上記昭和44年判決は、確定期売買では「その不履行が債務者の責に帰すべき事由に基づくか否か、すなわち履行遅滞の有無に関せず、所定時期の経過という客観的事実によって売買契約は解除されたとみなされる」として、同時履行の抗弁を排斥した。期日の経過によって債権者がもはや契約の維持に利益を見出さないからこそ契約の解除が認められるのであるから、債務者の帰責事由を問うことはもちろん、履行遅滞要件の充足も必要ない[6]。平成29年改正民法の解除権もまた、定期行為の場合も含めて、売主の帰責事由を一切問わない（民541条、542条参照）。

---

4) 商法525条の立法経緯と趣旨については、北居功『契約履行の動態理論Ⅱ──弁済受領論』（慶應義塾大学出版会、2013年）458頁注70）を参照。
5) 我妻・債権各論上171頁。

4　契約不適合物の引渡しと買主の措置

(1)　買主の検査・通知義務

　売主は、売買された目的物を種類・品質または数量について契約に適合させなければならない。引き渡された売買目的物が種類・品質または数量について契約に適合しない場合、買主は、売主の契約に適合することを確保する債務の不履行に基づいて、目的物の追完を請求し（民562条）、代金の減額を請求し（民563条）、契約を解除しまたは損害賠償を請求できる（民564条、541条以下、415条）。しかし、買主は、種類・品質についての契約の不適合を発見して1年以内にその旨を売主に通知しなければ、契約不適合に基づく権利を喪失する。ただし、売主が引渡しの時に不適合について悪意または重過失がある場合は、この限りでない（民566条）。なお、契約不適合に基づく上記の各権利は、買主が不適合に基づく権利を行使できることを知った時から5年、または、目的物の引渡義務の履行期から10年の消滅時効期間を経過して消滅する（民166条1項、最判平成13年11月27日民集55巻6号1311頁参照）[7]。

　これに対して、商人間の売買であれば、売買の目的物が引き渡された場合に、買主は遅滞なく目的物を検査しなければならない（商526条1項）。買主が検査をして、目的物が種類・品質または数量について契約に適合しないことを発見した場合、買主はただちにその旨を売主に通知しなければならない。もし、買主が引渡しから6か月内に種類・品質についてのただちに発見できない契約不適合を発見した場合にも、ただちにその旨を売主に通知しなければならない。この通知を怠るときには、買主は売主に対して、目的物が契約に適合しないことに基づいて行使できるはずの権利を行使することができなくなる（商526条2項）。しかし、売主が契約不適合について悪意の場合には、買主は上記通知を怠ってもなお契約不適合に基づく権利を行使することができる（商526条3項）[8]。

---

　6)　尾崎安央・百選103頁。なお、平成29年民法改正前の有力な学説は、解除一般につき、解除は債務者に対する制裁ではなく、契約の利益を有さない債権者の解放を確保する制度であるから、債務者の帰責事由を要件とすべきではないとしていた。内田・民法Ⅱ90頁。

　7)　松井和彦「判批」『民法判例百選Ⅱ〔第8版〕』（有斐閣、2018年）108頁参照。

買主の検査・通知義務は、契約に適合しない目的物を受け取った買主が速やかに検査・通知をすることにより、売主がそれに対して、追完に応じる用意をするか、あるいは契約不適合を否定するかなどの善後策を適切に講じることができるためにある。したがって、通知の内容は、売主が速やかに善後策を講じることができるのに必要な情報を提供するものでなければならない。すなわち、単に契約不適合があるというだけでは足りず、契約不適合の内容や大体の範囲を通知しなければならないが、その細目まで通知する必要はない（大判大正11年4月1日民集1巻155頁参照）。もっとも、買主が売買した目的物を第三者に転売する予定であって、それについて売主も了解している場合には、第三者の許に目的物が届いてはじめて検査・通知義務が発生するとされる[9]。

(2)　**契約不適合物の買主の保管義務**
　種類・品質または数量について契約に適合しない目的物が引き渡された場合、買主は上記の検査・通知義務を果たせば、売主に対して、契約不適合に基づく権利を行使することができる。買主は契約を解除する場合、すでに受け取っていた契約に適合しない目的物を売主に返還しなければならない（民545条1項）。解除の意思表示をして原状回復義務を負う買主は、特定物債務者として、善良な管理者の注意をもって返還すべき目的物を保存しなければならない（民400条）。買主が契約不適合に基づいて代物給付を請求する場合にも（民562条）、買主は契約不適合物を返還する代わりに契約に適合した目的物の引渡しを求めることができると解すべきである。また、買主が契約不適合に基づいて給付に代わる損害賠償を請求する場合にも（民415条2項3号）、やはり、契約不適合物を売主に返還しなければならない。したがって、買主が代物給付や損害賠償を請求する場合にも、買主は売主に契約不適合物を返還するまで、目的物を善良な注意をもって保存しなければならない（民400条）。

---

[8]　商法526条の立法経緯と趣旨については、北居・前掲注4）259頁以下を参照。
[9]　江頭28頁。流通・販売機構の中間者は検査義務を免れるとするのは、神崎272頁。

これに対して、商人間の売買で、買主が種類・品質または数量についての契約不適合に基づいて売買契約を解除した場合、買主は売主の費用で目的物を保管し、あるいは、目的物を供託しなければならない。目的物に滅失・損傷のおそれがある場合は、買主は裁判所の許可を得て、その目的物を競売し、代価を保管ないしは供託しなければならない（商527条1項）。競売に関する許可を扱う裁判所は、目的物の所在地を管轄する地方裁判所である（商527条2項）。また、買主が競売した場合には、遅滞なく売主に通知をしなければならない（商527条3項）。ただし、買主と売主の営業所が同一の市町村の区域内にあるときは、買主は保管義務を負わないのはもちろん、目的物を競売・供託する必要もない（商527条4項）。

　買主は、本来、解除すれば目的物を売主に返還しなければならないところ、商法は買主に目的物の一時的な保管義務を負担させる。売主は、買主の手元にあっても目的物を他に処分することができる反面、売主に目的物を返送することは煩瑣で費用も嵩み、売主を無用な運送危険に晒すためである。したがって、売主への返送が困難ではない場合、つまり、売主と買主の営業所（営業所がない場合には住所）が同一の市町村の区域内にある場合には、買主は保管義務を負う必要はなく、目的物を売主に返還できる[10]。さらに、目的物の供託もしくは競売による代価の供託についても、商法に特有の規定である。目的物の保管が買主にとって負担となることもあるため、供託や競売代価の供託の方策が用意されている。

　以上の商法に定められた買主の目的物の検査・通知義務および保管等の処置は、売買目的物の種類・品質が契約に適合しない場合、または数量について不足があった場合に適用される。これに対して、引き渡された目的物が注文されたのとは異なる場合、あるいは、数量が注文よりも超過した場合には、買主は検査・通知義務を負うことはないが、目的物を一時的に保管等しなければならない（商528条）。

10）　買主の保管義務の趣旨が売主への返送の面倒等を回避する点にあるため、営業所ではなく、引き渡された目的物が売主の営業所ないしは倉庫と同一市町村にないことが基準となるはずであろう。

分析編

5　種類についての契約不適合？

　そもそも商法 526 条の立法時点で想定されていたのは、売買された目的物の種類に属する通常の品質を備えない目的物を瑕疵物（peius）とする、いわゆる客観的瑕疵概念であった。したがって、売買されたのとは異なる種類に属する物の引渡しは、瑕疵物の引渡しによる瑕疵担保責任の問題ではなく（平成 29 年改正前民 570 条）、むしろ債務不履行となって、瑕疵物給付の担保責任の追及とは異なる場面であるため、このような異種物（aliud）の給付の場合には、買主の検査・通知義務は課されていない（商 528 条参照）。このように、瑕疵担保責任と債務不履行責任との境界は、引き渡された目的物が瑕疵物なのか異種物なのかで引かれていた。ところが、たとえば、一定数量の男爵いもが売買されて、腐った男爵いもが引き渡された場合には瑕疵物給付であるが、メイクイーンが引き渡された場合に、男爵いもとは異なる種類の異種物給付とみるのか、それとも、ジャガイモという同一種類に属するメイクイーンの引渡しは瑕疵物給付とみるのか。このように、種類に属するかどうかという客観的基準は相対的であるから、瑕疵物と異種物とを区別する基準も曖昧になる[11]。

　判例は、客観的瑕疵概念にとらわれず、合意からの逸脱を瑕疵とする、いわゆる主観的瑕疵概念を採用してきた。たとえば、見本品の品質に劣る商品の引渡しにつき瑕疵担保責任の適用余地を認め（大判昭和 3 年 12 月 12 日民集 7 巻 1071 頁、大判昭和 6 年 5 月 13 日民集 10 巻 252 頁参照）、品質保証のある商品売買において引き渡された商品の性能が保証された品質に劣る場合にも、なお瑕疵担保責任の適用を認めている（大判昭和 8 年 1 月 14 日民集 12 巻 71 頁）。さらに、判例は、「売買契約の当事者間において目的物がどのような品質・性能を有することが予定されていたかについては、売買契約締結当時の取引観念をしんしゃくして判断すべき」として、当事者の意思を基準にした瑕疵の判断のあり方を認めている（最判平成 22 年 6 月 1 日民集 64 巻 4 号 953 頁）。

　このように、売買された種類に属する通常の品質から合意された品質へと

---

11)　瑕疵概念の詳細は、北居功「瑕疵の概念」法セミ 57 巻 10 号 93 頁以下（2012 年）。

瑕疵の認定基準が変わると、もはや瑕疵物と異種物の区別は意味を失うこととなるはずである。事実、最高裁判所も、履行として認容することで瑕疵担保責任の追及余地があることを示唆して、瑕疵物と異種物に応じた売主の責任区別を放棄している。すなわち、売買されたスピーカーの調整が悪く、再三の修理でも改善しないため買主が債務不履行解除を請求した事案で、「債権者が瑕疵の存在を認識した上でこれを履行として認容し債務者に対しいわゆる瑕疵担保責任を問うなどの事情が存すれば格別、然らざる限り、債権者は受領後もなお、取替ないし追完の方法による完全な給付の請求をなす権（利）を有し、従つてまた、その不完全な給付が債務者の責に帰すべき事由に基づくときは、債務不履行の一場合として、損害賠償請求権および契約解除権をも有するものと解すべきである。」とした（最判昭和 36 年 12 月 15 日民集 15 巻 11 号 2852 頁）[12]。

　以上のように、瑕疵の概念が客観的瑕疵から主観的瑕疵へと変化し、平成 29 年改正民法も主観的瑕疵概念と接続する「契約の不適合」を要件とする責任を定めるため（民 562 条以下）、瑕疵物給付と異種物給付はともに品質について契約に適合しない目的物として把握される。そうすると、異種物を規定する商法 528 条はその固有の意味を失わざるを得ない[13]。すでに、判例および学説も主観的瑕疵概念を採用してきたことからみて、商法 528 条は異種物に関して事実上空文化するはずである[14]。確かに、科学計算機用のチップが売買されたにもかかわらず、ソーラー電卓用の精度の低いチップが給付された事案で、異種物給付として買主の検査・通知義務を排除した裁判

---

[12] もっとも、この判例は、原審が買主の債務不履行に基づく解除請求を認容したのに対して、売主が引渡し以後は瑕疵担保責任の適用を認めるが判例であるとして上告したのを受けて、原審の債務不履行解除の認容判断を是認しているのであって、瑕疵担保責任の適用の有無が事案の解決にとって決定的ではないことにも、注意が必要であろう。吉政知広「判批」『民法判例百選 II〔第 8 版〕』（有斐閣、2018 年）104 頁参照。

[13] 事実、わが国の商法 528 条が模範とした商法に関するドイツ帝国司法省第二草案は、異種物と瑕疵物の給付の区別が困難であるとして、すでに注文から明らかに逸脱している場合を除いて、瑕疵物給付として扱うこととしていた。しかしながら、この規定を引き継いだドイツ商法 378 条も、2001 年のドイツ債務法の現代化の一環として削除の憂き目をみた。

[14] 詳細は、北居・前掲注 4）315 頁以下を参照。

例もある（東京地判平成2年4月25日判時1368号123頁）。しかし、学説は、ここでの問題の比重を、むしろ異種物給付にも商法526条の類推適用を認めるべきかどうかに置いているのであって[15]、類推適用を認める限り、瑕疵物給付と異種物給付の区別はやはり実質的な意味を失う。

6　数量超過の処置

　それでも、商法528条は引き渡された目的物が数量超過の場合に、当該超過数量について買主の一時的な保管義務を定めているため、その点ではなお空文化していない。引き渡された目的物が可分であれば、売主の債務不履行である反面、買主も超過分を契約に基づいて受領できる権利を持っていないため、不当利得として売主に返還しなければならないはずである。ところが、この超過分の処分が売主に委ねられることによって、買主は目的物を売主に返還してはならず、それを売主の処分まで一時的に保管しなければならない（商528条、527条）。たとえば、合板500枚が引き渡されるべきところ、600枚が引き渡された場合には、超過分の100枚について、買主は一時的な保管義務を負う。

　では、目的物が不可分である場合にはどうであろうか。たとえば、土地が100坪として売買され、その面積に応じた代金額も定められ、引き渡されたが、その後の測量で110坪と判明したような場合である。ここで売主が超過する10坪分の代金の増額を請求したが、判例は、数量超過に関する合意がない限り、平成29年改正前民法565条は数量不足や一部滅失について代金減額等の買主の権利を定める規定であるから、それを根拠に売主は代金の増額を請求することができないとする（最判平成13年11月27日民集55巻6号1380頁）。数量を指示して売買された場合に、たとえ数量の不足があっても、売主は給付義務を履行したことになるが、買主との給付の均衡を図るの

---

[15]　当該判決の結論を支持するのは、野口恵三「判批」NBL473号33頁（1991年）、江頭28頁注3）。これに対して、異種物給付に商法526条の類推適用を認めるのは、吉本健一「判批」法セミ36巻7号117頁（1991年）、岩城謙二「判批」法令ニュース26巻4号33頁（1991年）、新谷勝「判批」判評389号62頁（1991年）、保住昭一「判批」リマークス4号101頁（1992年）、柏木昇「判批」ジュリ1062号128頁（1995年）。

が平成29年改正前民法565条の定める担保責任であったため、たとえ数量が超過していても、やはり売主の給付義務は履行されたこととなるのであり、特別な規定がない限り、売主の代金増額請求を認めることは難しい[16]。

しかし、平成29年民法改正により、数量について契約に適合しない目的物の給付は債務不履行の一種と扱われ、売主は自身の義務を履行していないのであるから、反面で、数量の超過分については、やはり、買主もそれを受領する権利を持たない。目的物が可分な場合に対応して、売主は買主に対して、目的物の数量超過分について不当利得に基づいて持分の返還を請求することができる。買主は、目的物の全部を取得するには、売主に超過分の代金を支払わねばならないこととなろう[17]。

7　契約不適合物の滅失等

買主は、種類・品質または数量について引渡しを受けた目的物が契約に適合しない場合、当該目的物を売主に返還することを前提に、契約を解除し（民564条、541条以下）、代物給付（民562条）または給付に代わる損害賠償（民415条2項3号）を請求できる。しかし、目的物が滅失した場合にも、買主はなお解除等の目的物の返還を前提とする上記権利を行使することができるのか。

買主が契約の不適合に基づいて契約を解除できることを知っていながら、故意・過失によって目的物を著しく損傷しまたは返還できなくなったときまたは加工・改造によって目的物を他の種類の物に変えたときは[18]、もはや買主は契約を解除することができない（民548条）。同様に、そのような場合、買主はもはや代物給付も、給付に代わる損害賠償も請求できないとすべ

---

[16]　平成29年民法改正前の数量指示売買における担保責任については、北居功「契約改訂の基準時」法セミ57巻11号83～84頁（2012年）を参照。

[17]　売主が持分の返還を請求することで目的物は売主と買主の共有となるため、買主は、価格賠償による共有物分割として、数量超過分の代金額を支払うことで目的物のすべての所有権を取得できる。

[18]　平成29年改正前民法548条以来、「他の種類」の概念が用いられているが、その基準をどのように測ることになるのか、困難な問題が想起されそうであるが、議論は見られない。

きである。これに対して、買主が契約の不適合に気がつかなければ、当然、それを自身の物として扱うであろうし、そのように利用する中で故意・過失によって目的物を損傷・滅失させ、あるいは、その目的物に加工・改造を加えて他の種類の物にした場合でも、買主はなお契約を解除することができる（民548条ただし書き）。その場合には、買主はなお、代物給付や給付に代わる損害賠償も請求することができると解すべきであろう。

　では、買主に過失がある滅失等とはどのような注意義務を前提とするのであろうか。買主が目的物を受け取って検査をしても、契約の不適合に気がつかなければ、当然、有効な弁済があったとして、当該目的物を自身の物として扱うであろう。また、そのように買主が自身の物として扱うことに何らの非難の余地もないため、買主が果たすべき注意義務は想定し難い。しかし、買主が契約不適合に気がつけば、買主は当該不適合物をなお自身で保持しつつ、修補等を請求するなどして売主との最終的な解決を図ることもあり得よう。つまり、買主は目的物が契約に適合しないことを知りつつ、当該目的物を「履行として認容」することにより、修補あるいは代金減額、さらには価値減額分の損害賠償などを請求できる。他方で、目的物が役に立たなければ、買主は解除など当該目的物を売主に返還する権利を選択することになろう。つまり、契約不適合に気がついた買主は、当該契約不適合物を「履行として認容」することを拒絶することもある[19]。

　買主が契約不適合物の給付を履行として認容すれば、当該物は買主自身の物であるからそれに生じる滅失の危険を買主が負担すべきである。これに対して、買主が認容を拒絶する場合には、目的物を売主に返還することを決断しているのであるから、買主は売主に処分を委ねて、売主のために目的物を善良な管理者の注意を持って保存しなければならない（民400条）。したがって、買主は、解除権など目的物の返還を前提とする権利を具体的に行使する前に、すでに目的物を売主のために保管しなければならないため、商法

---

[19]　上記（前掲・最判昭和36年12月15日）は、瑕疵担保責任と債務不履行責任の適用関係を説いたが、平成29年改正民法は瑕疵担保責任を削除して契約不適合責任も債務不履行責任に統一したため、その意義を失ったように映る。それでも、「履行としての認容」は、契約不適合物を処遇する買主の態度を評価する概念として、それに新たな意義が見いだされる。

527 条が定める買主の目的物の一時保管義務は、買主が認容を拒絶した時点から発生すると解すべきである[20]。

　買主が履行として認容することを拒絶して善良な管理者の注意をもって目的物を保管していたにもかかわらず、目的物が滅失した場合、買主に過失はないため、買主はなお契約を解除できる（民 548 条本文）。それでも、買主が滅失した目的物の価値賠償義務を負うとするなら、この滅失の危険は買主が負担することになる。しかし、仮に引渡しの段階で買主が目的物の契約不適合に気がついていれば、そもそもその引渡しに応じなかったはずであるから、滅失の危険も売主が負っていたはずである。たまたま、買主が契約の不適合に気がつかないで引渡しに応じたために、滅失の危険も負担しなければならないというのは酷であろう。買主は、目的物を履行として認容することを拒絶する限り、目的物の返還を前提とする権利をなお行使でき、目的物が買主の故意・過失なく滅失しても、価値賠償義務を負わないと解すべきではなかろうか[21]。

（北居功）

[20]　商法 527 条と由来を同じくするドイツ商法典 379 条もまた、買主が「異議を述べる」すなわち「認容を拒絶する」時点から買主の一時的保管義務を定める。
[21]　詳細は、北居功「買主の正当な認容拒絶——商法第 527 条の沿革および比較考察を契機に」法研 91 巻 2 号 173 頁以下（2018 年）を参照。

第14講 交互計算

1 はじめに

本講では商人間または商人非商人間の決済を簡略化するための制度である交互計算を解説する。

解説編

2 総説

(1) 機能と沿革

商人の営業は同種・類似の取引を継続的に繰り返すもので、取引先との間には多数の債権債務を生じその各々の弁済期に都度現金での弁済をすることは、労力・費用・危険を生じ、弁済に必要な資金の無用な固定化、一国の資本を死蔵させる結果となるので、これを回避することに利益が存する。このため、ある期間に発生した債権債務を一括して差引計算し決済を簡易化する技術が用いられる。これが交互計算である。

(2) 交互計算の構造

(i) 組入、期間と終了事由、総額相殺、残高債権

商人間または商人と商人でない者との間で平常取引をする場合において、「一定の期間内の取引から生ずる債権及び債務の総額について相殺をし、その残額の支払をすること」を約する諾成契約である（商529条）。銀行相互間または銀行とその得意先との間の当座勘定取引を典型とし、預金契約ないし与信（貸越）契約および小切手契約とともに交互計算が存するのが常であると説く者もある。一方のみに債権を生じその相手方のみに債務を生じる場合を含めるとの説もある。また、自動決済理論による段階的交互計算と称する取引があるが、法条適用の関係からいえば、いわゆる古典的交互計算のみ

をもって交互計算の概念とするのが適切である。段階交互計算による残額交互計算は、独自の内容の委任契約とすべきであろう。これも交互計算の一種と解すとの説をとったとしても、交互計算期間や計算書承認・総額相殺といった観念を前提にしない取引に対して商法典の規定が適用される範囲は限られたものとなろう。

　当事者の少なくとも一方は商人であるから交互計算契約自体は商行為（商502条、503条）である。組入の対象となる目的債権は一定の期間内の取引から生じる債権債務である。「一定の期間」は交互計算期間と称し、特約がなければ6か月（商531条）であり、当事者は取引の都度生じる組入債権を発生順に記帳する。交互計算契約は所定の期限の到来により終了する。期末に組入債権の合計額（総額債権）を算出のうえ、承認による更改で発生した対立する総額債権と総額債権とを一括相殺し、残額はこれを支払うべきものとなる。

　対象債権は、取引より生じた債権債務である。(i)決算期前に弁済すべき合意のある貸金債権、(ii)消費貸借の予約のように即時または現実の履行を要する債権、(iii)金銭債権でない債権のように性質上あるいは合意上総額相殺に適さない債権（同種の目的を有さない債権、差押禁止債権など）、(iv)手形上の権利等のように、特殊の権利行使を要する債権、(v)事務管理・不当利得・不法行為による債権・第三者から譲り受けた債権、(vi)通常の取引によらない異常な債権、を除く。債権債務のみならず、「支払項目」も含めて計算項目に含める見解がある[1]。担保付債権については見解が分かれ、多数の見解では当事者の意思に反して計算に組み入れることができず特約または慣習がある場合に限り組み入れられるものである[2]。組入されて計算書が承認されると更改が生じ、担保が消滅してしまって残額債権にこの担保が承継されないので、特約または慣習をもってしなければ、組み入れられないと推定すべきであろうからである。

　当事者が合意すればいったん組み入れた債権を除外することは可能であ

---

1) 竹田省「交互計算契約に就て」竹田・商法理論295頁。
2) 反対、大判明治42年12月20日民録15輯997頁、大判大正9年1月28日民録26輯79頁。

る。このほか、項目除去、すなわち、手形授受の対価関係である割引金を交互計算に組み入れた場合において、その商業証券の債務者が弁済をしないときは、当事者は、その債務に関する項目を交互計算から除外することができる（商530条）。また、交互計算契約そのものについて、随時の解除（商534条）が認められ、破産法59条により、当事者いずれかの破産手続開始によって終了する。終了事由があるときはただちに総額相殺が行われ、残高債権の弁済を請求できる。

(ii) 法的性質

交互計算契約は、組入債権の発生原因とは区別され、その性質はさまざまに論じられてきた。交互計算契約には、後述のように組入債権が凍結される面（消極的効力）と総額相殺による債務消滅の面（積極的効力）とが存在するが、貸借・信用開設等の観念をもって説明しようとする立場は前者の面に、猶予・相殺等の観念をもって説明しようとする立場は後者の面に着目した説明である。いずれもの側面が制度に本質的であり、いずれかの契約類型のみで交互計算契約を説明することは困難であるといわれる。

3 効力

(1) 消極的効力

(i) 行使・処分の不可能、時効の扱い等

組入債権は不可分の全体に結合され各別の処分（弁済の請求、相殺、譲渡、質入、差押）をなし得ない（交互計算の不可分性）。履行期は猶予されるので消滅時効も進行せず、履行せずとも債務不履行とならない。項目の債務を弁済した場合であっても組入債権が消滅するのではなくこの出捐も交互計算給付として計算組入される。また、期中の組入債権に利息を付することもできる。しかし組入により債権が更改で消滅するのではないので抗弁権・解除権は維持され、確認の訴えが可能である。

(ii) 交互計算と差押

ところで、これら不可分性の帰結が契約関係の効力であるにすぎないとすれば、第三者の権利義務には影響を与えないもので、契約当事者による組入債権の処分は契約当事者間における合意違反の行為となるにとどまり、善意の第三者との関係においてはかかる抵触処分の効力は否定されないはずであ

る。交互計算組入債権を差し押さえた第三者が不可分性を理由にその差押・転付を認められなかった事例において、これを不当であるとした上告を斥けた大判昭和 11 年 3 月 11 日民集 15 巻 320 頁は、交互計算に組み入れられた各個の債権が総額相殺の方法で決済されるべきことは交互計算契約のもとで取引から生じた債権であることの当然の結果であって、譲渡禁止特約の効果ではないことを説いて不可分性を認め、これによって組入債権の差押ができないものとした。この判断は目下判例として維持されているといえる。

(2) 積極的効力
 (i) 計算書承認による総額相殺と残額債権の承認

　交互計算期間満了・閉鎖時には、当事者は、交互計算契約の効果として、計算書を承認する義務を負い、承認によって残額支払債務が発生し、これに伴って当然に総額相殺の効力が発生する。残額確定は計算書の承認の方法により行われる。計算書を作成することはそれだけでは法律上意義がなく、意思表示により承認（更改）され相殺を経て決算となる。期中に債務者より支払がなされていたとしても、弁済としての効果はなく、総額相殺の時点で決済とされるが、その性質を相殺と解するか否かについては議論がある。残額債権には、項目債権に利息を付していた場合であっても、計算閉鎖日以降の法定利息を請求することができる（商 533 条 1 項）。残額債権はそれ自体の消滅時効に服する。

 (ii) 残高承認の異議喪失効力

　計算書に各項目が記載されている場合には、当事者は承認後各項目につき異議を述べることができない（商 532 条本文）が、錯誤・脱漏があったときは例外とされる（商 532 条ただし書）。項目債権の存否ではなく、計算書上に記載されている項目の金額の合計額が計算の間違いによって誤っている場合等、計算そのものの誤りについてのみ異議が当然に留保される。沿革的には「S. E. et O.（錯誤脱漏なき限り）」との計算書への記載の効果として留保されていたものである。残額確定の効力を争い得るとの意味ではなく不当利得の返還としてなされるべきだという。異議権とは、交互計算契約の効果として双方が要求できる計算訂正請求権なのであって、意思表示の実質的有効要件に関する民法総則規定の修正ではない。また、承認の意思表示自体の錯誤・

詐欺・強迫等の場合には一般原則によるという。

>分析編

4 不可分の原則・積極的効力
(1) 不可分の原則
　日本商法において、不可分の原則それ自体は法規の定めるところではない。旧商法の註釈書やロエスレル・商法草案では不可分性を伺わせる叙述があり、この時期から学説においては確立した理解であったといえよう。ただし、これらの解説をもってしても倒産時の項目債権の個別執行が可能かどうかについては明確には言及がなかった。しかしながら、判例と一部の学説がこの原理を肯定していることについては解説編で述べたとおりである。しかるに、不可分性を肯定したからといって、第三者の権利がまったく保障されていないわけではなく、債権者代位権の利用により、交互計算契約自体の解約権を裁判上の代位により行使せしめ、もって回収をはかることができないわけではない（ただし、平成29年改正民法423条1項ただし書により、差押禁止の権利は、これを被代位権利となすことができなくなるので、この説は根拠を失うこととなるのかもしれない）。多数の学説はこのような第三者の負担を合理的でないと考えているようであるが、完全な差押禁止債権を発生させるわけではない。この原則は「制度的」なるものであって、債権譲渡の合意による譲渡禁止の対第三者効とは別の次元に属するものと思われる（平成29年改正民法466条2項では、譲渡禁止特約が存在していても、その性質による譲渡性がある債権の譲渡は、なお有効であるから、なおのこと交互計算不可分の原則の独自性を認めなければならないであろう）。

(2) 積極的効力——残額債権承認の法的性質
　交互計算期間結了時には、計算書を作成し、これに対して承認を与えるに際して、当事者が異議を述べなかった場合には、錯誤・脱漏のない限りは異議権を喪失する（商532条）。この効果は、商法の規定による効果であるか残高承認の意思効果かが問題となろう。一部の論者は残高承認を無因的債務承認契約とみて、計算書承認の要件として意思表示のほかに無因意思が必要であると説く。

(3) 積極的効力その他の問題——金融派生商品の一括清算

　金融派生商品（デリバティブ）に関して、マスター契約書と称する約定書を用いた取引において定められるオブリゲーション・ネッティングまたはクローズアウト・ネッティングは、金融機関等が行う特定金融取引の一括清算に関する法律3条に基づき、管財人に対して主張し得る効力を認められているが、これもまた交互計算の一種であると考える立場がある。金融派生商品の代表的なものには為替スワップがある。これは変動相場制移行とともに為替変動のリスクを回避するための手段として用いられる契約である。それぞれのスワップ契約には満期があり、満期が到来した時点での為替相場を原資産価格として損益を確定し、それが支払われるものである。しかし、満期未到来の時点で当事者の一方が倒産した場合に、システミックリスクの拡大を予防するため、期限の利益喪失事由発生時点においてスワップ契約を強制的に終了せしめて清算すること（クローズアウト・ネッティング）がマスター契約書で合意されている。法定倒産手続におけるこの類型のネッティングの管財人との関係における効力と、ネッティングを実行する価額が問題となる。

（柴崎暁）

第15講 匿名組合

1 はじめに

　民法には、各当事者が出資して共同の事業を営むことを約する組合契約（民667条）が定められているが、商法には、これとは別に、匿名組合契約の規定が置かれている（商535条）。匿名組合契約は、当事者の一方（「匿名組合員」）が相手方（「営業者」）の営業のために出資して、その営業の結果として生ずる利益を分配することを約束するという内容をもつものである。

　たとえば、レストランを営む者のために、知人が営業資金の20％を出資し、毎年その営業から生ずる利益の20％を分配することを約束するといった契約がこれにあたる。つまり、匿名組合員と営業者とが、出資とこれに対する見返りを約束する契約によって結びつき、しかも、その契約は一時的なものではなくて、継続的な企業をつくることを共通の目的としているのである。いいかえれば、匿名組合は、人（営業者——機能資本家）と資本（匿名組合員——無機能資本家）とが結合した企業体である。

解説編

2　匿名組合契約の特色——民法上の組合との相違

　「組合」と名のつく企業体としては、ほかに民法上の組合がある（ちなみに農協や漁協のような「協同組合」は会社と同じく社団であって、ここにいう組合ではない）。民法上の組合は、各当事者が出資をして共同の事業を営むことを約することを内容とする契約である（民667条）。これは複数人が「共同の事業」の経営という共通の目的のために結合したものであって、ここでいう「共同の事業」は、商行為の営業（絶対的商行為——商501条、営業的商行為——商502条〔レストランは場屋営業（商502条7号、596条1項）〕）であってもよいから、その場合には、「民法上の組合」という法形式によって

共同企業体（組合企業）がつくられたものということができる（諸外国でも「民法上の組合」は共同企業体のひとつとして認められてきており[1]、ヨーロッパ大陸法の諸国では「会社法」[2]の書物や講義の中で扱われている）。

　これに対して、匿名組合契約は、経済的には共同企業を行っているけれども、法律上は、営業の主体はあくまで営業者（レストランを営む者）であって、民法上の組合にみられるような各当事者の「共同の事業」（民667条1項）があるとはいえない（東京高判平成19年10月30日訟務月報54巻9号2120頁）。それゆえに、営業者に対する匿名組合員の出資の面では、民法上の組合のように各当事者の共有（合有）（民668条）になるのではなく、法律的には、営業者の個人財産に帰属するものとされ（商536条1項）、民法上の組合のような組合員の「持分」という観念はない（レストランへの出資は営業者個人の財産となり、匿名組合員の持分というものはない）。

　また、匿名組合員の出資の目的は、営業者の財産に帰属しうるよう「金銭その他の財産のみ」（金銭または現物出資[3]）に限定され（商536条2項）、民法上の組合に認められている労務出資（民667条2項）や信用出資は不適格なものとされる（合名会社・合資会社の無限責任社員には労務・信用出資が認められている。会576条1項6号）。

　業務執行の点では、民法上の組合では業務執行を組合員みずから行うか、または、組合契約で委任した業務執行者（組合員全員の代理人）になさしめる（民670条）。これに対して、匿名組合員は、営業者の業務を執行し、または営業者を代表することができない（商536条3項）[4]。匿名組合の業務執

---

1) たとえば、ドイツの民法上の組合はちょうどわが国の民法上の組合に相当する。これに対して米国のパートナーシップは、合名会社と民法上の組合のいわば中間に位置する（江頭憲治郎『会社法の基本問題』（有斐閣、2011年）516頁）。
2) ヨーロッパ大陸法の諸国では「会社」と「組合」は同じ言葉である（société〔フランス〕、società〔イタリア〕、Gesellschaft〔ドイツ〕）。したがってこれらの国で、学問上の「会社法」に組合がふくまれるのは自然なことである。
3) 動産、不動産のほか、知的財産権も出資の目的となりうる。梅謙次郎『改正商法講義』（明法堂・有斐閣、1893年）585頁。
4) 東京高判平成19年6月28日判時1985号23頁は、商法536条3項は強行規定であり、それに反する合意は無効であるとする。しかし、私的自治の原則からは、匿名組合契約とはいえないというだけで、民法上の組合または匿名組合に類似の無名契約として有効というべきではないか。

行は、営業財産の所有者である営業者のみがこれを担当するのであって、対外的には、営業者個人の営業行為があるだけということになる（レストランの客には匿名組合員の存在は分からない）。

さらに、組合債権者に対する責任の点では、民法上の組合では、組合員が組合の債権者に対して直接かつ無限の責任を負うのに対して（民675条）、匿名組合員は、営業者の行為について、第三者に対して権利を有さず、義務を負わないものとされる（商536条4項）。つまり、匿名組合員は、法律的には、営業者の債権者・債務者とは無関係なのであって、損失の分担という形で、営業者の事業の失敗のリスクを負担するのみである（レストランの客が食中毒になり、あるいは、食材の納入業者への支払が滞っても、出資者である匿名組合員はなんらの責任も負わない）。

このように匿名組合は「組合」と名はついているが、法律的には、民法上の組合と大きく異なっている。もっとも、匿名組合の場合も営業の成果について両当事者は共通の利害を有するものといえ、経済的には共同事業を営んでいるのであるから、民法の組合の規定のうち、組合の業務執行者の権利義務（民671条）、組合員の損益分配の割合（民674条）は、匿名組合に類推適用されるものと解される。

3　匿名組合と合資会社の相違

匿名組合員は商人のかげにかくれ、その存在が外部に知らされない（匿名性）。このためドイツでは"秘めた組合"（stille Gesellschaft）と呼ばれ、営業者・出資者がお互いの関係を秘密にしたい場合に利用されてきた[5]。

こうした経済的機能の面では、匿名組合は合資会社（会576条3項）と実によく似ている。合資会社もまた、無限責任社員（機能資本家）と有限責任社員（無機能資本家）とが結合した企業形態だからである（1の例で、レストラン営業者を無限責任社員、出資者を有限責任社員として合資会社を設立した場合）。似ているのは道理で、歴史的にみると両者は中世の海上貿易におけるコンメンダ契約という共通の源から発しており、いわば血縁関係にある。

---

5) 身分を隠さざるをえない出資者として、中世ヨーロッパの貴族や僧侶が例にあげられるが、わが国では公務員や弁護士が引き合いに出される。西原175頁。

しかし法律的には、両者はおおいに異なっている。合資会社は、有限責任社員と無限責任社員とが法律的にひとつの「社団」すなわち共同の目的を有する複数人の結合体をつくったものであり（平成17年改正前商52条）、法人格があたえられている（会3条）。したがって、有限責任社員は、無限責任社員とともに社団の構成員（社員）の地位にあり、共に登記に氏名が公示され（会913条5号）、合資会社の債権者に対しては、会社への出資がまだ済んでいない価額の限度で直接責任を負う（会580条2項、623条2項）[6]。

これに対して、匿名組合では、法律的には、1人の匿名組合員と1人の営業者との間の諾成双務契約であって、たとえ1人の営業者が複数の匿名組合員と契約を結んだとしても、その契約は1つ1つが独立のものであり、匿名組合員相互間に団体がつくり出されるというものではない[7]（東京控判明治44年5月16日新聞743号20頁）。

また、先に述べたように、対外的には営業者の営業行為が存在するのみであって、匿名組合員は営業者の債権者とは法的に無関係である（商536条4項）。したがって、合資会社の社員の差押債権者は退社請求権をもっているが（会609条）、匿名組合員の債権者にはこのような権利はありえない。

4　匿名組合と消費貸借との相違

消費貸借契約は同種・同等・同量の物の返還をすることを約して借主が貸主から金銭その他の物を受け取ることによって成立する契約であって（民587条）、いってみれば、貸したものを返してもらう契約であるのに対して、匿名組合契約は、財産出資（商536条2項）のリターンとして利益の分配を約する契約である。したがって、消費貸借契約の貸主は、借主に利息分もふくめて確定的に債権を有し、ただ借主の支払不能のリスクを負うだけであるのに対して、匿名組合員は、営業者の成績次第では利益の分配にあずかれる反面、損失の負担を約束した場合には、出資の減少・全損のリスクを負

---

6) さらに会社法では、有限責任社員も業務執行社員となることができるので、その場合には第三者に対して責任を負う（会597条）。
7) ただし、数人が民法上の組合を組成したうえ、共同して匿名組合員となることは認められる。小町谷168頁。「ファンド・オブ・ファンズ」とよばれる形態の一部がこれに該当しうるであろう。

う[8]（商542条）。また、消費貸借の貸主と異なり、匿名組合員には監視権（商539条）がある。

　このように理論および制度において、両者は大きく隔たっているが、実際上の区別が困難な場合がある。というのは、匿名組合では、利益の分配は契約の要素であるが、損失の負担の約束をしない場合もあり、他方、消費貸借には確定利息とともに、または確定利息の代わりに利益の分配を約するタイプ（共算的消費貸借）があるからである。判断の基準としては、契約の全趣旨からみて、単に元本の利用にとどまる場合は消費貸借と解し、ある程度企業参加の実質がある場合、ことに契約上、出資者に監視権を認めている場合は、匿名組合と解すべきものとされる[9]。

　判例は、匿名組合契約においては「出資者が隠れた事業者として事業に参加しその利益の配当を受ける意思を有することを必要とするもの」として、こうした出資者の内心の意図が欠け、また、客観的にも借入金・利息の支払いを約したにすぎない場合には匿名組合とはいえないものと判示している（最判昭和36年10月27日民集15巻9号2357頁[10]）。判例のいう「内心の意図」は匿名組合員の契約上の効果意思——組合意思[11]——の内容を示したものと考えられるが、「隠れた事業者」として事業に参加する意思を要するものとしている点で、ほかの事業形態とは異なる匿名組合による出資の実質がいいあらわされている。

　以上のほか、匿名組合と信託との類似性[12]もまた問題となる。しかし結論

---

8) 利益の有無にかかわらず一定の金銭を支払う旨の「固定賃料」の定めは、匿名組合契約の本質である不確定な利益の分配に反する。東京地判平成21年4月7日判タ1311号173頁。
9) 西原178頁、鈴木26頁注1）。静岡地判平成19年7月27日税務訴訟資料257号順号10758（航空機リースの事例）。
10) 濱田洋「私法上と同一概念の解釈」水野忠恒ほか編『租税判例百選〔第5版〕』（有斐閣、2011年）32頁（勧業経済株式会社事件——戦後、貸金業取締法の規制を回避して一般大衆から資金を集めるために、外形的に「匿名組合」を利用した例）。
11) 赤木暁「匿名組合員の出資」法学志林41巻10号48頁（1939年）は、「結社意思」とよぶ。
12) 赤木・前掲注11）62頁以下、民法（債権法）改正検討委員会編『詳解債権法改正の基本方針V』（商事法務、2010年）319頁、神作裕之「交互計算・匿名組合」NBL935号32頁（2010年）。

的には、わが国では、民法上の組合、消費貸借契約などとは異なる一種特別の無名契約[13]ないし商法独自の契約[14]と解されてきている。いずれの契約の型にもあてはまらないというわけである。

5 匿名組合の内部関係と外部関係

(1) 内部関係と外部関係との区別

匿名組合契約は、法的にみれば、営業者と匿名組合員との契約関係である。たとえば通常の売買契約を売主・買主の内部関係と、第三者に対する外部関係とに常に二元化するなどということはナンセンスであり、商品や債権を譲り受けた第三者との法律関係を必要に応じて考察すれば足りるであろう。ところが、匿名組合員は、営業者の単なる取引相手ではなく、外部には顕れないにせよ、あくまで営業者への出資者なのであって、出資の見返りとして営業者から利益の分配を受け、または損失を分担すべき地位にある。したがって、このような外部には顕れない匿名組合員と営業者との関係を「内部関係」として捉え、それとは別に匿名組合員と営業者の債権者・債務者との関係を「外部関係」と考えて、両者を区別することには十分な合理性がある。

(2) 内部関係

匿名組合契約の要素は、匿名組合員の出資と、営業の遂行および営業から生じる利益[15]の分配の約束とである（諾成双務有償契約）。これらの違反はもとより債務不履行（民415条）となる。損失の分担の約束は契約の要素ではないけれども、通常は、反対の特約がない限り、損失も分担する意思があるものと推定される。

匿名組合員は出資をすべき義務を負うが、営業者が資本や労力を投入しても、それは、あくまで自己の営業に投じたものにすぎないから、「出資」（商535条）とはいえない。ただし、利益の分配は特約がない限り「出資の割

---

13) 梅・前掲注3) 585頁。
14) 松本149頁、西原178頁、大隅・商行為法81頁、鈴木26頁注1)。
15) 「営業から生ずる」利益であるから、特約がない限り、評価益は含まれない。

合」に応じてなされるものというべきである（民 674 条 1 項を類推）。つまり、利益を分配する際には、営業者が自己の営業に投入した財産や労力を評価した額を営業者の「出資」と認め、これと匿名組合員の出資額との割合を計算してなすわけである。たとえば、レストランを経営する営業者の出資額が計算上 3000 万円、匿名組合員の出資額が 1000 万円だった場合、ある年度に 100 万円の利益をあげたときは、営業者には利益の 75％（75 万円）を、匿名組合員には 25％（25 万円）を分配する[16]。もちろん、分配といっても実際には営業者から匿名組合員に 25 万円を支払うだけである。

反対に損失が生じた場合（100 万円の損失）、特約のない限り「出資の割合」に応じて損失を分担するものと推定されることとなるから（民 674 条 1 項類推）、匿名組合員の出資の額が計算上減少し（25 万円減少）、これを填補しない限り利益の配当を受けることができず（商 538 条）、また、契約終了の際はその減少した出資の額（975 万円）が返還されるにすぎない（商 542 条ただし書）。しかし出資が営業の失敗によって毀損したときも、匿名組合員には積極的に追加出資して損失を填補する義務はない。したがって、匿名組合員が負うリスクは、最大でもその出資財産（1000 万円）がゼロになるところまでということになる（出資額を限度とする間接有限責任）。

営業は営業者によって行われ、匿名組合員は、業務を執行し営業者を代理する権限を有しないものとされるから（商 536 条 3 項）、匿名組合員は営業を直接担当することはできないのであるが、その代わり、出資者としての地位にもとづく営業への関与の方法として監視権が認められている[17]。すなわち、匿名組合員は、営業年度の終了時において、営業者の営業時間内に、営業者の貸借対照表の閲覧・謄写請求と、業務および財産状況を検査する権利を有し、また、重要な事由があるときは、いつでも、裁判所（営業所の所在地を管轄する地方裁判所）の許可を得て、営業者の業務および財産の状況を検査することができる（商 539 条。なお、会 592 条、618 条）。

営業は営業者の単独事業であって、営業者だけがその運営にあたるが、匿

---

[16] 株式会社のように資本金制度はないため分配可能額の制限はない（会 461 条 1 項 8 号参照）。
[17] 赤木・前掲注 11) 50 頁。

名組合員の契約上の利益を害しないため、契約の趣旨に従って営業を開始継続し、かつ善良な管理者の注意をもって業務を行うことを要する（民671条、644条を類推）。そのため、営業者は一般に利益相反行為に関する義務に服し[18]、競業避止義務[19]を負うものと解される。

なお、営業者がその契約上の地位を第三者に譲渡することは、匿名組合員の信用を裏切ることになるから認められない。また、匿名組合員の地位を譲渡することについても営業者の許可を要する。

(3) 外部関係

営業は営業者の名において行われるから、第三者に対しては営業者のみが権利義務を有し、匿名組合員はこれらとは遮断され、まったく無関係であること（商536条4項）はすでに触れた。ただし、名板貸人の責任（商14条、会9条）と同じ趣旨で、匿名組合員が、自己の氏・氏名（「山本」）を営業者の商号中に使用し（「ステーキアンドラウンジやまもと」）[20]、または、自己の商号の使用を営業者に許諾したときは、その使用以後に生じた債務について営業者と連帯責任を負う（商537条）。なお、商法537条には、第三者の善意を要する旨の規定が欠けている。そこで第三者の善意悪意を問わず、右の責任を生ずると解する見解もあるが[21]、禁反言の原則によるものとしても誤認していない第三者に責任を負わせるいわれはないであろう[22]。さらに名板貸しと同様に第三者が誤認について重大な重過失があるときも悪意と同視すべきである[23]。

---

18) 判例は、営業者のなす取引が、匿名組合員との間で実質的な利益相反関係を生じ、匿名組合員の利益を害する危険性が高い場合には、その取引を行うについて匿名組合員の承諾を得ない限り、営業者の善管注意義務に違反すると解している（最判平成28年9月6日判時2327号82頁）。

19) 小町谷176頁、西原181頁、田中誠・商行為法164頁、鈴木28頁注3)、大隅・商行為法86頁、石井＝鴻・商行為法99頁。反対は田中耕・商行為法講義89頁。競業避止義務は営業をなす者で、しかも他の者に対し共同企業者または使用人等の関係に立つ者でなければ負担しない、という。

20) 神戸地判昭和62年3月31日判タ651号199頁。

21) 大隅・商行為法88頁。

22) 西原183頁、森本・商行為法101頁。

6　匿名組合の終了

　匿名組合契約は、当事者の合意による存続期間の満了や終了の合意のほかに、各当事者の契約の一方的解除（告知）によって終了する。すなわち、契約で存続期間を定めず、または、いずれかの当事者の終身の間存続すべきことを定めたときは、6か月前に予告をしたうえで営業年度の終了時に契約を告知することができ（商540条1項、民540条）、存続期間の定めの有無にかかわらず、各当事者はやむを得ない事情のあるときは、いつでも告知することができる（債務不履行による解除（民540条）の特則である[24]）。

　また、法律上当然の終了原因として、匿名組合の目的である事業の成功またはその成功の不能（商541条1号）、営業者の死亡、または、後見開始の審判を受けたこと（同条2号——匿名組合員の死亡・後見開始は終了事由ではない）、営業者または匿名組合員が破産手続開始の決定を受けたこと（同条3号）が定められている。

　そして、契約が終了したときは、営業者は匿名組合員に出資の価額を返還する。ただし、匿名組合員が損失を分担するときは、分担額を差し引いた残額でよい（商542条）。

　現物出資の場合は（たとえば土地を出資したとき）、特約のない限り[25]、現物そのものの返還を請求することはできず、金銭で評価した出資の価額のみを返還すれば足りる（名古屋地判昭和53年11月21日判タ375号112頁）。いずれも、匿名組合員は、営業者の一般債権者に劣後することなく、同順位で弁済を受けることができる（会664条参照）。

---

[23]　最判昭和41年1月27日民集20巻1号111頁。永井和之・百選32頁。

[24]　東京高判平成22年8月27日判例集未登載（弥永真生「匿名組合契約及び組合契約の解除」ジュリ1416号46頁（2011年））は、債務不履行による匿名組合契約の解除を認めたもののようである。

[25]　土地使用権の出資の場合は解約告知により土地の返還を請求しうる。東京高判昭和32年10月7日東京高等裁判所民事判決時報8巻9号214頁、大阪地判昭和33年3月13日下民集9巻3号390頁。

> 分析編

7　匿名組合の沿革

(1)　ヨーロッパでの発達

　匿名組合と合資会社とはその経済的機能において似ているが、沿革的にも両者は 10 世紀の頃から地中海沿岸に行われたコンメンダ契約（commenda）から出ている。

　この契約にあっては、初めはもっぱら資本家が商品または金銭を企業者に委託し、企業者は海外におもむいて自己の名をもって貿易を営み、報酬としてその利益の分配にあずかったのであるが（シェイクスピアの戯曲「ヴェニスの商人」の世界を想像してほしい）、後には企業者もまた資本の一部を拠出する場合を生じた。これをコレガンチア（collegantia）といい、コレガンチアがさらに分化して、今日の合資会社および匿名組合となったものとされる[26]。

　わが商法が匿名組合を商行為編に規定したのは、商人たる営業者の附属的商行為という観点からであるが、しかし匿名組合は経済的には共同企業の一形態であるから、ヨーロッパでは、これを会社と同列に規定している。

　たとえばフランスでは、1807 年の商法典の会社の 1 つとして「商事匿名組合」の規定が置かれていたが（42 条〜 45 条）、1978 年に民事・商事のいずれの事業も目的としうる「匿名組合」に改められて、民法典の「会社（組合）société」の編に移された（1871 条〜 1873 条）。また、ドイツでは、1861 年の一般ドイツ商法典では、第 2 編商事会社と並んで、第 3 編として「匿名組合および当座組合」の規定を置いていたが（匿名組合は 250 条〜 265 条）、1897 年の商法典の制定にともない、匿名組合を会社編に組み入れ、第 2 編「商事会社および匿名組合」とした（現行法では 230 条〜 236 条）。

(2)　日本法への継受

　わが国では、明治 17（1884）年のロエスレル草案の「商社」の総則の一部として「共算商業組合」の規定が置かれ、その中に「匿名組合」が規定された（74 条〜 80 条）。これを修正した明治 23 年の旧商法典では、「商事会社

---

[26]　大隅健一郎『新版株式会社法変遷論』（有斐閣、1987 年）5 頁注 3）、西原 175 〜 176 頁。

及ヒ共算商業組合」という形で「共算商業組合」が商事会社と横並びに編成しなおされた（265条以下）。この旧商法上の共算商業組合は、一時的な組合企業である「当座組合」（266条）、複数の商人の計算を共通にする「共分組合」（267条）、および「匿名組合」（268条〜273条）の三種類から構成されていた。だが新民法・新商法を編纂する過程で、前二者が民法上の組合に実質的に吸収され、匿名組合だけが商法に残る形となった。

　匿名組合は「純然たる契約」であって、法人である「会社」の概念とは相容れないという理由にもとづき、匿名組合を「会社」から切り離し（平成17年改正前商54条1項、会3条）、商人（会社、小商人を含む）である営業者にとって、匿名組合契約の締結は「営業（事業）のためにする行為」すなわち附属的商行為（商503条、会5条）となることに着目して、匿名組合を「商行為」編の中に位置づけたのである[27]。このような位置づけがかえって匿名組合の共同企業としての特質をわかりづらくしていることは否定できない。

　なお、会社法制定にともなう平成17年商法改正によって、匿名組合員の出資・権利・地位につき平成17年改正前商法542条が合資会社の規定を準用する方法（ドイツ法的な規定方法）をとっていたのを改め、匿名組合に同旨の明文規定を置いた（商536条2項・3項、539条）。

(3) 日本での「発展」

　わが国では、匿名組合は、税負担の軽減を目的として利用されることが少なくない。というのも、匿名組合を投資媒体として用いた場合には、営業者から匿名組合員に分配される利益は、営業者の段階では、必要経費（個人の場合）または損金（法人の場合）に算入されて課税の対象とならず、匿名組合員の段階で課税されるのみだからである（二重課税の排除）[28]。

　この点のうまみを利用して、バブル経済にむかう昭和50年代の後半に、航空機のリース事業で匿名組合契約が利用されるようになった。まずリース会社が営業者として複数の匿名組合員から出資を受け（20％程度）、これと

---

[27] 岡野105頁。
[28] 金子宏「匿名組合に対する所得課税の検討」金子宏編『租税法の基本問題』（有斐閣、2007年）153〜154頁。

金融機関からの借入金（80％程度）とをあわせてメーカーから航空機を購入する。ついで、これを航空会社にリースしてリース料収入を得るのであるが、リース期間の前半は、定率法による減価償却費用（最初の年ほど減価償却費が多く、年を追うにつれて少なくなる）と借入金利子のために、匿名組合員は損失を計上する。匿名組合員は、その間、自己が他の事業（本業）から得た所得（プラス）と匿名組合出資の損失（マイナス）とを損益通算することによって税負担を軽減することができ、さらに、リース期間の後半には利益をあげることにより課税利益を繰り延べることができた[29]。

　最近では、「TK＋GKスキーム」などといって、集団投資スキームのやり方のひとつとして、合同会社（"GK"）を営業者とする匿名組合（"TK"）を組成する方法も普及している。

　すなわち匿名組合の営業者として特定の事業（不動産開発や商品取引が多いが、最近では、震災の被災事業者への支援事業〔復興ファンド〕もある）のみを目的事業とする合同会社（特定目的会社[30]）を設立し、これに多数の投資家が匿名組合員として出資をなすという方法である。このような匿名組合員の地位は、投資信託と同様、金融商品としての性格がつよいため、金融商品取引法上の「みなし有価証券」（金商2条2項）とされて同法上の規制がおよぶ。

8　外的組合と内的組合——ふたたび法的性質論

　最後にふたたび匿名組合の法的性質論にふれておこう。

　わが国では、明治新商法の時点で、匿名組合を「純粋な契約」とみて立法しているが、これに対して、ドイツでは、匿名組合も（広義の）会社企業の一形態として認められており、この点はフランスをはじめとする他の欧州諸国でも同様である。日本のように匿名組合契約を会社から切り離して商行為に編入した立法はやや特殊であるが、その根本的な理由は、わが国では商法上の「会社」を営利社団法人と規定したことにある。しかし学問的に、匿名組合を広義での会社（共同企業）と捉えることは可能であり、また、有用で

---

[29]　東京地判平成7年3月28日判時1557号104頁、遠藤美光・百選166頁。
[30]　だじゃれのようだがTMKという。英語のSPC（Special Purpose Company）である。

もある[31]。

　ドイツ法では、広い意味での会社を「人的会社」と「社団」とに大別し[32]、さらに前者を「外的組合」と「内的組合」の2つに分け、「外的組合」の中に民法上の組合、合名会社、合資会社[33]を分類し、ついで「内的組合」として匿名組合（および非典型的匿名組合）を位置づける。

　「外的組合」とは、第三者からみて、組合自体が取引の当事者としてあらわれるもの、すなわち、組合員全員が第三者との契約の当事者となる場合（組合員全員で契約書にサインする場合）、あるいは、組合員全員の代理人（業務執行組合員）が契約の当事者となる場合（代理人が契約書にサインする場合）である。

　「内的組合」とは、これとは反対に、第三者からみて組合が当事者として登場しない場合をいう。すなわち、組合契約にもとづいて出資された組合財産（合手財産）が形成されているが、対外的には業務執行組合員が自己の名で法律行為を行う場合（契約書のサインを1人の者が本人として行う場合）を広義の内的組合といい（大判大正6年5月23日民録23輯917頁[34]）、これに対して、組合財産が形成されない場合を狭義の内的組合という。匿名組合はこの狭義の内的組合の典型例である[35]。明治新商法の起草者が、匿名組合が営業の運命に参与する経済的共同体であることから、組合としての性質を有するものとした[36]のもこうした立場によるものと思われる。

　しかし、わが国では、大正時代以降、匿名組合は、匿名組合員と営業者とが共同事業を営んでいるとはいえず、団体性のない純然たる契約関係であることを理由として、内的組合ですらないという学説が有力に唱えられた[37]。

---

31) 藤田友敬「企業形態と法」岩村正彦ほか編『企業と法（岩波講座現代の法7）』（岩波書店、1998年）45頁以下参照。

32) 髙田晴仁「会社、組合、社団」法研83巻11号12頁以下（2010年）を参照。このほか「特殊の形態」として、船舶共有、保険相互会社などを挙げるのが一般である。

33) ドイツ法では、合名会社・合資会社は民法上の組合の特則であり、いずれも法人ではなく、「合手的共同体」である。高橋英治『ドイツ会社法概説』（有斐閣、2012年）26頁、65頁。

34) 我妻・債権各論中Ⅱ793頁以下、菅原菊志・百選〔第2版〕132頁。

35) 右近健男編『注釈ドイツ契約法』（三省堂、1995年）578〜579頁〔上谷均〕。

36) 岡野108頁。

現在、この学説を半ば公権的なものとする前提で民法に「内的組合」の規定を創設し[38]、あるいは、匿名組合が内的組合に属することを明らかにするために匿名組合の定義（商 535 条）に「共同」という文言をつけ加えて、「匿名組合契約は、匿名組合員が営業者の営業に出資をし、共同の営業から生ずる利益を分配することを約することによって、その効力を生ずる」とする[39]、改正（私）案が提示されている。

　だがドイツでは、内的組合は、外的組合と並んで学問上の分類・概念であるし、また、匿名組合の規定（ドイツ商法 230 条以下）にも「共同」という文言はない[40]。そもそも構成員の「共同」性（共同の目的）の要件は、ヨーロッパの会社（組合）法の根本理論である。学問的な問題を学問的な議論が熟しないまま立法によって決着をつけ、あるいは問題点を解消した形をとることは立法のあり方として望ましくないのではないか。

（高田晴仁）

37) 松本 150 頁。我妻・債権各論中 II 750 頁。消費貸借が利子はもとより元本の返還も確保されない点で変容をとげたが、組合には至らない特殊な企業形態という。これにならうものとして名古屋高判昭和 61 年 7 月 16 日税務訴訟資料 153 号 119 頁。
38) 民法（債権法）改正検討委員会・前掲注 12) 317 頁以下。
39) 神作・前掲注 12) 35 頁。
40) ただしドイツ商法 230 条 1 項は、「匿名組合員として他人の商業に財産出資をもって参加する者は、その出資を営業者の財産に移転しなければならない」として、匿名組合員の事業「参加」の契機を明記している。前掲・最判昭和 36 年 10 月 27 日参照。

第16講 仲立営業

1 はじめに

　ある者とその相手方との間に立って法律行為の成立のために尽力する事実行為（各種の仲介・あっせん・勧誘行為など）を、一般に媒介というが[1]、他人間の商行為の媒介をなすことを業とする者を仲立人という（商543条）。また、仲立人に媒介を依頼する者を委託者といい、そのために仲立人と委託者との間に締結される契約を仲立契約という。仲立人の例としては、無担保コール取引を媒介する短資業者、外国為替取引を媒介する外国為替ブローカー、物品海上運送契約等の締結を媒介する海運仲立業者、旅客運送契約・宿泊契約の締結を媒介する旅行業者、商行為である不動産取引を媒介する不動産仲介業者（宅地建物取引業者）などが挙げられる[2]。これらの取引においては、適当な相手方を求めてその信用を探ることが難しいため、市場の景況に通じ専門的知識を有する仲介業者が必要となるのである[3]。これに対して、当事者のいずれにとっても商行為でない行為の媒介をなす者は、商法にいう仲立人（いわゆる商事仲立人）には含まれず、講学上「民事仲立人」とよばれる。したがって、この者には仲立営業に関する商法の規定（商543条〜550条）は適用されない。ただし、民事仲立人も、媒介をなすことを業とすることにより商人となる[4]。民事仲立人の例としては、結婚仲介業者、家

---

1) 江頭219頁、森本滋『会社法・商行為法手形法講義〔第4版〕』（成文堂、2014年）347頁。
2) 金融商品取引所のように、一定のルールに従い取引が自動的に成立するシステムを提供している者は仲立人とはいえない（東京地判平成21年12月4日金判1330号16頁）。江頭220頁参照。
3) 西原280頁。
4) 江頭221頁、森本・商行為法105頁、近藤181頁、最判昭和44年6月26日民集23巻7号1264頁。

庭教師やホームヘルパーのあっせん業者、非商人間の非投機的な不動産取引の媒介のみを行う宅地建物取引業者などが挙げられる[5]。本講では、特に明示しない限り商事仲立人を念頭に解説したうえで、民事仲立人に関連することがらも必要な限りで言及する。

商法は、いわゆる商事仲立人の権利義務に関し8か条をおいているが、その多くは（若干の修正が加えられているものの）ロエスレル商法草案に由来するものである[6]。

|解説編|

2 仲立契約

仲立契約は、委託者が仲立人に対して法律行為の成立に尽力するよう依頼し、仲立人がこれを引き受けることによって成立するが、契約内容に仲立人の尽力義務を含むか否かにより、双方的仲立契約と一方的仲立契約とに分類されるのが一般的である。

仲立契約の締結により仲立人が委託者のため取引の成立に尽力すべき義務を負い、この義務と委託者・相手方間の契約成立後に委託者が仲立人に対して報酬を支払う義務とが双務的関係に立つ内容の契約が締結された場合には、これを双方的仲立契約という。その性質は、委託者・相手方間の契約成立のための媒介という事実行為の委託であることから、準委任であるとされる。

これに対して、仲立人は委託者のため取引の成立に尽力する義務を負わないものの、結果として仲立人の尽力により取引が成立すれば委託者が仲立人に対して報酬を支払う、という内容の契約が締結された場合には、これを一方的仲立契約という[7]。その性質は請負に類似しているものの、契約の成否は委託者自身の自由決定に左右されることから、請負に近い特殊の契約であるとされる[8]。

なお、仲立契約の当事者が尽力義務について言及せずに契約を締結した場

---

5) 江頭221頁、大塚＝川島＝中東272頁。
6) 田中誠ほか・コンメ237頁以下。わが商法の商業仲立人の権利義務に関する規定には、ドイツ商法中の商業仲立人（Handelsmakler）の権利義務に関する規定との類似性がみて取れる。

合には、成立した仲立契約が双方的仲立契約であるのか一方的仲立契約であるのかが問題となるが、委託者は相応の活動を期待して仲立人に委託するのが通例であるから、特段の事情がない限りは、双方的仲立契約が成立したものと解される[9]。

3　仲立人の義務
(1)　一般的義務
(i)　委託者に対する義務

　双方的仲立契約の性質は準委任とされることから、受託者たる仲立人は、委任の本旨に従って善良な管理者の注意をもって媒介を行い、取引の成立に尽力すべき義務（善管注意義務）を委託者に対して負う（民644条、656条）。他方で、一方的仲立契約の性質は準委任ではなく請負に近い特殊の契約とされることから、直接的には仲立人に善管注意義務の存在を認めにくい。しかし、仲立人が委託者のために媒介を行う際に一定の注意を尽くすことは当然と考えられ、その注意レベルは善良な管理者の注意と同等のものと解される（善管注意義務）[10]。

　なお、宅建業者には、取引の関係者に対し信義を旨とし、誠実に業務を遂行する義務が課されている（宅建業31条1項）[11]。このほか、媒介契約締結

---

7)　民事仲立人たる宅建業者が依頼者と一般媒介契約を締結した場合には、依頼者のために取引相手方を探す義務（探索義務）はない（東京高判昭和50年6月30日判時790号63頁）。しかし、依頼者と宅建業者との間に専属専任媒介契約（当該宅建業者が探索した相手方以外の者との契約締結を禁じる媒介契約）や専任媒介契約（他の宅建業者に重ねて媒介を依頼することを禁じる媒介契約）が締結されている場合には、宅建業者は成約に向けての積極的努力義務と相手方探索義務を負うものとされている（宅建業34条の2第5項、標準専属専任媒介契約約款4条1項1号・3号、標準専任媒介契約約款4条1項1号・3号）。江頭221頁参照。

8)　竹田・商行為法106頁以下、西原281頁、田中誠ほか・コンメ241頁、鈴木30頁、近藤182頁、江頭220頁、森本・前掲注1）312頁など。

9)　竹田・商行為法107～108頁、西原281～282頁、基本法133頁、森本・商行為法106頁注3）。

10)　平出355頁、蓮井＝西山153頁。一方的仲立契約である以上、仲立人は尽力義務は負わないものの、尽力する際には善管注意義務が課されるという、特殊な立場におかれることとなる。

時に、委託者に対して遅滞なく法定事項を記載した書面を交付しなければならず（宅建業34条の2第1項）、成約前に宅地建物取引士をして物件に関する一定の事項を記載した書面を交付して説明をさせなければならない（宅建業35条1項、65条2項2号・4項2号参照）など、宅建業者には特別の義務が課されている。

(ⅱ) 相手方当事者に対する義務

仲立人は、当事者双方の間に立って行為の成立に尽力するものであることから、委託者のみならずその相手方当事者に対しても、公平にその利益をはかる義務を負うと解されている。仲立人は相手方当事者との間に直接の契約関係をもたず、また、商法上特別の規定によって定められた義務ではないが、仲立人が官職的なものであったという沿革上の理由と、媒介という行為の介在的性質に基づいて、解釈上認められているものである[12]。民事仲立人もまた、媒介を信頼して取引をなす相手方当事者に対して善管注意義務を負うものと解されている[13]。

(2) 紛争防止のための義務

(ⅰ) 見本保管義務

仲立人はその媒介する行為について見本を受け取ったときは、その行為が完了するまで、その見本を保管しなければならない義務を負う（商545条）。この義務は、行為の目的物が見本と同一の品質を有するか否かに関し

---

11) 宅建業者には、物件の依頼者への適合性の調査（東京地判平成11年2月25日判時1676号71頁）、担保権・賃借権等の有無を含む物件の権利関係の調査（東京地判昭和30年12月21日下民集6巻12号2645頁）、所有者本人と称する者の同一性の調査（東京地判昭和34年12月16日判時212号29頁）、契約当事者の代理人の代理権の有無および範囲の調査（東京高判昭和32年7月3日高民集10巻5号268頁）などの義務が課されているものと解されている。

12) 江頭226頁、森本・商行為法107頁。たとえば、ロエスレル商法草案478条において、商業仲立人は「官准を経公信を得て他人間の商業取引を媒介するを以て営業とする商人」と定義づけられていた。ただし、仲立ちの類型ごとに相手方当事者に対する善管注意義務の有無を検討すべき旨を主張するものとして、洲崎博史「仲立法制の在り方」川濵昇ほか編『森本滋先生還暦記念　企業法の課題と展望』（商事法務、2009年）443頁以下。

13) 宅建業者につき、最判昭和36年5月26日民集15巻5号1440頁、江頭225～226頁。

て委託者と相手方との間に後日紛争が生じる場合に備えて、証拠を保全するために課された義務である[14]。したがって、この保管義務の終了時期（「その行為が完了する」時期）は、売買契約が成立し目的物が給付されたときではなく、買主が完全な給付があったことを承認したとき、買主の異議期間（商526条）が経過したとき、当事者間に和解が成立したときなど、目的物の品質に関する紛争の不発生または解決が確実になったときをいうものと解される[15]。

なお、この義務は法律上当然の義務であり、仲立人は保管に関する報酬を委託者にも相手方にも請求できない。また、保管は善良なる管理者の注意をもってなさなければならないが（民644条、656条）、第三者に保管させることは可能であり、仲立人自ら行う必要もない[16]。

(ii) **結約書交付義務**

仲立人は、その媒介により当事者間に行為（契約）が成立した時は、各当事者が自己の氏名または名称（商号）を相手方に示さないよう命じた場合を除き（商548条）、遅滞なく結約書を作成し、各当事者の氏名または名称、行為の年月日およびその要領（目的物の名称・品質・数量、履行の方法・場所・時期、損害賠償額の予定など）を記載した書面を作成し、署名または記名押印の後、これを各当事者に交付しなければならない（商546条1項）。この義務は、当事者間の紛争を防止するために、行為が成立した事実およびその内容を明確にしたうえで証拠を保全するために課されたものである。結約書は仲立人が作成する書面であって、契約当事者間で作成される契約書とは異なるが、仲立人が契約書の作成に関与し自らそれに署名または記名押印することにより、契約書に結約書を兼ねさせることを妨げるものではない[17]。仲立人は、結約書を正確に記載する義務を負い、もしも不実の記載がなされた場合については、損害賠償責任を負うことになる[18]。なお、宅建業者に

---

14) 江頭227頁、蓮井＝西山154頁。
15) 西原282頁、近藤183頁、江頭227頁、森本・商行為法107頁。
16) 近藤183頁、江頭227頁、藤田勝利＝北村雅史編『プライマリー商法総則・商行為法〔第3版〕』（法律文化社、2010年）155頁。
17) 江頭228頁。
18) 西原282頁、近藤183頁、森本・商行為法107頁。

は、宅地または建物の売買または交換について媒介により契約が成立した場合、特別の書面交付義務が課されている（宅建業37条）。

当事者間で締結された契約が期限付や条件付である結果、その履行が後日になる場合には、仲立人は各当事者にも結約書に署名または記名押印させなければならない（商546条2項）。また、もしも当事者の一方が結約書の受領や署名・記名押印を拒否したならば、それは結約書の記載に異議があることを意味するものと考えられるから、他方の当事者に速やかな処置をとらせるために、受領や署名・記名押印の拒否について他方の当事者に通知しなければならない（商546条3項）[19]。

結約書の例としては、無担保コール取引において短資業者が交付する「コール資金（媒介）出合報告書」、外国為替取引において外国為替ブローカーが交付する「コンファメーション（confirmation）」などが挙げられる[20]。

(iii) 仲立人日記帳（帳簿）作成・謄本交付義務

仲立人は、仲立人日記帳（帳簿）を備え、結約書に掲げた事項を記載して保存しなければならない（商547条1項）。この帳簿は、仲立人が媒介した行為について記載し、証拠の保全をはかるために作成が課されるものであり、仲立人自身の財産・営業を明らかにするためのものではない。したがって、商人の会計帳簿（商19条2項）にはあたらないとされる（通説）[21]。しかし、仲立人日記帳の保存期間については、商業帳簿の規定（商19条3項）を類推適用し、10年と解すべきであるとされている（通説）[22]。後述のように、当事者が氏名・名称の黙秘を仲立人の命じた場合、結約書にそれを記載してはならないが（商548条）、仲立人日記帳には記載しておかなければならない[23]。

19) 近藤184頁、江頭228頁。
20) 江頭228頁。
21) 基本法136頁、鴻・商法総則257頁、森本・商行為法108頁など。ただし、西原283頁は、仲立人日記帳に手数料その他の記載が加えられているときは、仲立人自体の営業会計に関するものとして商業帳簿性を有するとされる。
22) 大隅・商行為法96頁、鈴木32頁、近藤184頁、江頭229頁。ただし、田中誠ほか・コンメ249頁は、仲立人日記帳が商法19条3項にいう「営業に関する重要な資料」の範囲に入るものとして、直接適用すればよいとされる。
23) 江頭229頁。

仲立人は、各当事者からの請求があれば、何時でもその仲立人日記帳中の関係部分の謄本を交付しなければならない（商547条2項）。

(3) 氏名・名称（商号）の黙秘義務と介入義務
(i) 氏名・名称（商号）の黙秘義務
当事者（委託者および相手方当事者）がその氏名または名称（商号）を相手方に示さないように仲立人に命じたときは、仲立人はこれに従わなければならず、当事者に交付する結約書および仲立人日記帳の謄本に、その氏名または名称を記載してはならない（商548条）。もっとも、この場合でも、当事者に交付されない仲立人日記帳の原本には、証拠保全のために当事者の氏名・名称を記載しておかなければならない[24]。この義務は、当事者が自己の氏名・名称を相手方に知らせずにおくことにより交渉を有利に進め得る場合があり、また、商取引においては取引当事者の個性が重要視されないことから、当事者が誰であるかを知る必要がない場合が多いため、課されたものである[25]。

もっとも、交渉の初期の段階において戦略上の理由から氏名・名称を隠すことには意味があるものの、当事者が黙秘を命じた場合には交渉（契約）成立後においても氏名・名称の黙秘義務を課すこととなる商法548条に対して、立法論としての批判がある[26]。

(ii) 介入義務
仲立人は、当事者の一方の氏名または名称をその相手方に示さなかったときは、自ら履行の責任を負う（介入義務、商549条）。

この履行責任は、当事者が氏名・名称の黙秘を仲立人に命じていたか否かを問わず発生する[27]。仲立人がこの介入義務を負うときであっても、契約が

---

24) 弥永121頁、近藤185頁、森本・前掲注1）313頁。
25) 基本法137頁。
26) 竹田・商行為法112頁以下、鈴木32頁、森本・商行為法109頁、洲崎・前掲注12）445頁。江頭230頁は「無担保コール取引の取手（借主）のように、市場の円滑な運営の必要上成約前に相手方を照会できないことが取引上のルールとされている例もある〔が〕……成約後も当事者が匿名を通すことが必要な取引があるか否かは、相当に疑問である。」として、本条の有用性に疑問を呈される。

仲立人と他方の当事者との間に成立するわけではなく、匿名の当事者と他方当事者との間に契約が成立するわけであるから、本来匿名の当事者が契約上の債務を負担するべきものである。しかし、商法は当事者の氏名・名称を黙秘された相手方を保護するために、仲立人に対して担保責任を課すこととしたのである（法定責任）[28]。この履行責任は「介入義務」と称されるのが一般的であるが、問屋の介入権（商555条）とは異なり、仲立人が履行責任を負う場合であっても契約当事者となるわけではなく、仲立人は相手方に対し反対給付を請求する権利を有するわけではない[29]。また、相手方当事者の保護のための規定であるから、仲立人が請求されもしないのに、自ら進んで契約の履行を行うことは認められないとされる[30]。

　この介入義務については、(i)の氏名・名称の黙秘義務（商548条）とあわせて、立法論としての批判がある。すなわち、①仲立人の資力は乏しい場合が多いからさほど実益のある規定と思われない、②氏名・名称の黙秘命令があると、当然に仲立人が介入義務を負担して相手方を探さねばならなくなることの当否に疑問がある、などの理由から、商法549条の有用性に対して疑問が呈されている[31]。

　なお、当事者が氏名・名称の黙秘を命じていないものの、仲立人が交渉戦略上の理由などから当事者の氏名・名称を黙秘していた場合においては、契約成立後に遅滞なく匿名当事者の氏名・名称を結約書に記載して、氏名・名称を開示しなければならず（商546条1項）、相手方当事者は開示された当

---

27) 大隅・商行為法97頁、基本法137頁、江頭230頁、近藤185頁、森本・商行為法109頁。
28) 田中誠ほか・コンメ252～253頁、森本・商行為法109頁、近藤185頁、森本・前掲注1) 313頁。
29) 田中誠ほか・コンメ253頁、基本法137頁、江頭230頁、近藤185頁、森本・商行為法109頁。
30) 近藤185頁。
31) 竹田・商行為法113頁、西原284頁、江頭230～231頁、洲崎・前掲注12) 445頁など。これに対して、田中誠ほか・コンメ253頁は「わが国でも匿名当事者が仕切書〔結約書〕受領後にみずから顕名して、相手方に対し履行することはできるのであり、その履行がない限りは、やはり仲立人が当然に履行の責任を負わされる」べきであると主張される。

事者に対して法律行為の効果を主張し得ることとなる。しかし、この場合においてもなお、相手方が仲立人に対して介入義務に基づき履行請求し得るかどうかについて、議論が分かれている。相手方は開示された当事者が取引をするのに適しないと認めるべき正当な事由がある場合に限って仲立人に対して履行請求できるとする見解もあるが[32]、相手方は常に仲立人に対して履行請求をなし得るとの見解が有力である[33]。

4 仲立人の権利
(1) 報酬請求権

　仲立人が商人である以上、その営業の範囲内において当事者の為に媒介行為をなしたときは、報酬支払についての特約がなくとも、相当な報酬(仲立料)を請求することができる(商512条)[34]。前述(1)のとおり、民事仲立人も商人であることから、この報酬請求権を有することとなる[35]。ただし、この報酬請求権は、媒介の対象となった行為(契約)が成立しなければ発生しない(成功報酬制)[36]。

　報酬請求権の発生時期は、媒介の対象となった行為の成立時ではなく、結約書の交付がなされた後である(商550条1項)。このように報酬請求権の発生時期を遅らせているのは、仲立人になるべく相手方を慎重に選ばせ、軽率な媒介行為の誘発を防ぐためである[37]。仲立人と委託者との間で、相手方当事者の紹介などの行為をした段階で報酬を受け取る約束をしていたとして

---

[32] 小町谷209頁。
[33] 大隅・商行為法97頁、基本法137頁、森本・商行為法109頁。
[34] 宅建業者が受けることのできる報酬額については、国土交通大臣の定めるところによるべきこととされており(宅建業46条1項、昭和45年建設省告示第1552号)、これに違反する契約は超過部分につき無効である(最判昭和45年2月26日民集24巻2号104頁)。
[35] 最判昭和38年2月12日判時325号6頁。
[36] 契約が成立すれば足り、特段の合意がない限り契約が履行されたか否かを問わない(大判明治41年7月3日民録14輯820頁)。ただし、成立した契約に無効・取消事由のような瑕疵があってはならず、停止条件付契約の場合には、条件が成就しなければならない。西原284頁、森本・商行為法110頁、江頭232頁。
[37] 竹田・商行為法115頁、基本法138頁。

も、それは仲立契約の報酬ではないと考えられている[38]。また、媒介にあたり多額の費用を要したとしても、費用も報酬に含まれていると考えられるから、費用償還特約のない限り費用を報酬とは別に委託者に請求することはできない[39]。

商事仲立人に対する仲立料の支払は、仲立契約の当事者である委託者のみが負担するものではなく、媒介の対象となった行為（契約）当事者双方が平分して負担することとなる（商550条2項）。これは当事者間の内部的負担関係を定めたものではなく、仲立人は委託者の相手方当事者に対しても直接に仲立料の半額を請求できる趣旨であるとされる[40]。したがって、行為の当事者間で報酬の分担に関する別段の約束をしても、これをもって仲立人に対抗することができない[41]。もっとも、民事仲立人は商人であっても商法550条2項の適用がないため、民事仲立人には相手方当事者に対する報酬請求権はない[42]。しかし、宅建業者については、当事者の一方からのみ媒介の委託を受けた宅建業者が客観的にみて相手方当事者のためにする意思をもって媒介行為をしたと認められる場合には、相手方当事者に対し相当の報酬の支払を請求できると解する余地がある[43]。

(2) 給付受領権

仲立人は、媒介という事実行為を引き受けるにすぎず、自らその行為の当事者となるものでも、当事者の代理人となるものでもないから、別段の意思表示または慣習がない限り、その媒介した行為につき当事者のために支払その他の給付を受ける権限を有しない（商544条）。ただし、当事者が仲立人にその氏名・名称の黙秘を命じたときは、仲立人に給付受領権限を与える旨の意思表示があったものと解される[44]。

---

38) 江頭231頁。
39) 江頭231頁、近藤187頁、森本・商行為法110頁。
40) 江頭232頁。ただし、立法論として商法550条2項を不要な規定であると主張するものとして、洲崎・前掲注12) 441頁。
41) 基本法138頁。
42) 前掲注4) 最判昭和44年6月26日。
43) 最判昭和50年12月26日民集29巻11号1890頁。江頭233頁、近藤182頁参照。

▌分析編

5　仲立と代理

　別段の意思表示または慣習のある場合には、仲立人には給付受領権限が認められるが（商544条反対解釈）、これはあくまで仲立人として給付受領権限が認められる場合である。これに対して、委託者と仲立契約を締結している仲立人が、同時に媒介の対象となった行為につき委託者との間に代理権授与契約を締結して代理人となることが認められるかどうかについては、議論が分かれている。「仲立行為は他人間の法律行為の成立を媒介するに止まるものにして、自己の名を以て当事者の為に契約を締結し、又は代理人として契約を締結するが如きは、媒介と相容れざる観念に属し、仲立行為に非ざるものとす」と判示した大判大正4年10月9日民録21輯1624頁を引用し、仲立人と代理人とを兼ねることは不可能であると主張する学説も有力であるが[45]、当該判決は仲立と代理の相違を述べているにすぎず、仲立人が同時に代理人となることを禁じる趣旨ではないと解すべきである[46]。そもそも、仲立人の給付受領権限を否定する商法544条の立法理由中に、旧商法では「仲立人ハ其媒介スル取引ニ於テ双方ヲ代理スル権利アリ」と規定されていたなど媒介と代理との混同がみられたため、特に代理権を授与しない限り、普通はそれがないものとして、前記の趣旨を明文化した旨の記述がなされている[47]。新商法（現行商法）の立法者としても、特に代理権を授与すれば、仲立人と代理人との地位を兼ねることができるとの立場を前提としていたものと考えられる。

---

44)　平出367頁、基本法134頁、森本・商行為法111頁、弥永122頁、藤田＝北村・前掲注16) 159頁、蓮井＝西山157頁。
45)　大隅・商行為法91頁、石井＝鴻・商行為法107頁。
46)　平出368頁、田中誠ほか・コンメ241頁、森本・商行為法111頁注10)。
47)　法典調査会「商法修正案参考書」法務大臣官房司法法制調査部監修『日本近代立法資料叢書21』（商事法務研究会、1985年）133頁〔第305条理由〕は「特別の規定なきときは仲立人は媒介すへき行為に付き当事者双方を代表する権限を有するものにあらさること媒介なる語に依りて示し得て余ありと雖も其行為に付き当事者の為めに支払其他の給付を受くることは媒介に附属する行為として当然仲立人其権限を有すへきや否や疑を容るるの余地なきにしもあらす故に本条は其実を明かにしたり」と説明する。田中誠ほか・コンメ242頁参照。

6　氏名・名称（商号）黙秘義務および介入義務に対する立法論的批判

　氏名・名称が黙秘された場合における仲立人の介入義務（商549条）については、前述（解説編3（3）(ii)）のように実用的な観点からの立法論上の批判がある。そもそもこの義務はロエスレル商法草案498条「氏名ヲ陽ハニセサル嘱託者ノ為ニ取扱ヒタル取引ニ付テハ商業仲立人専ラ直接ニ損害賠償ノ要求ニ応スヘキ者トス。」に由来するものである。そして、その起草理由中では、諸外国における規定中にも同様の義務規定あることが挙げられている[48]。しかし、ロエスレルの母国であり、また介入義務に関して類似の規定をもつドイツにおいては、交渉（契約）成立後においても氏名・名称の黙秘義務を課すことや常に介入義務が発生することが規定されているわけではない。すなわち、行為当事者が命じた場合における氏名・名称の黙秘義務（商548条）に相当する条文はおかれていない一方で、ドイツ商法典95条が、氏名・名称を黙秘したまま結約書が交付された場合であっても、相当の期間内に氏名・名称の記載をなす義務を仲立人に課している。そして、その際、相当の期間内に仲立人が開示する当事者を相手方当事者と認めなければならないものと定めており、相当の期間内に当事者の氏名が開示されないか、または開示された当事者につき相手方当事者がこれを拒める正当な事由があるときに限って、仲立人が相手方に対して履行責任を負担すべき旨を定めているにすぎない[49]。

　実は、ロエスレル商法草案においては、商法548条のように結約書に氏名・名称を記載させないことによって交渉（契約）成立後においても氏名・名称の黙秘義務を課そうとまでは考えられていなかった。商法548条は、沿革的には旧商法432条、ひいてはロエスレル商法草案491条に由来するものであるが、そこでは「仲立人ハ嘱託者ノ求ニ応シテ媒介ノ事ヲ秘スヘキノ義務アリ」とのみ規定されており、その立法理由は、交渉戦略上の理由か

---

48)　ロエスレルは、「第四百九十五条ヨリ本条（筆者注：498条）マテニ掲載スル規則ハ前諸条ノ説明ニ於テ其理義判然タルモノニシテ且ツ余諸国法律ニ於テモ之ヲ設ケリ」と説明している。ロエスレル734頁。
49)　江頭230頁。
50)　ロエスレルは、「取引ヲ隠秘スルハ商事作略ヲ遂クルノ基タルコト多シ」と説明している。ロエスレル727頁。

ら氏名・名称を隠すことには意味があるというものであった[50]。したがって、ロエスレルは交渉戦術としての契約成立前における氏名・名称の黙秘を念頭においていたものといえ、そのうえで、もし契約成立後にも氏名・名称が黙秘されたままの場合には仲立人に責任を負わせる、という趣旨でロエスレル商法草案491条を起草したものと考えられる。

ところが、新商法では、委託者によって仲立人に氏名・名称の黙秘が命じられても、結約書の交付が課される以上は、氏名・名称の黙秘が必要ではないと解されるおそれがあるとの理由から[51]、結約書に氏名・名称を記載させない旨を規定してしまった。ここにおいて、新商法成立時に変質をとげた現行商法548条と、ロエスレル商法草案をほぼそのまま引き継ぐ形となった現行商法549条との間にズレが生じてしまったのである。立法論的批判がなされる背景にはこのような事情もあることに留意すべきであろう。

7　不動産仲介業者の中途排除

民事仲立人たる宅建業者が成約まで関与しなかった場合でも、当事者が宅建業者から相手方を照会された後に仲介報酬の支払を免れるために業者を排除し、直接取引で契約を成立させた場合には、宅建業者には報酬請求権が発生すると解されている。現在では、標準一般媒介契約約款12条および標準専任媒介契約約款10条、標準専属専任媒介契約約款10条で、中途排除の場合であっても業者に契約の成立に寄与した割合に応じた相当額の報酬請求権が発生する旨を規定しているし、また、標準専任媒介契約約款11条、標準専属専任媒介契約約款11条で、約定報酬額に相当する違約金を請求することができる旨を規定していることから、約定に基づく報酬請求あるいは違約金請求として説明すれば足りるものと考えられるが、かつては報酬請求権の法的根拠と請求額の範囲につき議論がなされていた[52]。

① 業者を故意に排除して直接取引をなしたことが停止条件成就の妨害にあたるとし、業者は民法130条1項により約定報酬を請求し得るとする

---

51) 法典調査会・前掲注47) 135頁〔第309条理由〕。
52) 以下の学説・判例整理は、齊藤真紀・百選168〜169頁による。
53) 最判昭和45年10月22日民集24巻11号1599頁、我妻・債権各論中Ⅱ688頁。

説[53]
② 解除がなされた場合には民法641条により損害賠償を支払うべきであるとする説[54]
③ 直接取引による契約の成立につき、仲介行為と相当因果関係のある範囲内でまたはそれが寄与した度合いに応じて、業者は報酬を請求でき、その根拠は商法512条または仲介契約で足りるとする説[55]
④ 業者にも依頼者にも責めるべき事由がなく中断した後になされた取引について、民法648条3項の類推適用により割合報酬を請求し得るとする説[56]
⑤ 報酬の支払を免れる目的で解除がなされた場合に信義則により解除がなかったものとする説[57]、または、仲介契約存続中の直接取引について、業者の排除に正当な理由のない限り、信義則により報酬を請求し得るとする説[58]
⑥ 業者にとって「不利なる時期」における解除であるとして、民法651条2項類推適用により本来得べかりし報酬を損害賠償として請求し得るとする説[59]
⑦ 直接取引の場合には約定報酬全額を請求し得るとの商慣習が存在するとの説[60]

このうち、①説については、たとえ仲介業者を排除したとしても、仲介契約を解除しないまま媒介の対象となった行為（契約）が成立した以上は、停

---

54) 広中俊雄「委任と『解除』」契約法大系刊行委員会編『契約法大系Ⅳ（雇傭・請負・委任）』（有斐閣、1963年）292～293頁など。
55) 来栖574頁、578頁など。
56) 宇野栄一郎「宅地建物取引業者の報酬請求権」遠藤浩編『不動産法大系（1）売買〔改訂版〕』（青林書院新社、1975年）581頁。
57) 東京地判昭和36年10月20日下民集12巻10号2490頁。
58) 大阪高判昭和41年2月11日判時448号55頁。
59) 東京地判昭和36年4月24日判時265号29頁。
60) 東京地判昭和32年8月15日判時126号18頁。
61) この説は、不動産仲介契約を「宅建業者による媒介によって」行為（契約）が成立することを停止条件として報酬を支払う契約であるととらえているが、宅建業者による媒介は仲立契約の債務の内容であるから、付款とはいえない（松岡誠之助「宅地建物取引業者の報酬請求権の有無と報酬額の判定」ジュリ161号62頁（1958年））。

止条件不成就とはいえないし[61]、仲介業者を排除するために仲介契約を解除した場合には、条件の成就・不成就の問題ではなく仲介契約の解除の問題として処理すべきであることを指摘し得る。②説については、不動産仲介業者が取引の関係者に対し、信義を旨とし、誠実に業務を遂行する義務を負う双方的仲立契約である以上（宅建業31条1項）、請負契約よりも委任契約に関する規定を適用するほうが適切であると考えられる。③説については、媒介の対象となった行為（契約）が不成立だった場合に報酬請求権が発生しないことの説明が困難となる[62]。したがって、仲介契約を解除しないまま仲介業者を排除して直接取引をした結果、媒介の対象となる行為（契約）が成立した場合には、仲介業者は約定の報酬を請求し得るのはもちろんのこと、仲介契約が解除された場合には、民法648条3項の適用によって割合報酬を請求できると解すべきであったのではないか（④説）[63]。

（横尾亘）

62) 幾代＝広中265頁。
63) なお、民法651条2項は、本来任期付き（あるいは契約期間付き）の委任契約のような継続的委任契約の解除に適用されるべき規定と考えられるから、一回限りの仲介を目的とする契約の場合には、民法648条3項を適用するのが適切であると考えられる。

第17講 取次営業(問屋)

1 はじめに

　取次とは、自己の名をもって他人のために(委託者の計算において)法律行為をすること(間接代理)を引き受けることをいう。取次は商法502条11号により営業的商行為とされているから、取次を営業とする者(取次商)は商人である。なお、取次商が取次の実行として行う法律行為は附属的商行為(商503条)となる。

　取次商には、問屋・運送取扱人・準問屋の3種類がある。問屋(といや)は、物品の販売または買入の取次を業とする商人である(商551条以下)。運送取扱人は、物品運送契約の取次を業とする商人である(商559条以下)。運送取扱人をめぐる法律関係については、取次の対象が物品運送契約であることにともなう運送取扱人の法的地位の特殊性を考慮して、運送人の法律関係に類似した規定が置かれているが、運送取扱人に関する規定の中に別段の定めがない限り、問屋に関する規定が準用される(商559条2項)。準問屋は、その他の法律行為の取次を業とする商人であり(商558条)、広告の引受の取次をする広告代理店、旅客運送契約・宿泊契約の取次をする旅行代理店がこれにあたる。準問屋にも問屋に関する規定が準用される。

|解説編|

2 問屋の意義・機能・沿革

(1) 意義

　問屋とは、自己の名をもって他人のために物品の販売または買入をすることを業とする商人をいう(商551条)。

　問屋は、委託者の代理人としてではなく、自らが直接当事者となって物品の売買契約を締結するから、その法律効果(権利義務)はすべて問屋に帰属

する（商552条1項）。したがって、委託者は取引の相手方と直接法律関係をもたない。他方で、問屋による物品の売買契約は委託者の計算においてするから、その取引の経済的効果（損益）は委託者に帰属し、終局的な財産の変動は委託者に生ずる。したがって、問屋が委託者から依頼されて買い入れた物品は委託者に引き渡さなければならず、その反面、買い入れた物品の代金は委託者が負担する。また、問屋が委託者から依頼された物品の販売により取得した代金は委託者に引き渡さなければならない。その点で、世間で卸売商を指していう問屋（とんや）とは区別される。卸売商としての問屋は、自己の計算において物品の購入・転売をするから、投機購買とその実行行為（商501条1号）を業とする自己商である。卸売商としての問屋が売買差益という形で利益を得るのに対して、取次商としての問屋は委託者から手数料を受け取ることによって利益を得る。

なお、商法551条にいう物品には、動産のほか有価証券も含まれるが（最判昭和32年5月30日民集11巻5号854頁）、不動産は含まれない[1]。

(2) 経済的機能

企業が他人に取引活動を補助してもらう場合、問屋を利用すれば、委託者には取引の法律効果は帰属しないから、締約代理商や商業使用人について問題となり得る代理権濫用の危険は生じないし、問屋の信用や知識・経験を活用して取引を行うことができる。取引の相手方としても、問屋自身が契約の当事者となるから、委託者の資力や信用のほか代理権の有無などについて調査する必要もなく、安心して迅速に取引を行うことができる。そのため、問屋は企業が遠隔地や未開拓の市場に参入する方法として盛んに利用されてきた。

今日では、問屋は、相場の変動が激しく迅速な取引を要する有価証券や商品の取引について行われており、証券取引所の会員たる証券会社（金融商品取引法上の金融商品取引業者）や商品先物取引所の商品取引員（商品先物取引法上の商品先物取引業者）は代表的な問屋である。金融商品取引・商品先物

---

[1] 不動産の販売・買入の取次を業とする商人は、商法558条の文言上準問屋にもあたらない。

取引においては、業者が仕切売買（自己の計算において行う売買）による価格変動リスクを回避するため、価格変動から生ずる損益をすべて顧客（委託者）に帰する必要があるのである。

(3) 沿革

ロエスレル商法草案・明治23年旧商法において、現行法における問屋に相当するものは仲買人である。明治32年新商法は、従来の慣習や取引所法において仲買人と称する者は仲立人を指し、単に仲買と称するときは、自己の名をもって自己の計算において問屋より物品を買い受けてこれを需要者に販売し、または生産者より物品を買い受けてこれを問屋に販売する営業者を指すため、仲買人を問屋に改めた[2]。

問屋も仲買人も生産者と小売商の間に位置する中間流通業者であるが、江戸時代における問屋は、商品の集散地（特に大坂）において主に荷主からの委託に基づき口銭（手数料）を取って仲買に売る商人であり、仲買は主に問屋を介して買い取った商品を小売商に売る商人であった。明治時代になると、問屋と仲買の区別が曖昧になり[3]、両者の機能が合体した卸売商が登場するようになった。その結果、問屋の語は卸売商を、仲買の語はブローカー的存在を意味するようになった[4]。

3　問屋の権利義務

(1) 総説

委託者が問屋に対して物品の販売・買入の取次を委託する契約を問屋契約

---

[2] 『商法修正案理由書』（博文館、1898年）273頁。
[3] 明治16年の法務大臣官房司法法制調査部監修『商事慣例類集第1篇』（商事法務研究会、1990年）231頁以下では、問屋と仲買人との業態の区別について調査がなされており、それによれば、問屋にも仲買にも取次商と自己商とが存在していた。大坂では、問屋は取次商であることが多く、仲買は自己商であることが多いが、取次商としては、問屋は生産者からの委託により物品を売り渡し、仲買は小売商からの委託により物品を買い入れていたようである。
[4] 問屋と仲買の歴史的な違いについては、石井良助『第六江戸時代漫筆・商人』（明石書店、1991年）130頁以下、石井寛治『日本流通史』（有斐閣、2003年）128頁参照。なお、「とんや」は江戸等の方言らしい。

という。問屋契約は委任契約の一種であるから、受任者である問屋は善管注意義務をもって物品の販売・買入を行わなければならない（民644条）。そして、問屋は有償委任に基づく権利義務を有するが、さらに商法は問屋に対して特別な権利義務を定めている。

なお、証券会社と顧客との間の法律関係は、証券取引所の定めた受託契約準則による（金商133条1項）ほか、金融商品取引法は取引の公正・顧客の保護等のために独自の規律を設けている。そのため、証券会社に問屋に関する商法の規定を適用する実益は乏しく、証券会社を問屋と位置づけることには疑問も提起されている[5]。

(2) 通知義務

代理商の通知義務は問屋にも準用されている（商557条、27条）。すなわち、問屋は物品の販売・買入の取次をしたときは、遅滞なく委託者に対してその旨通知しなければならない。

(3) 指値遵守義務

委託者が問屋に対して一定の価格で売買するように指定した場合、その価格を指値（さしね）というが、問屋は委任の本旨に従って物品の販売・買入を行わなければならないから、問屋は指値に拘束される。たとえば、販売委託において特定の価格未満では販売しないように指定したり、買入委託において特定の価格を超える価格では買い入れないように指定した場合には、問屋は、指値より低い価格で販売したり、指値より高い価格で買い入れたりしてはならない。問屋がこれに違反して販売・買入をした場合、その売買契約自体は有効であるが、委託者はその経済的効果が自己に帰属することを否認できる（商品取引所の取引員が委託者の指図に基づかずにした売買につき、最判昭和49年10月15日金法744号30頁）。

しかし、問屋が指値に従わずに販売・買入をした場合であっても、指値と現実の売買価格との差額を問屋が負担するのであれば、委託者の経済目的は

---

5) 上村達男「証券会社の法的地位（上）（下）」商事法務1313号2頁以下、1314号13頁以下（1993年）。

達成され、委託者は何ら不利益を被るものではない。問屋としても、その差額が手数料の範囲内であれば利益を得ることができる。そこで、商法554条は、指値との差額を問屋が負担する場合には、指値に従わない売買であっても、その経済的効果は委託者に帰属するものとした。差額負担の意思表示は、遅くとも販売・買入の通知と同時に委託者に到達しなければならない。

(4) 履行担保責任

問屋は、本来善管注意義務をもって相手方を選択して売買契約を締結した以上、相手方の債務不履行について委託者に対して当然に責任を負うものではないが、商法は、売買契約の相手方と直接の法律関係に立たない委託者を保護し、問屋制度の信用を維持するため、性質上代替給付の可能な債務に限り、問屋に特別な履行担保責任を負わせている。すなわち、問屋が委託者のために物品の販売・買入をしたが、相手方が売買契約上の債務を履行せず、物品を引き渡さなかったり代金を支払わなかったりしたときには、別段の意思表示または慣習がない限り、問屋は委託者に対して自ら履行すべき責任を負う（商553条)[6]。

なお、問屋が履行担保責任を負わない場合、相手方の債務不履行による委託者の損害は、問屋が自己の名をもって賠償請求できると解される。

(5) 介入権

委託者が物品の販売・買入を委託した場合、問屋は適当な相手方を探して、売買を行うことになる。しかし、委託者としては、売買による経済的効果の享受を期待しているにすぎず、売買の相手方が誰であるかは通常問題としない。したがって、売買が公正に行われて委託者の経済目的が達成できるのであれば、問屋が自ら委託された物品の買主または売主となっても差し支

---

[6] これに対しては、問屋のこのような重い責任を反映して手数料が割高になるおそれがあるとして、立法論として反対が強い（大隅・商行為法103頁、西原273頁、江頭250頁）。そこで、民法（債権法）改正検討委員会編『債権法改正の基本方針』（商事法務、2009年)【3.2.10.22】は、取次者が委託者との間で、相手方の契約上の債務が履行されることを保証する合意をしたときに限り、取次者は履行担保責任を負うことを提案している。

えない。むしろ、そうしたほうが問屋と委託者の双方に有利な場合もある（たとえば、問屋が委託者から買入委託を受けた物品につき、他の委託者から販売委託を受けていた場合）。このように、問屋が自ら委託者に対して買主または売主となることのできる権利を介入権という。しかし、問屋に介入権を無制限に認めると、その取引の専門家である問屋が委託者から不当に安く買い入れたり、委託者に不当に高く売りつけるなど、問屋が委託者の利益を犠牲にして自らの利益をはかる危険性もある。そこで、商法は、販売・買入の目的物に客観的な取引所の相場があり、問屋が委託者に不利な価格で売買をするおそれのない場合に限って、問屋に介入権を認めている（商555条1項前段）。

　介入は、委託者に対する一方的な意思表示によってその効力を生ずる。すなわち、介入権は形成権である。売買価格は、介入の通知を発した時における取引所の相場によって決定される（商555条1項後段）。問屋が介入権を行使した場合であっても、介入によって委託を実行したことになるため、問屋は委託者に対して報酬を請求することができる（同条2項）。

　なお、商品取引等においては、介入権の行使が禁止されていることが多い（商取212条等）。証券取引においても、かつては、市場の公正な価格形成を阻害するとして、証券会社による介入権の行使（呑行為）は禁止されていたが、現行の金融商品取引法では禁止されていない（例外として、金商40条の6）。

(6)　**買入物品の供託権・自助売却権**

　問屋が買入委託を受けた場合において、委託者が買い入れた物品の受領を拒み、または受領することができないときは、問屋が速やかに買入物品の引渡義務を免れ、その代金を回収できるようにするため、商事売買における売主の供託権・自助売却権を定めた商法524条が準用されている（商556条）。

(7)　**留置権**

　代理商の留置権に関する商法31条は問屋にも準用されている（商557条）。すなわち、問屋は、委託者との間に別段の意思表示がない限り、物品の販売・買入の取次によって生じた債権が弁済期にあるときは、その弁済を

受けるまで委託者のために占有する物または有価証券を留置することができる。問屋の留置権においては、被担保債権と留置物の個別的牽連性が要求されない点では、商人間の留置権（商521条）と同様であるが、問屋の業務の性質上、商人間の留置権よりもその成立要件が緩和されており、問屋の保護が強化されている。すなわち、商人間の留置権と異なり、問屋が本人のために占有する物または有価証券であれば、留置物は債務者たる本人の所有物である必要はなく、本人との商行為によって占有を取得した物でなくてもよい。

(8)　買入物品の取戻権

　買入委託を受けた問屋が買入物品を委託者に発送した場合において、委託者がまだ報酬・費用の全額を弁済せず、かつ到達地でその物品を受け取らない間に、委託者が破産手続開始の決定を受けたときは、問屋はその物品を取り戻すことができる（破63条3項、民再52条2項、会更64条2項）。

4　取次の実行としての売買をめぐる法律関係

(1)　問題の所在

　問屋が委託の実行として行う物品の売買契約は、形式（法律効果の帰属）と実質（経済的効果の帰属）とが分離するのが特色である。しかし、このような問屋の特殊性のため、委託の実行としてなされた売買の経済的効果が最終的にどのように委託者に帰属するか、いいかえれば委託者に対する売買契約の経済的効果の帰属関係はどのような法律関係を生じさせるかという点で困難な問題が生ずる。

　その際に問題解決の重要なカギとなるのが、商法552条2項の意味である。同項は、問屋と委託者との間の関係においては、委任および代理に関する民法の規定が準用されるものとしている。問屋契約は委任契約にほかならないから、商法に特別の規定がない限り、委任に関する規定が適用されるのは当然である。これに対して、代理規定が準用されるとはいかなる意味であるかが問題となる。というのも、問屋は自己の名をもって売買契約を締結する以上、そこには代理に基づく法律関係は形成されないし、代理に関する規定は相手方と本人との法律関係に関するものであるから、同項が問屋と委託

者との関係を対象としているのも不可解である。

さらに、具体的な代理規定の準用をめぐって以下のような問題点もある。

第一に、売買契約の効力を左右し得る事情の有無は問屋について決せられるが、委託者の指図に基づき問屋が売買契約を締結した場合には、民法101条3項（平成29年改正前民2項）（の類推適用）により、契約の効力に影響のある事情に関する委託者の悪意または過失による不知は問屋の悪意と同視されると解されている[7]。

第二に、問屋が他の問屋に売買を再委託した場合には、復代理に関する民法106条（平成29年改正前民107条）2項は適用されないと解されている（最判昭和31年10月12日民集10巻10号1260頁）。その理由としては、問屋は元の委託者の名において再委託するわけではないこと、委託者と再受託者との間に直接の法律関係を認めると、問屋を信頼した委託者・再受託者の利益が害されるほか、委託者に対して報酬等の支払請求権を有する元の問屋の地位が害されることなどが挙げられる。民法104条準用の可否についても争いがある。

(2) 問屋と委託者の関係

判例（大判大正12年12月1日刑集2巻895号）・通説は、問屋関係の経済的実質を考慮して、問屋と委託者との関係においては、問屋のした売買の効果は当然に委託者に帰属すると解している[8]。すなわち、委託者は問屋に対して、問屋のした売買契約によって生じた権利が自己に帰属することを主張することができる。したがって、問屋と委託者との関係においては、問屋のした売買契約によって生じた債権は委託者の債権となり、問屋が買い入れた物品の所有権も当然に委託者に帰属することになるため、それらの権利については特別の移転手続を必要としない。問屋は、取得した物品や代金を単に委託者に引き渡すべき義務を負うだけである。

---

7) この問題については、来住野究「問屋営業に見る間接代理の法構造」法学政治学論究28号151頁注10）（1996年）参照。
8) 志田鉀太郎『日本商法論第3編商行為』（有斐閣、1901年）124頁、岡野167頁に同旨の記述があるため、このような解釈が商法552条2項の立法者意思であると推察される。

この見解は、問屋の売買によって生じた権利義務は、売買の相手方に対する関係では問屋に帰属し、委託者に対する関係では委託者に帰属するという相対的帰属を認めるものであるが、かなり無理がある。というのも、売買契約によって生じた債権債務については、委託者は問屋が行使・履行すべきことを委任しているのが通常であると考えられるため、委託者に帰属させる必要はないし、債権債務は売買の相手方に対する法律関係であるから、問屋と委託者との関係においてのみ委託者に帰属させても意味が乏しいからである。また、民法646条2項は、受任者は委任者のために自己の名をもって取得した権利は委任者に移転することを要すると規定しているから、この規定との整合性が問題とならざるを得ない。

　なお、証券会社が取り扱う上場株式・社債等は、「社債、株式等の振替に関する法律」によりすべてペーパーレス化されており、その譲渡は口座振替をもってなされる（社振140条）。口座振替による決済システムは、代替性のある同種の権利につき大量的・集団的に売買取引が行われる場合に、権利を数量化し、権利を表章する各口座の数量の増減によって権利の変動を実現する仕組みである。そこでは、多数の売主と多数の買主が存在することが予定され、各売主の口座簿上の減少した数量の合計と各買主の口座簿上の増加した数量の合計とが全体として対当するように処理されればよいから、取引の個別性は喪失する。したがって、振替株式等の販売委託により売却が実現すれば、口座管理機関に開設された委託者（加入者）の振替口座簿（顧客口座）に減少記録がなされ、買入委託により買入が実現すれば、委託者の振替口座簿に増加記録がなされるにすぎず、振替元の減少分に相当する権利がどの口座に振り替えられたのかを特定できないから、買入委託において委託者への権利移転の経路を問題とする意味はない。その結果、振替株式等の販売委託・買入委託においては、処分授権・権利取得授権が認められているに等しい。

(3) 委託者と第三者の関係

　問屋が委託の実行としてした売買契約によって取得した権利は、問屋と委託者の関係においては委託者に帰属し、委託者はその権利が自己に帰属することを問屋に主張できると解したとしても、委託者は権利の帰属を第三者に

対しても主張できなければ実際上意味がない場合がある。たとえば、問屋が買入委託の実行として物品を買い入れ、その目的物の引渡しを受けたが、それを委託者に引き渡す前に、第三者たる問屋の債権者がその目的物に強制執行をかけてきた場合、委託者はその債権者に対してその目的物の所有権が自己に帰属していることを主張できなければ、強制執行に対して異議を述べることはできない。同様に、問屋が買い入れた物品を委託者に引き渡す前に問屋が破産した場合、その目的物は破産財団に組み込まれることになるが、委託者は第三者たる破産管財人に対してその目的物の所有権が自己に帰属することを主張できなければ、委託者は目的物を取り戻すことができない。

そこで、判例（最判昭和43年7月11日民集22巻7号1462頁）・多数説は、問屋と委託者間の内部関係を第三者にも拡張し、委託者は、問屋が売買契約によって取得した権利が自己に帰属することを第三者にも主張できるものと解している。その理由としては、①商法552条2項は、問屋の一般債権者と委託者との関係を除外するほどの積極的な意味をもつものではなく、委託者との関係では問屋の債権者は問屋と一体をなすものと解すべきであること[9]、②問屋が委託の実行としてした売買によって取得した財産について実質的利益を有するのは委託者であり、問屋の債権者はそのような財産についてまで自己の債権の一般的担保として期待すべきではないこと[10]が挙げられている。したがって、問屋が買い入れた物品につき、問屋の債権者の強制執行に対しては委託者は第三者異議の訴え（民執38条）を提起することができ、問屋が破産した場合には委託者は取戻権（破62条、民再52条1項、会

---

[9] 鈴木竹雄「問屋関係における委託者の地位」鈴木竹雄『商法研究Ⅰ』（有斐閣、1981年）274頁、鈴木35頁、37頁は、商法552条2項における「問屋と委託者との間」とは、「外部関係すなわち問屋対相手方間の関係に対する内部関係を意味し、いわゆる問屋は問屋自身の外その周囲にこれをめぐって存在する債権者群をも包含する」と解し、西原266頁は、問屋の債権者を「問屋の人格の延長または問屋と一体をなすもの」と解する。

[10] 神崎克郎「証券売買委託者の法的地位（1）」神戸法学雑誌13巻4号503頁、518〜524頁（1964年）は、問屋・委託者間における権利の相対的帰属を認める必要性を否定した上で、取次と信託の類似性から、「問屋が、委託者の計算で取得した権利は、問屋に帰属するが、委託者への譲渡前においては、当該実行行為に基因しない、問屋に対する一般債権の責任財産を構成しない」と解する（523頁）。

更64条1項）を行使することができる。ただし、問屋固有の財産と区別するため、帳簿上・計算上にせよ何らかの分別管理により、委託者のものとして特定していることを要すると解される。

　一方、販売委託に基づき委託者が問屋に引き渡した物品については、問屋はその物品の処分権を有するにすぎず、所有権は委託者に留保されていると考えられるから、問屋が破産しても、委託者はその物品を取り戻すことができる。物品販売後相手方が代金未払の場合には、委託者はその代金債権について代償的取戻権（破64条、民再52条2項、会更64条2項）を有する。これに対して、販売委託に基づき問屋が取得した売買代金については、金銭には特定性がなく問屋の一般財産に混入されてしまうため、委託者は単なる破産債権者に甘んじるほかはない。

　分析編

5　問屋の取得した権利の委託者への帰属に関する理論構成

　問屋の取得した権利の帰趨については、かつては、商法552条2項が専ら問屋と委託者との内部関係を対象としている以上、委託者は問屋の債権者に対しては権利取得を主張できないと解されていた[11]が、現在では、問屋の債権者に対する関係でも委託者保護がはかられるべきであるという結論に異論はない。問題は、問屋の取得した権利の委託者への帰属をどのように理論構成するかである。

　前掲・最判昭和43年7月11日に対しては、利益衡量に終始して理論構成が欠如していると批判され[12]、文理解釈としても無理があることは否めない。買入委託に基づき問屋の買い入れた物品の所有権は格別の移転行為なしに委託者に移転すると解する以上は、委託者が目的物の所有権の取得を第三者に主張できるか否かは対抗要件を具備しているか否かによって決まるはずであるから、商法552条2項に規定する問屋・委託者間の内部関係の拡張という不自然な構成によるべきではない。そこで、次のような理論構成が試みられてきた。

---

11)　松本・商行為法177頁、小町谷223～224頁、田中誠・商行為法185～187頁。
12)　藤原弘道「判批」民商60巻3号85頁（1969年）。

① 先行的所有権移転・先行的占有改定の合意を根拠とする見解[13]

問屋の義務の履行行為として、買入品の所有権移転と対抗要件としての占有改定の合意が問屋の自己契約（民108条1項ただし書）によってなされた場合、または先行的所有権移転・先行的占有改定の合意が認められる場合（特に委託者が代金を前払している場合）には、委託者の取戻権が認められると解するものである。

しかし、問屋の取得した権利を移転するにはその旨の意思表示を要するとすれば、債権契約に対する物権契約の独自性を否定する判例・通説の立場と整合性を欠くと批判される[14]。また、事前の権利移転の合意については、買入品につき問屋に裁量の余地がある場合には、買入品は問屋の行為によってはじめて確定し、またその決定が問屋に委ねられている以上、問屋・委託者間における権利移転という法律効果の発生は、問屋の権限によって媒介されざるを得ないではないか。

② フランス法的な意思主義に基づき間接代理の法律効果の相対的帰属を認める見解[15]

わが国の物権変動論においてフランス法的な意思主義を徹底すれば、所有権の移転は、売買契約のような所有権の移転を目的とする債権契約と不可分一体の関係にあり、それによって生じた目的物引渡債務の効力として所有権の移転を生ずるから、間接代理においては、委任契約は委任当事者間における所有権移転の原因とはならず、所有権移転の原因となるのは、相手方・受任者間の売買の外観をとる内実相手方・委任者間の売買だけである。したがって、委任者が受任者の名をもって物の買入をすることを委任した場合、相手方と受任者の売買契約によって目的物引渡債権を取得するのは、真実の

---

13) 小栗栖國道「問屋が委託に基き為したる売買の効果（2・完）」論叢3巻5号22頁（1920年）、藤原・前掲注12）92～93頁、渋谷達紀「判批」法協86巻10号114頁（1969年）、大塚龍児・百選175頁、平出383～385頁、伊藤眞『破産法・民事再生法〔第3版〕』（有斐閣、2014年）421頁、斎藤秀夫＝麻上正信＝林屋礼二編『注解破産法上巻〔第3版〕』（青林書院、1998年）614～615頁等。大判大正7年4月29日民録24巻785頁参照。
14) 三宅正男『契約法（各論）下巻』（青林書院、1988年）973頁、974頁、柳勝司『委任による代理』（成文堂、2012年）163頁、174頁。
15) 三宅・前掲注14）972頁以下、柳・前掲注14）127頁以下。

買主である委任者であり、受任者は相手方に対する関係において債権行使の資格を有するにすぎない。その結果、目的物の所有権の移転は直接相手方・委任者間に生じ、委任当事者間においては委任者が所有権者となるが、売買の相手方に対する関係においては、目的物の所有権は、相手方から受任者に移転し、さらに受任者から委任者に移転するという外観を呈するにすぎない。したがって、法律上は、委任当事者間の物権契約の必要性はもとより、委任当事者間における権利の移転さえ認めることはできない。

　要するに、この見解によれば、委任当事者間の関係では委任者が真実の契約当事者となり、委任者が法律効果の帰属主体となるが、他方、受任者が自己の名をもって契約を締結するという外観に従い、相手方との関係では受任者をもって法律効果の帰属主体として処理されることになるわけである。

　この見解に対しては、次のような疑問がある。第一に、受任者が自己の名をもって法律行為をするということは単なる外観にすぎないのかという点である。第二に、法律効果の相対的帰属の可能性、特に受任者による法律行為の法律効果は、委任当事者間では委任者に直接帰属すると解することが法理論的に可能であるかという点である。そもそも、受任者による法律行為の法律効果の委任者に対する直接的帰属は、その法律行為の相手方との関係において問題とされなければならないはずである。ところが、仮に委任者が受任者による法律行為の法律効果を自己に直接帰属させる意思を有していたとしても、直接代理の形式をとらない以上、その意思は受任者を拘束するにすぎず、法律行為の相手方には及ばないし、法律行為の相手方としても、委任者に法律効果を帰属させる意思はなく、委任者の存在を知らなければなおさらである。したがって、受任者と相手方との間には、法律行為の効果を委任者に帰属させるべき意思の合致はなく、相手方と委任者との間に直接的な法律関係の存在を認めることはできないのではないか。

　③　民法646条2項をもって委託者保護の特別規定と解する見解[16]

　旧商法475条は、「仲買取引ヨリ生シタル債権及ヒ債務ハ仲買人ノ直接ノ

---

16)　平野裕之「間接代理（問屋）をめぐる責任財産及び直接訴権（1）（2・完）」慶應法学1号103頁以下（特に128〜143頁）（2004年）、2号67頁以下（特に84〜90頁）（2005年）。

債権及ヒ債務タルヲ通例トス然レトモ仲買人其債権ヲ委任者ニ譲渡シ又ハ支払資力ヲ失ヒタルトキハ委任者直チニ第三者ニ対シテ其債権ヲ主張スルコトヲ得」と規定していたが、その趣旨は現行商法552条に受け継がれ、破産以外の場合と債権以外にも委託者保護が拡大されたと評価することができる。商法552条2項が民法の委任に関する規定を準用したのは、現行民法は委任契約を代理方式に限らず間接代理を含む一般規定に変更したため、民法に間接代理の場合の委託者保護を任せるつもりであったのではないかと推測される。旧商法475条・民法646条2項のこのような連続性を考慮すれば、民法646条2項を委託者保護のための特別規定として再構成することができる。その結果、民法646条2項の効果として、買入委託における目的物の所有権、販売委託における代金債権は、特別の意思表示なしに当然に委託者に移転し、問屋の債権者に対しては対抗要件をみたすことなく対抗できる（問屋の売買の相手方・問屋から代金債権を譲り受けた者に対する関係では、債権譲渡の対抗要件を要する）。問屋は、委託者に移転した代金債権を自己の名で行使できるにすぎない。また、民法106条（平成29年改正前民107条）2項は、いわゆる直接訴権を認めた規定であり、問屋の再委託にも準用される。

④　委託者に経済的効果を帰属させる権限の行使の効果として、売買の物権的効果は問屋を経由して委託者に帰属すると解する見解[17]

委託者は、問屋による売買契約の経済的効果を享受し、その結果として自己の財産権に所期の変動を生じさせることを、問屋契約における目的意思としている。問屋は、委任の本旨に反しない限り、委託の実行行為によって委託者に帰属させるべき経済的効果を自由裁量により決定することができ、またその具体化した経済的効果の委託者への帰属関係が委託者に対する何らかの法律関係として現れる以上、問屋契約における委託者の目的意思の表示として、経済的効果帰属権限というべき権限の問屋への授与を認めることができる。商法552条2項は、問屋と委託者との関係が代理権に準ずる権限の授与という側面においてとらえられるべきことを示し、商法554条は、指

---

[17]　来住野究「問屋営業における法律効果と経済的効果の牽連関係」慶應義塾大学大学院法学研究科論文集36号65頁以下（1995年）、同・前掲注7）137頁以下。

値が売買代金に関する問屋の経済的効果帰属権限の範囲を画することを意味する。

問屋と売買の相手方はその両者間において目的物の所有権を移転すべき効果意思を有するのであるから、販売委託の場合と買入委託の場合とを問わず、売買契約における債権的効果として生ずる物品の所有権移転義務は、問屋と売買の相手方との間に生じ、その結果、物品の所有権の移転という物権的効果も、売買契約の当事者たる問屋と相手方との間に生ずる。したがって、委託者が終局的に取得すべき権利は問屋を経由した間接的な移転経路をたどることになるが、その権利は、問屋契約における当事者の抽象的な意思に基づき、委託の実行によって具体化した法律効果として、問屋の権利取得と同時に、問屋から委託者に当然に移転する。民法646条2項は、単に委任当事者間に権利の移転を目的とする債権的効果を生じさせる規定ではなく、別段の物権契約なしに物権的効果を生じさせることを内容とした規定である。そして、問屋契約における委託者の抽象的な目的意思と、問屋による売買契約の結果委託者に生ずる法律効果を架橋するものが経済的効果帰属権限にほかならない[18]。

6 取次（間接代理）法制の将来

取次の実行をめぐる法律関係は問屋に関する商法上の問題とされることが多いが、代表的な問屋である証券会社にさえ問屋に関する商法の規定を適用する実益が乏しいことをも考慮すれば、間接代理一般の問題として議論されるべきである。

民法（債権法）改正検討委員会「債権法改正の基本方針」【1.5.L】では、「間接代理については、授権に関する問題を除き、取次契約（委任契約）に関する規律によるほかは、一般的な規定は置かない。」とした上で、【1.5.45】〈1〉は、「権利者が他人に対し当該他人の名で権利者に帰属する権利を処分する権限を与えた場合において、当該他人がこの権限に基づき当

---

[18] この点につき、フランスの財産管理制度に共通する権限（pouvoir）の概念は興味深い。髙秀成「フランス法における権限（pouvoir）と財産管理制度」慶應法学23号85頁以下（2012年）参照。

該権利を第三者に処分する旨の法律行為をしたときは、当該権利は権利者から第三者に直接移転する。」として、委託販売における処分授権を認める規定の新設を提案する。そして、「授権においては、顕名原則に関する諸問題は出てこないものの、権限の付与や範囲、消滅、復授権に関する問題のほか、内部的な義務に違反して権限が行使された場合や、無権限で処分行為が行われた場合に関する問題など、代理の場合と類似した問題が出てくる可能性がある」として、【1.5.46】では、行為の性質が許さないときを除いて、代理に関する規定を授権の場合にも準用することとしている[19]。

一方、取次契約（【3.2.10.20】）をめぐる法律関係については、【3.2.10.21】では、「財産権の取得を目的とする契約の取次において、取次者がその相手方から当該財産権を取得したときは、[取次者の特段の行為を要することなく、] 取次者の委託者に対する財産権の移転の効力が生ずる。」という規定の新設を提案している。解説では、相手方から委託者への直接の権利移転モデルと取次者を介した間接的な財産権の移転のモデルが検討されており、前者のような債権的効力と物権的効力とが乖離する法律関係は、処分授権の場合を別にすれば、その他の局面ではこれまであまりみられないものであり、実定法の中に矛盾なく組み込むことが可能であるかについては、なお慎重な検討を要するとして、後者のモデルが穏当であるとしている。そして、【3.2.10.21】の趣旨については、「当初から財産権の取得を目的とする契約の取次契約においては、取次契約を締結した時点で、取次者が将来取得する権利を移転すべき義務（権利移転義務）はすでに効力を生じており、これにより、取次者から委託者に当該財産は確定的に譲渡されていると捉えることができる。その結果、取次者が相手方との売買契約によって当該財産

---

19) 民法（債権法）改正検討委員会編『詳解債権法改正の基本方針Ⅰ』（商事法務、2009年）316～335頁。授権とは、行為者が自己の名をもって行為するが法律効果は直接本人に帰属する場合をいい、法律効果の帰属過程の点で間接代理とは異なる。授権は処分授権・権利行使授権・権利取得授権・義務負担授権に分けられるが、少なくとも処分授権の概念についてはこれを認める見解が有力であり、処分授権を認めたと評価される判例もある（最判昭和29年8月24日集民15号439頁）。授権については、さしあたり石田穣『民法総則』（信山社、2014年）745頁以下、佐々木典之「授権に関するわが国の学説の検討」姫路法学3号195頁以下（1989年）、伊藤進『代理法理の探究』（日本評論社、2011年）32頁以下参照。

権を取得したときは、取次者の特段の行為を要することなく当然に、取次者から委託者への権利移転の効力は生ずることになる。したがって、このこと自体は、権利移転に関する民法の一般原則からの当然の帰結である。」と説明している。権利移転の第三者対抗要件については、「取次の目的物が動産である場合には、委託者と取次者の先行的な占有改定の合意によって、取次者が相手方から引渡し（現民178条）を受けた時点で、委託者は取次者を通じて間接占有を取得することによって、第三者対抗要件が具備される。」と説明され、買入財産の特定については、取次者に特有の問題ではなく、受任者が委任者の財産を保管する場合について一般的に生ずる問題であるとして、有償寄託の規定を準用することとする（【3.2.10.09】）。その結果、取次者が複数の委託者のために取得して保有する財産をまとめて保管している場合や、取次者自身の財産と委託者の財産とを分別管理していない場合には、混合寄託（混蔵寄託）の規定の準用により、各委託者は、取得財産の数量の割合に応じて共有持分権を有するものとする（【3.2.11.15】〈2〉）[20]。

　しかし、【3.2.10.21】の趣旨に関する説明はかなり疑問である。取次者が買い入れた財産の委託者への帰属を「民法の一般原則からの当然の帰結」として説明できるのであれば、商法学説が委託者保護の理論構成に苦慮する必要はなかったのである。取次契約の時点で権利移転義務はすでに効力を生じており、これにより取次者から委託者に当該財産は確定的に譲渡されているという点については、特定物の買入委託に応じて取次者がそれを買い入れたとしても、その所有権の委託者への移転の可否は、指値に従っているかなどの事情によって左右されるし、買入品につき取次者に裁量の余地がある場合には、この説明は妥当しない。また、買入委託の場合に取次者から委託者への権利移転が民法の一般原則から当然に帰結できるのであれば、販売委託の場合にも取次者を経由した相手方への権利移転を当然に帰結できるはずであるから、あえて処分授権を認める必要はないし、反対に処分授権を認めるのであれば、相手方から委託者への直接の権利移転を可能にする権利取得授権をも認めたほうが、一元的に説明することができ、整合的である。

（来住野究）

20）　民法（債権法）改正検討委員会編『詳解債権法改正の基本方針Ⅴ』（商事法務、2010年）144〜154頁。

第18講 運送営業

1 はじめに

　運送営業とは、運送の引受けを業として行う営業形態である。運送とは、ある場所から他の場所に物品または人（旅客）を空間的に移動する事実行為と理解されている。このように業として運送行為を引き受ける者を広い意味で「運送人」という。法令上は、陸上運送、海上運送もしくは航空運送のいずれか、またはそのうちの2以上（複合運送）を引き受ける者を指す（商569条1号。狭義の「運送人」）。運送人は、物品運送の場合は荷送人、旅客運送の場合は相手方（旅客に限定されない）との間で、有償・双務・諾成の「運送契約」を締結し、対価である運送賃を収受することによって利益を実現する（商570条、589条）。運送に関する行為は営業的商行為であり、運送人は商法上の商人である（商4条1項、502条4号）。

　運送契約は、性質的には請負契約の一種と理解されているが、請負契約に関する民法の規律が運送契約関係に適用されることは例外的であり、実際には、商法第2編第8章「運送営業」、第3編第3章「海上物品運送に関する特則」、特別法（国際海上物品運送法、鉄道営業法、船舶の所有者等の責任の制限に関する法律、船舶油濁損害賠償保障法等）、条約、国土交通省の作成する標準約款、各社の約款（航空会社や外航クルーズ船業者の運送約款、JR旅客営業規則等）、さらには民法（特に債権総論）が主な法源となっている。これらの規範を総称して、「運送法」と呼ぶことがある[1]。

　なお、商法第2編第7章（商559条から564条まで）には、運送取扱営業に関する規定が設けられている。運送取扱は、取引の性質としては準問屋（第17講解説編参照）に位置づけられるが（商502条11号、558条）、真の荷主から実際の運送までの運送取引を仲介するという点では、運送の仲立ちや利用運送と共通性を有するものである。したがって、特殊な運送営業として

本講で取り扱う。

▎解説編
2　主な法源とその適用関係

　商法第2編第8章「運送営業」の規律は、陸上運送、海上運送および航空運送に共通して適用される総則的規定である（図表18-1参照）。

　①「陸上運送」とは、陸上における物品または旅客の運送をいう（商569条2号）。陸上の範囲について法文上の定義はなく、自動車による道路運送（トラック、バイク便、バス、タクシー）、鉄道運送、軌道運送（路面電車、モノレール、新交通システム、LRTなど）、索道運送（ケーブルカー、リフトなど）のほか、運送用機器の種類についても限定はないため、人力車や馬車による運送もこれに含まれる。

　鉄道運送に関しては、鉄道営業法およびその下位法令である鉄道運輸規程の中に、運送人としての鉄道の責任など、運送取引関係を規律する私法規定が置かれており、これらの特別法令が商法に優先して適用されることとなる（商1条1項）。鉄道営業法および鉄道運輸規程の一部は、軌道運送にも準用される（軌道運輸規程5条、10条、16条）。

　②「海上運送」とは、(a) 商行為をする目的で、航海の用に供する船舶（商684条）または (b) 商行為をする目的で、もっぱら湖川、港湾その他の海以外の水域において航行の用に供する船舶（商747条。「非航海船」という）による物品または旅客の運送をいう（商569条3号）。いずれも、端舟（推進するための機関や帆のないボート）のほか、ろ（櫓）・かい（櫂）（人力で推進力を得るための道具）のみによって推進し、または主としてろ・かいによって推進する舟による場合は含まれない。したがって、ろ・かい船による川下りは、商法上の海上運送ではない。

---

1) 運送営業は公衆を対象として行われるため、荷主・旅客の保護および公正な取引秩序を確保するために、行政による一定の介入が定められている（事業開始にあたっての許可または登録、約款の認可を受ける義務、運賃の規制、締約強制等）。「運送法」の中には、これらの業法的な規律も含まれる。主な業法としては、道路運送法、貨物自動車運送事業法、貨物利用運送事業法、鉄道営業法、鉄道事業法、海上運送法、内航海運業法、港湾運送事業法、航空法がある。

海上物品運送については、商法第2編第8章の特則として、商法第3編第3章「海上物品運送に関する特則」の規律が適用（非航海船については準用。商747条）される。海上物品運送に関する特則は、船舶を使用して特定の運送品を運送することを目的とする形態（個品運送。コンテナ船などの定期船による場合が多い）と、特定船舶の船腹（スペース）の全部または一部を貸し切って運送品を運送する形態（航海傭船）を区別して規律している。いずれも物品運送ではあるものの、後者では運送に用いられる手段が契約上特定されている点に特色があり、これにともなって契約法上もさまざまな特殊性が現れている（商748条から756条まで）。

また、海上物品運送のうち船積港もしくは陸揚港のいずれかが日本以外のもの、またはその両方が日本以外のもの（三国間輸送）については、さらなる特則として国際海上物品運送法が適用される（国際海上1条）。国際海上物品運送法は、1924年船荷証券統一条約（ヘーグ・ルール）およびその改正議定書（1968年ヴィスビー議定書および1979年SDR議定書）を国内法化するため、条約が適用対象としていない領域（傭船契約や船積み前・陸揚げ後についてなど）まで適用範囲を広げた上で、単行法として制定されたものである。

③「航空運送」とは、航空法2条1項に規定される航空機（人が乗って航空の用に供することができる飛行機、回転翼航空機、滑空機、飛行船その他政令で定める機器）による物品または旅客の運送を意味する（商569条4号）。無人航空機（いわゆるドローン）は、航空法2条1項に定める航空機には該当しないため（航空法2条22項）、ドローンによる貨物運送事業が実現したとしても、商法上は航空運送には該当しないこととなる。気球（航空法上の航空機とはされていない）による空中運送についても、同様の状況にある。

また、打上げロケットは航空法上の航空機には含まれないため（航空法99条の2参照）、いわゆる宇宙運送についても総則的規定の適用対象とはならない[2]。

商法は、海上物品運送の場合とは異なり、航空運送に関する特則を置いていない。日本は1929年国際航空運送条約（ワルソー条約）およびその改正議定書（1955年ヘーグ議定書、1975年モントリオール第4議定書）、ならびに1999年国際航空運送条約（モントリオール条約）をいずれも批准しており、それぞれの適用要件[3]を満たす運送については、各条約が商法に優先して適

用される（憲法 98 条 2 項）。

[図表 18-1]

①陸上運送		②海上運送	③航空運送	それ以外の運送
総則的規定（商法第 2 編第 8 章）				具体的規律なし
鉄道運送	軌道運送	物品運送 （個品運送・航海傭船）	国際運送	
鉄道営業法 （鉄道運輸規程）	軌道法 （軌道運輸規程）	海上物品運送に関する特則（商法第 3 編第 3 章）	モントリオール条約など	
		国際物品運送		
		国際海上物品運送法		

　以下では、総則的規定（商法第 2 編第 8 章）を中心に解説することとし、必要に応じて、これを修正または補充する国際海上物品運送法その他の特別法（条約）等の規律にも触れる。

3　物品運送
(1)　物品運送の意義
　総則的規定（商法第 2 編第 8 章）は、物品運送と旅客運送について規律を設けている。物品（運送品）とは、運送することのできるすべての物をいい、商品や有価証券だけでなく、軍用品、生動物、死体、バッテリーに蓄積した電気[4]等も含まれる。信書（「特定の受取人に対し、差出人の意思を表示

---

2)　打上げロケットを用いて人工衛星を宇宙空間の一定の軌道まで打ち上げる行為の性質については、これを物品運送と捉えるものと、「荷受人」が存在しないことから、運送ではない請負の一種と捉えるものが対立している。ただし、少なくとも物資の補給機を国際宇宙ステーションまで輸送する行為や、有人宇宙船を用いて人を宇宙空間に輸送する行為（宇宙旅行など）については、物品または旅客の運送と理解すべきであろう。

3)　契約上の出発地および到達地が当該条約の締約国の領域内であること、または両方が 1 つの締約国の領域内である場合において、予定寄港地が他国（締約国に限られない）の領域内であること。したがって、原ワルソー条約（議定書による改正を受けないもの）のみに加盟する A 国との間の航空運送には原ワルソー条約が、モントリオール条約のみに加盟する B 国との間ではモントリオール条約が適用されることとなる。

し、又は事実を通知する文書」（郵便法4条2項））も物品運送の対象となり得るが、信書便事業は事実上日本郵便株式会社の独占事業であり、さらに具体的な役務の内容等は郵便法（昭和22年法律第165号）で定められているため、これに商法の規定を適用する意義は乏しい[5]。電信・電話等、電気を利用した通信の移動は物品運送に含まれない。

(2) 契約の成立

　物品運送契約は、「荷送人（におくりにん）」と運送人との間で成立する（商570条）。荷送人とは、運送人に対して物品運送を委託する者をいい（国際海上2条3項参照）、運送品の所有者に限られない。たとえば、運送取扱人が運送人に運送を委託する場合は、運送取扱人が当該運送契約における荷送人となる。契約締結に際しては、通常は送り状が作成されるが、送り状の作成および交付は契約の成立要件ではない（商570条、571条1項）。また、運送されるべき物品の交付も要件ではない。このように、物品運送契約は、諾成かつ不要式の契約である。航海傭船契約における荷送人は、とくに「傭船者（ようせんしゃ）」と呼ばれる（商748条1項等参照）。

(3) 契約の構造

　(i) 主たる給付義務

　　a　運送人の義務

　商法が予定する物品運送契約は、運送人による運送の履行と荷送人による運送賃支払とが対価関係にある、双務・有償の契約である（商570条）。

　運送人の運送義務には、単に目的物をある場所から他の場所へと物理的に移動させることだけではなく、荷送人から運送品を受け取り、善良な管理者の注意をもって保管し（民400条、商595条）、到達地において荷受人に引き渡すことまでが含まれる（商570条、575条）。なお、運送を引き受けた業者自身が運送を実行する必要はなく、他社を利用することも可能である。この

---

[4]　基本法165頁。
[5]　各条約では、郵便物は適用範囲から除外されている（モントリオール条約2条2項・3項および国際海上17条）。

場合、運送を引き受けた運送人を利用運送人または契約運送人、運送を実行する運送人を実運送人または実行運送人という[6]。

以上に加えて、海上運送（個品運送）の場合には、運送人の給付義務の中に、運送品の船積みおよび船倉または甲板への積付けも含まれる（商737条1項、国際海上3条1項）。また、商法に明文規定はないものの、到着後の陸揚げに関しても運送人が義務を負うものと解される（国際海上3条1項参照）。

さらに、海上運送において、運送人は発航時に次の注意義務を負っている（商739条1項、756条、国際海上5条）。すなわち、①船舶を航海に堪える状態に置くこと（船体能力）、②船員の乗組み、船舶の艤装および需品の補給を適切に行うこと（運航能力）、③船倉、冷蔵室その他運送品を積み込む場所を、運送品の受入れ、運送および保存に適する状態に置くこと（堪荷能力）である。以上の3種類の義務をまとめて、「堪航能力担保義務」と呼ぶ。個品運送の場合は、当事者間の特約によってこれらの義務の一部を免除し、または軽減することはできない（商739条2項、国際海上11条）。

　b　荷送人の義務

運送賃は、前払の特約がない限りは、到達地における運送品の引渡しと同時に支払われなければならない（商573条1項、民633条）（鉄道運輸規程では託送時とされている（鉄道運輸規程54条））。なお、運送賃等の支払を確保するために、運送品について留置権（商574条、741条2項）および先取特権（民311条3号、318条）の成立が認められている。運送人の留置権は商事留置権の一種であるため[7]、破産手続および民事再生手続の場合には別除権、会社更生手続の場合には更生担保権として荷送人等の倒産後も存続する（破2条9項、66条1項、民再53条1項、会更2条10項）。海上運送の場合

---

6) 事業法上は、実際に運送する行為（実運送）と利用運送は区別される（貨物利用運送事業法2条参照）。

7) 債権と留置目的物（運送品）との間の牽連性を必要とすることから、性質的には、商人間留置権（商521条）よりも民事留置権（民295条1項）と共通する。ただし、被担保債権の範囲が運送賃債権等に限定されていることからすると、その成立範囲は民事留置権よりも狭い。運送人の留置権の範囲を超えて、民事留置権または商人間留置権を行使できるかどうかについては争いがあるが、肯定する見解が有力である。

は、荷受人に運送品を引き渡した後であっても、第三者が占有を取得しない限りは、当該運送品を競売に付することが認められている（商742条、756条）。

　運送賃の額については契約自由の原則が妥当するが（民521条2項）、運送の種類によっては業法上の制約がある（たとえば、鉄営3条、軌道11条）。

　運送中に運送品が滅失または損傷し、運送の履行が不能となった場合は、荷送人は対価である運送賃の支払を拒むことができる（民536条1項）。ただし、履行不能について荷送人に帰責事由がある場合（同条2項）、または、荷送人に帰責事由がなかったとしても、滅失等の原因が運送品の性質もしくは瑕疵によるものであったときは、運送賃の支払を拒むことはできない（商573条）。

　荷送人等の指図によって運送を中止した場合は、割合運送賃を請求することができる（商580条、民634条）。運送賃に関する運送人の権利は、これを行使することができる時から1年の短期消滅時効にかかる（商586条）。

(ii)　附随義務

(i)のほか、当事者の運送契約上の義務には、次のものがある。

a　運送証券の交付義務

　法典上の用語ではないが、運送に関連して交付される証券を「運送証券」と呼ぶ。商法では、送り状（商571条）、船荷証券（商757条1項・3項。実務では、Bill of Lading, B/L という）または海上運送状（商770条1項・4項。Sea Waybill, SWB）、複合運送証券（商769条1項。Combined Transport B/L またはハウス B/L）、航空運送に関しては航空運送状（モントリオール条約4条1項。Air Waybill, AWB）について規律が設けられている。

　送り状とは、運送人からの請求により荷送人が作成・交付しなければならない証券であり（商571条1項）、運送契約の締結およびその内容に関する証拠証券として機能する。送り状には、運送品の種類、運送品の容積等、荷造りの種類、荷送人および荷受人の氏名または名称、発送地および到達地を記載しなければならない。荷送人は、運送人の承諾を得て、送り状に記載すべき事項を電磁的方法（Eメール、データを保存した USB メモリーの送付等）によって提供することができる（同条2項、商則13条）。

　船荷証券、複合運送証券、海上運送状は、送り状とは反対に、荷送人から

の請求によって運送人が作成・交付しなければならない証券である（商757条1項、769条1項、770条1項）。

　船荷証券および複合運送証券は、制度上、運送期間中に荷送人から荷受人その他の第三者に流通すること（指図証券性）、証券と引換えでなければ運送品の引渡しを受けられないこと（受戻証券性）、さらに、それを用いて運送品を処分すること（処分証券性）が予定される（商761条から764条まで、769条2項）。

　海上運送状は、船舶が高速化し、運送品が船荷証券よりも前に陸揚港に到着する事態（いわゆる「船荷証券の危機」）に対応するために実務上用いられるようになった証券である[8]。船荷証券に代替するものとして運送人が作成・交付する書類ではあるが、船荷証券のように流通するものではなく、運送品の受取に際して証券を提示して受け戻す必要もない。海上運送状は、荷送人の承諾を得て、電磁的方法によっても提供できる（商770条3項）。

　航空運送状は、荷送人が3通の原本を作成しなければならない（モントリオール条約4条1項、7条1項）。第1の原本は、荷送人が署名をして運送人に交付することで、送り状として機能する。第2の原本は、荷送人と運送人が署名をし、運送品に添付する。これは荷受人に契約内容を通知する機能を有する。第3の原本は、運送人が運送品を受け取った後に署名をして荷送人に交付される。航空運送状も第三者に流通するものではないが、運送品処分権の行使にあたっては、第3の原本の提示が求められる。所持人以外の者の指図に従った場合は、運送人はこれによって所持人に生じた損害を賠償しなければならない（モントリオール条約12条3項）。航空運送状は、電子的な記録で代替することができ、その場合は、荷送人は貨物の受取を証明する書類（貨物受取証）の交付を請求することができる（モントリオール条約4条2項）。

　　b　危険物に関する通知義務

　荷送人は、運送品が引火性、爆発性その他の危険性を有するもの（危険

---

8) 同様の趣旨の実務として、船荷証券に「surrendered」というスタンプを押した上で、元地で回収するもの（サレンダーB/L）もある。サレンダーB/Lは、商法上の船荷証券ではない。

物）であるときは、その引渡しの前に、運送人に対して、その旨および当該運送品の品名、性質その他の当該運送品の安全な運送に必要な情報を通知しなければならない（商 572 条）。危険物とは、消防法（昭和 23 年法律第 186 号）、毒物及び劇物取締法（昭和 25 年法律第 303 号）、危険物船舶運送及び貯蔵規則（昭和 32 年運輸省令第 30 号。「危規則」）、航空法等において指定された物品のほか、自動車、船舶、車両等の運送用具、他の積荷または運転手その他の乗員に危害を及ぼすおそれのあるものをいう。

荷送人が通知義務を怠ったことによって運送人に損害が発生する場合、荷送人は、民法の一般原則に従って、運送人に対して債務不履行に基づく損害賠償責任を負う（民 415 条 1 項本文）[9]。発送時には当該物品の危険性を知りえなかった場合等、通知義務違反が契約および取引上の社会通念に照らして荷送人の責めに帰することができない事由によるときは、荷送人は当該責任を免れる（同項ただし書）。

反対に、運送人側が危険性を認識していた場合には、運送人は損害の発生を回避できた可能性があり、通知義務違反と損害との間には相当因果関係が認められない、あるいは過失相殺（民 418 条）による処理が考えられる[10]。

c　指図に関する義務

物品運送は、運送品の受取から引渡しまで一定の期間をかけて行われるものであるため、市況の変更等に対応するため、荷送人には運送途中で契約内容を一方的に変更する権利が認められている（運送品処分権。商 580 条）。これによって権利者は、運送の中止、荷受人の変更その他の処分（運送品の返還、到着地の変更、運送経路の変更等）を運送人に対して指図することができ、運送人には原則としてこの指図に従う義務が生じる。運送品処分権は、もともとは売買契約上の売主の差止権（stoppage in transitu）に起源を有するものであるが、商法上は、売買契約上の権利関係や危険負担、運送品に対する所有権の所在とは無関係に、運送契約上の固有の権利として規定されてい

---

[9]　他の積荷の所有者に対しては、不法行為に基づいて賠償責任を負うことになる（東京高判平成 25 年 2 月 28 日判時 2181 号 3 頁）。また、当該危険物の製造者に製造物責任（製造物責任法 3 条）が認められることもある（東京高判平成 26 年 10 月 29 日判時 2239 号 23 頁）。

[10]　最判平成 5 年 3 月 25 日民集 47 巻 4 号 3079 頁参照。

る（商581条1項・2項）[11]。

　運送品処分権は、注文者である荷送人の利益のために特に認められた権利であり、これによって運送人の当初の義務が加重されてはならないと理解されている。したがって、当初の義務の範囲を超える指図については、運送人はこれに従うことを拒絶でき、この場合、荷送人は新たな内容の契約を締結しなければならない。

　指図を実行した運送人は、実行した運送の割合に応じた割合運送賃、立替金、追加費用を荷送人に請求することができる（商580条）。

(iii)　契約の解除

　総則的規定では、運送契約の解除に関する具体的な規律は存在しない。したがって、法定解除（民540条から548条まで）、請負における仕事完成前の任意解除（民641条）に関する民法の規律は、物品運送にも適用される。海上運送に関しては、民法641条の特則として、①船積みおよび発航前（商743条1項、753条1項、755条）、②船積み後発航前（商743条2項、753条2項、755条）、③発航後（商745条、754条、755条）の各段階について、荷送人（傭船者）による任意解除に関する規律が設けられている。

(4)　荷受人(にうけにん)の地位

　運送契約の履行には運送品の物理的移動がともなうことから、到達地において運送品を受け取る者が必要となる。かつては、荷送人本人またはその代理人が受取人となっていたが、次第に、荷送人から独立した「荷受人」という固有の地位が認められるようになった。

　商法および国際海上物品運送法は、荷受人の権利義務について定めを置いているが（商581条、584条、586条、587条、588条、741条、国際海上7条、16条）、「荷受人」自体を定義する規定は存在しない。ある者が荷受人となるためには、荷送人による一方的な指定で足り、受益の意思表示や運送品についての何らかの利益（所有権、対価危険の負担）などは必要ないものと解されている[12]。船荷証券（複合運送証券を含む）が作成・交付される場合は、

---

[11]　売買契約上の売主は、代金未払の買主に倒産手続開始の決定があった場合に、運送中の運送品に関して取戻権を有する（破63条、民再52条、会更64条）。

荷受人ではなく証券所持人に運送品の引渡しを受ける権利が認められる（商764条、769条2項）。

　荷受人または証券所持人は、運送契約上の権利義務の帰属主体となることが認められているものの、運送契約を締結した当事者ではない。そのため、(i)帰属する権利義務の内容、(ii)権利義務が帰属する法的根拠、さらに、(iii)荷送人と運送人との間の運送契約条件（免責特約など）の対抗可能性が問題となる。

(i) 荷受人または証券所持人への権利義務の帰属

　まず、船荷証券が交付されない場合には、運送の進行に従って運送品が到達地に到着した時（運送中に運送品が全部滅失したことにより到着を想定できない場合を含む）に、運送契約によって生じた荷送人の権利と同一の権利が荷受人に原始的に帰属する（商581条1項）。その後、荷受人が運送人に対して運送品の引渡しを請求した時（全部滅失の場合は、損害賠償を請求した時）に荷送人の運送品処分権が停止する（商581条2項）。さらに、荷受人が運送品を受け取った時に運送賃等の支払義務が発生する（商581条3項、741条）。

　一方、荷送人の求めに応じて船荷証券が交付される場合、裏書禁止文句がない以上は、運送契約上の権利義務は裏書によって移転する（指図証券性。商762条）。運送品処分権は、荷送人および荷受人に併存するのではなく、船荷証券の所持人にのみ帰属する（商768条、580条）。また、証券所持人は、証券と引き換えでなければ運送品の引渡しを請求することはできない（受戻証券性。商764条）。これらの効力は、海上運送状には認められない（商770条）。

　荷受人（証券所持人）には、到達地において運送品を引き取る義務までは課されていない。

(ii) 荷受人または証券所持人の地位の法的性質

　契約当事者ではない荷受人に上記のような地位が付与されていることの法的根拠については、これを第三者のためにする契約の効果とする見解と、荷受人を到達地における荷送人の「身代わり」や「資格の延長」としてとら

---

12) 東京地判昭和56年10月30日判タ463号136頁。

え、その地位を法律の規定による特殊な効果として説明する見解（法定効果説）が主に対立している。

　一方、証券所持人の地位についてはこのような対立は存在せず、証券不発行の場合に併存する荷送人と荷受人の地位は、証券が発行された場合には、ともに証券所持人の地位に吸収されるものと理解されている。このような理解から、商法では、「荷送人」を「船荷証券の所持人」と読み替えた上で、証券所持人のみに運送品処分権（商580条）を認めるものとし、さらに荷送人と荷受人の双方が関与する条文（商581条、582条2項、587条ただし書）は、証券発行の場合は適用しないものとされている（商768条）。

(iii) 契約内容の対抗可能性

　物品運送契約は、荷送人と運送人を当事者として締結されるため、第三者である荷受人または証券所持人は、契約内容について交渉する余地がなく、契約内容を認識すらしていない可能性もある。しかし、荷受人に帰属する権利は、荷送人の権利と同一の権利であり（商581条1項）、荷送人に対して対抗できる契約内容は、荷受人に対しても対抗できるものと理解されている[13]。

　これに対して、船荷証券が発行される場合には、運送人と証券所持人との関係は、運送契約ではなく船荷証券の記載によって規律される（文言証券性。商760条）。船荷証券については、契約当事者以外の第三者への流通が当初から予定されているためである。そのため、証券所持人が運送契約の内容について悪意の場合、荷送人が同時に証券所持人である場合[14]には、証券記載ではなく運送契約の内容が適用される。

　荷受人が運送品の所有者として、不法行為にもとづいて損害賠償を請求する場合については、4（5）および分析編8を参照。

(5) 運送中の運送品の処分

　運送中の物品は運送人によって直接占有されているため、運送期間中は物

---

13)　契約上の仲裁合意に関する事案として、東京地判平成20年3月26日海事法研究会誌216号61頁。
14)　大判昭和7年3月2日新聞3390号13頁。

品の占有を移転することが困難となる。そこで商法は、船荷証券が発行されている場合には、運送品についての処分[15]は証券の交付によって行われなければならないとして、証券所持人[16]以外の者による物権的処分を制限した上で（処分証券性。商761条）、船荷証券が、これにより権利を行使できる者に対して交付された場合に、運送品の引渡しと同一の効力を認めている（物権的効力。商763条）。

　物権的効力に関しては、①民法の定める占有移転方法のほかに、船荷証券の移転という新たな占有移転方法を認めたものと解する見解（絶対説）と、②指図による占有移転（民184条）の特則と解する見解（代表説）が対立してきた[17]。①②の違いは、運送人が運送品の直接占有を失った場合にも、証券の移転による占有移転を認めるのかどうかという点で現れる（②説によれば、原則として否定される）。運送品が物理的に滅失した場合や第三者に即時取得が成立する場合は、目的物を欠くため、①②のいずれであっても、物権的効力を認めることはできない。

　船荷証券が発行されない場合の占有移転方法については、商法に定めがないため民法の一般原則による。すなわち、運送人が代理占有する運送品を所有者（間接占有者）が第三者に譲渡・質入れする場合は、指図による占有移転（民184条）が必要となる[18]。

(6) 引渡し

　運送行為は、荷受人または船荷証券の所持人への引渡しによって完了する。しかし、荷受人が運送品を受領しない場合や荷受人を確知できない場合

---

15) 商法761条の「処分」には、譲渡、質入れなどの物権的処分のほか、弁済提供（現実の提供）等の債権的な行為や、運送人に対する運送品処分権の行使（商580条）のような債権的処分も含まれるものと解されている。
16) 物理的に証券を所持する者ではなく、適法な所持人に限られる（大判大正13年7月18日民集3巻399頁）。
17) ほかに、証券の移転に加えて民法上の占有移転を必要とする見解（厳正相対説）、物権的効力自体を否定する見解もある。
18) 運送人が占有する運送品に譲渡担保権を設定するため、所有者の間接占有を占有改定の方法で譲渡担保権者に移転させることを一定の範囲で認めた判例もある（最決平成29年5月10日民集71巻5号789頁）。

には運送人は運送義務を履行することができない。そこで、商事売買の場合と同様に、運送人には供託権と自助売却権が認められている（商582条、583条。鉄道運送については、鉄営13条の3）。

まず、(i)①荷受人を確知できない場合または②荷受人が運送品の受取を拒み、もしくは受け取ることができない場合には、運送人は運送品を供託所に供託することができる（商582条1項、583条）。鉄道運送に関しては、鉄道に帰責事由なく引渡不能となった場合一般について、荷主の費用負担のもと、倉庫業者に寄託できる旨が定められている（鉄営13条の3第1項）。(ii)供託後、①の場合は、相当の期間を定めて荷送人に運送品の処分につき指図をすべき旨を催告する（商582条2項）。②の場合は、まずは荷受人に受取を催告し、期間内に受取がないときは、①と同様に荷送人に運送品の処分につき指図をすべき旨を催告する（商583条、582条2項）。船荷証券が発行されている場合は、荷送人に対する催告は不要となる（商768条）。(iii)期間内に指図がない場合には、運送品を競売に付し（裁判所の許可は不要。民497条と比較せよ）、代価の一部または全部を運送賃等の支払に充当することができる（商582条2項・4項、583条）。また、損傷しやすい物等、価格低落のおそれがある物については、(ii)の催告をせずに競売に付すことができる（商582条3項、583条）。(iv)供託し、または競売に付した場合には、遅滞なく荷送人に（場合によっては荷受人にも）通知を発しなければならない（商582条5項、583条）。

なお、荷受人が異議をとどめないで運送品を受け取ることによって、運送人の責任消滅という効果がもたらされる（商584条1項）。この制度については、4（4）(i)で解説する。

4　物品運送人の責任

(1)　総論

物品運送契約にもとづく義務について債務不履行があった場合には、民法の一般原則に従って債務不履行責任が発生する（民415条）。これに加えて商法では、典型的な運送サービスの特殊性（大量の運送品を比較的低廉な運送賃で画一的に運送すること）に鑑みて、運送品の滅失、損傷、延着の場合における運送人の損害賠償責任について、民法の特則を設けている。

(2) 責任原則

商法575条によれば、運送人は、運送品の受取から引渡しまでの間に、運送品が滅失しもしくは損傷し、もしくは運送品の滅失もしくは損傷の原因が生じ、または運送品が延着した場合には、これによって生じた損害を賠償しなければならない。ただし、運送人は、運送品の受取、運送、保管および引渡しについて注意を怠らなかったことを証明したときは、この責任から免れる[19]。

「原因が生じ」との部分は、運送終了後に運送品が滅失等した場合であっても、その原因が運送中に発生した場合は商法575条が適用されることを示すものである。「滅失」とは、物理的滅失のほか、経済的に無価値となった場合や、盗難、紛失、無権利者への引渡し、第三者による善意取得等によって、事実上、運送品の回収が困難になった場合も含まれる[20]。鉄道運送の場合は、1か月を超えて引渡しが遅延するときは、滅失したものと取り扱うことができる（鉄営13条1項）。「損傷」とは、運送品の価格を減少させる物理的な損耗を意味し、「延着」とは、約定の日時または通常到着すべき日時に遅れて到着することをいう。鉄道営業法では、鉄道運輸規程31条で定められる引渡期間（発送期間、輸送期間、集配期間を合算した期間）満了後の引渡しを「延着」と定義する（鉄営12条1項・2項）。

(3) 損害賠償の額

(i) 賠償額の定型化

商法575条にもとづく責任のうち、滅失および損傷の場合の損害賠償額は、引渡しがされるべき地および時における運送品の市場価格によって算定される（商576条1項。国際海上物品運送の場合は、陸揚げされるべき地および時。国際海上8条）。運送品の市場価格（取引所の相場がある場合は、その相場）がないときは、その地および時における同種類で同一の品質の物品の正常な

---

[19] 船積みおよび陸揚げに関する注意義務が明記されている点を除き、国際海上物品運送法にも同様の規律が置かれている（国際海上3条1項および4条1項。5条も参照）。モントリオール条約においては、免責事由が限定されており、帰責事由がないことを証明したとしても運送人は免責されない（モントリオール条約18条2項参照）。

[20] 最判昭和35年3月17日民集14巻3号451頁。

価格による。損傷または一部滅失した後に延着した場合でも、実際の引渡時ではなく引渡しがされるべきであった時が基準となる。他方で、運送品が損傷なく延着した場合（単純な延着）の賠償額は、商法576条ではなく民法の一般原則に従って算定される。

　民法の一般原則に対する商法576条1項の特殊性として、一般に理解されているのは次の2点である。①まず、特別損害（民416条2項）は賠償範囲に含まれない。たとえば、運送品（部品）の滅失によって荷主の工場の操業が停止したとしても、運送人は当該運送品の市場価格以上の賠償責任を負わない[21]。したがって、商法576条1項は、民法による場合と比較して、運送人の責任を一定の範囲に限定する機能を持つ。他方で、荷主の実損害が運送品の市場価格を下回る場合であっても、実損害ではなく運送品の市場価額を賠償しなければならない（いわゆる抽象的損害）。もっとも、損害がまったく発生していないと評価される場合は、損害賠償請求権そのものが成立しない[22]。

　②次に、賠償額の算定に際して、引渡しがされるべき地および時の市場価格が基準とされている。「時」に関して、民法では賠償額の算定基準時に関する明文規定はない（民419条1項を除く）。基準となる地が発送地ではなく到達地とされている趣旨は、運送品の場所的な移動の目的は、最終的に到着後に到達地において利益を実現することにあるためと説明される[23]。到達地の価格には運送賃等が含まれている場合もあるため、運送品の滅失または損傷のために、荷送人等が運送賃その他費用の支払を免れたときは、その額は損害賠償額から控除される（商576条2項、国際海上8条2項）。

(ii) 免責および賠償額の制限

　賠償額の定型化による賠償制限（(i)①）は、運送品の価額自体が高額であ

---

21) 延着の場合の賠償額は民法に従って算定されるため、運送品の延着によって工場の操業が停止した事案では、特別損害まで賠償範囲に含まれることとなる。
22) 最判昭和53年4月20日民集32巻3号670頁。
23) 法典調査会「商法委員会議事要録」法務大臣官房司法法制調査部監修『日本近代立法資料叢書19』（商事法務研究会、1985年）424頁。これに対して、宅配便の場合は、到着地での転売が予想されないため、発送地における商品の価格が基準となっている（標準宅配便運送約款25条1項）。

る場合には、運送人の責任を限定することにはつながらない。そこで商法では、まず①高価品について運送人を免責する規律を設けており、さらに②具体的な金額を超えて賠償責任を負わない旨の約定（賠償額の制限または責任制限）を認めている。

　　a　高価品の特則

　運送品が「高価品」に該当する場合には、運送の委託時にその種類および価額が通知されない限り、運送人は、その滅失、損傷または延着について損害賠償責任を負わない（商577条1項、国際海上15条）。

　高価品は、普通品と比較すると高い運送リスクが予測されるため、普通品の運送よりも高いコスト（盗難の防止費用や保険料）がかかるはずである。しかしながら、荷送人が高価品であることを秘匿して普通品として発送した場合、仮に何も起こらなければ荷送人は本来負担すべき運送コストを負担しなくてもよくなる一方、事故が起これば、運送人は想定以上の金額の賠償責任を負うこととなる（商575条、576条）。商法577条は、このような不均衡を是正するため、①まずは荷送人に高価品についての通知義務を課した上で、運送人による対応（運送の拒絶、運送賃の値上げ、貨物保険を付保させる）の余地を与え、②通知義務に違反して運送品が発送された場合は、運送人には普通品としての賠償責任も負わせないものとしている。運送品が高価品であることを運送人が知っていた場合は、任意に①の対応をとることができたのであるから、②の効果は付与されない（商577条2項1号）。

　商法577条の「高価品」とは、重量または容積の割に高価な物品をいうものとされてきた[24]。例示されている貨幣、有価証券の他にも、宝石、貴金属、美術品[25]、骨董品、データ入りフロッピーディスク[26]その他の外部メモリー等が高価品に該当し得る。個別の約款等では、容積・重量にかかわらず「高額な物品」も高価品に含まれることがある[27]。

　　b　損害賠償額の制限

　商法には、損害賠償額を一定の金額に限定する規律は存在しない。しか

---

[24]　したがって、高価なことが一見して明瞭な物品は、商法上の高価品には含まれない（最判昭和45年4月21日判時593号87頁は、研磨機について否定する）。
[25]　東京地判平成2年3月28日判時1353号119頁。
[26]　神戸地判平成2年7月24日判時1381号81頁。

し、損害賠償額に関する商法の規律（商 575 条、576 条）は任意法規であると解されるため、当事者の合意または約款において、合理的な範囲で具体的な責任限度額を定めることは許容される。

一方、国際海上物品運送法では、強行法的に一定の責任限度額が定められている（国際海上 9 条[28]）。また、鉄道営業法では、1 キログラムあたり 4 万円（1 口 400 万円）が限度となる（鉄営 11 条ノ 2 第 2 項、鉄道運輸規程 73 条 2 号）。

具体的な賠償額の上限が設定されている場合は、高価品特則による免責（商 577 条 1 項）との関係が問題となる。これには、①賠償額の上限について定めがある以上は、高価品特則による免責は認められず、運送人は高価品についても一定額までの賠償責任を負うとの理解[29]と、②高価品について通知がない場合は、運送人は高価品特則により免責され、通知がある場合は、運送品の価額ではなく所定の賠償額が上限となるとの理解がある。国際海上物品運送法は、明文上、賠償額の制限（国際海上 9 条）と高価品特則（国際海上 15 条、商 577 条）とを両立させており、両者の関係は②の意味でとらえるべきである[30]。

27) 容器と荷造りを加えて 1 キログラムあたり 4 万円を超える物品（動物を除く）（鉄道運輸規程 28 条 1 項 3 号、標準貨物自動車運送約款 9 条 1 項 3 号では 2 万円）など。標準宅配便運送約款には高価品に関する規定は存在しないが、引受けを拒絶できる物品として、「その他当店が特に定めて表示したもの」（標準宅配便運送約款 6 条 6 号イ）との条項が存在する。各社の約款では、これに従い、荷物 1 梱包あたり一定額（ヤマト運輸株式会社の場合、30 万円）を超える物品については運送の引受けを拒絶している。
28) 国際海上物品運送法では、① 1 包もしくは 1 単位につき 666.67 SDR（特別引出権）または② 1 キログラムあたり 2 SDR のいずれか高い額とされている。
29) 鉄道営業法 11 条ノ 2 第 2 項は、鉄道運輸規程の定める賠償額の上限は、高価品にも適用されることを明示している。同条は、商法 577 条の特則であり、この場合は、高価品特則の適用は認められない（最判昭和 63 年 3 月 25 日集民 153 号 577 頁）。
30) ただし、実務上は、運送品を高価品として申告することは一般的ではないようである。なお、委託の際に運送品の種類および価額が通告され、かつ船荷証券が交付されるときは、船荷証券に記載されている場合には、賠償額の制限は適用されない（国際海上 9 条 5 項）。

(4) 責任の消滅
　(i) 受取による消滅
　運送品の一部滅失または損傷に関する運送人の責任は、荷受人（証券所持人を含む）が異議をとどめないで運送品を受け取ったときに消滅する（商584条1項、768条）。これは、大量の取引を処理し、かつ運送品の性質について熟知していない運送人が、帰責事由がなかったことを証明するための証拠を常に保全しておくことは困難であるため、運送品に関する占有が移転し、かつ荷受人による履行の承認があった場合には運送人を賠償リスクから解放するという趣旨の規定である[31]。運送人が引渡しの当時に運送品に損傷または一部滅失があることを知っている場合は、その後の訴訟等に備えるべきであるため、商法584条1項は適用されない（商584条2項）。また、全部滅失の場合は「受取」がないため、延着の場合は債務不履行が明らかなため、商法584条1項は適用されない。異議の内容および方式について、商法には定めがない[32]。

　荷受人は、請求権を保全するために、①直ちに発見できる損傷または一部滅失の場合は、受取の際に異議をとどめる必要がある。②直ちに発見することのできない損傷または一部滅失の場合は、受取の日から2週間以内に運送人に対して通知を発しなければならない（商584条1項）。

　なお、引越しや宅配便のように、消費者が荷受人となりうる取引については、単に異議をとどめずに運送品を受け取っただけでは足りず、一部滅失または損傷が外観上明らかな場合であっても、荷受人が通知を発するまでの一定期間内は、責任の消滅が認められない（標準宅配便運送約款24条、標準引越運送約款25条）。さらに、標準引越運送約款では、期間が3か月に延長されている。

　(ii) 期間の経過による消滅
　運送品の滅失、損傷または延着についての運送人の責任は、荷受人（証券所持人を含む）が運送品を受け取った日（全部滅失の場合は、引渡しがあるべ

---

31) 荷受人の通知に関する義務は、国際海上物品運送法においても課されているが、商法とは異なり、責任の消滅という効果は付与されていない（国際海上7条2項）。
32) 国際海上物品運送法では、受取の際に、滅失または損傷の概況について書面で通知をすることが求められる（国際海上7条1項）。

き日)から1年以内に裁判上の請求がされないときは消滅する(商585条1項、768条)。一部滅失または損傷については、(i)の手続によって請求権が保全された場合が対象となる。

　一般の債務不履行にもとづく損害賠償請求権とは異なり、この期間はいわゆる除斥期間であり、時効の完成猶予および更新に関する民法の規律は適用されない。当該期間は、損害が発生した後に限って、合意により延長することができる(商585条2項)。これらの規律は、国際海上物品運送法の対象となる運送には強行法的に適用される(国際海上11条1項)。

(iii) 利用運送の場合

　利用運送において運送品の滅失等が生じた場合、それぞれ直接の相手方である、(a) 荷主(荷送人または荷受人)から契約運送人、(b) 契約運送人から実行運送人に対して賠償が請求される。(a)の請求の後に(b)の求償権が行使される場合、(a)の請求は期限内に行われたとしても、(b)の請求に関しては行使期限を徒過してしまう可能性がある。そこで、(一)受取による責任消滅、(二)期間の経過による責任消滅について、(b)の段階における期間が延長されている。

　①直ちに発見できない損傷または一部滅失の場合[33]において、(b)の実行運送人に対する通知の期限は、(a)の契約運送人が通知を受けた日からさらに2週間延長される(商584条3項)。②裁判上の請求を行うべき期限は、(a)の契約運送人が荷主に対して任意に損害を賠償した日または荷主から裁判上の請求を受けた日のいずれか早い日から3か月延長される(商585条3項)。

(5) 不法行為責任

(i) 運送人の責任

　運送人の行為によって運送品が滅失もしくは損傷し、または延着する場合、債務不履行責任(商575条)と同時に、不法行為責任の要件(民709条、715条、商690条)を満たすことがありうる。この場合、商法および国

---

[33] 直ちに発見できる損傷または一部滅失の場合は、(a)の荷受人から(b)の運送人に対する異議によって、(a)(b)ともに請求権を保全することができる。

際海上物品運送法における一定の規律は、運送人からの不法行為による損害賠償責任にも準用される（商587条本文、768条、国際海上16条1項）。これは、運送人の責任に関する特殊なリスクバランスが不法行為にもとづく請求によって排除されることを防ぐための規律である。

対象となるのは、①主体の面では、不法行為の被害者（運送品の所有者等）が、同時に運送契約の荷送人、荷受人または船荷証券所持人でもあった場合のみである。荷受人（ここでは、証券所持人を含まない。商768条、国際海上16条1項）は、荷送人によって一方的に指定される者であるため、あらかじめ荷送人の委託による運送を拒んでいた者にまで特殊な責任体系を適用することはできない（商587条ただし書。国際海上16条2項も参照）。荷受人が「運送を拒んでいた」場合とは、自己の所有物を運送リスクにさらすこと自体を容認していない場合を意味する[34]。したがって、特定の運送業者や特定の運送手段（海上運送など）によるべきことを合意していたにもかかわらず、荷送人により他の手段が選択された場合などは含まれないと解すべきであろう（荷受人は、運送リスクを容認しており、少なくとも総則的規定の適用は想定されるため）。

②適用される規範は、賠償額の定型化（商576条）、高価品の特則（商577条）、受取による責任の消滅（商584条）および期間の経過による責任の消滅（商585条）に関する商法の規律に限定され（国際海上16条1項も参照）、約款上の賠償制限（（3）(ii) b）などは含まれない。

(ii) 被用者の責任

運送人の被用者（船長その他の船員、トラックのドライバーなど）の過失によって運送品の滅失等が生じた場合には、当該被用者自身が、荷送人等に対して不法行為にもとづいて損害賠償責任を負う可能性がある（民709条）。この場合において、商法587条により運送人の責任が免除または軽減されるときは、被用者の不法行為責任もその限度で免除または軽減される（商588条1項。国際海上16条3項も参照）。これは、被用者の賠償資金は運送人の負担となる可能性が高いため、被用者に対する賠償請求を通じて、運送人に商法上の責任体系を超える経済的な負担を強いることを防ぐための規律で

---

34) 最判平成10年4月30日集民188号385頁参照。

ある。

　荷主の側から見ると、契約当事者以外の者を相手方とすることによって、運送人にとって有利な責任体系から免れることができるというメリットがある。このような狙い撃ちを避けるために、約款等では、被用者以外の第三者（実行運送人や荷役業者など）に対する請求にも、運送契約上の責任体系が適用されるように定めるのが一般的である[35]（いわゆるヒマラヤ条項）。

(6) 責任制度の例外

　以上のような責任制度は、運送サービスの特殊性に鑑みて、運送人を保護するためにとくに設けられたものである。したがって、運送人側に保護すべき事情が存在しない場合にまで適用されるものではない。この場合は、民法の一般原則に従って責任を負うことになる。

　まず、商法576条における賠償額の定型化は、運送人の故意または重過失によって運送品が滅失または損傷した場合には適用されない（商576条3項）。高価品特則についても、運送人の故意または重過失によって高価品の滅失、損傷または延着が生じたときは適用されない（商577条2項2号）。約款上の免責または賠償額の制限の場合にも、同様の定めが設けられている（たとえば、標準貨物自動車運送約款48条）。国際海上物品運送法が適用される運送については、運送人に故意または無謀行為（損害の発生のおそれがあることを認識しながらした無謀な行為）があった場合には、法律上の賠償制限が認められない（国際海上10条）[36]。被用者の不法行為責任に関しても、同様の例外が定められている（商588条2項、国際海上16条5項）。

　「重過失」とは故意に近い注意の欠如をいうものとされているが[37]、どの

---

[35]　近年の国際条約（2009年国連国際海上物品運送条約（ロッテルダム・ルールズ）4条1項など）では、実行運送人その他の下請業者にまで保護の対象が拡張されている。

[36]　これに対してモントリオール条約は、責任の原則を厳格責任とし、その一方で、故意または無謀行為がある場合にも賠償額の制限を主張できるものとしている（モントリオール条約22条5項）。

[37]　大判大正2年12月20日民録19輯1036頁。ワルソー原条約25条の「故意（wilful misconduct）に相当すると認められる過失」も、わが国における重過失と同義と解されている（最判昭和51年3月19日民集30巻2号128頁）。

ような行為が重過失に該当するかは個別の事案ごとに具体的に判断せざるを得ない。裁判例では、トラックの後部扉を半開きのままにしていたため、運送途中で貨物が落下・紛失した事案[38]、保管庫に係員以外の者が立ち入ることを禁止していなかった事案[39]、紛失した原因が不明であった事案[40]においてこれを認める一方、宅配便のように低廉な料金で運送が行われた場合については、管理体制の不備を理由として直ちに重過失を認定することはできないとするもの[41]もある。また、運送品が高価品にあたる場合には、重過失があったこと、または不法行為責任を広く認めたうえで、運送の委託時に通知がなかった点を荷主側の過失として過失相殺によって賠償額を減額する例が多くみられる[42]。

なお、運送人に故意または重過失があったことの主張立証責任は請求者側にある[43]。

5 特殊な運送形態
(1) 複数の運送業者による運送

荷送人から荷受人に至るまでの運送行為は、複数の運送業者によって実行されることもありうる。各業者の権利義務は、荷送人との契約関係を基準として次の4つに分類できる。①各運送区間の運送を実行する業者が、それぞれ荷送人と契約を締結する場合（部分運送）、②1人の運送人が荷送人と全区間に関する運送契約を締結し、全部または一部の運送を別の運送業者に委託する場合（利用運送または下請運送）、③荷送人が複数の運送人と全区間について運送契約を締結する場合（同一運送）、④契約は荷送人と最初の運送人との間で締結されるものの、その後の運送人も、それぞれ荷送人のため

---

38) 最判昭和55年3月25日判時967号61頁。
39) 東京地判昭和26年3月12日下民集2巻3号371頁。
40) 岡山地判平成14年11月12日裁判所ウェブサイト。
41) 大阪地判平成3年11月11日判時1461号156頁。
42) 東京地判平成元年4月20日判時1337号129頁、前掲注25）東京地判平成2年3月28日、前掲注26）神戸地判平成2年7月24日ほか。
43) 大判大正8年3月21日民録25輯486頁。商法575条の請求に対して、賠償額の定型化（商576条1項）が抗弁となり、故意・重過失の存在が再抗弁となる（大江忠『要件事実商法〔第3版〕』（第一法規、2011年）250頁）。

に運送を実行する場合（連帯運送または相次運送）である。

　複数の運送業者が関わる運送については、運送品に滅失等が生じた場合において荷主に賠償責任を負う主体が問題となる。①から③までに関しては、責任の主体は契約内容から明らかである。①部分運送の場合は、損害の原因が生じた区間の運送人が責任を負い、②利用運送の場合は、契約運送人が荷主に対して賠償責任を負った上で、下請運送人（実行運送人）に求償することになる（商584条3項、585条3項参照）（4（4）(iii)参照）。③同一運送の場合は、各運送人は連帯して損害賠償責任を負う（商511条1項）。④相次運送おける責任主体は、当事者の合意内容からは明らかではないが、商法では、各運送人は連帯して損害賠償責任を負うものとされている（商579条3項）。

　①から④までの運送について、運送人は、運送品の占有を失った前の運送人のために留置権等の権利を行使する義務を負う（商579条1項）。また、後の運送人が、前の運送人に運送賃等を弁済した場合は、前の運送人が荷主に対して有する運送賃債権等を取得することができる（同条2項）。

　商法579条1項から3項は、海上運送または航空運送における複数の運送業者による運送にも準用される一方（商579条4項、国際海上15条）、海陸相次運送など、異なる運送手段の間の運送は対象となっていない。

(2) 複合運送

　ひとつの運送契約にもとづく運送の実行のために、陸上運送と海上運送、海上運送と航空運送（Sea & Air）のように異なる種類の運送が組み合わされることがある（これを「複合運送」または「複合一貫運送」という[44]）。当該運送が、適用されるべき法規範の異なる区間をまたいで実行される場合は、とりわけ運送人の損害賠償責任に関して適用規範を確定する必要がある。商法は、陸上運送、海上運送もしくは航空運送のうち2以上の運送、または陸上運送のうち、適用法令が異なる2以上の運送（自動車運送と鉄道運送など）

---

44) 各運送に付随して、搬入・搬出や積替えのために他の運送（多くはトラック運送）が行われる場合は、契約上は1つの運送であり複合運送とはならない（モントリオール条約18条4項参照）。国際海上運送において、船舶が外洋に出るために、港湾および国内海上を通過する場合も複合運送ではない。

をひとつの運送契約で引き受ける場合について、契約運送人（複合運送人）の損害賠償責任に適用される法規範を決定するための準則を定めている（商578条1項・2項）。

まず、陸上運送、海上運送または航空運送のいずれかを引き受けることを業としている時点で、この者は商法上の「運送人」であり（商569条1号）、荷主は、運送人の責任に関する商法の規律（商575条）にもとづいて、運送品の滅失等による損害の賠償を請求できる。

さらに、運送品の滅失等の原因が生じた区間が明らかな場合は、当該区間の運送に適用されることとなる日本の法令または日本が締結した条約が適用される（商578条1項）。たとえば、国際海上運送の区間で原因が生じた場合は、日本の国際海上物品運送法、国際航空運送中に原因が生じた場合は、日本が加盟する国際航空運送条約のうち、当該区間を対象とするもの、鉄道運送区間の場合は、鉄道営業法が適用される。

商法578条は、物品運送契約における準拠法が日本法である場合に適用されるため、荷送人と契約運送人との関係に日本の法令を適用することは当事者の予測に反することにはならない。これに対して、契約運送人が下請運送人に対して求償を求める場合は、当該契約に実際に適用される法規範は日本の法令に限られず[45]、下請運送人の責任と契約運送人が荷送人に対して負う責任との間でズレが生じる可能性はある。

複合運送に関する商法の規律は任意法規であるため、当事者は、条約等に反しない範囲で当該契約に適用される規範を定めることができる[46]。

契約運送人が作成する複合運送証券については、3（3）(ii) a を参照。

(3) 運送取扱

複数の物流業者が取引に関与する場合であっても、すべての者が運送人として運送責任を引き受けているわけではない。たとえば、他人間の契約の仲

---

45) たとえば、国際的な陸上運送に関しては、国際鉄道貨物運送条約（COTIF-CIM）や国際道路運送条約（CMR）などの日本が加盟していない条約の適用がありうる。
46) 国際海上運送が含まれる場合は、国際海上物品運送法を全区間に適用する旨を合意することが一般的である（国際フレイトフォワーダーズ協会（JIFFA）国際複合一貫輸送約款（2013）2条）。

立ち（積荷ブローカー、傭船ブローカー）、運送業者の業務の一部を代理・代行する活動（船舶代理店）がそれぞれ専門の業者によって行われている。この中で商法は、自己の名をもって他人（真の荷主、委託者）の計算で物品運送契約の締結（運送の取次ぎ、間接代理）を行う業態について、特別な規定を置いている（運送取扱営業。商559条1項）。運送取扱業者は、運送賃ではなく、荷主から収受する報酬によって利益を実現する（商512条、561条）。運送人との関係では、物品運送契約の荷送人となる。

　運送取扱人は、運送人の行為によって運送品が滅失等したとしても、運送人の選択その他の運送の取次ぎについて帰責事由がない以上は、委託者に対して損害賠償責任を負わない（商560条）。商法は、運送取扱人が任意に運送責任を引き受ける場合について規律を置いている（介入権。商563条1項）。また、実際には契約運送人として運送を引き受けているにもかかわらず、運送取扱人であることで運送責任を免れることのないよう、委託者の請求によって船荷証券または複合運送証券を作成した運送取扱人は、運送人とみなされる（同条2項）。

　運送取扱人は、報酬、付随の費用および運送賃その他の立替金の弁済を受けるまで、運送品を留置できる（商562条。商574条参照）。さらに、運送営業に関する規律の一部[47]および問屋に関する規律（商551条以下）は、運送取扱営業にも準用される（商564条、559条2項）。

6　旅客運送
(1)　旅客運送契約の意義

　旅客運送契約は、運送人が旅客を運送すること約し、相手方がその結果に対して運送賃を支払うことを約することによって成立する（商589条）。性質上は、物品運送と同様に請負契約の一種である[48]。物品運送とは異なり、運送の客体は人であって、運送人には、人を安全かつ遅滞なく運送するという義務のほか、合意内容に従って、特別席の手配や食事の提供などの給付を

---

47)　危険物の通知義務（商572条）、高価品の特則（商577条）、複数の運送業者に関する規律（商579条（3項を除く））、荷受人の権利義務（商581条）、期間の経過による責任の消滅（商585条）、運送人の債権の消滅時効（商586条）、運送人の不法行為責任（商587条（商577条および585条のみ））、被用者の不法行為責任（商588条）。

行う義務が課される。さらに、旅客運送に付随して、運送機関内に持ち込まれた手荷物（持込手荷物）および保管が委託された手荷物（託送手荷物）についても、物品運送に準じた一定の注意義務が課される（商592条、593条）。

　商法第2編第8章第3節の規律は、旅客運送に関する総則的規定として、陸上旅客運送、海上旅客運送、航空旅客運送のすべてに適用される。海上物品運送のような特則は設けられていない。当事者の権利義務および責任に関しては、自動車運送（バス・タクシー）および国内海上運送の場合は標準約款[49]、鉄道運送の場合は、鉄道営業法のほか鉄道会社の約款である旅客営業規則により詳しい規律がある。国際航空運送に関しては、モントリオール条約等が強行法的に適用される。

(2)　**旅客運送契約の成立**

　旅客運送契約は、運送人と相手方（旅客に限られない）との間で成立する。契約の当事者と旅客の主体が異なる場合（親が子のために、会社が社員のために契約を締結する場合など）は、第三者のためにする契約（民537条）となる。

　旅客運送契約は、諾成・不要式の契約であるが（商589条）、通常は、契約の成立に際して、またはその後に乗車券等の紙片が発行される。また、乗車の際、旅客には当該紙片の提示が求められる。乗車券には、①運送ごとに発行される普通乗車券、②一定の期間と区間につき包括的に乗車を認める定期乗車券、③数回分の運送について一括して発行される回数乗車券という区別がある。②は記名式、①③は、記名式または無記名式のいずれかで発行される。媒体は紙片に限られず、電子チケットまたはICカード乗車券の場合

---

48)　旅行業者がパック旅行（募集型企画旅行）を主催する場合に、遊覧船への乗船やバスでの移動等の旅客運送サービスを引き受けることがある。この場合、旅行業者の債務は運送サービスを手配することであって、相手方に対して旅客運送人（契約運送人）としての責任は負わないとした裁判例がある（特殊な補償制度を採用する標準旅行業約款にもとづいて契約が締結された事案として、東京地判平成元年6月20日判時1341号20頁）。

49)　一般乗用旅客自動車運送事業標準運送約款（タクシー）、一般乗合旅客自動車運送事業標準運送約款（乗合バス）、一般貸切旅客自動車運送事業標準運送約款（観光バス）、海上運送法第9条第3項の規定に基づく標準運送約款（内航フェリー）がある。

もありうる。ICカード乗車券（定期券を除く）による運送契約は、自動改札機による改札を受けた時に成立するものとされている[50]。

①普通乗車券は、運送給付を受ける権利を表章する有価証券であると解される。したがって、無記名式の場合は、無記名証券（民520条の20）、記名式の場合であって譲渡が予定されている場合は、記名式所持人払証券（民520条の13）として、有価証券に関する民法の規定の適用を受ける。ただし、記名式の場合は、同時に第三者への譲渡も禁止されることが一般的であり[51]、有価証券（この場合は、その他の記名証券。民520条の19）ではなく、証拠証券または免責証券にすぎないとの見解もある。②定期乗車券についても同様の議論がある。

③回数乗車券に関しては、購入時と乗車時に時間的な開きがあるため、購入時の条件（とりわけ運送賃）を乗車時にも適用できるのかどうかが問題となる。回数乗車券を①と同様の有価証券ととらえる見解によれば、旅客は、乗車券の提示のみによって乗車時における運送給付を請求できることになる。これに対して、判例[52]は、使用期限および金額の記載のない回数乗車券につき、購入時における運送賃相当額の前払があったことを証明する票券にすぎないとしている（したがって、乗車時に値上げ分の差額運送賃を支払う義務がある）。しかし、使用期限の定めがある場合は、当事者の意思としては、有効期間内は購入時の契約条件による乗車を許容したものと解すべきであろう[53]。

(3) 旅客運送人の責任

(i) 旅客に生じた損害（手荷物または身回り品に関するものを除く）

運送人は、旅客が運送のために受けた損害を賠償しなければならない（商

---

50) 東日本旅客鉄道株式会社ICカード乗車券取扱規則20条。
51) フェリーの乗船券（海上運送法第9条第3項の規定に基づく標準運送約款（旅客運送の部）9条2項）、航空運送における航空券（日本航空株式会社国内旅客運送約款10条参照）など。
52) 大判大正6年2月3日民録23輯35頁。
53) 東日本旅客鉄道株式会社の旅客営業規則では、契約成立時以降の取扱いは契約成立時の規定によるものとされている（東日本旅客鉄道株式会社旅客営業規則5条2項）。

590条本文)。損害の内容について、商法では「運送のために受けた損害」という以上の限定はない[54]。したがって、事故等によってその生命または身体が侵害された場合のほか、精神的苦痛[55]、遅延による損害、キャンセルや運送の中止による損害等が対象となりうる。手荷物および身回り品(旅客の被服や鞄など)の滅失等については、商法590条ではなく、商法592条および593条((ii))が適用される。

運送人が責任を負う期間に関しても、商法では限定されておらず、「運送のために」(商590条本文)の解釈によることになる[56]。裁判例では、乗車・乗船前の駅構内や乗降施設における損害につき、商法590条にもとづく責任が認められている[57]。賠償すべき額についても、物品運送のような規律(商576条。4(3)(i))は存在せず、民法の一般原則(民416条)による[58]。

運送人は、運送に関して注意を怠らなかったことを証明したときは、商法590条による責任を負わない(商590条ただし書)[59]。

商法590条によって成立しうる損害賠償責任のうち、旅客の生命または身体の侵害によるものを免除し、または軽減する特約は無効となる(商591条1項)。たとえば、運送人に過失がある場合も含めた一切の損害を免れる特約、損害賠償額を制限する特約、商法590条の立証責任を転換し、運送人に帰責事由があったことを旅客側に証明させる特約などがこれに該当する

---

54) モントリオール条約では、旅客の死亡もしくは身体的傷害(精神的な傷害は含まれないと解される)または延着の場合に限定される(モントリオール条約17条1項、19条)。
55) 東京高判平成15年6月11日判時1836号76頁(重度の身体障害者を介助中の駅職員が、ブレーキをかけないまま車いすをホームに放置した事案において、精神的苦痛による損害賠償が認められた)。
56) モントリオール条約では、旅客の死亡等の結果が、航空機上またはその乗降のための作業中の事故によって生じたものであることが必要となる(モントリオール条約17条1項)。標準約款や各社の約款でも、同様の限定が設けられている(乗降施設(改札口)に達してから乗降施設を離れるまで、など)。
57) 大阪地判昭和56年9月29日判時1047号122頁(電車通過による風圧によって幼児がホーム上で転倒し死亡した事案について)。
58) モントリオール条約では、延着の場合にのみ上限が設けられている(各旅客につき4,694 SDR。モントリオール条約22条1項)。

だろう。一方、列車等の遅延によって、車内に閉じ込められた旅客が体調を崩した場合などは、遅延の原因について運送人に帰責事由があるときであっても、商法591条1項との関係では、免責特約が許容されている[60]。また、災害地での運送および重病人または妊産婦の運送のように、生命または身体に対する侵害のリスクが高いものについても、免責を合意した上で運送を引き受けることができる（商591条2項）。

(ii) 手荷物および身回り品に関する責任

旅客から引渡しを受けた手荷物（託送手荷物）について、運送人は、運賃を請求しないときであっても、物品運送人と同一の責任を負う（商592条1項）[61]。したがって、物品運送人の責任に関する規律（4）が適用される。また、旅客の側にも、危険物および高価品に関する通知義務（商572条、577条）が課されるものと解される。手荷物が目的地に到着した日から1週間以内に引渡請求がない場合は、旅客運送人は自助売却権を行使できる（商592条3項から6項まで）。

旅客から引渡しを受けていない手荷物（持込手荷物）または身回り品の滅失または損傷については、請求者側が運送人に故意または過失があったことを証明しない限り、運送人は責任を負わない（商593条1項）。運送人が損害賠償責任を負う場合は、賠償額の定型化（商576条1項・3項）、受取による責任消滅（商584条1項）、期間の経過による責任消滅（商585条1項・2項）、不法行為責任（商587条、588条）に関する規律が準用される。

---

59) モントリオール条約でも、同様に無過失の証明によって免責されるが（モントリオール条約21条2項）、各旅客につき11万3,100 SDR以下の賠償については、旅客側の過失による場合を除き（20条）、免責は認められない（17条1項、21条1項）。各種標準約款では、旅客の生命および身体に対する侵害については、運行供用者責任（自動車損害賠償保障法3条）と同様に、運送人は、自動車（船舶）に構造上の欠陥および機能の障害がなかったことまで証明しなければならないものとされている（一般乗合旅客自動車運送事業標準運送約款54条ほか）。
60) 東日本旅客鉄道株式会社の旅客営業規則では、遅延等の場合において、運送賃の払戻し等の請求以外の請求は認められていない（東日本旅客鉄道株式会社旅客営業規則290条の3第2項）。
61) 旅客運送人の被用者も、物品運送人の被用者と同一の責任を負う（商592条2項）。

分析編

7 商法575条および590条の特則性

　商法は、物品運送人および旅客運送人の責任原則について、民法415条1項の特則となる規律（商575条、590条）を設けている。それでは、民法が定める一般債務不履行責任と比較して、物品運送人の責任（商575条）および旅客運送人の責任（商590条）にはどのような特殊性があるのだろうか。

　民法415条1項によれば、債務不履行とは、債務者が契約において引き受けた給付を実現できないことを意味し（本文）、債務不履行につき、債務の発生原因および取引上の社会通念に照らして債務者に帰責事由がないときは、債務者は免責される（ただし書）。これは、債務不履行にもとづく損害賠償責任の正当化根拠を、契約の拘束力（給付を引き受けたこと）に求めるものであり、個人の行動自由を前提に、その者の故意または過失を帰責根拠としてきた不法行為責任（民709条等）とは異なる発想に立つものである。

　運送契約における運送人の給付義務に則して分析すると、まず、運送契約において、運送人は荷送人または旅客に対して運送という結果の実現を約している（商570条、589条）。運送人が引き受ける運送給付には、物品の保管や旅客の安全性の確保も含まれるため（単なる場所的な移動ではない）、運送品が滅失もしくは損傷した場合、または旅客の生命もしくは身体に侵害があった場合は、運送契約において運送人が引き受けた給付を実現できていないということになる。したがって、商法575条および590条の適用対象となる事実（運送品の滅失、旅客の死亡等）は、民法415条1項本文によっても運送人の債務不履行を構成するだろう。その意味では、商法575条および590条に民法に対する特則性はない（民法415条1項本文の注意規定にすぎない）。また、商法575条および590条のただし書に関しても、免責事由があることを証明する責任は、民法415条ただし書と同様に、債務者である運送人に課されている。

　商法575条および590条の民法に対する特殊性は、「運送品の受取、運送、保管及び引渡しについて注意を怠らなかった」（商575条ただし書）または「運送に関し注意を怠らなかった」（商590条ただし書）場合に免責を認めることで、「債務者の責めに帰することができない事由によるものであるとき」（民415条1項ただし書）よりも運送人が免責される範囲を拡張している

点にある。

　通常、請負契約のように債務者が結果の実現（仕事の完成）を引き受けた場合において、結果が実現されないときは、原因を問わず債務不履行責任が成立する（いわゆる結果債務）。免責が認められるのは、給付の引受け時には想定できなかった事由（不可抗力事由）に限定され、結果実現に向けて注意を尽くしたことは免責事由とはならないものと解される。それにもかかわらず、運送人に関しては、相手方に対して結果の実現を引き受ける一方で、結果が実現できなかった場合でも注意を尽くしたことにより責任を免れることができるものとされている[62]。

8　不法行為責任

　物品運送における運送品の滅失等は、荷送人に対する債務不履行（商575条）と同時に運送品の所有者に対する不法行為ともなりうる（民709条等）。この場合、所有者による不法行為にもとづく損害賠償請求は、賠償額の定型化や高価品特則といった運送契約規範の影響を受けるのだろうか。

　解説編4（5）でみたように、この問題の一部は、すでに立法的に解決されている（商587条、国際海上16条）。しかし、商法587条の適用対象とはならない事案（①運送品の所有者が契約外の第三者の場合、②契約上の責任制限がある場合など）については、引き続き検討が必要である。

　商法587条の趣旨から演繹すると、少なくとも次の場合には、同様の効果が認められてよい。まず、①請求主体の面では、商法587条における荷受人と同様に、「運送リスクの容認」があったかどうかがひとつの基準となるだろう。また、②責任制限などの約定規範であっても、その内容が合理的なものは対象に含まれると考えられる[63]。商法587条が、その対象を商法規定に限定している趣旨は、商法が採用するリスクバランスは、当事者に

---

[62]　運送法の領域では、この効果をもって、運送人の責任は「過失責任」または「過失推定責任」であると評価してきた。本文でみたように、現行法の契約責任体系のもとでは、契約責任を過失責任と評価することは適切ではないだろう。ただし、運送法の中には、商法593条1項のように、不法行為と同様に故意または過失を帰責根拠とする制度も残っている。

[63]　前掲注34）最判平成10年4月30日参照。

とって合理的であるという評価にもとづくものと分析できるためである。

(笹岡愛美)

第19講 場屋営業

1 はじめに

　民法では、寄託は委任（準委任）契約の一類型であり、原則として無償でも受寄者は善管注意義務を負うはずであるが（民 644 条）、無償寄託の受寄者の注意義務は自己の財産におけると同一の注意義務に軽減されている（民 659 条）。他方で、商法は、「商人がその営業の範囲内において寄託を受けた」場合（これを商事寄託という）、「報酬を受けないときであっても、善良な管理者の注意をもって、寄託物を保管しなければならない。」（商 595 条）と規定し、無償寄託の注意義務の軽減を認めないことにした。商法はこれにとどまらず、有償・無償を問うことなく、「旅館、飲食店、浴場その他の客の来集を目的とする場屋における取引をすることを業とする者」（以下、場屋営業者と呼ぶ）について、①「客から寄託を受けた物品」についての厳格な責任（商 596 条 1 項）を導入し、さらに、②寄託さえ受けていない「客が……場屋の中に携帯した物品」についての責任（商 596 条 2 項）を規定した（以下、1 項責任、2 項責任と呼ぶ）[1]。

　本講で扱うのは商法第 2 編「商行為」第 9 章「寄託」第 1 節「総則」の諸規定である（商 595 条から 598 条）。この部分の規定は、平成 30 年に現代語（ひらがな）化されたが、施行後内容的な改正はなされていない。本講では、場屋営業者の責任をめぐって現行法の解釈を中心として検討をし、最後に立法論にも言及したい。関連する民法規定については、未だ施行されていないが平成 29 年改正法に依拠して説明をする。

---

1) 本条について詳しくは、広瀬久和「レセプトゥム（receptum）責任の現代的展開を求めて——場屋（特に旅店）営業主の責任を中心に（1）～（4）」上智法学論集 21 巻 1 号 75 頁、21 巻 2 = 3 号 23 頁、23 巻 3 号 17 頁、26 巻 1 号 83 頁（1977 年～ 1983 年）参照。

> 解説編

2 「客の来集を目的とする場屋」

(1) はじめに

　1項責任および2項責任のいずれも、「場屋における取引をすることを業とする者」の「客」に対する責任である。「客の来集を目的とする場屋における取引」は営業的商行為とされ（商502条7号）、「多数人の来集に適する設備をなして、集来する客の需要に応ずる諸種の契約」といわれる[2]。「場屋営業者」以外の商人による寄託は単なる商事寄託にすぎず（商595条）、また、倉庫営業については商法599条以下に特別規定がある。

(2) 場屋の具体例

　判例により「場屋営業」と認められた事例として、芝居茶屋業（大判明治32年10月20日民録5輯9頁）、玉突倶楽部営業（大判大正14年9月18日刑集4巻533頁）、待合茶屋営業（大判大正8年9月25日民録25輯1715頁）がある。古い判例には、商法502条（当時264条）7号の「場屋における取引」を「客ヲシテ一定ノ設備ヲ利用セシムルコトヲ目的トスル取引」とし、理髪契約はこれに含まれないとしたものがある（大判昭和12年11月26日民集16巻1681頁）。しかし、学説は広く不特定多数人の来集に適した施設であればよく、ホテル、飲食店、浴場、劇場、結婚式場、パチンコ店、ゴルフ場、スポーツ施設等々を「場屋」と認め、理髪店や美容院もこれに含めている[3]。スーパー、デパート、コンビニなども客の来集する施設での営業である[4]。旅客運送契約については、別個に商法592条および593条に規定がある。

　東京高判平成14年5月29日判時1796号95頁は、ガソリンスタンドに車を停めて従業員の承諾を取り付けないままそのまま立ち去った事例で、寄託を否定し、そして、2項責任の適用も否定している。ただし、ガソリンスタンドの「場屋」性まで否定したものと考えるべきではないと主張され[5]、

---

2) 大隅・商行為法167頁。「場屋」取引を設備の利用を目的とする契約に限定する学説もあった（松岡熊三郎『商法綱義』（巌松堂、1942年）614頁）。
3) 大隅・商行為法167頁、田中誠・商行為法140頁、西原81頁、平出613頁等。
4) デパート等を場屋と肯定する学説として、我妻・債権各論中Ⅱ711頁、幾代＝広中317頁、岸田299頁、基本法194頁。

また、商法596条（当時594条）2項の適用を否定した原審判決（東京地判平成13年10月19日判時1796号97頁）の部分を取り消していることから、「場屋」性を肯定するものと評価する評釈もある[6]。ゴルフ場も「場屋」と認められている（東京高判平成16年12月22日金判1210号9頁、名古屋地判昭和59年6月29日判タ531号176頁）。

3　寄託を受けた物品についての責任（1項責任）

(1)　場屋営業者責任の根拠

1項責任は無過失責任（ローマ法のレセプツム責任[7]）である。ただし、商法596条1項は強行規定ではないので、場屋営業者の責任内容は自由に合意することができ、過失責任を合意することは許される（免責合意さえ可能なので否定する必要はない）。

1項責任の根拠については、不特定多数人が来集する「場屋営業」では、必然的に客の携帯品に盗難紛失等の危険が著しく、「場屋営業者」は自己の利益のためにこのような営業を営んでいるため、客が安心して場屋を利用できるように営業者の責任を強化したものと説明されている。そして、責任の強化は、客のために役に立つだけでなく（①客の信頼保護）、場屋営業の信用を高めることになり、場屋営業のためにも役に立つものであるといわれる（②報償責任）。しかし、これが、寄託を業としておらずまた無償でも善管注意義務が認められるべきことの説明にはなっても、無過失責任の根拠になっているのかははなはだ疑問である（商法595条だけでよく、ホテル宿泊契約の特別規定を置けばよい）。

(2)　1項責任の要件1──「客」

商法596条1項および2項の保護を受けるためには「客」でなければならないが、①場屋取引の契約が成立している必要はなく、また、②契約当事者である必要もない[8]。要するに取引通念上「客」として扱われている者を

---

5)　洲崎博史「判批」商事法務1788号140頁（2007年）等。
6)　田中慎一「判批」西南学院大学法学論集38巻2号3頁（2005年）。
7)　レセプツム責任について詳しくは、広瀬・前掲注1）。

広く意味するものと考えてよい。①の例としては、飲食店、理髪店等で順番待ちをしている客やホテルに入ってフロントで宿泊を求めたが、満室のため宿泊ができなかった者が考えられている。②の例としては、宿泊契約をした当事者の家族が考えられる。

(3) 1項責任の要件2――「寄託を受けた」こと
 (i) コインロッカーの利用

　銭湯、プール、スポーツセンター等で一般に普及しているロッカーに客が荷物を預けることが「寄託」といえるのかは議論されている[9]。原則として、銀行の貸金庫や駅の有料コインロッカーの利用と同様に、客が場所を利用する契約であり寄託ではないと考えられる（ただし、2項責任の適用はある）。たとえば、秋田地判平成17年4月14日金判1220号21頁は、「保管場所の貸与に止まる」として商法596条（当時594条）1項の適用を否定し、ただしゴルフクラブ側の不注意を認めて2項責任を肯定する（不法行為上の注意義務違反はないとして、民法709条の責任は否定）[10]。

　なお、東京地判平成16年5月24日金判1204号56頁は、貴重品類は、フロントから目の届く位置にある「貴重品ロッカー」に入れるよう利用客に対する指示がなされていた事例で、「貴重品ロッカー」を利用した利用客と被告との間には、「保管開始の時点で、『少なくとも盗難に関する限りにおいては』被告（筆者注：ゴルフ場）の側で善良なる管理者としての注意義務を払う……ことを内容とする契約が成立した」ことを認めたが、商法596条（当時594条）1項ではなく595条（当時593条）の商事寄託に基づく債務不履行責任を認めている[11]。しかし、控訴審判決（前掲・東京高判平成16年12月22日）では、寄託の成立が否定された。

---

8) 竹田・商行為法208頁、小町谷424頁、西原413頁、平出616頁。
9) ホテルや旅館で客室の金庫に保管した場合には、「高価品受寄の一形態と考えられ受寄物としての責任を負う」と評されている（岸田302頁）。
10) 学説も同様である。基本法193頁、道端忠孝「判批」秋田法学51号11頁（2010年）、田邊光政「判批」リマークス32号79頁（2006年）、國友順市「判批」龍谷法学44巻2号241頁（2011年）、中元啓司「判批」北海学園大学法学研究41巻4号218頁（2006年）等。

(ii) その他問題となる事例

①「場屋」の駐車場に客が自動車を駐車する場合に、これが「寄託」になるかも問題とされている。通常は、その場所を借りて駐車させてもらっているのであり寄託ではない[12]。旅館の宿泊客が旅館前に自動車を駐車しその鍵をフロントに預けた事例（東京地判平成8年9月27日判時1601号149頁）、ホテル宿泊客がホテルの駐車場に自動車を駐車しようとしたところ満車であったため、ホテル従業員の指示に従いホテルの玄関前に駐車し、鍵をフロント従業員に預けた事例（大阪高判平成12年9月28日判時1746号139頁）で、寄託が認められている。②最判平成15年2月28日判時1829号151頁は、ホテルのベルボーイが客から預かった荷物を運ぶ途中で盗難にあった事例で寄託を肯定する。③また、ゴルフ場で、客がプレー終了後、キャディが客からの格別の指示を待たずにゴルフクラブをバッグ置き場に戻すために運びバッグ置き場に置いた後に盗難にあった事例で、寄託を認めた判決もある（前掲・名古屋地判昭和59年6月29日）。

(4) 免責のための要件——不可抗力の意義

1項責任では、場屋営業者は「不可抗力」を証明しない限り免責されない。「不可抗力」の理解については学説が分かれている。①主観説は、事業の性質に従い最大の注意をしても、なお避けられない危害であると解し[13]、②客観説は、事業の外部から発生したできごとで、通常その発生を期待できない事由と解する[14]。③そして、折衷説は、事業の外部から発生したできごとで、通常必要と認められる予防方法をつくしても、防止できないものと解するといわれている（③が通説[15]）。

---

11) 寄託を認める限り、場屋営業に付随して寄託がされているので、商法596条1項、597条、598条が適用され、商法595条ではなく596条1項の責任を認めるべきであると評されており（来住野究「判批」ジュリ1291号103頁（2005年））、もっともである。

12) 裁判例も、車の支配が移ったか否かによって判断している。寄託の成立を否定したものとして鳥取地判昭和48年12月21日判時738号98頁、高知地判昭和51年4月12日判時831号96頁がある。

13) 場屋営業者に厳格責任を負わせる必然性がないと考えて、平成30年改正前商法576条1項と同様に責めに帰すべからざる事由と考える少数説もあった（小町谷422頁）。

過失は、結果の予見可能性とその結果の回避義務違反とを要件とするが、①では無過失と等しくなり、②は、予見可能性を緩和すれば予見可能性はみたされるが（具体的な窃盗団侵入の予見可能性ではなく、およそ窃盗団侵入の危険性があればよいとする）、回避できず結果回避義務違反はなくても負う無過失責任になる。②説に対して③説は、予防措置を尽くしても防止できないのに責任を負わせることを批判する。③説は予防措置を尽くせば外部事由については免責され、ⓐ予見可能性を緩和しなければ予見可能性がなくても負わされる無過失責任となるが、ⓑ予見可能性を緩和すれば予見可能性過失があり結果回避義務を尽くせば免責するというのは、過失責任と等しくなってしまう（ただし、外部事由のみについて）。おそらく③説はⓐを前提としているものと思われ、外部原因については、予見可能性は不要だが回避可能性は必要、内部の人的、物的原因については予見可能性も回避可能性も不要とし、原因により無過失責任の程度に差を設けるものといえよう。判例はいずれの立場か明確ではない[16]。

　現在では、民法理論において債務不履行の過失責任の原則が疑問視されており、契約解釈によりどのようなリスクを引き受けたか、どのような注意義

14) 志津田氏治「場屋営業の責任について」長崎大学東南アジア研究所研究年報19号12頁（1978年）は、「今日の時代的な趨勢からすれば、危険性のある企業に無過失責任主義が認められつつあること、企業維持のための責任保険制度の普及や賠償額制限条項を挿入する余地があること、あるいは近時提唱されつつある利用者保護の法思想にかんがみても、客観説によることを最も妥当である」という。

15) 松本226頁、西原414頁、平出616頁、戸川成弘「場屋主人の責任」浜田道代ほか編『現代企業取引法』（税務経理協会、1998年）118頁等。裁判例に不可抗力の定義をしたものはないが、徳山区判大正11年5月5日新聞2010号20頁は、旅館が保管していた客の自転車が、盗賊が暴力を持って侵入し自転車を窃取した事例で、不可抗力と認めている。また旅館が客の自動車を預かり駐車場を提供した場合に寄託を認め、集中豪雨による土砂崩れによる被害につき、被告従業員等が事態に迅速に対応していれば車両の損傷の被害を防止できたとして不可抗力の主張を否定した判決もある（前掲・東京地判平成8年9月27日）。場屋営業の例ではないが、大判大正2年12月20日民録19輯1036頁は折衷説を採用するものと理解されている。

16) 主観説に傾いているという評価（志津田・前掲注14）19頁（前掲注15）大判大正2年12月20日を例にする））、折衷説を採用しているという評価（小菅成一「客の携帯品に対する場屋営業者の責任」嘉悦大学研究論集50巻1号3頁（2007年））等に分かれる。

務ないし行為義務を契約で約束したかにより決まる問題であり、予見も回避もできなくても絶対的な義務を約束する結果保証的な債務もあり得るものと考えられている[17]。商法596条1項は既述のように強行規定ではなく、原則として③説のような不可抗力免責を合意しているものと推定したにすぎず、契約解釈によってこれと異なる合意を柔軟に認めてよい。

(5) 高価品についての免責
(i) 免責の根拠

「高価品」については、「その種類及び価額を通知」（平成30年改正前は「明告」）して寄託したのでなければ、場屋営業者は一切賠償責任を免れる（商597条）[18]。不特定多数人の出入りがあり常に盗取等の危険があり得る場屋では、通知を受けることによって、場屋営業者は、①寄託を引き受けるかどうか判断でき、②その保管に一層の注意を払い盗難等のリスクを回避する手段を講じることができるが、明告がなくこのチャンスを与えられていないのに巨額の責任を負わせるのは酷であるためである[19]。

この趣旨の説明からは、①高額の賠償を無過失により義務づけられるのが酷なのであり、商法597条が596条の1項責任だけを免責する趣旨なのか、それとも、②通知がなく拒否をしたり特別の注意をする機会が与えられないのに、高額の賠償責任を負わせるのは酷であり、その趣旨はすべての賠償請求に妥当し、場屋営業の一切の責任を免責する趣旨なのか、必ずしも明確ではない。②の立場では、条文では商法596条1項（または2項）の責任

---

17) 吉田邦彦『契約法・医事法の関係的展開』（有斐閣、2003年）、森田宏樹『契約責任の帰責構造』（有斐閣、2002年）参照。平成29年改正民法は、平成29年民法改正前の債務者の責めに帰すべき事由（事由）を、「契約その他の債務の発生原因及び取引上の社会通念に照らして債務者の責めに帰することができない事由」を免責事由に変更することで、契約内容により帰責事由が決められることを暗に示している。

18) キャッシュ・カードも高価品と認められる（白石智則「判批」白鷗法学14巻1号280頁（2007年）、ゴルフクラブの判決）。

19) 通説である（大阪高判平成13年4月11日判時1753号142頁も同旨を述べる）。ただし、運送人とは異なり、「通知」を要求するのは、高い対価を得るためのものではなく、より高い注意義務を喚起させるために必要なものである（平野充好「客の携行品についての場屋営業者の責任」松山大学論集17巻1号13頁（2005年））。

を免責しているだけに見えるが、それ以外の責任にも適用を認めることが可能になる。判例は①を前提として自由競合を、通説は②を前提とするが、法条競合説等諸説に分かれることは後述する。

(ii) 免責されない例外事例

① 高価品について悪意の場合

通知がなくても、現物を見て高価品であることが分かれば、上記の趣旨が当てはまらなくなるので、商法597条の免責は否定される[20]。ホテルの従業員が客の車をキーを預かってこれを移動させた事例についても、現物を見れば高級車と認識できたことから、商法597条の免責を否定した判決がある（前掲・大阪高判平成12年9月28日）。なお、預けられる物が給料袋であることを告げれば、その金額まで言わなくても通知となる（東京地判昭和54年12月19日判タ1329号184頁）。

② 滅失・毀損について故意または重過失がある事例

高価品であることを知らなくても、場屋営業者またはその従業員の故意による滅失・毀損については、商法598条2項のような明文規定はないが、免責を否定すべきものと考えられている[21]。重過失については議論があり、免責を否定する学説が有力であるが[22]、免責を肯定する下級審判決がある（前掲注19）大阪高判平成13年4月11日）[23]。

(iii) 免責を修正する特約

高価品につき「通知」がなくても場屋営業者の責任を認める特約は可能であり、賠償額の限度を定める条項は、この限度額までは必ず賠償に応じる趣旨なので、高価品特則の適用を排除する趣旨を含むものと解すべきである。

---

[20] 平出620頁、塩崎勤『金融商事取引法の諸問題』（判例タイムズ社、2001年）246頁、神崎克郎『商法総則・商行為法通論〔新訂版〕』（同文舘出版、1999年）276頁、近藤245頁、基本法196頁。
[21] 塩崎・前掲注20）246頁。
[22] 石原全「判批」金判1132号67頁（2002年）。
[23] 山田純子・百選〔第4版〕221頁はこれに賛成。

4　寄託を受けない携帯品についての2項責任
(1)　責任の性質・内容
(i)　責任の法的性質

　場屋営業者は、客が寄託せず携帯している物について（ホテルの客室に置いていてもよい）、自己または使用人が「注意を怠ったこと」による「滅失し、又は損傷した」ことについて損害賠償責任を負う（商596条2項）。寄託を受けていないので寄託契約は成立していないが、ホテル宿泊契約であれば、宿泊客が客室に持ち込んだ荷物については、宿泊客は盗難にあったりしないものと信頼するはずであり、ホテル側の責任を認めることは相当である。比較法的には、ホテル営業者には客室に持ち込まれた物品についてもレセプツム責任が認められているが、旧商法はこれを場屋営業一般に広げていた。しかし、現行商法の制定に際して、寄託を受けない物品についてまで無過失責任を認めることには反対が起き、商法596条は1項と2項に分離され、2項責任では不注意（要するに過失）が必要とされたのである[24]。

　商法596条2項の意義は、寄託契約がないのに場屋営業者に客の携帯品に対する注意義務（行為義務）を認める点にある。ただし、現在では、契約内容になっていなくても信義則上の付随義務論により、契約当事者の身体や財産への注意義務（行為義務）を導くことが可能であり、商法596条2項は信義則上の付随義務論の確認規定にすぎず、客が場屋営業者による配慮に信義則上信頼できるかどうかによりその適否を決すべきである。なお、信義則上の注意義務論では、携帯品のみならず客の身体への場屋営業者の配慮義務も認められる（商法596条2項の類推適用というまでもなく、民法415条の債務不履行）。

　民法法理において信義則上の付随義務論の登場以前に形成された通説は、2項責任は、場屋営業者と客との間の特殊関係に基づいて生ずるものであり、寄託契約上の責任でも不法行為上の責任でもなく、法が特に認めた責任（法定責任）であると説明している[25]。おそらくは、この規定がなければ、不法行為も債務不履行も成立せず法が特に認めた責任というつもりであろうが、上記のように現在では信義則上の付随義務論に解消可能である。また、

---

24)　広瀬・前掲注1)論文（2）26頁（1978年）、同（3）21頁（1980年）参照。

先行行為等を根拠に作為義務を認め不法行為責任を認めることも可能である[26]。

(ii) 責任の要件

① 「客」であること

一般に、商法596条の1項と2項とを区別せず、契約が成立していることまた契約当事者であることは必要ではないと説明されている。学習塾の無料の体験講義に出るといった場合、ホテルやレストランで宿泊や飲食をするつもりでその交渉をしている最中の者等が、「客」に該当するということはよい。2項責任が信義則上の義務論に解消されると考えるならば、場屋営業である必要はないとともに、場屋営業でも信義則上の義務の要件をみたさなければ2項責任を認める必要はない。

2項責任に限定した説明として、①場屋営業者は、場屋の利用を欲する者の出入りによって取引の機会を容易にすることができ、また、②このような出入りが多いため携帯品への危険を生じさせるのであり、場屋営業者は事業の性質上このような危険につき注意をなす義務を負担するのが妥当だという説明がされている[27]。信義則上の義務の確認規定と考えるならば、契約締結がなくても交渉開始により認められるが、単なるスーパーマーケット、コンビニ等の来客に対してまで認められるべきかは疑問である。

② 過失責任にすぎない

2項責任は、「場屋営業者が注意を怠ったこと」が必要であり、不注意とは善管注意義務違反、要するに過失の意味と理解され[28]、そのため、客が場

---

25) 竹田・商行為法210頁、大隅・商行為法168頁、169頁、西原413頁、平出618頁、神崎・前掲注20) 275頁、石井＝鴻・商行為法444頁、坂口光男『商法総則・商行為法』(文眞堂、2000年) 329頁等 (烏賀陽然良「場屋主人ノ責任ノ沿革ト其基本」烏賀陽然良『商法研究I』(有斐閣、1936年) 193頁以下はこれを「法規説」と称し支持)。異説として、土地の工作物の占有者または所有者に類似する不法行為責任の一種であって、企業責任の特殊なものであるという見解もある (田中誠・商行為法270頁、服部栄三『商行為法講義』(文眞堂、1976年) 137頁)。

26) 客たる関係に基づき負う責任、客との特殊関係に基づく責任であるため不法行為責任でもないといわれている (竹田・商行為法210頁、西原413頁)。

27) 小町谷424頁。①②を理由に「場屋の取引をしようと来集した者」を客と説明するものとして、石井＝鴻・商行為法287頁。

屋営業者の2項責任を追及するためには、場屋営業者に故意または過失があったことを証明しなければならない。結果債務では債務不履行さえ証明すればよく過失まで証明する必要はないが、ここでは注意義務（行為義務）が問題であり手段債務なので、信義則上の義務として要求される盗難等への注意が尽くされなかったという債務不履行（過失と等しい）が証明される必要がある[29]。なお、平成30年改正前は、「場屋ノ主人又ハ其使用人ノ不注意」と規定されていて、「使用人」は雇用関係がある必要はなく、場屋営業者の家族も「使用人」と認められている[30]。平成30年改正法では「使用人」の部分が削除されたが、これは履行補助者の一般論に任せる趣旨であり、判例の先例としての価値は改正後も失われない。

(2) 「場屋の中に携帯した物品」

「場屋の中に携帯した物品」とは、ホテルの客室に置いた荷物が典型例であり（後述のロッカー利用がこれに準じる）、客が単に場屋に携帯し自己管理を行うべき携帯品はこれとは状況がずいぶんと異なる。先に述べたように商法596条2項が信義則上の注意義務の確認規定にすぎないとすれば、同条2項を無制限に適用するのではなく、事例に応じて場屋営業者に信義則上の注意義務が認められるか否かを決すべきである。後者の事例では、盗難については原則として自己管理・自己責任であるべきであり、客の携帯品が滅失・損傷した場合に責任が限定されるべきである（盗難についても適用を肯定した上で過失を否定することも考えられる）。先にみたように、ゴルフ場の貴重品ロッカーの利用につき寄託契約の成立を否定しつつ、商法596条2項の適用が肯定されている（前掲・東京高判平成16年12月22日、前掲・秋田地判平

---

28) 西原413頁、大隅・商行為法169頁、田中誠・商行為法270頁。
29) 銭湯の事例で、客が脱衣所において所持品を紛失した事例（大判昭和3年6月13日新聞2864号6頁）、客が脱衣所で衣類等を窃取された事例（大阪地判昭和25年2月10日下民集1巻2号172頁）、客が番台前の無錠補助番箱に入れておいた携帯品を窃取された事例（大阪地判昭和26年8月21日判夕21号58頁）で、不注意が認められ2項責任が肯定されている。
30) これに対して、ホテルは、寝具製作請負人の人夫の過失について当然には責任を負うものでない（東京地判昭和4年6月14日新聞3013号17頁）。

成 17 年 4 月 14 日)[31]。

(3) 高価品特則の適用の有無

商法 597 条は、高価品の通知をして「寄託」をしたかどうかを問題にしているので、携帯品についての 2 項責任には適用にならないかのようである。

(i) 適用否定説（少数説）

「商法 595 条〔筆者注：597 条〕による高価品免責は、商法 594 条 1 項〔筆者注：596 条 1 項〕により場屋営業者が不可抗力によるのでなければ免れることができない厳しい責任を負うことの対価として認められたものと考えれば、場屋営業者の不注意（過失）を客の側が立証しなければならない商法 594 条 2 項〔筆者注：596 条 2 項〕の責任について場屋営業者のために高価品免責を認める必要性は乏しく、それゆえ、商法 595 条は寄託をした高価品の特則であり、同条は商法 594 条 2 項の責任には適用されないものと解すべきである」という主張がある[32]。しかし、否定説に対しては「論理的に無理があるといわざるをえない」と批判されている[33]。

商法 597 条は寄託を受けることを拒絶したり特別の管理をする機会を場屋営業者に確保するための規定であり、寄託がされた場合にその適用を限定すべきであり、少数説が適切である。ただし、ホテルの客室やゴルフ場等の貴重品ロッカー等の利用事例には、寄託ではないが、場屋営業者が貴重品は受付に預けるよう通知しているにもかかわらず、または、社会通念上そのように考えられるにもかかわらず、客が寄託をしなかった場合に類推適用を認めてよい。

(ii) 適用肯定説（通説）

商法 597 条を 2 項責任にも適用するのが通説であるが[34]、寄託しなければ「通知」もないので、問題になるのは、宿泊客が高価品携帯を通知したが

---

31) 学説もこれに賛成している（白石・前掲注 18) 278 頁)。
32) 白石・前掲注 18) 281 頁以下。沢野直紀「判批」リマークス 25 号 93 頁 (2002 年) も適用否定説。
33) 道端・前掲注 10) 18 頁。
34) 竹田・商行為法 211 頁、平出 619 頁。

寄託せずにこれを客室に置いて管理している事例である。

　(ア)　場屋営業者が寄託を求めたか否かによる区別

　①場屋営業者は客に対して高価品を携帯しているか否かを確認しその寄託を求めるべきであり、もし求めないならば、寄託を受けないままで、監視の責に任ずる黙約をなしたものと解し、②また寄託を求めたにかかわらず、客がこれに応じなかった場合には、責任を負わない旨の意思表示をなしており、客がこれに対してなお応じない場合には、免責の特約を承諾したものと解する学説がある[35]。

　(イ)　貴重品ロッカー事例の登場

　以上の議論は机上の設例であったが、近時、ゴルフクラブやスポーツクラブの貴重品ロッカーの事例への適用に注目がされている。前掲・秋田地判平成17年4月14日は、ロッカーの上には、「貴重品ロッカー」との文言が掲げられている等の事情から、スポーツクラブ側には、高価品の認識があったと認め、商法597条による免責を否定する。適用肯定説は上記の机上の議論が実際に活用できる事例として評価をしている[36]。

■分析編

5　両責任についての共通規則

(1)　免責条項の効力

　(ⅰ)　単なる「表示」は無効

　「客が場屋の中に携帯した物品につき責任を負わない旨を表示」することにより、場屋営業者はその責任を免れることはできない（商596条3項）。一方的な「表示」の効力を否定するものである。前掲・秋田地判平成17年4月14日は、ロッカーに約款が掲示してあった事例であるが、「約款の掲示場所および文字の大きさ等に照らすと、その周知性は乏しいといわざるを得ず、他に、約款の周知性に関する主張立証はない。したがって、本件ロッカーの上に掲げられている約款は、XとY社の間の契約内容になっているとは認められず、単なる『告示』（商法594条3項）〔筆者注：平成30年商法

---

35)　小町谷426頁、中元・前掲注10) 224頁、塩崎・前掲注20) 247頁。
36)　道端・前掲注10) 19頁以下。

改正後は「表示」(商596条3項)〕に止まる」とした[37]。ただし、その表示において貴重品は預けるよう注意を呼び掛けてあったことから、過失相殺が認められる可能性がある[38]。

　平成29年民法改正により、定型約款の規定が導入されたため、免責条項を含んだ定型約款を契約内容に組み入れる明示または黙示の合意が必要になる(民548条の2第1項)。民法の一部を改正する法律の施行に伴う関係法律の整備等に関する法律(以下、「整備法」という)により、事業者による定型約款の一方的公表だけで契約に組み入れられる特例が特別法(例えば、鉄営18条ノ2)により認められるが、場屋営業関係の特別法は予定されていない。

(ii) **免責条項および責任制限条項**

　場屋営業者の責任を免責または制限する契約条項については、前掲・最判平成15年2月28日は、責任を制限するホテル宿泊約款について、事業者側に故意または重過失があった場合には適用されないものとする。東京地八王子支判平成17年5月19日判時1921号103頁は、被告の貴重品ボックスの使用約款の「その他当該施設の責めに帰さない場合」を免責事由としており、盗難事故の発生について被告の責めに帰すべき事由があればこの条項は適用されず、本件では被告に貴重品ボックスへの十分な監視をしなかった等の過失があったから、損害賠償責任を免れることはできないとする。現在では消費者契約は消費者契約法によって規制されているので、同法8条1項1号により全部免責条項は無効、賠償減額を設定する条項は、同項2号により故意または重過失の場合に限り無効ということになる。また、民法548条の2第2項の要件を充たさず、その免責条項について「合意をしなかったものとみなす」効果が認められる。

---

37) 表示にすぎないとされた事例として、前掲注29) 大阪地判昭和25年2月10日、前掲注29) 大阪地判昭和26年8月21日、東京地判平成元年1月30日判時1329号181頁など。
38) 石井＝鴻・商行為法288頁、前掲注29) 大阪地判昭和25年2月10日、東京地判昭和46年7月19日判時649号53頁。前掲注29) 大阪地判昭和26年8月21日も過失相殺を肯定。

(2) 消滅時効の特則

(i) 短期消滅時効の導入とその根拠

場屋営業者の責任については、商法598条で民法の時効に対する特例を規定している。時効期間を1年に短縮し、また時効起算点を「場屋営業者が寄託を受けた物品を返還し、又は客が場屋の中に携帯した物品を持ち去った時」（商598条1項）、全部滅失の場合には「客が場屋を去った時」と規定する。1年という短期消滅時効の特則を導入したのは、①場屋営業者の責任は、きわめて厳重なので、その責任軽減をはかり、また、②取引に従事する者の立証の困難を避けるためにも、短期の消滅時効を制度化したものと考えられている[39]。①の厳格な責任について責任制限をしたにすぎないとすれば、商法598条の制限を受けるのは1項責任だけでよく、2項責任には妥当しないし、不法行為にも適用がないことになる。しかし、②の趣旨はすべての損害賠償請求に該当するので、民法415条や不法行為に基づく損害賠償請求にも妥当することになる。商法598条が2項責任にも適用されることも考慮して後者のように考え、請求権競合を認めつつも、不法行為による損害賠償請求についても商法598条が適用されると考えるべきである（同じ債務不履行責任については、民法415条は商法596条によりその適用が排除されるというべきである）。

民法は、寄託物の一部滅失または損傷による損害賠償請求権について、寄託者が返還を受けた時から1年以内に請求しなければならないと規定すると共に（民664条の2第1項）、返還前に民法166条1項の5年または10年の時効が起算されるとしても、返還から1年間は時効にかからないという制限をした（同条第2項）。商法598条は、整備法により削除されることはなくそのまま残された。場屋営業では民法664条の2第2項の適用が問題になることはない。

(ii) 制限解釈の可能性

不法行為についての民法724条1号の3年の短期消滅時効は故意不法行為か否かを問わず適用されるが、商法598条1項は、場屋営業者に悪意（＝故意）があった場合には適用が排除される（商598条2項）。場屋営業者の救

---

39) 石井＝鴻・商行為法289頁。基本法196頁は①のみを挙げる。

済を目的とする規定なので、救済に値する者でなければならないためであり、重過失にも拡大適用してよい。

商法598条2項が適用される場合、平成29年改正前は商事消滅時効の同改正前商法522条が適用され5年の時効にかかるものと考えられていた[40]。この点、平成29年民法改正に伴う整備法により商法522条は削除され民法の時効制度に一元化されるため、民法166条1項1号により権利を行使できることを知った時から5年、同項2号により滅失・損傷の時から10年の時効にかかることになる。

(3) 請求権競合論
(i) 問題の提起

場屋営業者が客の所有物を「滅失又は損傷」すれば、所有権侵害となり、不法行為責任の要件もみたすことになる。客はあえて商法596条を援用せず、商法597条や598条1項の適用を回避して民法の不法行為規定に基づいて損害賠償を請求できるのかが議論されている。

この問題は、理論的な問題である反面、問題となっている規定の趣旨の解釈によって条文ごとに解決されるべき実践的問題である。①前提となる制度が一般原則に対して特別の保護を与えるものであり、その特別の保護についての要件や制限については、一般的制度による保護には影響はない。たとえば、民法117条1項の無権代理人の責任について、同条2項の要件をみたすと同条1項の責任が否定されるだけで、民法709条の責任の成立が否定されることはない。特別法上の制度も同様であり、製造物責任は商品の引渡しから10年で時効が完成するが（製造物責任法5条1項1号）、過失があれば民法709条の責任が成立しこれは民法724条によって規律される。②これに対し、その事例に必ずその規律を適用すべき規律は、一般原則による主張にも適用されるないし一般原則の適用が排除される。たとえば、売買契約の品質不適合の担保責任についての民法566条、請負契約の品質不適合の担保責任についての民法637条は、売主や請負人が悪意または重過失でない限り必ず適用されるべきものである[41]。

---

40) 田中誠・商行為法229頁、小町谷427頁、平出621頁、塩崎・前掲注20) 248頁。

(ⅱ) 商法 597 条と 598 条をめぐる判例・学説の状況

(ⅰ)の①を前提として、自由に不法行為責任の選択を認める立場と、②を前提として、不法行為を選択してその規律が無にされてはならないと考える立場とに大別できる。

(ア) 特別の責任に特有の規律と考える立場——請求権自由競合説

判例は、古くから物品運送契約について自由な選択を認めており、場屋営業者の責任についても、商法 597 条は「場屋の主人の債務不履行責任を免れさせるにとどまり、民法の不法行為の規定とは対象を異にし、互いにその適用を妨げない」とする（大判昭和 17 年 6 月 29 日新聞 4787 号 13 頁[42]）。「対象を異に」することが理由であり、商法 597 条が免責の「対象」としているのは商法 596 条の責任にすぎないという理解である。古い学説にも、商法 597 条は「商法の特別規定に因る責任を負わざることを定めたるに過ぎず」という主張があった[43]。無過失責任であったり（1 項責任）、法定責任である（2 項責任）ため特別の制限や規律があるだけであり、一般の責任による救済を妨げるものではないと考えるわけである。しかし、現在では、判例を支持する学説は少数である[44]。

(イ) 特別の責任に特有の規律にすぎないとは考えない立場

確かに商法 597 条も 598 条も 596 条の責任を対象とした規定であり、およそ場屋営業者の責任一切を対象とはしていない。しかし、場屋営業者の経営を保護するという政策的考慮は一切の責任を制限することに向かわせるも

---

41) この場合には、そもそも民法 415 条に依拠した損害賠償請求が否定されるべきである（民法 416 条等の債務不履行をめぐる規定は適用される）。所有権侵害による不法行為による損害賠償請求権については、請求権競合の問題である。

42) その後の下級審判決もこれを踏襲する（東京控判昭和 8 年 2 月 27 日新聞 3538 号 5 頁、東京高判昭和 27 年 11 月 21 日下民集 3 巻 11 号 1626 頁、東京地判昭和 47 年 12 月 26 日判時 703 号 85 頁、東京高判昭和 49 年 3 月 20 日判時 740 号 94 頁）。しかし、前掲注 38）東京地判昭和 46 年 7 月 19 日（2 項責任）は客が預けなかったことに過失を認め 2 割の過失相殺を、前掲・東京高判昭和 27 年 11 月 21 日および前掲・東京高判昭和 49 年 3 月 20 日は 1 項責任につき、通知をしなかったことを過失としてそれぞれ 5 割と 9 割の過失相殺をしている。

43) 松本 286 頁。

44) 松岡・前掲注 2）621 頁、田中誠・商行為法 216 頁。

のであり、類推適用または作用的競合法理により債務不履行の一般規定ないし不法行為の規定による責任についても適用を拡大することは可能である。ただし、判例に批判的な学説も、理論的議論を振りかざし不法行為法を排除する学説と、請求権競合を認めつつそれぞれの条文の趣旨を検討し不法行為への適用の可否を検討する学説とに分かれる。

① 法条競合説およびその修正説

a 法条競合説

請求権競合を否定し、不法行為責任は成立しないと考える法条競合説も有力である[45]。特別規定により一般規定が排除されるという論理からは、債務不履行の一般規定の適用も排除されよう。しかし、(i)の①か②か規定毎に考察しないで、大上段に不法行為責任の適用を排除することには批判が強い。

b 法条競合説の修正説（制限的競合説）

法条競合説を原則として認めつつ、契約に予想された程度を逸する行為があったとき、すなわち、場屋営業者の故意・重過失によって、携帯品が滅失・損傷せられた場合には、不法行為に基づく責任も成立して選択可能と考える修正説もある[46]。ただし、故意・重過失の場合には商法597条および598条1項の適用を否定すれば、法条競合説でも商法596条の責任追及ができ、あえて不法行為を例外的に認める必要性はない（a説では故意・重過失でも不法行為責任は成立しない）。

② 修正請求権競合説（作用的競合説）

請求権競合を認める学説も、特別責任についての特則にすぎないという理解にたつ請求権自由競合説とは異なり、請求権競合を認めつつもその制限は場屋営業者の責任一切に当てはまるものと考えて、その適用を不法行為にも拡大する学説がある。商法597条が不法行為にも適用され不法行為責任も免責され、商法598条1項が適用され不法行為も1年の時効に服すること

---

[45] 川島武宜「契約不履行と不法行為との関係について」川島武宜『民法解釈学の諸問題』（弘文堂、1949年）1頁以下の提案にかかり、大隅・商行為法141頁、西原413頁、神崎・前掲注20) 257頁等が支持。

[46] 小町谷376頁、行澤一人「判批」ジュリ1224号106頁（2002年）。判例として、東京地判昭和41年1月21日下民集17巻1＝2号7頁）。

になる。債務不履行の規定を請求権競合とは無関係に不法行為責任に適用拡大する場合には類推適用でよいが、競合する規範適用の調整として行われる適用なので類推適用と区別すべきであり[47]、私見は各所で述べたようにこの立場を支持する。契約条項である免責ないし責任制限条項についても、その条項の解釈により、一切の損害賠償請求にあてはまるものと考えることになる（(iii)）。ただし、不法行為責任への商法 597 条の類推適用という説明もされており、判決として前掲注 19）大阪高判平成 13 年 4 月 11 日があり[48]、学説にも一部の支持を受けている[49]。

(iii) 免責ないし責任制限条項

同様の問題は、免責ないし責任制限条項にもあてはまる。不法行為法は強行規定であり合意で制限・排除できないのではないかという疑問が生じるが、宅配便の事例で責任制限条項が不法行為でも効力が認められている（最判平成 10 年 4 月 30 日集民 188 号 385 頁）。その趣旨は宅配便の場合を超えて妥当するものというべきである[50]。私見は作用的競合説（商法学では上記のように修正請求権競合説と呼ばれる）を支持し、その規定がその特別の責任だけに適用されるのかという規定の解釈に問題を解消するが、これは契約条項についてもあてはまり、免責条項、賠償限度額条項、違約金条項等、責任を

---

[47] 類推適用とはいわない学説もある（神崎・前掲注 20）277 頁、草間秀樹「使用者の不法行為と場屋主人の責任」三枝ほか・論点整理 209 頁）。

[48] 商法 597 条の一般的類推適用を肯定するものではなく、事例判決として理解されている（半田吉信「判批」リマークス 19 号 59 頁（1999 年）、行澤・前掲注 46）106 頁）。本判決は前掲・最判平成 15 年 2 月 28 日の原審判決であり、最高裁はこれを破棄しているが、故意または重過失がある場合には免責されないということを理由とするものであり、債務不履行によって請求しても請求が認められるので不合理な解決ではない。

[49] 平出 620 頁。

[50] 通説といえる（草間秀樹「効果品の紛失とホテルの不法行為責任」三枝ほか・論点整理 211 頁参照）。神戸地判平成 12 年 9 月 5 日判時 1753 号 145 頁は、高価品の明告のない場合に賠償額につき 15 万円を限度とする宿泊約款について、不法行為にも適用されるとしつつも、故意または重過失がある場合には適用されないとして、ホテル側の重過失を認め全額の賠償請求を認めた（控訴審判決である前掲注 19）大阪高判平成 13 年 4 月 11 日は、不法行為への適用を認めつつも、重過失の場合にも有効であるとして、15 万円の限度で請求を認容した）。

めぐる合意ないし条項が、一切の責任を対象としているか否かという契約ないし条項の解釈に解消されるべきであると考えている。

6 立法論へ

商法理論は、常にベースとなる民法学の発展を睨んで研究を進める必要があり、本講のテーマでも、民法学の近時の信義則上の付随義務論や帰責事由をめぐる発展が、場屋営業者の責任に影響を及ぼすことは必至である。

日本の場屋営業者一般についての規定を置く立法は比較法的に異例であり、平成29年改正民法の出発点をなした民法（債権法）改正検討委員会の立法提案は、民法に宿泊役務提供者に限定した規定を設けようとしていた（【3.2.11.19】[51]）。そして、高価品特則につき、「宿泊役務提供者がその種類および価額の明告を求めた」ことを必要とし、「高価品の盗難」について免責ではなく「1日当たりの宿泊料の［○○］倍に相当する額を限度」とするという限度額の制限にとどめていた（【3.2.11.19】〈1〉〈イ〉）。また、【3.2.11.19】〈2〉に寄託を受けない携行品についての責任を甲案と乙案とに分けて提案していた。甲案は〈1〉の寄託を受けた物と同様の責任とするが、乙案は現行商法596条2項同様に不注意を要件とする。【3.2.11.19】〈3〉に免責条項について「その効力を生じない」ものとする[52]。しかし、民法にこのような規定を置くことは断念され、平成29年の改正では実現されていない。

高価品特則で一切免責ということは問題視されており、これがあるために判例は場屋営業者の重過失を認めて免責条項の効力を否定し、他方で客の過失を認めて過失相殺によって調整する解決を選びがちであり、これは損害賠償の予測可能性という観点から問題があり、早い法整備が望まれている[53]。

---

51) 民法（債権法）改正検討委員会編『詳解債権法改正の基本方針Ⅴ』（商事法務、2010年）231頁参照。
52) その後、2010年の私法学会のシンポジウムでは商行為法規定の改正論議が扱われ、場屋営業者の責任規定も問題とされた。山下友信「運送営業・倉庫営業・場屋営業」NBL 935号58頁（2010年）は、概ね上記検討委員会の提案に賛成の意見を述べている。
53) 平野・前掲注19) 27頁以下。

また、広く場屋営業者に重い責任を認めるのが適切なのか立法論として疑問視されており、さらには、高価品特則について不法行為への適用を否定することへの疑問もあり、商法規定の改正が望まれている[54]。

　平成30年商法改正は、運送法については、内容的改正を施しており、高価品についての特則規定も改正を受けている。すなわち、同改正前商法578条を現代語化して商法577条1項としつつ、2項を追加して、①「物品運送契約の締結の当時、運送品が高価品であることを運送人が知っていたとき」（1号）、および、②「運送人の故意又は重大な過失によって高価品の滅失、損傷又は延着が生じたとき」（2号）については、1項の免責を適用しないことにした。他方、場屋営業者の責任については、改正前商法595条を商法597条として現代語（ひらがな）化しただけで、商法577条のように2項を追加して免責を限定していない。「寄託」「総則」規定は現代語化のみに止められており、本格的な改正は将来に持ち越された。

（平野裕之）

54）　塩崎・前掲注20) 248頁。

第20講 倉庫営業

1 はじめに

　経済の発展、取引の促進をはかるには、大量の物品を安定的に、それを必要とする場所、時期に供給させることが不可欠であるが、これにはすでにみた運送営業のほか、倉庫営業も貢献するところが大きい。倉庫営業はヨーロッパで中世以降、国際取引の発展とともに港湾地区に設けられた保税倉庫が発達し、特に英国で倉庫営業が著しい発達をとげた。倉庫の経済的機能としては、需要と供給のタイムラグを埋め、市場供給量を調整する需給調整・価格調節機能、生産地から消費地との間の連絡機関的機能、また、倉荷証券の発行によって、物品の所有者は、物品の移転なくして倉庫に預けたまま物品を売却し、物品を担保に供することができる売買機関的・信用機関的機能がある[1]。その他、利用者にとって倉庫には安全確実かつ低コストの保管が可能というメリットがあり、純然たる安全保管のためにも利用される。これについては近年、一般消費者向けのサービス拡大（トランクルーム[2]）がみられる。

　倉庫営業に関する規定は、商法第2編第9章「寄託」の一部（第2節。商

---

1) 倉庫営業の沿革、経済的機能については、大住達雄「倉庫」末弘厳太郎ほか『法律學体系 第二部法學理論篇96』（日本評論社、1951年）7頁以下参照。倉荷証券の経済的機能については、我妻栄『近代法における債權の優越的地位』（有斐閣、1953年）141～148頁参照。
2) トランクルームとは「その全部又は一部を寄託を受けた個人（事業として又は事業のために寄託契約の当事者となる場合におけるものを除く。以下「消費者」という。）の物品の保管の用に供する倉庫」をいう（倉庫2条3項）。トランクルームの利用者は主に消費者であることから、利用者保護のために後述の標準倉庫寄託約款とは別に、標準トランクルームサービス約款が用いられる。なお、優良トランクルームに関する近年の裁判例として札幌地判平成24年6月7日判タ1382号200頁がある。

599条〜617条）に属しているが、その多くは倉荷証券に関する規定である。倉庫寄託契約は、当事者の一方が他人のために物の保管を引き受けることをその内容とするが、商法のほか民法の寄託の規定の適用を受け、契約内容は各種約款（代表的なものとして標準倉庫寄託約款（甲）。以下、本講において「約款」とはこれを指す）によるところが大きい。また、倉庫業の意義やその公的な規制については、倉庫業法（および倉庫業法施行規則）による。法的な論点は運送営業、貨物引換証（平成30年商法改正により廃止）、船荷証券等と共通するところが多い[3]。

解説編
2 総説
(1) 倉庫営業の意義

　倉庫営業者は他人のために物品を倉庫に保管することを業とする者（商599条）であり、商人にあたる（商502条10号、4条1項）。「物品」とはその性質上、保管に適する一切の動産であり、不動産を含まない。「倉庫」とは、「物品の滅失若しくは損傷を防止するための工作物又は物品の滅失若しくは損傷を防止するための工作を施した土地若しくは水面であつて、物品の保管の用に供するもの」（倉庫2条1項）であり、各種の倉庫が規定されている[4]。

　官設の保税倉庫、農業倉庫は非営利なので、倉庫営業に含まれない。寄託

---

[3] 商法（運送・海商関係）の改正（平成30年改正）における審議では、運送営業と倉庫営業とでは、標準約款のあり方、その他事業の実情自体が大きく異なっており、運送営業の規律の見直しの結果として、当然に倉庫営業の規律を同様に改めることは適切ではないとされ、改正は預証券、質入証券の廃止にとどまった（「商法（運送・海商関係）部会資料17　商法（運送・海商関係）等の改正に関する要綱案の取りまとめに向けた検討(4)」38頁、法務省民事局参事官室「商法（運送・海商関係）等の改正に関する中間試案の補足説明」（平成27年3月。以下「補足説明」という）77頁参照）。なお、本講では、改正前の条文も参照する必要がある場合には、商法改正前の条文番号も併せて表示した。

[4] 倉庫には一般の倉庫である一類・二類・三類倉庫のほか、野積倉庫、水面倉庫、貯蔵槽倉庫、危険品倉庫、冷蔵倉庫、トランクルーム、特別の倉庫がある（倉庫4条1項3号、倉庫業施規3条）。

の種類には、特定物寄託（単純寄託）、複数の寄託者の種類・品質等が同等の寄託物を混合して保管する混蔵寄託（混合寄託。民665条の2）[5]、消費寄託（不規則寄託。民666条1項・2項、590条、592条参照）があるが、このうち消費寄託は、倉庫寄託には含まれない。

(2) 倉庫営業と倉庫業法

　前述1のような倉庫営業の機能により、倉庫営業には公共的性格があるとされる。

　当初わが国では倉庫営業につき自由主義をとった[6]が、業者が濫立し、倉庫設備上の欠陥、物品を預かっていないのに倉庫（倉荷）証券を発行する、いわゆる空証券の発行、物品の仮渡し（4（2））、料率の法外な引き下げ等の横行による業界の信用失墜と経済界への悪影響を防止するため、開業および経営に対して監視統制を行い、倉庫営業、倉庫証券の信用増進、営業の健全な発達等を期して昭和10年、（旧）倉庫業法（昭和10年法律第41号）が制定された[7]。次いで、昭和31年に現行の倉庫業法（昭和31年法律第121号）が新たに制定され、倉庫営業を運輸大臣の許可制とした。その後、平成13年改正により許可制から国土交通大臣への登録制（倉庫3条）に移行したが、倉荷証券の発行は国土交通大臣の許可を受けた倉庫業者（発券倉庫業者）に限られる（倉庫13条）。また、倉庫業者は倉庫寄託約款を定め、その実施前に国土交通大臣に届け出ることを要する（倉庫8条1項）。

3　倉庫寄託契約

(1) 倉庫寄託契約の性質

　倉庫寄託契約は倉庫営業者が物品（受寄物）を倉庫に保管することを引き受ける契約であり、商法上特則がない限り、民法の寄託契約（民657条以

---

[5] これまで、混蔵寄託に関する規定は民商法に存在しなかったが、平成29年民法改正によって追加された。約款では19条に規定がある。混蔵寄託については、松本烝治「混蔵倉庫寄託論」『商法解釈の諸問題』（有斐閣、1955年）355頁参照。
[6] 松本・商行為法290頁。
[7] 昭和10年（旧）倉庫業法制定時および以後の経緯については、大住・前掲注1）18頁以下参照。

下）の規定による。倉庫営業者にとって寄託の目的物は他人の物品であることを要するが、寄託者の所有でなくてもよい。この契約については、かつては平成29年改正前民法同様、倉庫営業者への物品の引渡しを要件とする要物契約と解されてきたが、保管の「引受」は物の引渡しを要素としないと認められることから、現在では諾成契約説が多数説となった。平成29年改正民法では、寄託契約を諾成契約とし（民657条）、これにより民法とも一致することとなった。もっとも、約款では要物契約性を前提に、寄託の予約をなし得るとしている。約款では、倉庫営業者が承諾したときは寄託申込者は貨物（物品）の引渡義務を負い、約定日に物品の引渡しがなければ、寄託申込者は約定の日から遅延した引渡日または予約（約款上の文言は契約）解除の日までの保管料相当額の損害金支払義務を負う、とする（約款1条、8条、10条1項、11条、47条）[8]。

(2) 倉庫営業者の義務・責任

(i) 保管義務・返還義務

　民法では、受寄者が無償で寄託を受けたときは、自己の財産に対するのと同様の注意をもって寄託物を保管する義務を負う（民659条）が、商法では、倉庫営業者は報酬を受けないときであっても、保管につき善管注意義務[9]を負う（商595条）。民法では、受寄者は、寄託者の承諾またはやむを得ない事由があれば、自己の引き受けた寄託物を第三者に保管させることができるとする（民658条2項）。また、約款でも、やむを得ない事由があるときは、寄託者または証券所持人の承諾を得ないで倉庫業者の費用で他の倉庫業者に受寄物を再寄託することができる（約款18条）とする[10]。保管期間

---

[8] 森本・商行為法201頁本文および注6）。なお、寄託の予約は、通常、倉庫営業者に寄託引受けの義務を負わせるが、寄託申込者が約定日までに申込みを撤回することは自由という片務契約とされる。来栖588頁、江頭365頁以下。また、民法では諾成契約化にあわせ、受寄者が寄託物を受け取るまで、寄託者は契約の解除ができるものとした（民657条の2第1項前段）。

[9] たとえば、盗難防止や防火、防虫（や通風、防湿）等の措置を講ずることが考えられる。なお、寄託者の受領遅滞の場合には、以後、自己の物に対すると同様の注意義務で足りるとする裁判例（福岡高判昭和29年8月2日下民集5巻8号1226頁）がある（森本・商行為法201頁本文および注7））。

については、保管期間の定めがある場合は原則としてそれによる（民663条2項参照）が、保管期間の定めがない場合、倉庫営業者は寄託物の入庫日から6か月を経過するまでは寄託物を返還できない[11]。ただし、やむを得ない事由がある場合[12]には、倉庫営業者は6か月未満でも寄託物を返還することができる（商612条）。

　寄託物の返還の時期を定めた場合であっても、倉庫営業者は寄託者の請求により寄託物を寄託者に返還する義務を負う（民662条1項）。ただし、倉荷証券が発行されているときは、証券所持人に対し、証券と引き換えで返還する義務を負う（商613条）。

　(ii) 倉荷証券交付義務

　発券倉庫営業者は寄託者の請求により、倉荷証券を発行・交付しなければならない（商600条）。その場合、発券倉庫営業者は寄託者が反対の意思表示をした場合等を除き、寄託者のため当該受寄物を火災保険に付さなければならない（倉庫14条、約款32条）。

　(iii) 寄託者への便宜提供義務・通知義務

　倉庫営業者は、営業時間内であればいつでも、寄託者または倉荷証券の所持人からの寄託物の点検もしくは見本の提供の求め、または保存に必要な処分をなす求めに応じ、必要な協力をしなければならない（商609条）。また、寄託物について権利を主張する第三者が、倉庫営業者に対して訴えの提起等をした場合には、倉庫営業者は遅滞なくその事実を寄託者に通知しなければならないとされる（民660条1項本文、なお、同項ただし書参照。また、これに伴う寄託物の返還等につき、同条2項・3項参照）。

---

10) 寄託者の承諾なくなされた再寄託において、やむを得ない事由の有無が問題となった事例として、東京地判平成25年2月21日判例集未登載。
11) 民法によればいつでも返還できることになるが（民663条1項）、寄託者に負担をかけるおそれがあるからである。明治32年新商法制定時の説明では、わが国では6か月を倉庫寄託の一期とする取引上の慣習があり、また当時のドイツ新商法草案とも符合する、とされていた（『商法修正案理由書（東京博文館蔵版）』（博文館、1898年）316頁以下）。なお、約款20条1項では、保管期間を3か月としている。
12) たとえば受寄物の腐敗により、他の在庫品に損害を及ぼす場合、倉庫の大修繕、受寄物が保管料を償うに足りない場合等である。大隅・商行為法174頁。

⑷　損害賠償責任

　倉庫営業者は、寄託物の保管に関し注意を怠らなかったことを証明しなければ、寄託物の滅失または損傷による損害賠償責任を負う（商610条）。「滅失」とは、物理的滅失だけでなく、寄託物の返還不能の場合も含む。なお、倉庫営業には商法576条のような特則はない。

　寄託者が寄託物の所有者でない場合でも損害賠償責任は生じ、その寄託者が本来の所有者に賠償した後でなければ責任を負わない、というものではない（大判大正8年3月28日民録25輯581頁）が、その一方で、寄託者が受寄物の所有者でなく、所有者に対する返還義務を負う者であり、受寄物が所有者に戻ったことで返還義務を免れるとの事情下では寄託者に損害がないから、倉庫営業者に損害賠償責任は生じないとする判例（最判昭和42年11月17日判時509号63頁）もある[13]。

　しかし、倉庫営業者の寄託物検査権が限定され、寄託者の点検・保存行為が許容されていること、保管料の低廉化の要請、寄託者も企業であり、取引を熟知していること等の理由から、実務上は約款で、倉庫営業者またはその使用人（復受寄者含む）の故意または重過失により損害が生じたことを寄託者側が証明しない限り、倉庫営業者は損害賠償責任を負わないとして、立証責任を転換し、倉庫営業者の責任軽減をはかる（約款38条。不知約款については、5参照）。なお、標準トランクルームサービス約款は、立証責任の転換をしていない（標準トランクルームサービス約款30条）[14]。

　寄託物の損傷または一部滅失についての倉庫営業者の責任は、寄託者や倉荷証券所持人が異議をとどめないで寄託物を受け取り、保管料等を支払ったとき消滅する。ただし、ただちに発見できない損傷または一部滅失につき、寄託者等が引渡日から2週間以内に倉庫営業者に対し通知を発したときはこの限りでない（商616条1項。なお倉庫営業者が悪意のときは適用しない。同条2項参照）。また、寄託物の滅失または損傷についての倉庫営業者の責任

---

13)　森本・商行為法204頁。なお、倉庫営業者の債務不履行責任と不法行為責任との関係については第19講分析編を参照。

14)　約款による倉庫営業者の責任軽減につき、江頭370頁、来栖592～593頁参照。なお、約款では賠償額の算定（約款42条）や、倉庫営業者の免責（約款40条、41条）について定めている。

に係る債権は寄託物の出庫の日から1年間行使しないときは、時効により消滅する（商617条1項。なお、全部滅失のときおよび倉庫営業者が悪意のときにつき、同条2項・3項参照）。

(3) 倉庫営業者の権利

(ⅰ) 保管料および費用請求権

倉庫営業者は寄託者に対し、出庫の時以後に保管料、立替金その他寄託物に関する費用の支払を請求できる（商512条、611条本文、約款48条1項。なお民665条、650条参照）が、保管期間満了後は、ただちに請求ができると解される。保管期間経過前の一部出庫の場合は、出庫した寄託物の割合に応じ、また同じく保管期間経過前において寄託者により寄託物全部の返還請求がなされた場合、および保管期間経過前に寄託契約が終了した場合は保管期間に応じ、それぞれ割合保管料の支払を請求できる（商611条ただし書、民665条、648条3項）。

(ⅱ) 留置権・先取特権および供託権・競売権

倉庫営業者は、民商法上の留置権（民295条1項、商521条）および動産保存の先取特権（民311条4号、320条）がある。また、寄託者または倉荷証券の所持人が寄託物の受領を拒否し、または受領が不能であるときは、倉庫営業者に供託権・競売権が生ずる（商615条、524条1項・2項）。

4 倉荷証券

(1) 総説（倉庫証券・倉荷証券）

倉庫証券とは、倉庫に保管された寄託物について譲渡、質入を容易にするために発行される有価証券（預証券および質入証券、倉荷証券）の総称である。預証券は寄託物返還請求権を表章する証券であり、質入証券は寄託物の質入のために用いられ、証券記載の債権およびそれを担保する寄託物上の質権を表章する証券である。倉荷証券は、譲渡、質入を1枚で行う。寄託者の請求により、倉庫営業者はいずれかの倉庫証券を発行する（平成30年改正前商598条、627条1項）とされていた。

倉庫証券として、どのような形態での発行を認めるかについては、単券主義（倉荷証券のみ発行を認める）と複券主義（預証券と質入証券の2枚1組での

発行を認める）、併用主義（単券または複券のいずれかを選択可能）に分かれる[15]。明治32年新商法では当初、複券主義をとっていたが、明治44年商法改正で併用主義をとることとなった。しかし、実務上複券が用いられることはなかった。複券主義が普及しなかったのは、複券といえども事実上単券として取り扱われ、寄託物の質入の場合も結局、二券を引き渡さないと質入できなかったからであるとされる[16]。そこで平成30年商法改正により、預証券・質入証券の制度は廃止され、単券主義となった。もっとも、倉荷証券も現在使われているのは、主として商品取引所の上場商品の受渡し等に限られ、その他一般の寄託物の譲渡には、荷渡指図書が用いられることが多い[17]。以下に述べる倉荷証券の性質・効力は貨物引換証（廃止）や船荷証券とも共通する。

(2) 倉荷証券の性質・効力

　倉荷証券は、要式証券である（商601条、貨物引換証につき、平成30年改正前商571条2項）。ただし、手形ほど厳格な要式性を要求されておらず、一部の記載（たとえば、作成地、保管料など）を欠いても証券は有効であると解されている。また、倉荷証券上の権利は、証券発行の原因関係である倉庫寄託契約の影響を受ける（要因証券性）。

　譲渡については、倉荷証券は法律上当然の指図証券性を有し（商606条、貨物引換証につき平成30年改正前商574条）、記名式であっても、裏書禁止文句の記載がない限り、裏書により譲渡または質入ができる。裏書の方式は手形法の規定を準用する。裏書には権利移転的効力および資格授与的効力があるが、手形と異なり、担保的効力はない（民520条の2、520条の3、520条の4、手12条、13条、14条2項）[18]。

　倉荷証券は文言証券性を有し、寄託に関する事項は、倉庫営業者と（証券記載内容を信頼した）証券所持人との間においては、その証券の定めるところによる（倉庫営業者と証券所持人との間の債権的関係を定める効力＝債権的効

---

15)　複券主義をとる国としてはフランス、イタリアが、単券主義をとる国としては、ドイツ、アメリカがある。近藤259頁。
16)　松本・商行為法294頁。
17)　江頭376頁。

力。平成30年改正前商627条2項、602条、貨物引換証につき、平成30年改正前商572条)。なお、平成30年改正商法では、文言を「倉庫営業者は、倉荷証券の記載が事実と異なることをもって善意の所持人に対抗することができない」とする（商604条)[19]。

倉荷証券は受戻証券性を有し、証券との引換えでなければ寄託物の返還を請求できない（商613条。貨物引換証につき、平成30年改正前商584条）が、実務上は証券受取前の寄託物の権利者に対する便宜をはかるため、いわゆる保証渡し（証券と引換えでないことにより生ずる一切の責任を負う旨、銀行等を保証人として、その保証状を差し入れ、物品の譲受人が証券と引換なしに寄託物の引渡しを受けること）や、仮渡し（単に証券と引き換えずして寄託物の引渡しを受けること。「空渡し」ともいう）も認められている[20]。ただし、証券との引換えでなくして受寄物を返還した倉庫営業者は、以後、善意の証券譲受人に対して、損害賠償の義務を負う（大判昭和8年2月23日民集12巻449頁）。

倉荷証券により、寄託物を受け取ることができる者（証券上の権利者である資格を有する者）への証券の引渡しには、寄託物自体の引渡しと同様の効力（引渡証券性。商607条。貨物引換証につき、平成30年改正前商575条。物権的効力）がある。これにより、寄託物の所有権移転においては対抗要件をみたし、質権の設定においてもこれにより効力を生ずる（民178条、344条）。また、寄託物に関する処分は倉荷証券によってなされなければならない（処分証券性、物権的効力。商605条。貨物引換証につき、平成30年改正前商

---

[18] 平成29年民法改正によって、民法520条の2以下に民商法の通則として有価証券の規定が設けられ、商法の有価証券の規定（平成29年改正前商517条～519条）が廃止された。平成29年改正前商法519条に対し、民法520条の3では、「手形法……中裏書の方式に関する規定を準用」するが、平成29年改正前商法519条1項の趣旨を引き継いでいるものと解するならば、手形法12条、13条、14条2項が準用される。なお、裏書の資格授与的効力は、民法520条の4参照（淺木愼一『商法学通論〔補巻Ⅰ〕』（信山社、2016年）161～162頁）。

[19] 船荷証券も文言証券性に関する条文につき、商法760条で「運送人は、船荷証券の記載が事実と異なることをもって善意の所持人に対抗することができない」とするが、これは平成30年改正前国際海上物品運送法9条に文言を合わせて整備されたものである（「商法（運送・海商関係）等の改正に関する中間試案」14頁、前掲注3) 補足説明41～42頁）。

[20] 田中誠ほか・コンメ463頁。

573条)。

(3) 倉荷証券の発行・質入

　倉庫営業者は、寄託者の請求により、寄託物の倉荷証券を交付しなければならない（商600条）。倉荷証券の記載事項は商法601条各号による。倉庫営業者は、倉荷証券を寄託者に交付したときは、その帳簿（倉庫証券控帳）に所定の事項を記載しなければならない（商602条）。倉荷証券の所持人は、倉庫営業者に対し、寄託物の分割およびその各部分に対する倉荷証券の交付を請求することができる。その際、証券所持人は、それまで所持していた倉荷証券を返還することを要する（商603条1項）。倉荷証券を喪失したときは、証券所持人は、相当の担保を供して、再交付を請求することができる。倉庫営業者はその旨を帳簿に記載しなければならない（商608条）。倉荷証券は寄託物の質入にも用いられるが、その方法は質権設定の合意と通常の裏書交付で足りる。その場合、倉荷証券を用いて質入した寄託者が寄託物返還を要求するには、寄託者は債務を弁済して証券を受け戻す必要があるが、質権者の承諾があれば弁済期前でも倉荷証券との引換えなくして倉庫営業者に対して寄託物の一部返還を請求できる。この場合、倉庫営業者は、返還した寄託物の種類、品質、数量を倉荷証券に記載し、かつ、その旨を帳簿に記載しなければならない（商614条）。

(4) 荷渡指図書

　荷渡指図書とは、商法に規定していないものであるが、実務上、発行者が物品の保管者（倉庫営業者やその履行補助者等）にあてて、証券記載の物品（寄託物）の全部または一部をその証券の所持人に引き渡すことを依頼・指示した内容の証券であり、荷渡依頼書、出荷依頼書、出庫依頼（指図）書、Delivery Order等、さまざまな呼称がある。荷渡指図書の種類には、①倉庫営業者が発行者となり、その履行補助者・使用人に物品の引渡しを指示したもの、②寄託者が発行者として、倉庫営業者に物品の引渡しを依頼したものがあるが、①は、発行者に対する物品の引渡請求権を表章したものとして、および、②のうち倉庫営業者の副署があるものについては、倉庫営業者が物品の保管を証明し、物品の引渡義務が記載されたものと理解されるため、一

般に有価証券性が認められると解されている。もっとも、これらの場合にも物権的効力はないと解されている。②のうち、書面上に倉庫営業者の副署がないものは、物品の引渡請求権を表章したものではなく、一種の免責証券と解されている[21]。よって、第三者（書面所持人）が倉庫営業者に呈示するまでは、寄託者から倉庫営業者に対する依頼の撤回を妨げない（最判昭和35年3月22日民集14巻4号501頁）。

寄託者が物品を寄託した状態で第三者に譲渡し、上記②のタイプの荷渡指図書の発行と倉庫営業者に対する送付または呈示によって、指図による占有移転となるかどうかが問題となった。本来、呈示のみでは指図による占有移転の効力は生じないが、最判昭和57年9月7日民集36巻8号1527頁では、倉庫営業者が寄託者の意思を確認のうえ、寄託者台帳の寄託者名義を荷渡指図書記載の被指図人に変更した事例において、寄託者台帳の名義変更をもって目的物の引渡しがなされたとする慣行があったとして、指図による占有移転を認めている。

分析編

5　倉荷証券の要因性と文言性の関係

倉荷証券（その他、船荷証券等、運送証券にも共通する）において、証券上の記載と事実との間に相違がある場合、要因証券性と文言証券性との関係が問題となる。具体的には、空券（倉庫営業者や運送人が物品を受け取らずして発行された証券）または品違い（証券記載の物品と倉庫営業者等が実際に受け取った物品とが異なる）の場合に、実際に倉庫営業者等は証券に記載通りの物品を受け取っていないのだから、証券は無効となる（空券の場合）、あるいは証券の記載にかかわらず、受け取った物品を引き渡せばよい（品違いの場合）か、それとも倉庫営業者等は証券記載通りの物品を引き渡す義務を負うのか、という問題である。

---

[21] 大阪地判昭和28年2月7日下民集4巻2号175頁、大阪高判昭和32年2月4日下民集8巻2号219頁。なお、形式的には①に近い場合（発行者が商品を出荷する業者である場合）でも、社内連絡用伝票の性質しか認めなかったものとして、東京高判昭和30年12月26日下民集6巻12号2766頁、東京高判昭和30年12月28日下民集6巻12号2816頁。西原367頁参照。

【図表 20-1】倉荷証券図

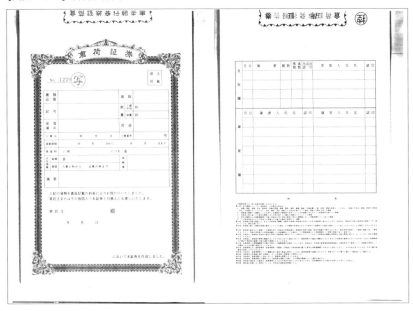

　裁判例の立場は分かれている。貨物引換証の空券の事例であるが、大判大正 2 年 7 月 28 日民録 19 輯 668 頁は要因証券性を重視し、(空券の場合は)「原因ヲ具備セサルト同時ニ目的物ノ欠缺セルモノニシテ其効ナキモノ」とし、大判昭和 13 年 12 月 27 日民集 17 巻 2848 頁では、運送品の受け取りなくして貨物引換証が発行された場合は、その後運送品の授受があったとしても、その貨物引換証は有効とはならない、とした。その他倉荷証券で要因証券性を重視した判決としては、東京地判大正 10 年 6 月 30 日法律学説判例評論全集 10 巻上商法 424 頁、東京控判大正 14 年 10 月 29 日法律学説判例評論全集 15 巻上商法 97 頁がある。

　これに対し、大判昭和 11 年 2 月 12 日民集 15 巻 357 頁は、品違いの質入証券を発行した倉庫営業者の事例であるが、昭和 13 年改正前商法 362 条（平成 30 年改正前商 602 条）の趣旨は、証券の信用を助長し、その流通を円滑ならしめるためにある強行規定であり、反対の慣習があったとしてもこれを容れるべきではない、としたうえで、「證券面ノ物件ヲ引渡スコト能ハサ

ルトキハ……不可抗力ニ因ル場合ノ外之ニ因リテ被リタル所持人ノ損害ヲ賠償スル責ニ任スヘキコト勿論」とした。そして、厳重な包装により受寄物の中身を点検できず、外装の記載を信じてそれを証券上に記載したとしても、これによって倉庫営業者は免責されず、証券上の文言と実際の受寄物の相違によって善意の所持人が被った損害につき、債務不履行による賠償責任を負う、とした。これは、文言証券性を重視した判決といえる。これ以前に文言性を重視した判決としては、貨物引換証の空券につき、運送人は貨物の引渡しがないことを善意の第三者に対抗できないとした、広島控判大正2年2月1日新聞848号22頁がある。

　倉庫営業者の責任をめぐっては実務上、「受寄物の内容と証券記載の種類、品質または数量との不一致について責任を負わない」旨の文言（不知約款）が証券上に付され、それが問題となることがある。この点、品違いの倉荷証券の事例である大判昭和14年6月30日民集18巻729頁は、倉庫営業者において受寄物を容易に点検できるにもかかわらず点検せず、また受寄物が厳重に包装されてはいるが、包装上の表示により内容を知り得ることができるにもかかわらず、包装すら点検せず、寄託者の申し出のみに依拠して証券に虚偽の記載をした場合は、証券に受寄物の内容につき責任を負わない旨を記入していたとしても、証券所持人に対する責任を免れないとした。さらに進んで、最判昭和44年4月15日民集23巻4号755頁は、「受寄物の内容を検査することが不適当なものについては、その種類、品質および数量を記載しても当会社（筆者注：倉庫営業者）はその責に任じない」旨の不知約款につき、有効性を認めつつも制限的に解し、「証券に表示された荷造りの方法、受寄物の種類からみて、その内容を検査することが容易でなく、または荷造りを解いて内容を検査することによりその品質または価格に影響を及ぼすことが、一般取引の通念に照らして、明らかな場合にかぎり、右免責条項を援用して証券の所持人に対する文言上の責任を免れうる」とした原審の判断を支持した。これらの判決も文言証券性を重視したものと解される。

　学説は多岐にわたるが、主要なものを挙げるとすれば、第一説は要因証券性を重視し、空券は無効、品違いの場合も倉庫営業者（や運送人）は実際に受け取った物品を返還すれば足りるとする[22]。この立場によれば、文言性については証券記載の事項につき一応の証拠力が認められることを意味し、か

つ流通性の保護としてそれで足りるとする[23]。そして、証券所持人は倉庫営業者に対して不法行為責任を問いうる、とする。これに対し、第二説として文言証券性を重視し、空券・品違いの場合も倉庫営業者は証券記載通りの引渡義務を負い、引渡しができなければ証券所持人に対して債務不履行責任を負うとする説[24]がある。この説によれば、要因性とは、証券上に原因関係が記載されていることを指す、と解する。

　上記両説の折衷的見解としては、空券の場合は、要因性により無効、品違いの場合は、一応物品を受け取ったうえでの発行だから、文言性を重視して証券の記載通りの義務を負う、という説[25]（第三説）がある。その他、要因証券性から空券は無効だが、倉庫営業者が善意の証券所持人に対してその無効を主張することは、禁反言より許されず、債務不履行に準じて解決されるべきとしたり、権利外観理論によって、善意の証券所持人の保護を図るべき[26]である、とする第四説、空券、品違いに関する倉庫営業者の責任を有因性・文言性という証券の性質論からのみ考えるのは正しくなく、不実記載の証券を発行したことに基づく倉庫営業者の責任の要件・効果を端的に問題とすべきであり、契約締結上の過失に基づく責任を根拠として、要件を倉庫営業者に無過失の証明責任を課した過失責任としたうえで、効果を証券所持人の信頼利益の賠償と解する[27]とする第五説がある。

22) 船荷証券につき、大橋光雄「船荷證券の要因性」『船荷證券法及船舶擔保法の研究（海商法研究1巻）』（有斐閣、1941年）284頁、311頁以下。貨物引換証について、松本・商行為法241頁以下等。
23) 大橋・前掲注22) 288頁、312頁。もっとも、証券記載中、運送賃（や保管料）については記載文言に従うものとして文言性を認めるとする見解がある（松本・商行為法241頁）。
24) 竹田省「有因債權證券の證券的性質」竹田・商法理論459頁以下、同「證券の文言性の限界」竹田・商法理論494頁以下、田中誠・商行為法252頁等。
25) 船荷証券につき、戸田修三「船荷証券の証券的効力について」法学新報63巻10号873頁以下（1956年）。
26) 前者の、禁反言に基づく説として、西原321頁。また、後者の、善意の証券所持人保護のための法理的基礎として、（船荷証券を要因証券かつ設権証券とした上で）権利外観理論を示唆するものとして、新里慶一「船荷証券の債権的効力の再構成──船荷証券の法的性質論からのアプローチ」中京法学46巻3＝4号168〜169頁（2012年）。その他、権利外観法理の適用を主張するものとして、田邊297〜298頁。

各説に対する批判[28]として、第一説に対しては、倉庫営業者の損害賠償責任を追及するには、倉庫営業者またはその使用人の故意・過失の立証責任が証券所持人に課せられること、文言性を定めた商法604条が事実上空文化すること、あるいは保管料については文言性を認めるとしても、なぜ一部分だけ文言性を認めるのか不明である、との批判がある。第二説に対しては、無因性を認めざるを得ず、要因性との矛盾が生じること、寄託物の検査をすべて行うことは事実上不可能なところ、品違いの場合においては証券記載の効果として無過失責任を負わせることになること、倉庫営業者の責任を倉庫寄託契約の債務不履行に基づく責任とすると、倉庫営業に関する商法や約款の特則の適用により、効果の点で、たとえば損害賠償額、時効等において、証券所持人にとって不法行為によるよりも不利になる、との指摘がある。第三説に対しては、空券の場合には第一説、品違いの場合には第二説に対するのと同じ批判がそれぞれあてはまる。また、品違いであっても、実質的には空券に近い場合もあるところ、空券と品違いの場合とで、責任の成立要件、効果がまったく別になるのは合理的根拠に乏しい、という批判もあろう。第四説に対しては、禁反言則の効果として、善意の証券所持人に対して、倉庫営業者が証券の無効を主張できないということにとどまるのか、それとも損害賠償責任発生原因根拠とするのかが明らかでない（英米法の沿革によれば、禁反言則それ自体は損害賠償責任発生原因根拠ではないと解される）といった批判がある。この点、第五説は、文言証券性と要因証券性の「矛盾」という理論的な難点を回避しつつ、他説と比べ、証券所持人の立証責任を軽減し、倉庫営業（や運送営業）に関する特則の適用を回避し、時効についても商事消滅時効（平成29年改正前商522条、平成29年民法改正後は廃止。同改正後は民166条1項1号・2号）とするなど、他説によれば負担が大きいとされてきた証券所持人の保護をはかっている。

　この第五説自体は非常に説得力に富むが、近年の民商法の改正後もなお、

---

27)　落合誠一「物品証券不実記載発行者の損害賠償責任」『運送法の課題と展開』（弘文堂、1994年）254頁以下、江頭379頁注1)。
28)　各説に対する批判は、落合・前掲注27) 208頁以下、248頁以下、江頭378〜379頁注1) 等参照。また、諸説を詳細に紹介し、比較検討した文献として、新里・前掲注26) 123頁以下。

それを維持しうるか[29]、また、果たして他説はとり得ないであろうか。たとえば、倉庫営業者の責任を不法行為責任と構成すると、証券所持人に立証上の負担を強いる、と批判されるが、倉庫を利用する寄託者（および倉荷証券の譲受人）は企業であることが多いことからすれば、倉荷証券上の当事者間の衡平はこれでは保たれないのか[30]、また、近年では第四説のうちの権利外観理論による説も有力となりつつあるが、これら諸説の理論構成にも影響を与える要因・不要因（無因）証券性、文言証券性、設権・非設権証券性といった有価証券の性格を決定づける諸概念の再整理も含め、改めて諸説を再検討する余地もあろう。

6 　倉荷証券の物権的効力

前述解説編 4 （2）のとおり、倉荷証券には、物権的効力（寄託物の上における物権関係を定める効力）があるが、物権的効力（なかでも引渡証券性）の法的構成をいかに解するかについては、絶対説と相対説に大別される。

絶対説は、倉庫営業者が寄託物を占有しているか否かを問わず、民法上の占有移転の方法とは別に、商法で特別の占有移転方法として、証券の引渡しという占有移転方法を認めたものと解する[31]。

一方、相対説は、倉庫営業者が寄託物を直接占有し、証券上の権利者は間接占有の関係に立つと解する。さらにこの立場は厳正相対説と代表説に分かれ、前者は証券の引渡しによる間接占有の移転は、民法の指図による占有移

---

29) この点、倉荷証券に関する商法604条および船荷証券に関する商法760条と文言を同じくする国際船荷証券に関する平成30年改正前国際海上物品運送法9条について、文理からも改正経緯からも証券の記載事項に「一応の証拠力」を超えた運送人の無過失責任を導く抗弁制限が一定の範囲で認められ（反対、江頭301頁注10））、この無過失責任を契約締結上の過失責任と解することは論理矛盾である、との見解（田邊宏康「国際船荷証券の債権的効力について」専修法学論集120号53頁以下（2014年））もある。

30) 戸田・前掲注25）874頁によれば、特に空券の場合、過失の立証は証券所持人にとってそれほど負担とはならない、とする。ただしその根拠の詳細は明らかにされていない。また、債権的効力（および後述6の物権的効力）につき、ドイツの学説状況について言及したものとして、田邊宏康「物品証券の効力に関する新たな法律構成――カナリスの見解を基点とする近年ドイツ学説の受容可能性」専修大学法学研究所所報38号6頁以下（2009年）がある。

31) 鈴木53頁注4）、江頭302頁注11）、田中誠・商行為法255頁等。

転(民184条)の手続をもふんだ場合に有効とするが、流通促進の阻害につながること、商法607条の空文化につながる[32]ため、現在ではこの立場は支持されていない。後者は、証券は寄託物を代表するものとし、寄託物が倉庫営業者の直接占有にある限り、証券の引渡しによって寄託物の間接占有の移転を認める[33]。

その他、物権的効力を認めない説(物権的効力否認説)もある。この立場によると、寄託物の所有権移転は意思表示(民176条)によりなされ、対抗要件の具備についても、寄託物の所有権を譲り受けた証券所持人は証券と引換に寄託物の現実の占有を取得すれば足りる(受戻証券性より、証券を所持しない限り、他の者は対抗要件を具備し得ない)こと、質入についても動産質のほか、債権質が認められており、証券上の債権(寄託物引渡請求権)の質入と構成すればよいので、物権的効力を観念する必要はない、とする。そしてこれにより、平成30年改正前商法575条(商607条)の規定はもっぱら物品の売買契約当事者間の問題として、証券を引き渡したときは、売主は完全に売買契約につき履行を了したことになるとの趣旨であるとする[34]。しかし、これに対しては、果たして実際の取引において、物権的効力がこのように理解・認識されているか疑わしいとの批判もあり、少数説にとどまっている[35]。

諸説の中では、代表説が従来からの通説的見解であったが、近時は絶対説も有力に唱えられている。ただし、寄託物の滅失や第三者が寄託物を善意取得して、倉庫営業者が寄託物の占有を失えば、物権的効力はないことになる(貨物引換証につき、大判昭和7年2月23日民集11巻148頁)。この点については、いずれの説をとるにせよ、結論的には変わりはない。

絶対説と代表説とで違いが生ずるとすれば、それは倉庫営業者が一時的に

---

[32] 石井吉也・争点Ⅱ242頁。
[33] 小町谷348頁以下、西原323頁以下、竹田省「引渡證券の物權的效力に就て」竹田・商法理論524頁、松本・商行為法239〜240頁、大隅・商行為法162頁等。
[34] 船荷証券につき、谷川久「船荷証券の物権的効力理論に関する反省」海法会誌復刊5号90頁以下(1957年)。
[35] 物権的効力否定説に対する批判としては、小島孝「処分証券について」彦根論叢93〜96号合併号293頁(1963年)、石井吉也・争点Ⅱ243頁、基本法174頁等がある。

寄託物の占有を失った場合に証券が引き渡されたとき、物権的効力が生ずるか否かであるとされる。絶対説は証券の引渡しにより寄託物の占有を移転する効力を有するが、代表説によるとしても、占有回収の訴えにより直接占有を回復する余地が倉庫営業者に残っている限り、証券は寄託物の間接占有を代表すると解するならば、これもまた結論的には両者にそれほど変わりはないともいえる[36]。

　また、処分証券性（平成30年改正前商573条、商605条）[37]をどのように解するかについても争いがある。まず、たとえば貨物引換証において、運送品に関する「処分」につき、平成30年改正前商法582条1項（商580条）にいう運送の中止等の処分、すなわち債権的処分を意味するものであるとする債権的処分説[38]と、処分の対象については債権的処分に限らず運送品の所有権の移転、質権設定等の物権的処分も含む、とする説（物権的処分説）[39]との間で争いがあったが、債権的処分については有価証券の性質上、平成30年改正前商法573条によらずとも平成30年改正前商法582条1項、584条から明らかであり、債権的処分説は支持できない。また、債権的処分説に対しては、運送品の所有権者から証券によらずしてこれを買い受けた者が運送人からその仮渡しを受けた場合には、その者が貨物引換証の発行があったことを知っていても、譲受人が対抗要件を備えた所有権を運送品の上に取得する

---

36) 森本・商行為法179頁注30）。その上で、石井吉也・争点Ⅱ243頁では代表説を、基本法174頁では絶対説を支持する。もっとも、倉庫営業者が欺罔されて保証渡しに応じた場合を想定すれば、絶対説の方が証券所持人の保護に厚いといえる。淺木愼一・百選189頁。

37) 明治32年新商法制定時は、処分証券性に関する条文は預証券・質入証券について規定されていた（明治44年改正前商363条）が、明治44年改正時にこれを削除し、同旨の条文を貨物引換証のところに新設（昭和13年改正前商334条ノ2）した。前掲注11)『商法修正案理由書』306頁、『改正商法理由』（法律新聞社、1911年）340頁、345頁参照。処分証券性の効力について論じたものとして、田邊宏康「物品証券の処分証券性に関する効力発生要件説と対抗要件制限説について」専修法学論集111号75頁（2011年）。

38) 椎津盛一「判批」法学新報45巻10号1808頁以下（1935年）。

39) 小町谷352頁以下。なお、平成30年改正前商法573条の「処分」とは物権的処分が主であるとする見解（小島・前掲注35）285頁以下）や、さらには物権的処分のみを対象としている、とする見解（基本法172頁）もある。

ことになり、その後の証券取得者の保護に欠ける、という批判[40]がある。さらに物権的処分については、倉荷証券（や船荷証券）を作成したときは、寄託物（や運送品）に関する所有権の移転、質権設定等の物権的処分は、証券の裏書または引渡しをしなければ効力は生じないとする効力発生要件説[41]と、物権変動の対抗要件につき、証券が発行されている場合には、寄託物現物の引渡しに対し、証券の引渡しが対抗要件として優越すると解すれば十分である、とする対抗要件制限説[42]との間で争いがある。効力発生要件説によると、証券の効力を確実ならしめ、証券の権利者と寄託物の権利者とが異なることにより生ずる困難の排除を狙った立法時の議論には適合するものの、民法の物権変動の意思主義には抵触する。商法の有価証券の効力として、民法の原則をも変更するほどの効力を認めるのかについてはさらに慎重な検討を要しよう。なお、上記のいずれの説によっても、寄託物（や運送品）現物の善意取得が生じるときには、証券所持人の保護は失われる。

7　証券所持人による保管料の負担

　倉庫寄託契約において保管料債務等の債務者は、原則は寄託者であるが、倉荷証券が発行されて証券所持人が寄託物の引渡しを請求する場合、証券所持人が保管料等の債務を負担するのかが問題となる。

　判例（最判昭和32年2月19日民集11巻2号295頁）は、「倉荷証券に……保管料等寄託物に関する費用は証券所持人が負担するものとする趣旨の文言の記載がある場合、第三者が裏書譲渡によりその倉荷証券を取得したときは、特段の事情のないかぎり、各当事者間に、その所持人が記載の文言の趣旨に従い右費用支払の債務を引受けるという意思の合致あるものと解する」としている。学説では、古くは倉庫営業に平成30年改正前商法583条2項（商581条3項）に相当する規定がないことから、保管料の支払は寄託者が負うとする説もあったが、現在では支持されていない。その他、理論上は特約のない限り証券所持人は当該債務を負担しないが、倉庫営業者が寄託物の

---

[40]　小島・前掲注35）286頁。
[41]　水口吉蔵『商行為法論』（清水書店、1920年）508頁、小島・前掲注35）286頁以下、田邊・前掲注37）95頁等。
[42]　船荷証券につき、江頭302頁。

上に留置権および先取特権を有する結果、証券の所持人はその支払をしない限り寄託物の返還を受けられないので、常に保管料等の支払をなす意思をもって証券を譲り受けると解する説[43]や、実質上必要があるのみならず、保管料が倉荷証券の記載事項とされていることから、証券所持人が寄託物返還を受けるときは運送契約に準じ、あるいは寄託者と証券所持人との人格融合の点から、運送契約の平成30年改正前商法583条2項を類推適用して、証券所持人は証券記載の保管料等の支払義務を負う、とする説[44]がある。

問題はその妥当性であるが、証券に証券所持人が負担する旨の文言あるいは保管料の記載それ自体を根拠として、証券所持人に一方的に支払義務を求めるのは、当事者意思の解釈という観点からは、やや無理があろう。また、平成30年改正前商法583条2項の類推適用も、倉庫営業者保護のために運送契約上の荷受人と倉荷証券所持人を同視して、義務を負わせる必然性があるのか疑問が残る[45]。

これに対し、倉荷証券による取引について、倉庫営業者との関係は約款の規定による、という白地商慣習法があると解したうえで、これを確認するような、証券所持人が負担する旨の記載が証券にあるときは、証券の譲渡人と譲受人との間に（寄託物の受取りを停止条件として）保管料等に関する（免責的）債務引受があったとの解釈も可能であろう[46]。

(堀井智明)

---

43) 松本・商行為法301〜302頁。
44) 大隅・商行為法178頁、西原360頁。
45) 近藤光男・百選217頁。
46) 近藤・前掲注45) 217頁。竹内昭夫「判批」『運輸判例百選』（有斐閣、1971年）139頁。なお、約款では、「寄託者又は証券所持人」に保管料等の支払義務を課している（約款48条1項）。

第21講 運送保険

1 はじめに

　商法502条9号は、営業的商行為の1つとして、「保険」を挙げる。本講で取り上げる運送保険もここでいう保険の一種であるが、保険についての規定は、海上保険（商815条以下）を除くほかは、特別法たる保険法（平20法56号）に定められている[1]。運送の意義については、第18講（運送営業）で説明されているので、ここでは、保険の意義からはじめることとしよう。

解説編

2 保険とは何か

(1) リスク移転を目的とした契約

　われわれが社会生活を送るうえでは、常に予期しない事件に見舞われ得ることを覚悟しておかなければならない。風水害・地震による家屋の損傷、交通事故による怪我、あるいは予期しない病気などは、こうした例といえるだろう。しかし人類は、歴史上、かような「将来の危険」と呼ばれる出来事に対して、さまざまな方法によって対処してきた。

　たとえば、自然災害から自宅家屋を守るために、あらかじめ家屋を補強しておくということがあり得る。また、不測の事態に備えて、貯蓄に励むということもあるだろう。しかしながら、いくら家屋を補強したとしても、これ

---

1) 保険法（平20法56号）制定前の商法は、商行為の一種として保険の章を設けており（第2編第10章）、そのうえで、海上保険についての特別法を海商法（商815条以下）に規定していた。ところが、保険法の成立により、従来の商法第2編第10章の内容は、保険法という単行法に規定されることとなった。したがって、商行為の1つとしての「保険」に関しては、保険法の特別法が、商法典の海上保険の規定であるということになる（商815条2項）。

を上回る災害が起これば努力は無に帰すし、また、いくら貯蓄をしても、ひとたび家屋が倒壊すれば、その損害額は貯蓄では間に合わないことも多い。

　このような場合に、対処する方法として考えられるのが保険制度の利用である。すなわち、保険とは、一定のリスクに備えて、契約者が保険者に対して一定額の金銭（保険料）を積み立てることにより、万が一その事故が発生した場合には、保険金を支払うという内容の危険分散のための制度である。そこでは、同じ内容のリスクにさらされた者（被保険者）同士が、保険料という名目で基金を拠出し、それを保険会社が管理したうえで、保険事故の発生があった場合にはその者に払い戻すという経済的作用を見出すことができるだろう。

(2) 保険契約に関する制定法の規定

　保険に関する制定法の規定としては、その公共性から、保険業を行う者の業務の健全かつ適切な運営および保険募集の公正を確保することにより、保険契約者等の保護をはかり、もって国民生活の安定および国民経済の健全な発展に資することを目的とする保険業法があるが（保業1条参照）、こうした保険監督法は、保険に関する制定法の規定であるとはいえ、保険契約という商行為に関する直接の規定であるとはいえない。したがって、商行為の一環として保険契約を理解するうえでは、保険契約に関する制定法の規定の存在が必要であることがわかる。

　この点、保険法（平20法56号）の成立以前は、保険契約に関する規定は、商法典第2編第10章「保険」に規定されていた。もっとも、そこでは、保険契約自体の定義は規定されず、損害保険と生命保険という2つの保険契約について規定が置かれていた。すなわち、損害保険とは、当事者の一方（保険者）が偶然なる一定の事故に因って生ずることあるべき損害を填補することを約束し、相手方（保険契約者）がこれにその報酬を与えることを約束することによって成立する保険契約のことであり（保険法制定前の商法629条）、生命保険とは、当事者の一方（保険者）が、相手方または第三者の生死に関して一定の金額を支払うべきことを約束し、相手方（保険契約者）がこれに対してその報酬を与えることを約束することによって成立する保険契約のことである（保険法制定前の商法673条）。つまり、商行為の類型とし

ては、保険事故の種類に制限を設けない代わりに、保険金請求は実損填補に限るとする損害保険契約と、保険事故の種類を人の「生」「死」に限る代わりに、保険金請求は定額給付をも認める生命保険契約との2つの類型を置いていたのである（なお、保険業法上、生命保険業免許（保業3条4項）との関係上、生命保険を第一分野の保険と、また、損害保険業免許（保業3条5項）との関係上、損害保険を第二分野の保険と呼ぶことがある）。

　これに対し、保険法は、損害保険契約（保2条6号）、生命保険契約（保2条8号）に加えて、傷害疾病損害保険契約ならびに傷害疾病定額保険契約の定義をおいた。すなわち、傷害疾病損害保険契約（保2条7号）とは、「損害保険契約のうち、保険者が人の傷害疾病によって生ずることのある損害（当該傷害疾病が生じた者が受けるものに限る。）をてん補することを約するもの」であり、傷害疾病定額保険契約（保2条9号）とは、「保険契約のうち、保険者が人の傷害疾病に基づき一定の保険給付を行うことを約するもの」である。これらの定義から、傷害疾病損害保険契約は損害保険の亜種として、また、傷害疾病定額保険契約とは、保険契約の亜種としてそれぞれ保険法に規定されていることがわかる（前述の生命保険固有分野や損害保険固有分野の中間分野、あるいは両分野に属するものであることから、これらを第三分野の保険と呼ぶことがある）。

　もっとも、現在、損害保険会社が販売している保険商品はこれだけにとどまらない。たとえば、自動車事故によって加害者が被害者に填補する損害賠償義務を保険でカバーする目的で締結される責任保険は、少なくとも直接的にはこれらの定義のいずれにも当てはまらないことがわかるだろう。

　また、保険法は、これらの上位に位置づけられる概念として、保険契約の定義を置く。それによれば、「保険契約、共済契約その他いかなる名称であるかを問わず、当事者の一方が一定の事由が生じたことを条件として財産上の給付（生命保険契約及び傷害疾病定額保険契約にあっては、金銭の支払に限る。以下「保険給付」という。）を行うことを約し、相手方がこれに対して当該一定の事由の発生の可能性に応じたものとして保険料（共済掛金を含む。以下同じ。）を支払うことを約する契約をいう。」（保2条1号）とされている。これを形式的に読めば、保険契約とは、大数の法則に基づく料率算定がなされている射倖契約（後記分析編4）のことを広く指すことになる。

このように、保険法は、保険契約の定義と、その下位分類としての損害保険契約、傷害疾病損害保険契約、生命保険契約、傷害疾病定額保険契約の4種の定義を置く。しかしながら、契約類型としては、上述の責任保険契約のように、保険法が直接規定していない類型のものも存在することになる。したがって、何が保険であるのかについては、最終的には解釈論の問題となるであろう。

(3) 保険契約の法的構造

　それでは、保険契約とは何か。ここでは、これを上述の保険契約の定義規定（保2条1号）に従って、運送保険について理解をする前提として必要な範囲での概観を試みることにしよう。以下では、保険法2条1号が、保険契約の意義として、「保険契約、共済契約その他いかなる名称であるかを問わず、当事者の一方が一定の事由が生じたことを条件として財産上の給付（生命保険契約及び傷害疾病定額保険契約にあっては、金銭の支払に限る。以下「保険給付」という。）を行うことを約し、相手方がこれに対して当該一定の事由の発生の可能性に応じたものとして保険料（共済掛金を含む。以下同じ。）を支払うことを約する契約をいう。」と定めていることから、この文言に従って若干の検討を加えてみることにしよう。

(i) 名称は問わない

　この規定によれば、まず、「保険契約、共済契約その他いかなる名称であるかを問わず」として、契約名称が何であるかを問わないとしている。この部分は、旧法下において共済制度に保険契約に関する規定が適用されるのか否かをめぐる点について明確にするという目的で定められたものと思われるが、本来、ある契約にとってその名称が何であるのかという点は、当事者の権利義務のあり方にとっては問題とはならないために、この部分は（保険）契約の要素たり得ない。

(ii) 保険者の約束──一定の事由が生じたことを条件とする財産上の給付を行う義務

　保険契約にあっては、当事者の一方（保険者）は、一定の事由が生じたことを条件として財産上の給付を行う約束をする必要がある。保険者たり得るのは通常は保険会社であるが、この保険者が相手方に対して一定の事由（保

険事故)が生じることを条件として財産上の給付を行うというところから、保険者の給付は条件付けられているということになる。つまり、保険者の給付は条件付の給付(出捐)だということになる。このように、一方または双方の当事者の契約上の具体的な出捐義務が発生するか否か、またはその大小が偶然の出来事によって左右され、したがって当事者のなす出捐相互間の均衡関係が偶然によって左右される契約を射倖契約といい、保険契約は射倖契約である[2]ということがわかる。なお、保険契約においては、約定の保険事故が生じるか否かにかかわらず、保険者は後述の保険料を受け取ることができる。換言すれば、保険事故が発生した場合にはもちろんのこと、保険事故が発生しなくとも、保険契約者は保険者に対して保険料を返還せよとは請求することができない。この点で、保険契約を代表とする射倖契約は、民法総則に規定される条件付法律行為(民127条以下)とは異なる。射倖契約は、ローマ法上の希望の売買(emptio spei)と呼ばれるものに起源を有し、これに対して条件付法律行為は、期待物の売買(emptio rei speratae)と呼ばれるものにその起源を有し、歴史上、この両者は区別されて論じられてきた[3]。

(iii) **保険契約者の約束 ── 一定の事由の発生の可能性に応じたものとして保険料を支払う義務**

保険者の合意の相手方たる保険契約者は、保険者の給付に対して、当該保険事故の可能性に応じたものとしての保険料を支払う義務を負う。これが保険契約者の負担する主たる給付義務である。

契約自由の原則のもと、原則として、契約当事者は当事者が合意する限りにおいて、いかなる契約をすることも可能である。したがって、あるリスクを保険者が負担することの対価として、保険契約者がいくらの代金を支払うと約束しようが、それは当事者の私的自治の問題である。しかしながら、保険法2条1号で想定されている保険契約にあっては、保険契約者は、一定の事由の発生の可能性に応じたものとしての保険料の支払義務を負担すると規定されている。すなわち、同種のリスクにさらされた危険団体(ある一定

---

[2] 大森忠夫『保険法』(有斐閣、1957年) 84頁。
[3] 西原慎治『射倖契約の法理──リスク移転型契約に関する実証的研究』(新青出版、2011年) 148頁以下。

の地域における木造家屋が1年間でどの程度の火災に遭うのか、等）に対して、大数の法則に基づく保険料率の算定を行い、それに基づいた保険料の支払い義務を負うこととなる。

　このことから、同一の危険を引き受ける保険契約間においては、少なくとも保険事故の発生によって被保険者に払い戻されることが予定されている純保険料の部分に関しては、一定額の算定が可能となるはずである。このことは、保険契約が本質的に附合契約としての性質を有することを意味する。すなわち、同種の危険の引き受けに関しては、純保険料は同一額となり、その結果、契約内容は本質的に画一・定型化されるのである。また、このように契約内容が定型化されることから、保険契約には、それぞれの保険商品ごとに、普通保険約款が置かれ、これに基づいて契約が締結されることとなる。

3　保険の中に占める運送保険の特色

　前置きが長くなったが、それでは、保険契約の中に占める運送保険契約の意義は何か。現行の保険法の規定は、運送保険契約の意義に関する規定を置いていない[4]。したがって、運送保険とは何であるかについては、運送保険普通保険約款も含めたうえでの解釈論の問題である。この点、今日の一般的な見解によれば、運送保険契約とは、陸上運送中における運送品に対して生ずることのあるべき損害を填補することを目的とする損害保険契約[5]をいう[6]とされる。したがって、まずは一般に、従来述べられてきたところを踏

---

[4] 保険法制定前の商法第2編第10章には、「保険」という表題のもと、629条ないし683条の55か条の規定が置かれており、そのうち、運送保険について、4か条（669条ないし672条）の規定を割いていた。これに対し、現行の保険法は、運送保険についての規定をおかず、単に保険法36条2号が、航空貨物保険について、保険法上の一定の規定（7条、12条、26条および33条）の適用を受けない旨を規定するのみである。

[5] 運送に関する保険契約が純粋な損害保険のみであるとは限らない。たとえば、運送人が、運送契約上、荷送人や荷受人に対して負うことのあるべき損害賠償義務を担保するために、保険契約を締結することもある（運送業者貨物賠償責任保険）。これらは運送保険の特約として付されることが多いようである（東京海上日動火災保険株式会社編著『損害保険の法務と実務』（金融財政事情研究会、2010年）183～184頁）が、これは責任保険の一種だといえよう。

まえたうえでの、運送保険契約の特色を以下に挙げることとしよう。

(1) 運送保険契約における運送の意義

　運送保険契約とは、運送中に生ずることあるべき損害を担保する保険契約である、と一応はいうことができる。もっとも、商行為法上、運送とは、物または人を一の場所から他の場所に移動させることであり、これを引き受けるのが運送に関する行為である[7]。また、商行為法上における運送の場所は、陸上・海上・空中のいずれでもよいが、運送保険契約における運送とは、原則として、陸上運送に限られるとされる[8]。

　もっとも、ある貨物の運送が、陸上のみ、あるいは海上のみの運送であるとは限らない。したがって、保険の引受にあってもこれらの重複が起こり得る。たとえば、陸上と海上を連帯して輸送する場合には、これに対する保険の引受としては、前者が陸上運送保険で後者が海上運送保険ということになる。しかしながら、実務上の区分としては、原則として、当該貨物の輸送経路に海上運送が含まれている場合には内航貨物海上保険として取り扱うこととなる[9]。

　運送保険は、陸上運送に関する保険であるということができるが、海上運送については海上保険の規定（商815条以下）が存在するほか、貨物海上保

- [6] 大森・前掲注2) 211頁、田中誠二＝原茂太一『新版保険法〔全訂版〕』（千倉書房、1987年）224頁。
- [7] 西原〔再版〕79頁。
- [8] 運送の概念を、商行為における運送の意義と同一にとらえるのであれば、運送保険における運送とは、陸上運送ならびに海上運送を含んだ広い概念ということになる。これに対して、それぞれの生成発展過程、法典上での取り扱い、ならびに保険業法上の認可の区分をあわせて考えるのであれば、（広義の）運送保険は、陸上運送を対象とする（狭義の）運送保険と、海上運送を対象とする貨物海上保険に分かれることとなる。本講においては、従来の運送保険が、陸上運送を念頭に置いたものであったことから、さしあたり狭義の運送保険を念頭に置いて解説を加える。もっとも、保険法の制定（とりわけ保険法制定前商法669条の廃止）を契機として、従来のように運送保険契約における運送の意義を、陸上運送に限定する必然性も薄れ、理論上、運送保険における運送を、商行為におけるそれと同一に概念構成していく余地も出てきている。
- [9] 東京海上火災保険株式会社編『損害保険実務講座第4巻貨物保険』（有斐閣、1987年）154頁。

険普通保険約款が適用される。また、航空運送については、現行法上何らの規定もないことから問題となるが、航空危険の本質が海固有の危険と同種のものであるとすれば、海上保険の規定が類推適用されることが多いこととなるだろう[10]。

　運送保険は、運送品に関する保険である。したがって、運送用具（運搬車両など）についての保険は運送保険ではなく、別個の損害保険であるということになる[11]。また、旅客も運送の客体となるが、運送品とは呼べないことから、旅客傷害保険は運送保険には含まれない[12]。

　問題となるのは、運送品の危険状況からみた運送保険の意義についてである。この点、保険法制定前の商法669条[13]の解釈から、いわゆる自己運送については運送保険には含まれないと解されてきた[14]が、保険法の制定により、現在では当該条文は削除されている。したがって、運送保険が想定する運送危険とは、原則として約款の規定によることになるだろう。もっとも、運送保険普通保険約款[15]にもこの点について明らかにする規定がないために、最終的には保険者が保険の引き受けを行うのか否かという事実上の問題

---

10) 倉澤康一郎『保険法通論〔復刻版〕』（新青出版、2004年）93～94頁。
11) この点、海上保険に関する商法818条は、海上保険にあっては、運送用具たる船舶についても海上保険の目的となり得る旨の規定が置かれている（船舶保険契約）。この部分が、（陸上）運送保険と海上保険の違いとなる。もっとも、保険商品としての運送保険の当初免許年月は明治26年3月であり、これは海上保険（明治11年12月）、火災保険（明治20年7月）に次いで古いものであるが、当初免許年月が大正3年2月である自動車保険との関係で、その担保する危険の範囲に重複が生じるおそれがある。しかしながら、この点については、当初より自動車保険は運送保険とは異なるという見解が示されていた。その例として松本烝治『保険法完』（中央大学、1915年）155頁。
12) 保険法制定前の商法669条が、「運送品」という文言を用いていたことから、この解釈からすれば、旅客は運送品には入らないということになるだろう。旅客は運送品に入らないと解するものとして、田中＝原茂・前掲注6) 225頁（ただし、保険法制定前の文献である）。
13) 保険法制定前の商法669条は「保険者ハ特約ナキトキハ運送人カ運送品ヲ受取リタル時ヨリ之ヲ荷受人ニ引渡ス時マテニ生スルコトアルヘキ損害ヲ填補スル責ニ任ス」と規定されていたことから、運送保険にいう運送の目的物は、運送契約によって運送人に委託された物に限るとの解釈が可能であるということになる。
14) 倉澤・前掲注10) 93頁。

にかかっているともいえる。いずれにせよ、この点について明確な解釈を与える制定法上の規定は、現行法上、存在しない。

(2) 保険価額

運送保険では、原則として、貨物のすべての偶然な事故によって生じた損害を填補する（オールリスク担保条件）か、あるいは、火災、爆発、もしくは輸送用具の衝突・転覆・脱線・墜落・不時着・沈没・座礁・座州によって生じた損害または共同海損犠牲損害を填補する（特定危険担保条件）ものとされている[16]ので、そこで考えられているのは、運送品についての所有者利益[17]である。そうして、運送保険では、契約当事者間および被保険者が協定した額が保険価額とされるのが通常である（これを評価済保険と呼び、ここで協定された額を約定保険価額（保9条ただし書）という）。これらは、貨物の仕切状面価額（通常はインボイスなどの送り状に記載された金額）または発送の地および時における価額を基準として定められるが、保険金額が仕切状面価額に10％を超える場合には、保険金額および保険価額はいずれもその超過部分について無効とし、また、当該保険金額が仕切状面価額より著しく低いときには、保険価額は仕切状面価額と同額とみなされる[18]。

仕切状面価額の10％を越えると、超過部分について無効となるというのはなぜか。これは、損害保険契約が損害の填補を目的としたものであるとい

---

15) 本講で挙げる運送保険普通保険約款は、財団法人損害保険事業総合研究所『貨物保険約款集』（1998年）11頁以下を用いることを原則としている。保険法制定に伴い、損害保険各社ともに約款見直し作業を行っているようであるが、本講執筆当時においては、これらを踏まえたうえでの約款集を見つけることができなかった。なお、本講執筆にあたり、保険法制定に伴う改定約款については、さしあたり三井住友海上が使用する保険約款（貨物海上保険普通保険約款、運送保険普通保険約款、小口貨物運送保険普通保険約款）も参照にしている。

16) 運送保険普通保険約款1条参照。

17) 権利主体（民法典第1編第2章、第3章）と、権利客体（同第1編第4章）との間の利益関係を法は物権として保護している（民法典第2編）が、この利益関係については、物権法定主義のもと、さまざまなものがあり得る。したがって、所有利益の減失を損害と考える損害保険契約もあれば、ほかの利益の減失を損害と考える損害保険契約もあり得ることとなる。

18) 運送保険普通保険約款6条参照。

う契約の本質的要素から導くことができる。すなわち、運送保険で念頭に置かれているのは所有者利益の減失を念頭においた損害保険契約であり、そこでは、保険者は、被保険者の損害の填補を目的としている。しかしながら、運送保険においては、運送品に生じる損害ということを厳密に算定することは難しい。というのも、運送保険の締結にあたり、運送目的物をすべてチェックすることには困難をともなうこと、また、発送地と到達地では運送目的物の金額が変わり得ること、さらには、損害が生じた場所・内容を特定することは難しいこと等、運送保険特有の事情が存在するからである。したがって、仕切状面価額の10％は希望利益の余地を認めたと解する余地はあるが、それ以上の部分については、そもそも損害の可能性が存在しないため、「金銭に見積もることができ」（保3条）ない利益であるということができる。運送保険の前提概念となる損害保険契約特有の法律行為の有効要件であるということができよう。

(3) **保険期間**

運送保険契約とは、陸上運送中における運送品に対して生ずることのあるべき損害を填補することを目的とする損害保険契約であるために、運送保険契約の保険期間は、運送人が運送品を受け取ったときからこれを荷受人に引き渡すときまでということになる。問題となるのは、運送保険契約の成立以前に、すでに運送品を運送人に引渡した場合に、保険期間はいつから始まるのかという点である。契約の成立は、当事者が合意をした時にその効力が発生するという原則からすれば、かような場合には運送保険契約成立の時点から保険者は填補責任を負うこととなり[19]、それ以前に生じた保険事故については免責されるということになりそうだが、保険法は、当事者が保険期間の開始を契約締結時点より遡らせる合意をした場合（いわゆる遡及保険。保5条）を想定していることから考えれば、当事者の合理的意思解釈の問題として、かような場合には遡及保険として処理すればよいことになる[20]。

19) 野津務『新保険契約法論（保険法論集第2巻）』（中央大学生協出版局ほか、1965年）494頁。
20) 倉澤・前掲注10) 97頁。

(4) 道順・運送方法の変更

　運送保険契約において、運送品がどの経路を辿り、また、どの運送方法を用いるかは、危険を構成する重大な要素である。したがって、運送の当初に計画していた道順・運送方法に変更が加えられた場合には、合意された危険内容の変更が生じるおそれがあるために、当該保険契約は失効することがあり得る。他方、運送中には、運送人の都合で、道順や運送方法の変更がなされることもあり得るのであって、かような場合に保険契約が失効するというのでは、保険契約者・被保険者の利益を著しく害することになりかねない。この点、保険法制定前の商法672条は、「保険契約ハ特約アルニ非サレハ運送上ノ必要ニ因リ一時運送ヲ中止シ又ハ運送ノ道筋若クハ方法ヲ変更シタルトキト雖モ其効力ヲ失ハス」と規定し、原則として道順や運送方法の変更は契約の効力に影響を与えないものとしていた[21]。

　保険法の制定にともない、現在ではこの条文は削除されているが、運送保険普通保険約款10条[22]は、保険申込書の記載事項の内容に変更を生じさせる事実[23]が発生した場合には、遅滞なくその旨を申し出て、変更承認の請求をしなければならず、その後一定期間の経過までは保険者に解除権を付与し、また、変更後の保険料が高くなった場合には、当該通知がなされるまでに生じた事故による損害については、保険者は免責されると規定している。

---

[21]　もっとも、保険法改正前から、約款においては、これと異なる内容の特約が定められているのが通常であった。運送保険普通保険約款8条参照。そこでは、危険の変更・増加の場合には、保険契約者等は遅滞なくその旨を保険者に通知し、承諾を得る旨を定めるとともに、危険の増加があった場合には保険者は割増保険料を徴収することができ、また、保険契約者等が故意または重過失によって通知義務を怠った場合には、保険者は免責され得るとした。

[22]　前掲注15) 三井住友海上が使用する運送保険普通保険約款を参照。

[23]　ただし、当該約款には脚注が付されており、それによれば保険申込書の記載事項の内容に変更を生じさせる事実とは、保険申込書の記載事項のうち、保険契約締結の際に保険者が交付する書面等においてこの条の適用がある事項として定めたものに関する事実であるとする。したがって、道順・運送方法の変更がこの約款に必ずしも該当するとは限らない。

▍分析編

4　保険契約と射倖契約

(1)　はじめに

　既述のとおり、保険法典の成立以降、運送保険とは何であるのかについての制定法上の規定は存在しなくなった。したがって、今日においては、運送保険の定義が不明確かつ多様なものとなり得る余地を残している。したがって、運送営業に関して、運送人等の定義を規定した（商569条）のみにとどまる現段階において、運送保険に関する将来像を描き出すには未だ不確定な要素が多いために、本講執筆の段階において、運送保険についての細かな制度内容について、すでに記述した事柄以上を深く掘り下げて詳説するのは、今後の展開が不明確である以上、いたずらに読者を混乱させることになりかねない。

　そこで、少し視点を変えて、運送保険も保険の一種であることから、保険契約の契約法的な構造を検討することによって、その理解の度合いを高める試みを行ってみることにしよう。運送保険契約に関する細かな制度設計が、制定法等によって変わることがあり得ても、運送保険が保険契約の一種である以上、その根幹が揺るぐことはまずないといえるからである。そうして、この視点から運送保険を代表とした保険契約を眺めた際に、その起点となるのは、契約法の中に占める保険契約の地位である。

(2)　保険契約は条件付法律行為か

　運送保険を代表とする保険は、すべて当事者の合意によって成立するものであるから、契約であるといえる。わが国の私法は、契約に関しては、民法典の規定を前提としてルールが成り立っているために、保険契約が民法典の定めではどの契約に類似するのか、ということをまずは明らかにしなければならない。たとえば、商事売買（商524条）は、民法典上の売買（民555条以下）のルールを前提として規定が置かれており、商業使用人（商20条以下）や代理商（商27条以下）は、民法上の代理（民99条以下）の構造を前提に議論されるわけである。これと同様に、保険契約においても、それと同一か、あるいは類似した法律構造を有する制度が民法典上に想定されていてもよさそうである。

この点、まず思いあたるのが、既述のとおり、民法総則に規定されている、「条件」付法律行為ではないか、という指摘である。すなわち、民法127条以下には、「条件及び期限」について規定が置かれているが、(運送)保険は、停止条件付法律行為の一種であるというのである。つまり、教室事例などではよく出される「大学に合格したら、この車を10万円で売買する」という停止条件付売買契約における当事者の合意と、保険契約との間で類似性を見出すという考え方である。この考え方は、保険契約も停止条件付法律行為も、広い意味でいう「条件」に当事者の具体的な債権債務の発生・変更・消滅をかからしめているという点において、類似しており、この点では正当な指摘である。

　しかしながら、他方において、この両者はまったく異なるものであるという考え方もまた成り立つ。たとえば、運送保険契約の場合には、当事者の約定した保険事故が発生した場合には、保険者は被保険者に対して保険金を支払うことになるが、幸いにも保険事故が発生しなかった場合には、保険者の被保険者に対する保険金支払義務は発生しない。この結果、保険事故の発生の有無にかかわらず、保険者(保険会社)は保険料を受け取ることができる。では、上述の条件付法律行為(売買契約)の場合はどうか。大学に合格するという条件が成就した場合にだけ当事者は相手方に対して履行請求ができるが、条件が成就しない場合には、相手方に対して何も請求ができないことになってしまう。つまり、この両者は、条件の成就・不成就による当事者の債権債務関係への影響の与え方、ひいては、有償契約における当事者の給付のあり方が、保険契約と条件付法律行為では異なるという意味で両者の違いを指摘することができる。つまり、保険契約における保険者の給付は、保険事故の成否以前に、契約の効力発生とともになされるものであり、これは一般の契約法理論において想定されている、与える給付、なす給付ではなく、射倖給付と呼ばれる特殊な給付類型である。そうして、(運送)保険契約と、条件付法律行為の間の相違をもって、この両者の性質を区別する立場は、(運送)保険契約は、射倖契約というカテゴリーに属すると説明し、そのうえで、契約法のモデル化に着手することになる。

(3) 民法典と射倖契約

　それでは、保険契約が射倖契約であるとした場合、民法典上に射倖契約と呼ばれるものは存在するのか、という問題について検討をしてみよう。保険契約が射倖契約である以上、民法典上に射倖契約とされる合意があれば、その制度と保険契約との異同を検討することによって、保険契約の法的性質の解明により一層役立つといえるからである。

　この点、比較的異論のない考え方に、終身定期金（民689条以下）は、射倖契約であるというものがある。なかでも、少なくとも有償終身定期金の設定契約は射倖契約としての性質を有するという点については、今日、ほぼ異論はない。

　終身定期金契約とは、一般にあまりなじみがないために、少し簡単な教室事例を提示してみよう。たとえば、甲不動産の譲渡と引換に、譲渡人の死亡に至るまで譲受人が毎月10万円を支払うという契約である。このとき、甲不動産の価格が1200万円で、不動産の経年劣化や利息の問題をすべて捨象して考えると、譲渡人は毎年120万円の対価を受け取ることができるわけだから、譲渡人が10年（＝1200万円）以内に死亡したら、結果的に譲受人は得をすることになる。これに対して、譲渡人が10年よりも永く生きたというのであれば、結果的に譲受人が損をすることになる。これが終身定期金設定における基本的な合意内容である。

　それでは、終身定期金と保険契約は同じ要素を有するといえるだろうか。この点、一方において、終身定期金も保険契約もリスク移転を目的としている合意であるために、この両者は共通項を有するといえるが、他方において、終身定期金は、生命保険契約等でいうところの保険金の終身年金払に相当する部分のみを指し示しているようにも読めることから、保険契約の構造の一部が終身定期金と同様の構造で把握可能である、という説明もすることができる。しかしながら、比較的類似した性質を有しているように見受けられるこの両者が、まったく異なった場所に規定されているのはなぜであろうか。

(4) 日本民法典制定の際の制度設計

　実は、保険契約と終身定期金契約が、このように一見したところ無関係な

形で法典上に規定された理由は、近代日本民法制定の歴史と深くかかわっている。すなわち、ボワソナードによって起草されたいわゆる旧民法典草案（明治22年）の中では、射倖契約という表題のもと、その例示として、終身定期金や保険契約等の合意について定められていた。この法典は施行されることがなかったが（いわゆる法典論争）、その後、現行の日本民法典を制定（明治31年）する際には、①射倖契約という用語を法典では用いず、そのうえで、②保険については商法典に規定するという立法的な決断を行った。その結果、①に関しては、射倖契約ひいてはリスク移転という側面から契約法を理解する姿勢を持ち得なかったことから、いまだにこの点についての研究が不十分なままとなる遠因を作り出すことになっている。たとえば、運送保険に限らず保険契約は、今日、社会的な需要がきわめて高く、実務的にも取り扱われるべき案件がきわめて多いにもかかわらず、司法試験の出題範囲に含まれていない。これは、視点を変えてみれば、法曹養成制度のあり方の問題であるとみることも可能であるし、同時に、保険の学問的な意義の現状のあり方を指し示しているということもできる。また、同様に、終身定期金契約についても、民法典ではさほど注目されることのない分野の1つである、と言い切っても、あまり批判を受けることはないであろう。次に、②については、今日、保険契約法が商法典から独立して単行法化され、商法典や民法典との関係が意識されることになってきたとはいえ、商法という学問の中で把握される以上、一般の契約法理論との間での断絶を埋めるには、今しばらくの時間がかかる状況となっているのである。

(5) **解決の指針**

このように、商行為の1つである保険は、運送保険という一例をとってみてもその定義に確立されたものがあるわけでもないと同時に、他方において、商法が定める典型契約としての意義（商行為という用語における「行為」とは、法律行為を指す）を有する保険契約についても、それが一般の契約法との間で有する特色が何であるかについて、明確なイメージがあるわけでもない。この意味で、日本法における保険契約の位置づけは、一般の商行為法からも、また、一般の契約法理論からも、孤立したものとなっている。

それでは、このような現状を打開する方法としては、どのような方策が考

えられるであろうか。

　既述のとおり、現行法は、従来、商法典に規定されていた「保険」を単行法化した。そうして、このことによって、保険契約は、商法との結びつきよりも、むしろ民法典との結びつきが意識されるようになりはじめている。つまり、保険契約の取引法的側面の重視である。しかしながら、これに対して、民法典のあり方としては、保険契約との関係を意識できる制定法上の制度は、あまり見当たらないということも、既述の通りである。たとえば、保険契約と同じくリスクの移転とでもいうべき、危険負担の制度（民536条）や、瑕疵担保責任の規定（民572条以下）は、それを挙げるというだけでは、保険契約とどのような結びつきがあるのか、わからない。

　しかしながら、もし、民法典の典型契約に、終身定期金（民689条以下）とは異なる、保険契約の基本となる契約類型が隠されている、と考えればどうなるだろうか。契約自由の原則のもと、民法典は、解釈の手がかりとなるモデルを法典上に規定する必要がある。そうして、その際に、保険契約を代表としたリスク移転型のモデル規定が存在していると考えれば、保険契約や保険契約との異同が常に問題となっているデリバティブ等の金融商品の法的性質の解明が進むことになるだろう。そうして、このことによってはじめて、保険の意義や、本講において一貫して問題となってきた、「運送保険とは何か？」という点についての足がかりが浮かび上がりはじめることとなるであろう。

（西原慎治）

● **事項索引**

◆ 数字・欧文

TK ＋ GK スキーム ················· 302

◆ あ行

相手方選択説 ······················· 223
悪意の擬制 ················· 177, 183
ある種類または特定の事項の委任 ······· 132
異議権 ····························· 288
異次元説 ··························· 184
意思推定理論 ······················· 194
異種物（aliud）···················· 279
委託者 ······················· 305, 320
　——と第三者の関係 ··············· 328
　——の指図 ······················· 327
　——の取戻権 ····················· 329
一括相殺 ··························· 286
一般悪意の抗弁説 ··················· 228
一般的公示 ························· 173
一般に公正妥当と認められる会計慣行
　································ 160
一方的商行為 ············· 25, 191, 267
一方的仲立契約 ····················· 306
委任 ······························· 141
委任契約 ··························· 323
委任（準委任）契約 ················· 370
請負 ······························· 306
請負契約 ··························· 337
受戻証券性 ················· 347, 399
売上帳 ····························· 156
運送営業 ··························· 337
運送危険 ··························· 418
運送契約 ··························· 337
運送証券 ··························· 343
運送取扱 ··························· 361
運送取扱人 ························· 320
運送に関する行為 ···················· 26

運送人 ····················· 337, 341
　——の運送義務 ··················· 341
　——の留置権 ····················· 342
運送の取次ぎ ······················· 362
運送品 ····························· 340
運送保険 ··················· 416, 422
運送保険契約 ······················· 417
営業 ··························· 77, 91
　——と事業 ························· 79
　——としてする ··········· 23, 30, 35
　——の客観的要素 ··················· 77
　——の主観的要素 ··················· 77
　——の総合的要素 ··················· 77
　——のためにする ············· 24, 35
　——の非人格化 ····················· 91
営業意思客観的認識可能説 ············ 51
営業意思主観的実現説 ················ 51
営業活動参加説 ····················· 115
営業行為説 ························· 80
営業財産 ··························· 82
営業財産・営業有機体譲渡説 ········· 80
営業財産譲渡説 ··············· 92, 106
営業財産説 ··················· 80, 92
営業者 ····························· 291
営業所 ············· 63, 71, 125, 130, 244
営業譲渡 ··························· 85
　——と会社の合併 ··················· 97
　——の意義 ················· 92, 106
　——の効果 ························· 97
　——の法的性質 ····················· 96
営業上の債務 ············· 87, 89, 101
営業上の代理権 ············· 121, 135
営業組織譲渡説 ····················· 81
営業組織説 ························· 80
営業的商行為 ················· 21, 22
営業（事業）の部類に属する取引 ····· 128
営業避止義務 ······················· 127

営業目的行為 ·············· 50
営利法人 ·············· 42
越権代表説（2段階構成説）·············· 229
越権代理行為 ·············· 235
送り状 ·············· 341
送り付け商法 ·············· 209
オブリゲーション・ネッティング ·············· 290

◆ か行

買入物品の供託権 ·············· 325
買入物品の取戻権 ·············· 326
海運仲立業者 ·············· 305
外観理論 ·············· 67, 87
外観理論・禁反言法理説 ·············· 112
開業準備行為 ·············· 50
会計基準 ·············· 160
会計帳簿 ·············· 155
会計の慣行 ·············· 160
外国会社登記簿 ·············· 167
外国会社の登記 ·············· 181
外国為替ブローカー ·············· 305
会社
　――の許可 ·············· 129
　――の事業譲渡 ·············· 93
　――の商号 ·············· 58
　――の商人性 ·············· 45
会社更生手続 ·············· 250, 342
海上運送状 ·············· 343
海上保険 ·············· 411
回数乗車券 ·············· 363
解体価値 ·············· 162
外的組合 ·············· 303
介入義務 ·············· 311
介入権 ·············· 324
買主の受領遅滞 ·············· 271
隔地者間における承諾期間を定めない申込みの効力 ·············· 206
確定期売買の解除 ·············· 274
確定決算主義 ·············· 163
瑕疵担保責任 ·············· 426

果実 ·············· 249
貸付契約 ·············· 47
過失責任 ·············· 379
瑕疵物（peius）·············· 279
仮装自営業者 ·············· 148
家庭教師やホームヘルパーのあっせん業者 ·············· 305
株式会社登記簿 ·············· 167
株式会社の事業譲渡 ·············· 94
為替スワップ ·············· 290
監視権 ·············· 295
間接代理 ·············· 320, 334, 362
　――の法律効果の相対的帰属 ·············· 331
完備無限ノ全権 ·············· 227
企業 ·············· 10, 21, 77
企業会計原則 ·············· 160
企業会計の慣行 ·············· 160
企業財産担保説 ·············· 114
企業者地位交替説 ·············· 106
企業担保権の登記 ·············· 167
企業法説 ·············· 10, 21
期限付法律行為 ·············· 244
期限の利益 ·············· 290
危険負担 ·············· 426
擬制商人 ·············· 5, 33
期待物の売買（emptio rei speratae）·············· 415
寄託 ·············· 370, 373
　――を受けない携帯品 ·············· 378
寄託者への便宜提供義務・通知義務 ·············· 395
貴重品ロッカー ·············· 382
機能資本家 ·············· 291
希望の売買（emptio spei）·············· 415
基本的商行為 ·············· 32
客 ·············· 372, 379
客観主義 ·············· 3
客観説 ·············· 374
客観的意義の営業 ·············· 5, 91
給付受領権 ·············· 314
強化的効力 ·············· 181
狭義の商事留置権 ·············· 246

競業避止義務	100, 128, 142, 298	現金出納帳	156
——の法的性質	110	検索の抗弁権	239
共済掛金	414	原状回復義務	69
共算商業組合	301	権利外観法理	129, 179
共算的消費貸借	295	権利取得授権	328
供託	273	公益法人	42
供託権	350, 397	更改	286
共同企業体	292	高価品	376
協同組合	291	——についての免責	376
——の登記	167	高価品特則	381
業とする	23, 30	鉱業者	33
共分組合	301	航空運送状	343
業務約款	193	後見人登記簿	167
銀行取引	46	交互計算	285
金銭債権	159	——の消極的効力	287
金銭消費貸借の利息請求権	267	——の積極的効力	288
禁反言の原則	67, 87, 103, 129, 179, 298	——の不可分性	287, 289
金融商品に関する会計基準	164	交互計算期間	286
金融派生商品（デリバティブ）	290	合資会社	293
空券	401	合資会社登記簿	167
組合契約	291	更生担保権	145, 342
組合財産	84	公正な会計慣行	160
組入債権	286	口銭	322
——の差押	288	合同会社登記簿	167
倉荷証券交付義務	395	抗弁対抗説	223
倉荷証券の物権的効力	406	合名会社登記簿	167
倉荷証券の要因性と文言性の関係	401	効力発生要件説	409
クローズアウト・ネッティング	290	小商人	37
経済の効果の帰属	326	——の判定基準	40
形式的意義の商法	1	固定資産	159
形式的審査主義	171	古典的交互計算	285
競売	273	固有の商	47
競売権	397	固有の商人	32
契約自由の原則	198	雇用関係	121, 135
結果保証	376	コール資金（媒介）出合報告書	310
結婚仲介業者	305	コレガンチア（collegantia）	300
決算残高勘定	156	混合寄託	393
結約書	309	混蔵寄託	393
結約書交付義務	309	コンファメーション（confirmation）	310
原価主義	158	コンメンダ契約（commenda）	293, 300

◆ さ行

再委託 ································ 327
債権的効力 ·························· 398
債権的処分説 ······················ 408
催告の抗弁権 ······················ 239
財産権 ································· 81
財産権説 ····························· 72
財産出資 ···························· 294
財産目録 ····················· 156, 162
最小独立行政区画 ·················· 243
裁判外の行為 ······················ 126
裁判上の行為 ······················ 126
再保険者の代位権 ·················· 13
債務者交替による更改 ············ 87
債務の履行場所 ············· 243, 267
債務引受の広告 ···················· 103
債務不履行の過失責任の原則 ···· 375
詐害的営業譲渡防止説 ············ 116
先取特権 ····················· 342, 397
指図証券 ···························· 246
指図証券性 ··················· 347, 398
差止請求権 ·························· 64
差止請求権者 ······················· 65
指値 ································· 323
指値遵守義務 ······················ 323
作用的競合説 ······················ 387
残額債権承認 ······················ 289
仕入帳 ······························ 156
時価以下主義 ······················ 158
資格授与的効力 ···················· 398
時価主義 ···························· 158
事業 ·························· 44, 78, 93
事業者 ······························· 78
事業譲渡 ····························· 86
仕切売買 ···························· 322
自己の財産におけると同一の注意義務
 ······································ 370
自己の名をもってする ············ 30
自己の名をもって他人のために（委託者の
 計算において）················· 320
自己の物におけるのと同一の注意義務
 ······························· 209, 274
自己又は第三者のため ··········· 128
持参債務の原則 ···················· 243
事実行為委任説 ···················· 133
事実たる慣習 ······················· 13
自助売却権 ··················· 325, 350
下請運送 ···························· 359
実行売却 ····························· 21
実質的意義の商法 ·············· 2, 10
実質的審査主義 ···················· 171
支店 ····························· 125, 130
品違い ······························ 401
支配権（Prokura）················ 227
支配人 ······························ 122
　――の義務 ······················ 127
　――の選任・終任 ·············· 123
　――の代理権 ···················· 125
　――の登記 ······················ 125
支配人登記簿 ······················ 167
私法人 ································ 41
氏名・名称（商号）の黙秘義務 ··· 311
射倖契約 ····················· 415, 424
社団 ································· 303
集合損益勘定 ······················ 156
集合物 ································ 81
住所 ································· 244
終身定期金 ························· 424
修正請求権競合説 ················· 387
集団投資スキーム ················· 302
周知性 ································ 66
終任肯定説 ························· 125
終任否定説 ························· 125
主観説 ······························ 374
主観的意義の営業 ·············· 5, 91
受信行為をともなわない与信行為
 ································ 47, 48, 49
受託契約準則 ······················ 323
出資の割合 ························· 296

受動的公示	173
受領義務	271
受領遅滞の法的性質	271
準委任	141, 306
準商行為	20, 36
準問屋	320
準法律行為	29
場屋営業	371
場屋営業者	370
場屋の中に携帯した物品	380
傷害疾病損害保険契約	413
傷害疾病定額保険契約	413
商慣習法	7, 11
商業使用人	120, 140, 219
——と代理商	148
商業代理人	134
商業帳簿	152, 310
——の意義	155
——の沿革	152
——の提出	162
——の保存	161
商業登記	165
——の意義	166
——の一般的効力	174
——の公示	173
——の積極的公示力	181
——の手続	169
——の歴史	166
商業登記事項	167
商業取次人	149
消極財産	82
消極的公示原則	174
消極的公示力	174
証券所持人による保管料の負担	409
条件付法律行為	244, 415, 423
商号	58
——の譲渡	69
——の続用	101, 112
——の登記	63
——の廃止	71

——の変更	70
商行為	18, 267
——の委任による代理権	225
——の制限列挙	19
商行為法主義	2, 17
商号権	71
——の侵害	71
商号自由の原則	61
商号使用権	64
商号使用の許諾	68
商号専用権	64
商号単一の原則	62
商号登記簿	63, 166
商事	1
商事会社	301
商事関係条約	8
商事寄託	370
商事契約	198
商事債権の消滅時効	250
商事自治法	8
商事代理	221
——における信頼保護	233
商事匿名組合	300
商事仲立人	305
商事売買	350
商事法定利率	254
乗車券	363
商事留置権	246, 267
——と代理商の留置権	145
商事連帯	238
承諾	200
承諾期間を定めた申込み	201
承諾期間を定めない申込み	202, 214
承諾適格	200, 204
商的色彩論	10
商人	267
商人間の売買	273, 275, 276, 278
商人間の留置権	25, 245, 326
商人資格の取得時期	49
商人である対話者間における契約の申込み	

事項索引　431

	……………………………………… 205	絶対的商行為 ……………………………… 21	
商人適格 ……………………………………… 41		絶対的登記事項 …………………………… 168	
商人法主義（主観主義） ……… 4, 17, 34, 45		折衷説 ……………………………………… 72, 374	
消費寄託 …………………………………… 393		設定的登記事項 …………………………… 168	
消費貸借契約 ……………………………… 294		善管注意義務	
商標 …………………………………………… 59		……………… 277, 298, 307, 323, 341, 370, 379, 394	
商標法上の業として ……………………… 60		全権代理 …………………………………… 227	
商法 …………………………………………… 30		先行的所有権移転 ………………………… 331	
情報提供義務 ……………………………… 195		先行的占有改定 …………………………… 331	
処分授権 …………………………………… 328		船舶登記 …………………………………… 167	
処分証券性 …………………………… 349, 399		総額相殺 …………………………………… 288	
所有者利益 ………………………………… 419		総括全権 …………………………………… 227	
白地商慣習 ………………………………… 196		総勘定元帳 ………………………………… 156	
白地手形 ……………………………………… 12		倉庫営業 …………………………………… 391	
仕訳帳 ……………………………………… 156		倉庫営業者 ………………………………… 392	
人格権説 ……………………………………… 72		──の義務・責任 ……………………… 394	
信義則上の注意義務論 …………………… 378		──の権利 ……………………………… 397	
信義則上の付随義務論 …………………… 378		相互会社 ……………………………………… 43	
信書 ………………………………………… 340		倉庫寄託契約 ……………………………… 393	
信託財産 ……………………………………… 88		相次運送 …………………………………… 360	
信託財産責任負担債務 ……………………… 88		創設の効力 ………………………………… 180	
人的会社 …………………………………… 303		相対説 ……………………………………… 406	
信用出資 …………………………………… 292		相対的登記事項 …………………………… 168	
推定的商行為 ………………………………… 25		相対的無効説 ……………………………… 230	
請求権競合 ………………………………… 384		双方の商行為 ………………………… 25, 267	
請求権競合論 ……………………………… 385		双方の仲立契約 …………………………… 306	
請求権自由競合説 ………………………… 386		「総有」理論 ………………………………… 84	
制限的競合説 ……………………………… 387		遡及保険 …………………………………… 420	
制限列挙主義 ………………………………… 19		損益計算書 ………………………………… 156	
成功報酬制 ………………………………… 313		損害保険 …………………………………… 412	
正当事由弾力化説 ………………………… 184		損失の分担 ………………………………… 293	
正当な事由 …………………………… 177, 185			
税法基準 …………………………………… 163		◆ た行	
──と公正な会計慣行 ………………… 163		対抗要件制限説 …………………………… 409	
生命保険 …………………………………… 412		第三者異議の訴え ………………………… 329	
責任保険 …………………………………… 413		第三者の誤認 ……………………………… 68	
積極財産 ……………………………………… 82		第三者のためにする契約 ………………… 347	
積極的公示原則 …………………………… 177		第三種の商 ………………………………… 48	
積極的公示力 ……………………………… 177		貸借対照表 …………………………… 40, 157	
絶対説 ……………………………………… 406		代償の取戻権 ……………………………… 330	

大数の法則 …………………… 413	通知義務 …………………… 141, 323
代表権に対する内部的制限説 ……… 229	通知を受ける権限 ……………… 143
代表権に対する法令上の制限 ……… 234	低下主義 …………………… 158
代表取締役の専断的行為の効力 …… 228	定款による制限 ………………… 234
代理 ……………………………… 219	定期行為解除 …………………… 275
代理規定の準用 ………………… 326	定型約款 ………………………… 196
代理権	締約代理商 ……………………… 140
――に加えた制限 …………… 132	手形記入帳 ……………………… 156
――の消滅事由 ……………… 225	手形その他の商業証券に関する行為 …… 29
――の制限 …………………… 127	適用肯定説 ……………………… 381
代理権授与行為 …………………… 226	適用否定説 ……………………… 381
代理権・代表権の範囲 …………… 226	撤回可能性 ……………………… 204
代理権濫用 ……………………… 321	店舗販売業者 ……………………… 33
代理商 ……………………… 139, 219	ドイツにおける商業使用人 ……… 134
――の留置権 …………… 144, 325	問屋（といや）………………… 320
代理店 ……………………… 140, 145	――と委託者の関係 ………… 327
代理人債権債務帰属説 …………… 223	――の権利義務 ……………… 322
代理人の背任的意図 ……………… 127	問屋契約 ………………………… 323
代理人履行責任説 ………………… 222	同一運送 ………………………… 359
対話者間における申込み …… 203, 216	登記官の審査権 ………………… 171
諾成契約 ………………………… 285	投機購買 …………………………… 21
諾成契約説 ……………………… 394	登記申請権者 …………………… 179
宅地建物取引業者 ……… 305, 307, 317	当座組合 ………………………… 301
諾否の通知義務 ………………… 210	動産譲渡担保 ……………………… 81
多数債務者間の連帯 …… 26, 238, 267	当事者申請主義 ………………… 170
他人による商号の不正使用 ………… 71	同時履行の抗弁 ………………… 275
段階説 ……………………………… 52	特定物寄託 ……………………… 393
段階的交互計算 …………………… 285	特定目的会社 …………………… 302
短期消滅時効 ……………… 343, 384	特別財産 …………………………… 84
単券主義 ………………………… 397	特別の先取特権 …………… 145, 249
単式簿記 ………………………… 156	匿名組合 ………………………… 291
単純寄託 ………………………… 393	――と合資会社 ……………… 293
担保的効力 ……………………… 398	――と消費貸借 ……………… 294
地位交替承継説 …………………… 80	――と信託 …………………… 295
地位財産移転説 …………… 93, 107	――の沿革 …………………… 300
中間法人 …………………………… 42	――の外部関係 ……………… 298
中小企業の会計に関する基本要領 …… 160	――の終了 …………………… 299
中小企業の会計に関する指針 …… 160	――の内部関係 ……………… 296
重畳的債務引受 ………………… 241	匿名組合員 ……………………… 291
通常有すべき権限 ……………… 235	――の出資 …………………… 292

事項索引 433

匿名組合契約	291
特約店	146
トライアングル体制	162
トランクルーム	391
取次	320
取次営業（問屋）	219
取次商	320
取引の経済的効果（損益）	321
問屋（とんや）	321

◆ な行

名板貸	67, 298
名板貸規定の類推適用	73
名板貸責任	67
内的組合	303
仲買人	322
仲立営業	219
仲立契約	306
仲立と代理	315
仲立人	305
――の義務	307
――の権利	313
仲立人日記帳（帳簿）作成・謄本交付義務	310
荷送人	341
二重課税の排除	301
日記帳	156
荷渡指図書	400
ネガティブオプション	209
呑行為	325

◆ は行

媒介	305
媒介代理商	140
白紙委任状付き記名株式の譲渡	12
破産財団	145, 329
破産手続	342
――の開始	145, 287, 326
――の開始決定	249
番頭・手代	132
販売等	134
引渡証券性	399
非顕名原則	221, 232
被差止請求者	66
被担保債権と留置物との間の牽連関係	144, 246
被担保債権と留置物の個別的牽連性	326
必要説	180
被保険者	412
秘めた組合	293
表見支配人	124, 129, 135, 181
表見代表取締役	181
表見代理	182
表見法理	67, 235
不可抗力	374
不規則寄託	393
複券主義	397
複合運送	360
複式簿記	156
復代理	327
不実登記の効力	124, 178
不真正連帯	69
付随的効力	180
不正競争	62, 65
不正の目的	62, 66
附属的商行為	21, 23, 301
――の推定	24, 52
不注意	378, 379
普通契約条款	193
普通取引約款	193
物権的効力	349
物権的効力否認説	407
物権的処分説	408
物品	392
物品運送	340
物品の販売等を目的とする店舗の使用人	134
物品保管義務	212
不動産仲介業者	305
不動産登記	167

不当な約款条項	195
船荷証券	343
部分運送	359
不要説	180
フランチャイズ	146
分割債務	238
分別の利益	239
併存的債務引受	89
併用主義	398
別除権	145, 249, 342
包括的権限の法定化・不可縮限化	226
包括的代理権（代表権）	122, 125, 228
報酬請求権	254, 267, 313, 317
法条競合説	387
法定責任説	271
法定利息	288
保管義務・返還義務	394
補完的効力	180
保管の費用	213
保管費用債権	213
保管料および費用請求権	397
保険	412
保険価額	419
保険期間	420
保険給付	414
保険契約者	412
保険者	412
保険相互会社の登記	167
保険代理店	139
保険料	412
補償請求権	147
保証人の連帯における主たる債務者	267
保証人の連帯における保証行為	268
補助商	48
補助的商行為	32
補助簿	156
本店	63, 71, 125, 130
本人の死亡	225

◆ ま行

マスター契約書	290
満期白地手形の補充権	20
未成年者登記簿	166
道順・運送方法の変更	421
みなし有価証券	302
見本保管義務	308
民事再生手続	145, 250, 342
民事仲立人	305, 308, 314, 317
民事留置権	144, 245
民法93条1項ただし書類推適用説	228
民法上の組合	291
民法上または商法上の留置権	213
民法の商化	15, 213
無因的債務承認契約	289
無過失責任	372
無機能資本家	291
無記名証券	246, 364
無償寄託	370
無担保コール取引を媒介する短資業者	305
免責条項の効力	382
免責的債務引受	88, 241
免責的登記事項	168
申込み	200
——の拘束力	201, 204
——の撤回可能性	200
——の誘引	200
申込受領者の義務	216
申込受領者の特別な義務	209
持分	292
持分会社の事業譲渡	95
文言証券	398
文言証券性	348

◆ や行

約款	193
——の法源性	196
有価証券	255

有機的一体性説 …………………… 82	流動資産 …………………………… 159
有償・双務・諾成 ………………… 337	利用運送 …………………………… 359
譲受人意思説 ……………………… 115	両替 ………………………………… 49
要因証券性 ………………………… 398	旅客運送契約 ……………………… 362
要物契約 …………………………… 394	旅客運送人の責任 ………………… 364
預金出納帳 ………………………… 156	旅行業者 …………………………… 305

◆ ら行

	旅行代理店 ………………………… 139
	類似性 ……………………………… 66
履行担保責任 ……………………… 324	例外説 ……………………………… 183
リース会社 ………………………… 301	レセプツム責任 …………………… 372
立証責任転換説 …………………… 224	連帯運送 …………………………… 360
利得償還請求権 …………………… 20	連帯債務 …………………………… 238
流質契約の自由 ……………… 241, 268	連帯責任 …………………………… 298
留置権 ………………………… 325, 397	労務出資 …………………………… 292

● 判例索引

大判明治 32 年 10 月 20 日民録 5 輯 9 頁 ………… 371
大判明治 35 年 6 月 12 日民録 8 輯 6 巻 63 頁 ………… 126
大判明治 39 年 5 月 22 日民録 12 輯 785 頁 ………… 222
大判明治 39 年 11 月 2 日民録 12 輯 1413 頁 ………… 204
大判明治 39 年 11 月 22 日民録 12 輯 1551 頁 ………… 263
大阪地判明治 39 年 12 月 17 日新聞 400 号 18 頁 ………… 208
大判明治 41 年 6 月 25 日民録 14 輯 780 頁 ………… 47
大判明治 41 年 7 月 3 日民録 14 輯 820 頁 ………… 313
大判明治 42 年 12 月 20 日民録 15 輯 997 頁 ………… 286
大判明治 43 年 12 月 13 日民録 16 輯 937 頁 ………… 55
東京控判明治 44 年 5 月 16 日新聞 743 号 20 頁 ………… 294
大判明治 44 年 5 月 23 日民録 17 輯 320 頁 ………… 241
大判明治 45 年 2 月 29 日民録 18 輯 148 頁 ………… 239
長野地判大正元年 11 月 11 日新聞 836 号 28 頁 ………… 35
広島控判大正 2 年 2 月 1 日新聞 848 号 22 頁 ………… 403
大判大正 2 年 7 月 28 日民録 19 輯 668 頁 ………… 402
大判大正 2 年 12 月 20 日民録 19 輯 1036 頁 ………… 358, 375
大判大正 4 年 5 月 10 日民録 21 輯 681 頁 ………… 24
大判大正 4 年 5 月 29 日民録 21 輯 858 頁 ………… 272
大判大正 4 年 10 月 9 日民録 21 輯 1624 頁 ………… 315
大判大正 4 年 12 月 24 日民録 21 輯 2182 頁 ………… 8, 194
大判大正 5 年 1 月 29 日民録 22 輯 206 頁 ………… 121, 226
大判大正 5 年 3 月 1 日民録 22 輯 439 頁 ………… 58
大判大正 5 年 10 月 25 日民録 22 輯 1988 頁 ………… 263
大判大正 5 年 12 月 6 日民録 22 輯 2374 頁 ………… 239
大判大正 5 年 12 月 19 日民録 22 輯 2450 頁 ………… 261
大判大正 6 年 2 月 3 日民録 23 輯 35 頁 ………… 364
大判大正 6 年 2 月 9 日民録 23 輯 133 頁 ………… 263
大判大正 6 年 5 月 23 日民録 23 輯 917 頁 ………… 303
大判大正 7 年 4 月 29 日民録 24 巻 785 頁 ………… 331
大判大正 7 年 5 月 15 日民録 24 輯 850 頁 ………… 222
大判大正 7 年 11 月 15 日民録 24 輯 2183 頁 ………… 171
大判大正 8 年 3 月 21 日民録 25 輯 486 頁 ………… 359
大判大正 8 年 3 月 28 日民録 25 輯 581 頁 ………… 396
大判大正 8 年 5 月 19 日民録 25 輯 875 頁 ………… 30
大判大正 8 年 9 月 25 日民録 25 輯 1715 頁 ………… 371
大判大正 9 年 1 月 28 日民録 26 輯 79 頁 ………… 286

判例索引　437

大判大正 10 年 1 月 29 日民録 27 輯 154 頁 ……………………………………… 252

東京地判大正 10 年 6 月 30 日法律学説判例評論全集 10 巻上商法 424 頁 ……… 402

大判大正 10 年 10 月 1 日民録 27 輯 1686 頁 ……………………………………… 12

大判大正 11 年 4 月 1 日民集 1 巻 155 頁 ……………………………………… 277

徳山区判大正 11 年 5 月 5 日新聞 2010 号 20 頁 ……………………………… 375

大判大正 12 年 12 月 1 日刑集 2 巻 895 号 ……………………………………… 327

大判大正 13 年 7 月 18 日民集 3 巻 399 頁 ……………………………………… 349

大判大正 14 年 2 月 10 日民集 4 巻 56 頁 ……………………………………… 51

大判大正 14 年 9 月 18 日刑集 4 巻 533 頁 ……………………………………… 371

東京控判大正 14 年 10 月 29 日法律学説判例評論全集 15 巻上商法 97 頁 ……… 402

大判大正 15 年 12 月 16 日民集 5 巻 841 頁 ……………………………………… 12

大判昭和 2 年 2 月 21 日大審院裁判例（二）民 24 頁 ……………………… 208

東京控判昭和 2 年 5 月 28 日新聞 2720 号 14 頁 ……………………………… 144

大判昭和 3 年 6 月 13 日新聞 2864 号 6 頁 ……………………………………… 380

大判昭和 3 年 12 月 12 日民集 7 巻 1071 頁 ……………………………………… 279

大判昭和 4 年 5 月 3 日民集 8 巻 447 頁 … 67

東京地判昭和 4 年 6 月 14 日新聞 3013 号 17 頁 ……………………………… 380

大判昭和 4 年 9 月 28 日民集 8 巻 769 頁 ……………………………………… 35

大判昭和 4 年 12 月 4 日民集 8 巻 895 頁 ……………………………………… 254

大判昭和 5 年 3 月 4 日民集 9 巻 233 頁 … 12

大判昭和 6 年 5 月 13 日民集 10 巻 252 頁 ……………………………………… 279

大判昭和 6 年 7 月 1 日民集 10 巻 498 頁 ……………………………………… 29

大判昭和 6 年 9 月 22 日法学 1 巻上 233 頁 ……………………………………… 210

大判昭和 6 年 10 月 3 日民集 10 巻 851 頁 ……………………………………… 30

大判昭和 6 年 10 月 10 日民集 10 巻 859 頁 ……………………………………… 126

大判昭和 7 年 2 月 23 日民集 11 巻 148 頁 ……………………………………… 407

大判昭和 7 年 3 月 2 日新聞 3390 号 13 頁 ……………………………………… 348

大判昭和 8 年 1 月 14 日民集 12 巻 71 頁 ……………………………………… 279

大判昭和 8 年 2 月 23 日民集 12 巻 449 頁 ……………………………………… 399

東京控判昭和 8 年 2 月 27 日新聞 3538 号 5 号 ……………………………… 386

大判昭和 8 年 7 月 31 日民集 12 巻 1968 頁 ……………………………………… 171

大判昭和 8 年 9 月 29 日民集 12 巻 2376 頁 ……………………………………… 252

大判昭和 9 年 1 月 10 日民集 13 巻 1 頁 … 24

大判昭和 9 年 12 月 14 日新聞 3790 号 17 頁 ……………………………… 239

大判昭和 10 年 10 月 2 日大審院判決全集 1 輯 22 巻 25 頁 ……………………… 87

大判昭和 11 年 2 月 12 日民集 15 巻 357 頁 ……………………………………… 402

大判昭和 11 年 2 月 25 日民集 15 巻 281 頁 ……………………………………… 84

大判昭和 11 年 3 月 11 日民集 15 巻 320 頁 ……………………………………… 288

大判昭和 12 年 11 月 26 日民集 16 巻 1681 頁 ……………………………………… 371

大判昭和 13 年 8 月 1 日民集 17 巻 1597 頁 ……………………………………… 226

大判昭和 13 年 12 月 27 日民集 17 巻 2848 頁 ……………………………………… 402

大判昭和 14 年 6 月 30 日民集 18 巻 729 頁

大判昭和 14 年 12 月 27 日民集 18 巻 1681
頁 ……………………………………………… 240
大判昭和 15 年 2 月 21 日民集 19 巻 273 頁
 …………………………………………………… 13
大判昭和 15 年 3 月 12 日新聞 4556 号 7 頁
 ………………………………………………… 140
大判昭和 15 年 3 月 13 日民集 19 巻 554 頁
 …………………………………………………… 22
大判昭和 17 年 4 月 4 日法学 11 巻 1289 頁
 ………………………………………………… 275
大判昭和 17 年 5 月 16 日大審院判決全集 9
 輯 19 号 3 頁 …………………………… 140
大判昭和 17 年 6 月 29 日新聞 4787 号 13 頁
 ………………………………………………… 386
大判昭和 17 年 9 月 8 日新聞 4799 号 10 頁
 ………………………………………………… 162
大判昭和 19 年 2 月 29 日民集 23 巻 90 頁
 …………………………………………………… 12
最判昭和 24 年 6 月 4 日民集 3 巻 7 号 235
 頁 ……………………………………………… 142
大阪地判昭和 25 年 2 月 10 日下民集 1 巻 2
 号 172 頁 ………………………… 380, 383
福岡高判昭和 25 年 3 月 20 日下民集 1 巻 3
 号 371 頁 …………………………………… 134
東京地判昭和 26 年 3 月 12 日下民集 2 巻 3
 号 371 頁 …………………………………… 359
大阪地判昭和 26 年 8 月 21 日判タ 21 号 58
 頁 …………………………………… 380, 383
東京高判昭和 26 年 9 月 12 日下民集 2 巻 9
 号 1076 頁 …………………………………… 87
東京高判昭和 27 年 11 月 21 日下民集 3 巻
 11 号 1626 頁 ……………………………… 386
大阪地判昭和 28 年 2 月 7 日下民集 4 巻 2
 号 175 頁 …………………………………… 401
最判昭和 28 年 10 月 9 日民集 7 巻 10 号
 1072 頁 ……………………………………… 211
福岡高判昭和 29 年 8 月 2 日下民集 5 巻 8
 号 1226 頁 ………………………………… 394
最判昭和 29 年 8 月 24 日集民 15 号 439 頁
 ………………………………………………… 335
最判昭和 29 年 10 月 7 日民集 8 巻 10 号
 1795 頁 ………………………… 87, 104, 105, 113
最判昭和 30 年 9 月 9 日民集 9 巻 10 号
 1247 頁 …………………………………… 68, 69
東京地判昭和 30 年 12 月 21 日下民集 6 巻
 12 号 2645 頁 ……………………………… 308
東京高判昭和 30 年 12 月 26 日下民集 6 巻
 12 号 2766 頁 ……………………………… 401
東京高判昭和 30 年 12 月 28 日下民集 6 巻
 12 号 2816 頁 ……………………………… 401
最判昭和 31 年 10 月 12 日民集 10 巻 10 号
 1260 頁 ……………………………………… 327
東京高判昭和 32 年 1 月 28 日下民集 8 巻 1
 号 135 頁 …………………………………… 140
大阪高判昭和 32 年 2 月 4 日下民集 8 巻 2
 号 219 頁 …………………………………… 401
最判昭和 32 年 2 月 19 日民集 11 巻 2 号
 295 頁 ……………………………………… 409
最判昭和 32 年 5 月 30 日民集 11 巻 5 号
 854 頁 ……………………………………… 321
東京高判昭和 32 年 7 月 3 日高民集 10 巻 5
 号 268 頁 …………………………………… 308
東京地判昭和 32 年 8 月 15 日判時 126 号
 18 頁 ………………………………………… 318
東京高判昭和 32 年 10 月 7 日東京高等裁判
 所民事判決時報 8 巻 9 号 214 頁 ……… 299
最判昭和 32 年 11 月 22 日集民 28 号 807 頁
 ………………………………………………… 131
京都地判昭和 32 年 12 月 11 日下民集 8 巻
 12 号 2302 頁 ……………………………… 247
最判昭和 33 年 2 月 21 日民集 12 巻 2 号
 282 頁 ………………………………………… 68
大阪地判昭和 33 年 3 月 13 日民集 9 巻 3
 号 390 頁 …………………………………… 299
最判昭和 33 年 5 月 20 日民集 12 巻 7 号
 1042 頁 ……………………………………… 131
最判昭和 33 年 6 月 19 日民集 12 巻 10 号
 1575 頁 ………………………………………… 51
大阪地判昭和 33 年 10 月 22 日下民集 9 巻

最判昭和 34 年 7 月 14 日民集 13 巻 7 号
960 頁 ·················· 233
東京地判昭和 34 年 12 月 16 日判時 212 号
29 頁 ·················· 308
最判昭和 35 年 3 月 17 日民集 14 巻 3 号
451 頁 ·················· 351
最判昭和 35 年 3 月 22 日民集 14 巻 4 号
501 頁 ·················· 401
最判昭和 35 年 4 月 14 日民集 14 巻 5 号
833 頁 ·················· 176
最判昭和 35 年 5 月 6 日民集 14 巻 7 号
1136 頁 ·················· 245
最判昭和 35 年 7 月 1 日民集 14 巻 9 号
1615 頁 ·················· 233
東京地判昭和 36 年 4 月 24 日判時 265 号
29 頁 ·················· 318
最判昭和 36 年 5 月 26 日民集 15 巻 5 号
1440 頁 ·················· 308
最判昭和 36 年 10 月 13 日民集 15 巻 9 号
2320 頁 ·················· 105
東京地判昭和 36 年 10 月 20 日下民集 12 巻
10 号 2490 頁 ·················· 318
最判昭和 36 年 10 月 27 日民集 15 巻 9 号
2357 頁 ·················· 295, 304
最判昭和 36 年 11 月 24 日民集 15 巻 10 号
2536 頁 ·················· 20
最判昭和 36 年 12 月 5 日民集 15 巻 11 号
2652 頁 ·················· 68
最判昭和 36 年 12 月 15 日民集 15 巻 11 号
2852 頁 ·················· 280, 283
最判昭和 37 年 5 月 1 日民集 16 巻 5 号
1031 頁 ·················· 130
札幌高函館支判昭和 37 年 5 月 29 日高民集
15 巻 4 号 282 頁 ·················· 274
最判昭和 37 年 7 月 6 日民集 16 巻 7 号
1469 頁 ·················· 43
最判昭和 38 年 2 月 12 日判時 325 号 6 頁
·················· 313
最判昭和 38 年 3 月 1 日民集 17 巻 2 号 280
頁 ·················· 102
最判昭和 38 年 9 月 5 日民集 17 巻 8 号 909
頁 ·················· 231
最判昭和 39 年 3 月 10 日民集 18 巻 3 号
458 頁 ·················· 130
最判昭和 39 年 7 月 7 日民集 18 巻 6 号
1016 頁 ·················· 233
最判昭和 40 年 9 月 22 日民集 19 巻 6 号
1600 頁 ·················· 82, 85, 95, 107, 111
最判昭和 40 年 9 月 22 日民集 19 巻 6 号
1656 頁 ·················· 228
東京高判昭和 40 年 10 月 12 日判タ 185 号
138 頁 ·················· 131
最判昭和 40 年 11 月 2 日民集 19 巻 8 号
1927 頁 ·················· 13
最判昭和 40 年 12 月 3 日民集 19 巻 9 号
2090 頁 ·················· 272
東京地判昭和 41 年 1 月 21 日下民集 17 巻
1＝2 号 7 頁 ·················· 387
最判昭和 41 年 1 月 27 日民集 20 巻 1 号
111 頁 ·················· 68, 299
大阪高判昭和 41 年 2 月 11 日判時 448 号
55 頁 ·················· 318
最判昭和 41 年 2 月 23 日民集 20 巻 2 号
302 頁 ·················· 86
最判昭和 41 年 3 月 11 日判時 441 号 33 頁
·················· 68
最判昭和 42 年 2 月 9 日判時 483 号 60 頁
·················· 67, 68
最判昭和 42 年 3 月 10 日民集 21 巻 2 号
295 頁 ·················· 43
最判昭和 42 年 3 月 31 日民集 21 巻 2 号
483 頁 ·················· 20
最判昭和 42 年 4 月 20 日民集 21 巻 3 号
697 頁 ·················· 127
最判昭和 42 年 4 月 28 日民集 21 巻 3 号
796 頁 ·················· 182, 188
最判昭和 42 年 6 月 6 日判時 487 号 56 頁
·················· 67
東京高判昭和 42 年 6 月 30 日判時 491 号

最判昭和 42 年 11 月 8 日民集 21 巻 9 号
　2300 頁 ·································· 261
最判昭和 42 年 11 月 17 日判時 509 号 63 頁
　······································· 396
最判昭和 43 年 4 月 24 日民集 22 巻 4 号
　1043 頁 ····························· 223, 232
最判昭和 43 年 6 月 13 日民集 22 巻 6 号
　1171 頁 ··································· 68
最判昭和 43 年 7 月 11 日民集 22 巻 7 号
　1462 頁 ····························· 329, 330
最判昭和 43 年 10 月 17 日民集 22 巻 10 号
　2204 頁 ·································· 130
最判昭和 43 年 11 月 1 日民集 22 巻 12 号
　2402 頁 ·································· 178
最判昭和 43 年 12 月 24 日民集 22 巻 13 号
　3334 頁 ·································· 171
最判昭和 43 年 12 月 24 日民集 22 巻 13 号
　3349 頁 ·································· 183
最判昭和 44 年 2 月 20 日民集 23 巻 2 号
　427 頁 ···································· 20
最判昭和 44 年 4 月 15 日民集 23 巻 4 号
　755 頁 ··································· 403
最判昭和 44 年 6 月 26 日民集 23 巻 7 号
　1264 頁 ····························· 305, 314
最判昭和 44 年 8 月 29 日判時 570 号 49 頁
　······································· 275
最判昭和 45 年 2 月 26 日民集 24 巻 2 号
　104 頁 ··································· 313
最判昭和 45 年 4 月 21 日判時 593 号 87 頁
　······································· 353
最判昭和 45 年 6 月 24 日民集 24 巻 6 号
　625 頁 ···································· 54
最判昭和 45 年 10 月 22 日民集 24 巻 11 号
　1599 頁 ·································· 317
最判昭和 46 年 4 月 9 日判時 635 号 149 頁
　······································· 86
最判昭和 46 年 6 月 29 日判時 640 号 81 頁
　······································· 13
東京地判昭和 46 年 7 月 19 日判時 649 号
　67 頁 ···································· 136
最判昭和 46 年 12 月 16 日民集 25 巻 9 号
　1472 頁 ·································· 273
最判昭和 47 年 2 月 24 日民集 26 巻 1 号
　172 頁 ···································· 52
最判昭和 47 年 3 月 2 日民集 26 巻 2 号 183
　頁 ······························ 87, 101, 113
東京地判昭和 47 年 12 月 26 日判時 703 号
　85 頁 ··································· 386
最判昭和 48 年 10 月 5 日判時 726 号 92 頁
　·································· 43, 192
最判昭和 48 年 10 月 9 日民集 27 巻 9 号
　1129 頁 ··································· 85
鳥取地判昭和 48 年 12 月 21 日判時 738 号
　98 頁 ··································· 374
東京高判昭和 49 年 3 月 20 日判時 740 号
　94 頁 ··································· 386
最判昭和 49 年 3 月 22 日民集 28 巻 2 号
　368 頁 ····························· 182, 188
最判昭和 49 年 10 月 15 日金法 744 号 30 頁
　······································· 323
横浜地判昭和 50 年 5 月 28 日判タ 327 号
　313 頁 ·································· 143
最判昭和 50 年 6 月 27 日判時 785 号 100 頁
　······································· 47
東京高判昭和 50 年 6 月 30 日判時 790 号
　63 頁 ··································· 307
最判昭和 50 年 12 月 26 日民集 29 巻 11 号
　1890 頁 ····························· 252, 314
最判昭和 51 年 3 月 19 日民集 30 巻 2 号
　128 頁 ·································· 358
高知地判昭和 51 年 4 月 12 日判時 831 号
　96 頁 ··································· 374
東京高決昭和 52 年 6 月 16 日判時 858 号
　101 頁 ·································· 265
最判昭和 52 年 12 月 23 日民集 31 巻 7 号
　1570 頁 ··································· 69
最判昭和 52 年 12 月 23 日判時 880 号 78 頁
　······································· 178
最判昭和 53 年 4 月 20 日民集 32 巻 3 号

判例索引　441

東京地判昭和 53 年 9 月 21 日判タ 375 号 670 頁 ················ 352
東京地判昭和 53 年 9 月 21 日判タ 375 号 99 頁 ················ 136
名古屋地判昭和 53 年 11 月 21 日判タ 375 号 112 頁 ················ 299
東京地判昭和 53 年 12 月 21 日判時 934 号 103 頁 ················ 248
最判昭和 54 年 5 月 1 日判時 931 号 112 頁 ················ 126, 135
東京地判昭和 54 年 12 月 19 日判タ 1329 号 184 頁 ················ 377
最判昭和 55 年 3 月 25 日判時 967 号 61 頁 ················ 359
最判昭和 55 年 9 月 11 日民集 34 巻 5 号 717 頁 ················ 179
大阪地判昭和 56 年 9 月 29 日判時 1047 号 122 頁 ················ 365
東京地判昭和 56 年 10 月 30 日判タ 463 号 136 頁 ················ 347
最判昭和 57 年 6 月 24 日判時 1051 号 84 頁 ················ 261
最判昭和 57 年 9 月 7 日民集 36 巻 8 号 1527 頁 ················ 401
大阪高判昭和 57 年 11 月 26 日判時 1070 号 96 頁 ················ 131
最判昭和 58 年 1 月 25 日判時 1072 号 144 頁 ················ 69
東京地判昭和 58 年 6 月 10 日判時 1114 号 64 頁 ················ 133
最判昭和 58 年 10 月 7 日民集 37 巻 8 号 1082 頁 ················ 66
横浜地判昭和 58 年 12 月 9 日無体集 15 巻 3 号 802 頁 ················ 66
仙台高判昭和 59 年 1 月 20 日判タ 520 号 149 頁 ················ 126
最判昭和 59 年 3 月 29 日判タ 1135 号 125 頁 ················ 121, 132
名古屋地判昭和 59 年 6 月 29 日判タ 531 号 176 頁 ················ 372, 374
最判昭和 59 年 9 月 18 日判時 1137 号 51 頁 ················ 199
東京高判昭和 60 年 8 月 7 日判タ 570 号 70 頁 ················ 132
最判昭和 60 年 11 月 29 日民集 39 巻 7 号 1760 頁 ················ 234
名古屋高判昭和 61 年 7 月 16 日税務訴訟資料 153 号 119 頁 ················ 304
最判昭和 61 年 11 月 4 日集民 149 号 89 頁等 ················ 171
神戸地判昭和 62 年 3 月 31 日判タ 651 号 199 頁 ················ 298
最判昭和 63 年 2 月 16 日民集 42 巻 2 号 27 頁 ················ 59
最判昭和 63 年 3 月 25 日集民 153 号 577 頁 ················ 354
最判昭和 63 年 10 月 18 日民集 42 巻 8 号 575 頁 ················ 43
東京地判平成元年 1 月 30 日判時 1329 号 181 頁 ················ 383
東京地判平成元年 4 月 20 日判時 1337 号 129 頁 ················ 359
東京高判平成元年 6 月 7 日金法 1249 号 30 頁 ················ 131
東京地判平成元年 6 月 20 日判時 1341 号 20 頁 ················ 363
最判平成 2 年 2 月 22 日集民 159 号 169 頁 ················ 127, 132, 133
東京地判平成 2 年 3 月 28 日判時 1353 号 119 頁 ················ 353, 359
東京地判平成 2 年 4 月 25 日判時 1368 号 123 頁 ················ 281
神戸地判平成 2 年 7 月 24 日判時 1381 号 81 頁 ················ 353, 359
大阪地判平成 3 年 11 月 11 日判時 1461 号 156 頁 ················ 359
東京地判平成 5 年 1 月 27 日判時 1470 号 151 頁 ················ 121
最判平成 5 年 3 月 25 日民集 47 巻 4 号 3079 頁 ················ 345
東京高決平成 6 年 2 月 7 日判タ 875 号 281

頁 ································· 249
東京地判平成 7 年 3 月 28 日判時 1557 号
　104 頁 ······························· 302
旭川地判平成 7 年 8 月 31 日判時 1569 号
　115 頁 ································ 86
東京高判平成 7 年 9 月 28 日判時 1552 号
　128 頁 ······························· 161
最判平成 7 年 11 月 30 日民集 49 巻 9 号
　2972 頁 ······························· 73
東京地判平成 7 年 12 月 18 日金判 1008 号
　30 頁 ································ 136
東京高判平成 8 年 5 月 28 日判時 1570 号
　118 頁 ······························· 248
東京地判平成 8 年 9 月 27 日判時 1601 号
　149 頁 ·························· 374, 375
最判平成 10 年 4 月 14 日民集 52 巻 3 号
　813 頁 ······························· 239
最判平成 10 年 4 月 30 日集民 188 号 385 頁
　·······························357, 368, 388
最判平成 10 年 7 月 14 日民集 52 巻 5 号
　1261 頁 ······························ 249
東京高判平成 10 年 8 月 27 日判時 1683 号
　150 頁 ······························· 226
東京高決平成 10 年 11 月 27 日判時 1666 号
　143 頁 ······························· 249
東京高決平成 10 年 12 月 11 日判時 1666 号
　141 頁 ······························· 249
東京地判平成 11 年 2 月 25 日判時 1676 号
　71 頁 ································ 308
東京高決平成 11 年 7 月 23 日判時 1689 号
　82 頁 ································ 249
神戸地判平成 12 年 9 月 5 日判時 1753 号
　145 頁 ······························· 388
大阪高判平成 12 年 9 月 28 日判時 1746 号
　139 頁 ·························· 374, 377
大阪高判平成 13 年 4 月 11 日判時 1753 号
　142 頁 ······················ 376, 377, 388
東京地判平成 13 年 10 月 19 日判時 1796 号
　97 頁 ································ 372
最判平成 13 年 11 月 27 日民集 55 巻 6 号

1311 頁 ······························· 276
最判平成 13 年 11 月 27 日民集 55 巻 6 号
　1380 頁 ······························ 281
千葉地判平成 14 年 3 月 13 日判タ 1088 号
　286 頁 ······························· 126
東京高判平成 14 年 5 月 29 日判時 1796 号
　95 頁 ································ 371
東京地判平成 14 年 5 月 31 日判タ 1124 号
　249 頁 ·························· 133, 136
岡山地判平成 14 年 11 月 12 日裁判所ウェ
　ブサイト ······························· 359
最判平成 15 年 2 月 28 日判時 1829 号 151
　頁 ···························· 374, 383, 388
東京高判平成 15 年 6 月 11 日判時 1836 号
　76 頁 ································ 365
大阪地判平成 15 年 10 月 15 日金判 1178 号
　19 頁 ································ 163
最判平成 16 年 2 月 20 日民集 58 巻 2 号
　367 頁 ······························· 101
東京地判平成 16 年 5 月 24 日金判 1204 号
　56 頁 ································ 373
大阪高判平成 16 年 12 月 17 日判時 1894 号
　19 頁 ································ 192
東京高判平成 16 年 12 月 22 日金判 1210 号
　9 頁 ·························· 372, 373, 380
秋田地判平成 17 年 4 月 14 日金判 1220 号
　21 頁 ·························· 373, 380, 382
東京地八王子支判平成 17 年 5 月 19 日判時
　1921 号 103 頁 ························· 383
神戸地判平成 17 年 7 月 14 日判時 1901 号
　87 頁 ································ 192
東京地判平成 17 年 9 月 21 日判タ 1205 号
　221 頁 ······························· 163
大阪地判平成 18 年 2 月 23 日判時 1939 号
　149 頁 ······························· 163
東京地判平成 18 年 3 月 24 日判時 1940 号
　158 頁 ······························· 101
最判平成 18 年 6 月 23 日判時 1943 号 146
　頁 ···································· 43
那覇地決平成 19 年 4 月 5 日金判 1268 号

判例索引　443

61 頁 ·· 124
知財高判平成 19 年 6 月 13 日判時 2036 号
　117 頁 ·· 62
東京高判平成 19 年 6 月 28 日判時 1985 号
　23 頁 ··· 292
静岡地判平成 19 年 7 月 27 日税務訴訟資料
　257 号順号 10758 ······························· 295
東京高判平成 19 年 10 月 30 日訟務月報 54
　巻 9 号 2120 頁 ·································· 292
最判平成 20 年 2 月 22 日民集 62 巻 2 号
　576 頁 ·· 53, 267
東京地判平成 20 年 3 月 26 日海事法研究会
　誌 216 号 61 頁 ································· 348
京都地判平成 20 年 4 月 30 日金判 1299 号
　56 頁 ··· 192
最判平成 20 年 7 月 18 日判時 2019 号 10 頁
　·· 163
東京地判平成 21 年 4 月 7 日判タ 1311 号
　173 頁 ··· 295
名古屋高裁金沢支判平成 21 年 6 月 15 日判
　タ 1310 号 157 頁 ······························· 122
東京地判平成 21 年 12 月 4 日金判 1330 号
　16 頁 ··· 305
最判平成 21 年 12 月 7 日金法 1891 号 43 頁
　·· 163
最判平成 22 年 6 月 1 日民集 64 巻 4 号 953
　頁 ·· 279
東京高決平成 22 年 7 月 26 日金法 1906 号
　75 頁 ··· 248
東京高判平成 22 年 8 月 27 日判例集未登載
　·· 299
東京高決平成 22 年 9 月 9 日判タ 1338 号
　266 頁 ··· 249
最判平成 23 年 3 月 22 日判時 2118 号 34 頁
　·· 89
最判平成 23 年 4 月 22 日民集 65 巻 3 号
　1405 頁 ·· 199
大阪高決平成 23 年 6 月 7 日金法 1931 号

93 頁 ··· 249
最判平成 23 年 7 月 8 日判時 2137 号 46 頁
　·· 89
最判平成 23 年 7 月 15 日民集 65 巻 5 号
　2269 頁 ·· 192
最判平成 23 年 12 月 15 日民集 65 巻 9 号
　3511 頁 ·· 248
宇都宮地判平成 23 年 12 月 21 日判時 2140
　号 88 頁 ··· 164
最判平成 24 年 3 月 16 日判時 2149 号 68 頁
　·· 192
大阪地判平成 24 年 6 月 7 日金判 1403 号
　30 頁 ··· 164
札幌地判平成 24 年 6 月 7 日判タ 1382 号
　200 頁 ··· 391
大阪地判平成 24 年 9 月 28 日判時 2169 号
　104 頁 ··· 164
東京地判平成 25 年 2 月 21 日判例集未登載
　·· 395
東京高判平成 25 年 2 月 28 日判時 2181 号
　3 頁 ··· 345
大阪高判平成 26 年 2 月 27 日金判 1441 号
　19 頁 ··· 164
東京高判平成 26 年 10 月 29 日判時 2239 号
　23 頁 ··· 345
東京地判平成 27 年 10 月 2 日判時 2331 号
　120 頁 ··· 101
神戸地姫路支判平成 28 年 2 月 10 日判時
　2318 号 142 頁 ···································· 75
最判平成 28 年 9 月 6 日判時 2327 号 82 頁
　·· 298
大阪高判平成 28 年 10 月 13 日金判 1512 号
　8 頁 ·· 75
最決平成 29 年 5 月 10 日民集 71 巻 5 号
　789 頁 ··· 349
最判平成 29 年 12 月 14 日民集 71 巻 10 号
　2184 頁 ·· 248

民法とつながる商法総則・商行為法〔第2版〕

2013年 4 月20日　初　版第 1 刷発行
2018年11月20日　第 2 版第 1 刷発行
2020年 2 月15日　第 2 版第 2 刷発行

編著者　　　北　居　　　功
　　　　　　高　田　晴　仁

発行者　　　小　宮　慶　太

発行所　　　株式会社　商　事　法　務
　　　　　　〒103-0025　東京都中央区日本橋茅場町 3-9-10
　　　　　　TEL 03-5614-5643・FAX 03-3664-8844〔営業部〕
　　　　　　TEL 03-5614-5649〔書籍出版部〕
　　　　　　https://www.shojihomu.co.jp/

落丁・乱丁本はお取り替えいたします。
© 2018 Isao Kitai, Haruhito Takada
Shojihomu Co., Ltd.
ISBN978-4-7857-2667-6
＊定価はカバーに表示してあります。

印刷／広研印刷㈱
Printed in Japan

[JCOPY] ＜出版者著作権管理機構　委託出版物＞
本書の無断複製は著作権法上での例外を除き禁じられています。
複製される場合は、そのつど事前に、出版者著作権管理機構
（電話 03-5244-5088, FAX 03-5244-5089, e-mail: info@jcopy.or.jp）
の許諾を得てください。